普通高等教育农业部“十二五”规划教材

经济法学

第2版

陈锦铭　主编

中国农业大学出版社
·北京·

内容提要

本教材为普通高等教育农业部“十二五”规划教材，内容包括经济法概述、公司法律制度、合伙企业法律制度、个人独资企业法律制度、外商投资企业法律制度、农民专业合作社法律制度、破产法律制度、消费者权益保护法律制度、产品质量法律制度、反不正当竞争法律制度、反垄断法律制度、价格法律制度、证券法律制度、票据法律制度、房地产管理法律制度、国有资产管理法律制度、财政与税收法律制度、金融法律制度、会计和审计法律制度、对外贸易法律制度、环境资源与能源法律制度、社会保障法律制度。该教材注意吸收经济法最新法律法规和经济法及相关学科最新研究成果，注重开阔学生视野、提升学生运用经济法知识解决经济法实务的能力。

本教材既可以作为高等学校经贸类专业学生学习经济法的教材，也可以作为国家机关、企事业单位人员从事法律、经济工作的参考书。

图书在版编目(CIP)数据

经济法学/陈锦铭主编. —2版. —北京：中国农业大学出版社，2013.7(2016.6重印)

ISBN 978-7-5655-0707-6

Ⅰ.①经… Ⅱ.①陈… Ⅲ.①经济法-法的理论-中国-高等学校-教材

Ⅳ.①D922.290.1

中国版本图书馆CIP数据核字(2013)第117626号

书　名 经济法学(第2版)

作　者 陈锦铭　主编

策划编辑 张秀环　　**责任编辑** 张秀环

封面设计 郑　川　　**责任校对** 陈　莹　王晓凤

出版发行 中国农业大学出版社

社　址 北京市海淀区圆明园西路2号　　**邮政编码** 100193

电　话 发行部 010-62818525,8625　　读者服务部 010-62732336

编辑部 010-62732617,2618　　出　版　部 010-62733440

网　址 http://www.cau.edu.cn/caup　　**e-mail** cbsszs@cau.edu.cn

经　销 新华书店

印　刷 涿州市星河印刷有限公司

版　次 2013年7月第2版　2016年6月第2次印刷

规　格 787×1 092　16开本　21.25印张　520千字

定　价 39.80元

第 2 版编委会

主　编　陈锦铭

副主编　李秀丽　王敏燕

编　者　（以姓氏笔画为序）

王敏燕　朱广峰　李东海　李秀丽　张　华　张　怡
陈锦铭　罗　英　岳帅伯　贾宝金　夏明丽　郭燕茹

第1版编委会

主　编　陈锦铭

副主编　李秀丽　王仁高

编　者　（以姓氏笔画为序）

王仁高　王敏燕　朱广峰　江水平　李东海　李秀丽
李玉娟　张　华　张　怡　陈锦铭　罗　英　岳帅伯
贾宝金　夏明丽　郭燕茹

第2版前言

为满足农业院校师生对经济法教材的需要，2008年我们组织编写了普通高等教育“十一五”精品建设教材《经济法学》，教材在使用中受到教师和学生好评。教材出版以来，一方面，国家立法机关对有些调整经济法律关系的法律法规进行了修订；另一方面，法学研究取得了很多成果。鉴于此，编写小组决定吸纳最新法律法规和吸收最新研究成果修订《经济法学》教材。

本教材编写注重学生运用法律知识解决法律事务的能力培养，教材编写仍坚持针对性和实用性原则。一是针对性原则。党和国家对“三农”问题的高度重视，使得农业经济法律在整个经济法律中的地位得到了进一步提升。作为一本专门针对农林院校学生编写的教材，涉农法律应当得到强化。例如，我们将《农民专业合作社法》作为单独一章来编写，并在其他章节适当增加了与“三农”有关的内容，如新型农村合作医疗制度等。二是实用性原则。教材内容中编入了部分相关资格考试题作为“实训题”，以便于学生在掌握有关经济法知识的同时，熟悉与考试有关的命题、答题等技巧，力求实现与学生参加的注册会计师、经济师、司法等资格考试的有序对接。

本教材在编写体例上的创新之处：第一，每章都有“本章重点知识”、“本章小结”、“复习思考题”，便于广大学生学习和思考。第二，每章都有“引读案例”，以激发学生研究经济法理论问题的兴趣，引发学生对案例进行分析和讨论，提高学生分析问题和解决问题的能力。第三，章节中穿插一些“实训题”，便于学生在掌握经济法理论问题知识点的同时，提升应对考试的技能。

本教材编写大纲由主编和各位编写人员共同拟订，全书由副主编李秀丽、王敏燕在听取各位编写人员意见基础上统稿，主编陈锦铭审阅定稿。具体分工如下（以姓氏笔画为序）：

王敏燕：第二章、第十二章；朱广峰：第十五章、第十八章；李东海：第十章、第十一章；李秀丽：第六章、第十三章、第十四章；张华：第五章、第八章；张怡：第二十二章；陈锦铭：第一章；罗英：第九章、第二十一章；岳帅伯：第十七章、第二十章；贾宝金：第七章；夏明丽：第三章、第四章；郭燕茹：第十六章、第十九章。

由于编写人员的知识水平和教学经验有限，书中难免有缺点和不当之处。为此，诚恳希望广大读者和专家批评指正，并随时向本书的编写人员提出宝贵意见。

陈锦铭

2013年4月

第1版前言

经济法作为调整需要有国家干预的经济关系的法律规范的总和，在法律体系中占有重要地位，是现代社会不可或缺的重要法律部门。

改革开放以来，特别是我国加入世界贸易组织以来，我国的政治和经济形势发生了很大的变化，有些调整经济法律关系的法律法规已经不再能够适应形势发展的需要。为此，国家立法机关对原有的调整经济法律关系的法律法规进行了大量的修订，同时也制定了一些新的法律。尤其值得注意的是，当前，党中央和国务院领导高度关注农业、农村和农民的"三农"问题，把它当作关系到我们国家前途和命运的头等大事来抓，国家立法机关也加强了关系农业和农村经济发展的立法。

在此背景下，农林院校应当与时俱进，认真研究该类学校学生的培养目标和专业特点，编写符合人才培养需要的教材。鉴于此，我们广泛借鉴和吸收了现有法学研究成果，并结合多年的经济法学教学实践，组织编写了《经济法学》这本教材，以适应广大农林院校经济贸易类专业师生的需要。但是，在编写的过程中，我们感觉到要想编写出一本针对性和适应性都较强的经济法学教材确实面临不少困难。一是经济法学虽然日渐成熟，但仍处在发展过程中，有待于完善和进一步研究；二是调整社会主义市场经济法律关系的法律法规浩如烟海，在取舍上难以把握好标准；三是即使是本教材中已经编入的一些内容，也仍处于变化之中，尚无定论。

经过编写人员反复研究和讨论，大家一致认为，本教材的编写应当注意坚持这样几条原则：

一是针对性原则。当前，党和国家领导高度关注"三农"问题，农业经济法律在整个经济法律中的地位也相应得到了提升。作为一本专门为农林院校学生编写的教材，涉农法律应当得到强化。例如我们将《农民专业合作社法》作为专门一章列入市场主体法中。同时，在其他章节也适当增加了与"三农"有关的内容，如新型农村合作医疗制度、土地承包法等。

二是实用性原则。我们在编写《市场主体法》一编时，遇到了关于全民所有制企业法和集体企业所有制企业法的取舍问题。考虑到当前我国大多数国有企业和集体企业都已经根据《公司法》的要求对企业进行了股份制改造，现实生活中除少数国有大企业外，真正的全民所有制企业和集体所有制企业已为数很少，而且，作为农林院校毕业的学生今后步入社会后也很少能够接触到这一类企业的实际情况。因此，本教材中没有涉及全民所有制企业和集体所有制企业的法律规定。

三是简洁性原则。例如金融法律制度的内容十分宽泛，主要应当包括证券、银行、保险等三个方面的法律。其中，银行法律制度中，既有属于市场监管法范畴的银行业监督管理法，也有涉及宏观调控法的中国人民银行的法律，更有商业银行的法律制度。在编写时为了便于广大师生学习，首先，将证券法单列一章放在第三编《市场监管法》中。然后，将涉及银行业监督管理、中国人民银行和商业银行的法律制度集中在一起，设"金融法律制度"一章，放在《宏观调控法》一编中。而没有进一步将银行业监督管理和具有宏观调控职能的中国人民银行法细化分列在市场监管法和宏观调控法中。

此外，本教材在编写方法上也有一些创新之处：每章前都有“重点问题”、“本章小结”和“复习思考题”，能够更好地方便广大学生的学习和使用。

本教材编写大纲由主编和各位编写人员共同拟定，全书由主编在听取各位编写人员意见基础上统稿定稿。具体编写分工如下（以姓氏笔画为序）：

王仁高：第二十二章；王敏燕：第十三章；朱广峰：第十六章、第二十一章；江水平：第十九章；李东海：第十一章、第十二章；李秀丽：第七章、第十四章、第十五章；李玉娟：第十八章；张华：第六章、第九章；张怡：第二十五章；陈锦铭：第一章；罗英：第十章、第二十四章；岳帅伯：第二十章、第二十三章；贾宝金：第三章、第八章；夏明丽：第二章、第四章、第五章；郭燕茹：第十七章。

由于编写人员的知识水平和教学经验有限，书中难免有缺点和不当之处。为此，诚恳希望广大读者和专家批评指正，并随时向本书的编写人员提出意见。

陈锦铭

2008年5月

目　　录

第一章　经济法概述

本章重点知识

- 经济法的概念
- 经济法的调整对象
- 经济法的基本原则
- 经济法的渊源
- 经济法律关系的概念
- 经济法律关系的三要素

【引读案例】

中央电视台2013年3·15晚会曝光了多家知名企业侵害消费者权益的事件。比如，苹果手机在中国市场实施着与国外不同的售后政策，在中国宣称的“以换代修”、“整机交换”并没有真正更换整机，通常沿用旧手机后盖，以逃避中国手机“三包”规定。大众汽车双离合自动变速器被爆质量缺陷，给车主带来极大安全隐患。江淮同悦轿车为了节约成本，采用价格相对便宜的普通钢板代替防腐性能较好的镀锌板，造成钢板生锈，给车主带来极大安全隐患。在网络消费环境方面，网易等公司追踪用户Cookie、分析邮件内容，收集用户隐私；安卓系统手机应用软件严重窃取用户资料以及宽带运营商强制给用户推送垃圾广告等各种黑幕。黄金添加“铱”元素，千足金含量不达标，以及打着医疗器械的旗号生产药品，电视购物虚假夸大宣传的整个利益链条。

以上案例涉及经济法哪些内容？试运用经济法相关原理对案例进行分析。

第一节　经济法的概念

法国空想共产主义者摩莱里在其1755年出版的《自然法典》一书中首先提出了“经济法”这一概念，并编制了一个共12条的法律草案“分配法或经济法”。这个法律草案中已经含有现在我们所称的经济法的最本质的特征：国家对社会经济生活进行干预。法国空想共产主义者德萨米在其1842年出版的《公有法典》一书中也使用了这一概念，并且发展了摩莱里关于经济法的思想。

1906年德国学者莱特在创刊的《世界经济年鉴》首先使用了“经济法”这一概念。之后，在德国、法国、日本、前苏联、南斯拉夫、罗马尼亚、原捷克斯洛伐克等许多国家的法学著作中，以及有些国家颁布的法律中，都先后使用了“经济法”这一概念。

我国自1979年以来，在全国人民代表大会的正式文件和《中华人民共和国经济和社会发展第六个五年计划》以及在中共中央、国务院的文件中都使用了“经济法”这一概念。与此同时，我国的法学专著、论文、工具书和教材都广泛使用了“经济法”这一概念。

社会制度不同的国家，对“经济法”概念的理解各不相同。社会制度相同的国家甚至同一个国家，对“经济法”概念的理解也存在着不同的观点。根据社会主义市场经济的要求，吸收过去对经济法这一概念理解的科学合理的成分，摈弃其中计划经济的影响和其他不足，参考西方法学者对经济法这一概念的理解和定义，我们认为，经济法是调整市场经济条件下需要由国家干预的经济关系的法律规范的总和。

这一定义隐含的基本理论前提是，市场调节本身具有自发性、滞后性等局限以及由此而带来的诸多弊端，这些市场经济的先天缺陷不可避免，因此，客观上存在着不宜由或不宜完全由市场调节的领域，而由政府相机对经济进行适当的干预，能降低运行成本，提高宏观经济效益，实现经济稳定增长、总量平衡、社会公平等一系列经济、政治目标。需要由国家干预的经济关系的范围也正是由这一基本理论前提来界定的，离开了这一基本理论前提，“需要由国家干预的”这一定语就是模糊不清的，也就难以确定经济法的调整对象。理解这一定义，应把握三点：第一，定义是以承认经济法是我国法律体系中一个独立部门为前提的；第二，定义体现了经济法的宏观性特征；第三，定义把市场管理关系纳入经济法的调整范围，同时，把经济法调整的微观经济关系限制在一定范围之内，合同关系排除在经济法的调整范围之外。

第二节　经济法的调整对象

一、经济法调整对象的概念

经济法所谓的“调整”是指国家将其意志深入到物质关系领域，使其上升为经济法律关系的活动。这种活动既包括抽象的静态的法律规定，又包括具体的动态的法律适用。“调整对象”是指经济法应当促进、限制、取缔和保护的社会关系，亦即指经济法律规范效力所及的范围。

经济法调整对象的界定，是与经济法的定义相一致的。根据我们对经济法的定义，概括地讲，经济法的调整对象是需要国家干预的社会经济关系。

二、经济法的调整对象的具体范围

（一）微观经济调控关系

微观经济调控关系包括两层含义：一层是指国家作为一种外部力量对经济组织的调控关系，即国家从整体利益出发，在进行统筹规划、掌握政策、信息指导、组织协调、提供服务和检查监督等活动中与不同性质（国有、集体、私营和个体）或不同组织形式（有限责任公司、股份有限公司、独资企业、合伙组织、合作社）的经济组织的发生的调控关系。另一层是指经济组织内部的调控关系，即经济组织从自身的利益出发，在进行计划、指挥、监督和调节等活动中与自己的组织机构和成员所发生的调控关系。

对经济组织实行适度调控是许多国家和地区的共同经验。经济组织是构成一国国民经济体系的最基础的环节或者说细胞，因此，无论是市场经济国家还是非市场经济国家，无论是发达国家还是发展中国家，无不研究怎样才能建立符合本国情况的经济组织管理体制。

需要特别指出的是，世界各国对经济组织的调控，都是建立在尊重它们作为独立法人或其他经济实体应有的自治权利的基础上的，因而政府对它们的调控主要是间接的宏观调控，只是在特殊情况下才对它们的经济活动实施有限的直接干预。

（二）市场调控关系

市场调控关系是指国家为了建立市场经济秩序，维护国家、生产经营者和消费者的合法权益而干预市场所发生的经济关系，如不正当竞争关系、垄断关系、产品质量关系、价格关系、消费者权益等。当然，这些经济关系不仅受经济法的调整，民法也可以根据自己的原则对其调整，但主要的方面应当纳入经济法的调整范围。经济法主要是从国家介入市场的角度对这些经济关系进行调整，如：平抑市场价格，规范金融、劳务、房地产、技术和信息等要素市场，改善和加强对市场的法制监督等。

把市场调控关系纳入经济法的调整范围是世界各国所面临的共同课题。任何一个国家的市场都应当是法制管理下的有序的市场。市场秩序的混乱，必然导致整个经济秩序混乱，最终导致政治秩序的混乱。因此，世界各国无不利用强有力的法律手段形成有利于自己的国内市场和国际市场秩序。为了建立公平的市场秩序，许多国家都围绕着上述所列的市场关系颁布了有关的反不正当竞争法、反垄断法、产品质量或者产品责任法、价格法以及消费者权益保护法等。它们的逻辑联系是：在市场经济条件下，必须存在着自由竞争，但是，它必须是正当竞争，对不正当竞争必须反对；竞争又很可能导致垄断，而垄断又会妨碍竞争，因此必须反对垄断；价格作为利益的集中表现，它在市场配置资源中起着十分重要的作用，但是必须反对价格垄断和价格歧视；市场竞争归根到底又是产品质量竞争，因此必须严格规定生产者、销售者的产品质量责任和义务。上述任何一个不正当行为，都可能造成对消费者合法权益的损害，因此，消费者作为弱者，必须对它们进行特殊保护。

（三）宏观经济调控关系

宏观经济调控关系是指国家从长远和社会公共利益出发，对关系国计民生的重大经济因素实行全局性的管理而与其他社会组织所发生的具有隶属性或指导性的社会经济关系。这里所指隶属或指导性的关系既包括上下级组织之间的命令与服从、指导与被指导的关系，又包括同一级别组织之间在业务上的管理与执行的关系，主要包括产业调节计划、国有资产管理、投资、金融、交通、电信、劳动、自然资源、环境保护以及科学技术等关系。国家对宏观经济的调控主要是通过宏观干预实现的。

实行宏观经济的法律调控是当代市场经济国家经济发展的普遍趋势。正如马克思和恩格斯所指出的那样，随着股份公司的发展，“在一定的部门中造成垄断，因而要求国家干涉。”“无论在任何情况下，无论有或者没有托拉斯，资本主义社会的正式代表——国家终究不得不承担起生产的领导。”当自由资本主义进入垄断资本主义以后，国家对宏观经济的干预甚至达到了大规模的程度。可以说，在当今所有的市场经济国家包括发达的市场经济国家，都非常重视对宏观经济的干预。

(四)社会分配关系

社会分配关系是指国家在对国民收入进行初次分配和再分配过程中所发生的经济关系。初次分配是指国民收入在物质生产部门所进行的分配,再分配是国民收入经过初次分配之后在全社会范围内所进行的分配。在再分配中所形成的关系主要包括财政关系、信贷关系、价格关系、社会保障关系以及非物质生产部门劳动者的收入关系等。经济法所调整的社会分配关系,就经济法体系内部来讲,本来它可以根据这些关系的不同性质,分别纳入宏观调控法、经济组织法和市场管理法的调整范围,但是考虑到分配关系涉及每一个人的利益,性质比较复杂,除了在一些基本法律中作出规定,更重要的是需要制定单行法律法规加以调整,如工资法、失业法、养老法、救济法、社会保险法、医疗卫生法以及其他社会福利法等。在这些属于社会分配法性质的法律中,那些符合经济法调整特征的分配关系,应该成为经济法体系中与宏观调控法、经济组织法、市场管理法相平行的类别体系。这样才有利于使经济法的体系更加符合市场经济体制的要求。

世界许多国家都很重视把社会分配关系纳入法治的轨道。这是因为在市场经济条件下社会分配问题不仅是一个关系到积累和消费的问题,也是一个关系到如何体现凯恩斯的"充分就业"和"均等化"分配的理论问题,它对于调和劳资关系、调整劳动力的供求关系以及稳定社会秩序都有很大的作用。因此,许多市场经济国家都通过颁布劳动关系基本法及其单行法律,不仅调整整个劳动关系,同时还着重调整劳动关系中的重要组成部分的工资关系及它们密切相关的社会保障关系。

第三节　经济法的渊源

经济法的渊源是指经济法律规范借以存在和表现的形式。我国经济法的渊源包括宪法、法律、行政法规、地方性法规、自治法规、行政规章、特别行政区法和国际条约等。

一、宪法

宪法是由全国人民代表大会依特别程序制定的具有最高效力的根本法。宪法是集中反映统治阶级的意志和利益,规定国家制度、社会制度的基本原则,具有最高法律效力的根本大法,其主要功能是制约和平衡国家权力,保障公民权利。宪法是我国的根本大法,在我国法律体系中具有最高的法律地位和法律效力,是我国最高的法律渊源。

二、法律

法律是指由全国人民代表大会和全国人民代表大会常务委员会制定颁布的规范性法律文件,即狭义的法律,其法律效力仅次于宪法。法律分为基本法律和基本法律以外的法律两类。基本法律是由全国人民代表大会制定的调整国家和社会生活中带有普遍性的社会关系的规范性法律文件的统称，如刑法、民法、诉讼法以及有关国家机构的组织法等法律；基本法律以外的法律是由全国人民代表大会常务委员会制定的调整国家和社会生活中某种具体社会关系或其中某一方面内容的规范性文件的统称，其调整范围较基本法律小，内容较具体，如商标法等。

三、行政法规

行政法规是国家最高行政机关——国务院根据宪法和法律就有关执行法律和履行行政管理职权的问题，以及依据全国人大的特别授权所制定的规范性文件的总称。其法律地位和法律效力仅次于宪法和法律，但高于地方性法规和法规性文件。

四、地方性法规

地方性法规是指依法由有地方立法权的地方人民代表大会及其常委会就地方性事务以及根据本地区实际情况执行法律、行政法规的需要制定的规范性文件。有权制定地方性法规的地方人大及其常委会包括省、自治区、直辖市人大及其常委会、较大的市的人大及其常委会。较大的市，指省、自治区人民政府所在地的市，经济特区所在地的市和经国务院批准的较大市。地方性法规只在本辖区内有效。

五、自治法规

自治法规是指民族自治地方的人民代表大会有权依照当地民族的政治、经济和文化的特点，制定自治条例和单行条例。自治条例是民族自治地方根据自治权制定的综合性法律文件，单行条例则是根据自治权制定的调整某一方面事项的规范性文件。自治法规的适用范围是该民族自治地方。

六、行政规章

行政规章是指国务院各部、委员会、中国人民银行、审计署和具有行政管理职能的直属机构，以及省、自治区、直辖市人民政府和较大的市的人民政府所制定的规范性文件。

七、国际条约

国际条约指我国与外国缔结、参加、签订、加入、承认的双边、多边的条约、协定和其他具有条约性质的文件（国际条约的名称，除条约外还有公约、协议、协定、议定书、宪章、盟约、换文和联合宣言等）。这些文件的内容除我国在缔结时宣布持保留意见、不受其约束的以外，都与国内法具有一样的约束力，所以也是我国经济法的渊源。

八、其他渊源

除了上述经济法渊源之外，在我国还有几种法律渊源：一是中央国家军事委员会制定的军事法规和军内有关方面制定的军事规章；二是“一国两制”条件下特别行政区的规范性法律文件；三是机关授权别的机关所制定的规范性法律文件等。

第四节　经济法律关系

一、经济法律关系概述

(一)经济法律关系的概念

经济法律关系是法律关系的一种表现形式,而法律关系是一种社会关系,它是社会关系被法律规范确认和调整之后所形成的权利和义务关系。在法律关系中,由于其反映的物质社会关系不同,从而形成不同的法律关系。以调整平等主体之间的财产关系和人身非财产关系而形成的法律关系,称为民事法律关系;以调整婚姻家庭关系而形成的法律关系,称为婚姻家庭法律关系;以调整行政管理关系而形成的法律关系,称为行政法律关系;以调整刑事犯罪与惩罚关系而形成的法律关系,称为刑事法律关系;以调整经济管理与协调关系而形成的法律关系,称为经济法律关系。

经济法律关系是指由经济法律规范规定和调整而形成的权利义务关系,其基本含义是:

1. 经济法律关系是在经济领域中发生的意志关系。经济法律关系产生于经济领域,至于这一领域的范围,则是多方面的,主要可归为经济领域的管理关系和协调关系。这一关系体现的是国家意志和当事人意志,而后者必须以前者为依据,不能违背前者的基本内容。与此同时,后者又是前者的归宿,即国家意志最终是靠当事人意志来实现调整经济关系的目的,没有当事人意志,经济法律关系既不能形成,也不可能实现。

2. 经济法律关系是经济法规定和调整的法律关系。由于经济法规是经济法律关系产生和其内容得以实现的前提,因而,没有经济法规的具体规定,该法律关系不能产生,其内容亦无法实现。从此意义而言,经济法律关系也是经济法规调整经济关系的必然结果。

3. 经济法律关系是一种具有经济内容的权利义务关系。权利义务是法律关系的核心,法律确认某一法律关系的目的亦是依靠确认权利义务来实现的。经济法律关系所体现的权利义务则具有经济内容,即是为了完成一定的经济任务和实现一定的经济目的。

4. 经济法律关系是具有强制性的权利义务关系。经济法律关系的权利义务一旦形成,即受国家强制力保护,任何一方当事人都不得违背。如某一方不履行经济法律关系确定的义务,将会受到法律的追究,任何一方的权利受到侵害,都可请求法律的保护。

(二)经济法律关系的构成

经济法律关系由经济法律关系的主体、经济法律关系的客体和经济法律关系的内容三个基本要素构成。没有主体的参与,权利就无人行使,义务就无人履行。没有客体,权利和义务也就失去了目标。内容既是主体与客体关系之间的桥梁,又是主体与客体之间的纽带,同样不能缺少。所以,经济法律关系是三要素构成的相互联系不可分割的有机整体,缺少任何一个要素都不能形成具体的现实的经济法律关系。

(三)经济法律关系的设立、变更和终止

经济法律关系是根据经济法律规范在经济法主体间形成的权利与义务关系。但经济法律规范本身并不能必然在经济法主体间形成权利与义务关系。只有在一定的经济法律事实出现后,才能使经济法律关系以经济法律规范为依据而发生、变更和消灭。据此,经济法律关系的发生、变更和消灭需要具备经济法律规范、经济法主体和经济法律事实三个条件。

所谓经济法律规范是指经济法律关系发生、变更和消灭的法律依据;所谓经济法主体是指权利与义务的实际承担者;经济法律事实是指由经济法律规范所规定的,能够引起经济法律关系发生、变更和消灭的客观现象。经济法律事实是客观事实的一部分,那些不为法律规范所规定,不能引起任何法律后果的客观事实不是经济法律事实。经济法律事实可以分为事件和行为两类。有的经济法律关系的发生、变更和消灭,只需要一个法律事实出现即可成立;有些经济法律关系的发生、变更和消灭需要两个以上的法律事实同时具备。引起某一经济法律关系发生、变更或消灭的数个法律事实的总和,称为事实构成。如保险赔偿关系的发生,需要订立保险合同和发生保险事故两个法律事实出现才能成立。

二、经济法律关系的主体

(一)经济法律关系主体的概念

经济法律关系主体简称经济法主体,是指在经济管理和协调过程中依法独立享受一定权利和承担一定义务的当事人。享有一定权利的当事人叫做权利主体,承担一定义务的当事人则称为义务主体。但双方当事人在许多情况下既享受经济权利又承担经济义务。

在理解经济法律关系的主体的概念时,应把握以下几点:

1.经济法律关系的主体能够以自己名义独立地参加经济法律关系。无论何种主体参与经济法律关系,都是以自己的名义进行的。

2.经济法律关系的主体是经济法律关系中权利和义务的担当者。经济法律关系中的权利义务直接归属于经济法主体。

3.经济法律关系的主体能够独立地承担经济法律责任。经济法律关系的主体不履行一定义务时,即承担一定经济法律责任。

(二)经济法律关系的主体资格

主体资格是指当事人参加经济法律关系,享受一定权利和承担一定义务的资格。只有具有经济法律关系主体资格的当事人,才能参与经济法律关系,享受一定权利和承担一定义务。经济法律关系的主体资格既可由经济法律部门规定,也可由其他法律部门规定。

未取得经济法律关系的主体资格的组织不能参与经济法律关系,不能从中享有权利和承担义务,不受法律保护。但是,依法成立的经济法律关系的主体也只能在法律规定或认可的范围内参与经济法律关系,超越法律规定或认可范围的,则不具有参与相应经济法律关系的主体资格。经济法主体资格一般通过两种方式取得的。

1.法定取得,即依法律的规定而取得。凡是国家法律、法规、规章规定,能够对社会经济生

活实行管理或接受管理的法人、自然人和其他具有生产经营资格的组织实体，都可以作为经济法律关系的主体。法定取得经济法主体资格的具体方式包括：因符合法定条件而自然取得，以及在法定条件下经登记、批准、许可、备案等法定程序而取得。前者如自然人、法人或者其他社会组织只要符合国家某税法规定的纳税人条件，就自然取得该税种纳税人的主体资格；后者如，根据《会计法》的规定，公民从事会计工作，必须符合规定的条件、经考试合格后提出申请并经批准后，才能取得会计从业资格证。

2. 授权取得，即依据有授权资格的机关的授权，取得可以对社会经济生活实施某种干预的资格。例如，根据我国有关承包和租赁法律的规定，政府可以指定有关部门代表国家作为发包方，并行使企业的某些干预职权，这些部门作为发包方和干预方的资格即是由政府授权取得的。

（三）经济法律关系主体的范围

经济法律关系主体范围是由经济法调整的对象范围决定的。经济法调整对象范围的广泛性决定了经济法主体的广泛性。根据不同的标准，可以对经济法主体进行不同的分类。例如，根据主体在经济法律关系中所处的地位和作用不同，经济法主体可分为经济决策主体、经济管理主体和经济实施主体三大类。

根据主体在经济运行中的客观形态可将经济法主体分为以下几种。

1. 国家机关。国家机关是指行使国家职能的各种机关的通称，包括国家权力机关、国家行政机关、国家司法机关等。其中，国家权力机关主要作为经济决策主体出现在经济法律关系中，国家行政机关，特别是具有经济管理职能的行政机关，主要作为经济管理主体出现在经济法律关系中，根据宪法、法律、法规规定的性质、职能、任务等，承担组织、管理和协调经济运行的职能。国家行政机关由国务院及其所属的部、委、办、局等机构，以及地方各级人民政府及其所属机构组成。在某些情况下，国家机关或国家作为整体也可以作为经济实施主体参加经济法律关系，例如，国家对外签订政府贷款或担保合同，对内对外发行政府债券，政府出让土地使用权，作为股东投资设立企业等。

2. 企业。企业是指依法设立的，以营利为目的从事生产、流通和服务等经营活动的经济组织，包括各类法人企业、公司及其他非法人企业。企业是重要的经济法主体，它承担着保证国家微观经济运行质量、效益和秩序的重要使命，是联系作为经济管理主体的国家机关和作为消费主体的单位和个人的重要纽带。企业在经济法律关系中主要作为实施主体出现，但个别依法具有经济管理职能的特殊企业或公司，如中国长江三峡工程开发总公司及有关的国有资产经营公司等，也是经济管理主体，此外，企业相对于其内部组织而言，也是经济决策主体和管理主体。企业内部组织，如分公司、分厂、车间等分支机构或生产单位，虽无独立法律人格，但在一定条件下也是经济法律关系主体。例如，其根据经济法律规定与企业订立承包或租赁等责任制合同，而将内部的组织管理关系外部化；或分公司、分店等依法作为纳税人参加税收法律关系时，便具有经济法主体的地位。

3. 事业单位。事业单位是由国家财政预算拨款或其他资金来源设立的，不以营利为目的从事文化、教育、科研、卫生等事业的单位，如学校、医院、科研院所等。事业单位主要以经济实施主体的身份参加经济法律关系，但在根据法律授权或行政机关委托实施经济管理职责时，是以经济管理主体的身份参加经济法律关系。

4.社会团体。社会团体是指由公民或组织依法自愿组成的从事公益事业、党团事务、行业管理和服务等社会活动的社会组织，包括党团组织、工会、妇联、行业性、职业性协会及公益性、学术性团体等。当前，一些社会团体作为“第三部门”参加经济法律关系，在促进社会经济发展和政府职能转换、维护正常经济秩序、完善市场经济功能中发挥了独特的作用。

5.个体工商户、农村承包经营户。个体工商户是指公民在法律允许的范围内，依法经核准登记，以营利为目的从事工商经营的个体经济。个体工商户可以起字号。农村承包经营户是指农村集体经济组织的成员，在法律允许的范围内，按照承包合同规定从事商品经营的形式。他们以“户”的名义，主要作为经济实施主体参与经济法律关系，一般要承担无限连带责任。

6.自然人。自然人即生物学意义上的人，是基于出生而取得主体资格的人。其外延包括本国公民、外国公民和无国籍人。自然人也是重要的经济法律关系参加者，其参加的经济法律关系主要是税收、工商管理、竞争法律关系等。例如，依法向税务机关缴纳个人所得税时，即是税收法律关系的主体。

【实训题1-1】下列各项中，可以成为经济法主体的有(　　)。

A.政府　　B.各类企业　　C.非营利组织　　D.外国人

三、经济法律关系的内容

经济法律关系的内容是指经济法律关系主体享有的权利和承担的义务。它是经济法律关系的核心，直接体现了经济法律关系主体的利益和要求。经济法律关系的权利和义务一旦确定之后，即受国家强制力的保护。

(一)经济权利

经济权利是指经济法律关系的主体在经济管理和经济协调关系中依法具有的自己为一定行为或不为一定行为和要求他人为一定行为或不为一定行为的资格。经济法律关系的主体在其合法权利受到侵害或不能实现时，有权依法请求国家有关机关给予强制力保护。

经济权利的本质在于满足经济法律关系主体的经济利益。经济法律关系主体通过权利的行使，在实现自身利益的过程中，同时也实现了国家利益和社会利益。因此，经济利益是权利的实质和核心内容。经济法赋予经济法律关系主体一定的权利，就意味着经济法律关系主体获得了实现经济利益的自由。

我国法律赋予经济法主体的经济权利是极其广泛的，随着我国社会主义市场经济体制的建立和发展，国家对经济的管理方式逐渐由以直接管理为主，转变为以间接管理为主，经济法主体的经济权利也呈现出扩大的趋势。经济权利主要有以下几种。

1.经济职权。指国家机关及其工作人员在行使经济管理职能时依法享有的权利。国家机关及其工作人员依法行使经济职权时，其他经济主体均应服从。经济职权对国家机关及其工作人员既是权利又是义务或职责，两者高度统一，且不得随意转让或放弃。经济职权包括：经济决策权、资源配置权、经济许可权、经济调节权、经济监督权等。

2.所有权和其他物权。所有权是指所有人依法对自己的财产享有的占有、使用、收益和处分的权利。所有权是自主权利。它具有支配性、排他性、绝对性,一物之上只能有一个所有权。所有权是最充分的物权。所有权具有四项权能:一是占有权能,指对财产的实际控制权能;二是使用权,指按照财产的性质与用途加以利用的权能;三是收益权,指获取财产所产生的利益的权能;四是处分权,指决定财产在事实上和法律上命运的权能。所有权的占有、使用、收益、处分四项权能可以在一定条件下与所有人分离,这种分离是所有人行使其财产权的一种方式。其他物权是指所有权以外的物权,它是在所有权权能与所有人发生分离的基础上产生的,其他物权人对物享有一定程度的直接支配权。

3.法人财产权。指企业所有者投资所涉企业的全部财产在经营中所享有的占有、使用、收益与处分的权利。法人财产权亦可以理解为企业或公司法人对企业或公司财产拥有的经营管理权。确立法人财产权,对于明确我国国有企业或公司中作为出资者的国家与作为管理者的企业法人之间的权责关系,具有重要经济和法律意义。

4.债权。指按照合同约定或法律规定,在当事人之间产生的特定的权利。债权是一种请求权,其义务主体是特定的。

5.知识产权。即商标权、专利权、著作权等,是智力成果的创造人依法所享有的权利和生产经营活动中标记所有人依法所享有的权利的总称。

(二)经济义务

义务是指经济法律关系主体为了满足特定的权利主体的权利,在法律规定的范围内必须为或不为某种经济行为。它包括以下几个方面的含义:第一,义务主体必须为或不为一定行为。这一行为的目的在于满足权利主体的利益需要。第二,义务主体实施的义务行为是在法定的范围内进行的。超越法律规定的限度,义务主体则不受限制和约束。第三,义务主体不依法履行义务,就应承担相应的法律责任,受到法律的制裁。

在我国,经济法主体应履行的义务主要有下列几个方面:

1.经济法主体必须遵守有关法律规定。遵守有关法律规定,是经济法律行为合法的基本要件之一,也是经济法主体必须履行的基本义务。具体来说,就是经济法主体要自觉守法,进行经济活动必须合法,不得违法。只有使自己的行为不违背法律的要求,才能使自己的行为产生积极的效果,有利于巩固社会主义市场经济秩序,并有利于经济主体获得自身经济利益。

2.经济法主体对国家承担的义务。由于国家集中代表了我国全体人民的利益,各经济法主体的行为必须对国家负责,承担一定的义务。其主要内容如下。

(1)履行经济调控职责。从宏观上看,国家经济管理机关必须履行法律规定的国民经济调控的职责。国家机关的职权和职责是一致的,国家机关不行使职权就是失职行为,从法律意义上说,就是不履行义务。从微观上说,目前国有企业,其财产所有权属国家所有,但国家依法授予企业经营权。因此,企业应该行使好经营权,经营管理好企业。从一定意义上说,行使好经营权,也是企业对国家应尽的一种义务。

(2)缴纳税金。经济法主体必须依法缴纳税金。这是国家财政收入的主要来源,是加快社会主义现代化建设步伐和逐步改善人民生活的可靠保证。所有经济法主体都同样必须依法履行这一义务。

3.经济法主体之间应承担的义务。经济法主体之间应承担的义务,主要是指经济法主体之间在经济法律关系中互相间应承担的基本义务。主要包括：

(1)具有隶属关系或法定的决策与实施关系的经济法主体应认真执行上级或决策主体的决定，认真履行自己的职责。

(2)不得侵害其他经济法主体的合法权益。对其他经济法主体行使法定权利的干扰和阻碍，对国家、集体或个体所有权的侵犯，都属违法行为。对其他经济法主体合法权益的侵犯，不仅会损害对方的合法权益，而且会扰乱社会经济秩序，损害国家利益。

四、经济法律关系的客体

(一)经济法律关系客体的概念

经济法律关系的客体是指经济法律关系的主体享有权利和承担义务所共同指向的对象。客体是确立权利义务关系性质和具体内容的依据，也是确定权利行使与否和义务是否履行的客观标准。如果没有客体，权利义务就失去了依附的目标和载体，也不可能发生权利义务。因此，客体是经济法律关系不可缺少的要素之一。

(二)经济法律关系客体的类型

1.物。物，亦称有体物，是指可以为人们控制和支配，有一定经济价值并以物质形态表现出来的物体。从法的角度来看，物亦可作多种划分，如：生产资料和生活资料；流通物与限制流通物；特定物和种类物；有形物与无形物；主物与从物等。

2.经济行为。经济行为是指经济法主体为达到一定经济目的，实现其权利和义务所进行的经济活动，包括经济调控行为、完成工作行为和履行一定劳务的行为。

(1)经济调控行为是指国家经济管理机关根据国家的授权，对国民经济进行调控而进行的活动，即是指经济法主体在进行经济调控的过程中，为达到一定的调控目的，而进行有目的有意识的活动。例如：经济决策行为、经济命令行为、审查批准行为、监督检查行为等。

(2)完成工作行为是指经济法主体的一方利用自己的资金和技术设备为对方完成一定的工作任务，而对方根据完成工作的数量和质量支付一定报酬的行为。

(3)提供劳务行为是指为对方提供一定劳务或服务满足对方的需要而对方支付一定报酬的行为。作为经济法律关系客体的经济行为，仅指具有法律意义，即为实现权利和义务的行为。

3.货币和有价证券。货币是在生产和流通过程中以价值形式表现的资金。我国的法定货币是人民币，是在全国通用的唯一货币。除国家法律规定可以使用外币的情况外，国内的一切经济活动都必须用人民币计算和支付，不允许外币在国内市场上流通、使用或者抵押。

有价证券作为财产权的凭证，其票面额也应以法定货币为计数单位。我国的有价证券包括支票、汇票、股票、国库券、债券等，国家允许依法进行流通。

4.智力成果。智力成果，是指经济法主体从事智力劳动所创造取得的成果，如科学发明、技术成果、艺术创作成果、学术论著等。智力成果本身不直接表现为物质财富，但可以转化为物质财富。智力成果作为经济法律关系的客体，其法律表现形式主要为商标、发明、实用新型、外观设计、专有技术、文学、艺术和科学作品等。

5. 经济信息。经济信息，是指反映社会经济活动发生、变化等情况的各种消息、数据、情报和资料等的总称。当今的时代是信息时代，经济信息作为一种重要的资源，无论是对宏观经济调控，还是对微观经济调控都起着十分重要的作用。现在信息已经成了一种推动国民经济发展的重要的产业。由于经济信息的重要性，决定了国家和企业都必须加强信息资源的调控，建立健全完善的经济信息系统，这就需要把经济信息的收集、整理、汇总计算、分析、加工、传递、储存和输出等全部过程纳入经济法制建设轨道。这样，经济信息就必须成为经济法律关系的又一类客体。

【实训题 1-2】甲、乙双方签订一份修理设备的合同，在此经济活动中，形成的经济法律关系客体是（　　）。

A. 乙方修理的该设备　　B. 甲乙双方

C. 乙方修理设备的劳务行为　　D. 甲乙双方承担的权利和义务

第五节　违反经济法的法律责任

一、法律责任的概念

法律责任是指行为人因违法行为、违约行为或者法律规定而依法应承担的不利法律后果。就本质而言，法律责任是国家对违反法定义务、超越法定权利或者滥用权利的行为所作的否定性法律评价，是国家以强制力作为后盾强制责任人作出一定行为或不作出一定行为，补偿或救济受到侵害或损害的社会利益和法定权利，恢复被破坏的法律秩序的手段。

违反经济法的法律责任所依据的法律主要是经济法。如果行为人违反经济法规范的法定义务，超越经济法规定的法定权利或者滥用权利，破坏正常的经济法律关系，则经济法以追究法律责任的方式给予行为人相应的法律制裁，从而达到保护经济法律关系的目的。

二、违反经济法的法律责任形式

违反经济法的法律责任分为民事责任、行政责任和刑事责任。

（一）民事责任

违反经济法的民事责任，是指经济法律关系主体违反经济法律规范，不履行、不适当履行经济义务，或者基于法律上的其他原因而应承担的否定性后果或其他负担。具体形式有：返还财产、赔偿损失、支付违约金、排除妨害等。

（二）行政责任

违反经济法的行政责任，是指国家机关基于特定的原因，对经济法律关系主体依行政程序或者行政诉讼程序所给予的制裁或加予的其他负担。单位一般承担的行政责任的具体形式有：警告、限期停业整改、罚款、勒令关闭、吊销营业执照、没收非法所得等。个人一般承担的行政责任的具体形式有：警告、记过、记大过、降职、留用察看、开除等。

（三）刑事责任

违反经济法的刑事责任，是指国家审判机关对严重违反经济法并触犯刑律的个人或单位依法采取的刑事制裁措施。根据我国刑法的规定，刑事责任分为主刑和附加刑，主刑包括管制、拘役、有期徒刑、无期徒刑和死刑；附加刑有罚金、剥夺政治权利、没收财产。

三、解决经济纠纷的方式

我国现今对于解决经济纠纷的方式日趋多元化，主要方式有当事人协商、消费者协会的调解、行政举报、仲裁机构仲裁和诉讼方式。其中解决经济纠纷最重要的方式是仲裁和诉讼。

（一）仲裁

1.仲裁的定义。仲裁是指经济法律关系的主体根据他们之间订立的仲裁协议，自愿将其争议提交由非官方身份的仲裁员组成的仲裁庭进行裁判，并受该裁判约束的一种制度。仲裁裁决是终局性的，对双方都有约束力，双方必须执行。根据《中华人民共和国仲裁法》（以下简称《仲裁法》）第 2 条规定：平等主体的公民、法人和其他组织之间发生的合同纠纷和其他财产权益纠纷，可以仲裁。

2.仲裁委员会和仲裁协会。根据我国《仲裁法》的规定，仲裁机构为直辖市和省、自治区人民政府所在地的市以及其他设区的市的人民政府组织有关部门和商会统一组建的仲裁委员会。设立仲裁委员会，应当经省、自治区、直辖市的司法行政部门登记。仲裁委员会独立于行政机关，与行政机关没有隶属关系；仲裁委员会之间也没有隶属关系。

3.仲裁协议。仲裁协议有两种形式：一种是在争议发生之前订立的，通常作为合同中的一项仲裁条款出现；另一种是在争议之后订立的，是把已经发生的争议提交给仲裁的协议。这两种形式的仲裁协议，其法律效力是相同的。仲裁协议应包括请求仲裁的意思表示、仲裁事项和选定的仲裁委员会。有下列情形之一的，仲裁协议无效：①约定的仲裁事项超出法律规定的仲裁范围的；②无民事行为能力人或者限制民事行为能力人订立的仲裁协议；③一方采取胁迫手段，迫使对方订立仲裁协议的。仲裁协议独立存在，合同的变更、解除、终止或者无效，不影响仲裁协议的效力。

4.仲裁程序。仲裁委员会受理仲裁申请后，应当依照法定要求组成仲裁庭。仲裁庭作出裁决前，可以先调解。当事人自愿调解的，仲裁庭应当调解，调解不成的，应当及时作出裁决。调解达成协议的，仲裁庭应当制作调解书或根据协议结果制作裁决书。调解书和裁决书具有等同的法律效力。仲裁庭根据多数仲裁员的意见作出裁决，并制作裁决书，裁决书自作出之日起发生法律效力。

如果当事人一方不履行仲裁裁决，另一当事人可以依照《中华人民共和国民事诉讼法》（以下简称《民事诉讼法》）的有关规定向人民法院申请执行。

(二)诉讼

1.诉讼的定义。诉讼是由人民法院依据法律对当事人之间争议事实进行审理,通过司法程序解决争议的活动。无论是民事案件、行政案件或刑事案件,都可以通过诉讼来解决。

2.诉讼的条件。根据我国《民事诉讼法》的规定,当事人提起诉讼必须符合下列条件:①原告为与本案有直接利害关系的公民、法人和其他组织;②有明确的被告;③有具体的诉讼请求和事实、理由;④属于人民法院受理民事诉讼的范围和受诉人民法院管辖。

3.诉讼的程序。我国人民法院审理经济纠纷案件实行两审终审制。经济纠纷诉讼一般包括一审程序、二审程序和执行程序三个阶段,但是并非每个案件都必须经过这些程序。如果一审判决、裁定后,当事人不上诉或在法定期限内未上诉以及一审经过调解结案的,则不发生二审程序,一审判决、裁定即发生法律效力。当事人不服一审判决、裁定而上诉的,进入二审程序。二审为终审,从二审判决、裁定作出之日起,即发生法律效力。当事人不履行发生法律效力的判决、裁定,另一方当事人可以向法院申请强制执行。当事人对生效的判决、裁定仍不服的,可在2年内申请再审,但不影响判决和裁定的执行。

(三)仲裁和诉讼的不同

1.案件管辖权的依据不同。仲裁是根据仲裁协议对案件实行管辖;法院对无仲裁协议的案件实行强制管辖。

2.纠纷解决机构不同。仲裁委员会是由人民政府组织有关部门和商会统一组建,其监督机构是中国仲裁协会,其仲裁员大多是律师和政府机构人员兼职担任;诉讼的机构是各级人民法院,是国家法律的审判机构。

3.受案范围不同。仲裁只能受理民事纠纷;而法院则可以受理民事、刑事、行政诉讼的案件。

4.审理的程序不同。仲裁的程序由当事人选择;诉讼只能由法院按照民事诉讼的规定进行,当事人不得约定。

5.审级不同。仲裁是一裁终局的;诉讼,如对一审不服还可以上诉,对二审不服可在2年内申请再审,法院有相关的法定监督机构和救济程序。

6.开庭审理的原则不同。仲裁一般不公开进行,仲裁庭审理案件具有“保密性”,案情不公开,裁决不公开;诉讼一般是公开开庭审理,判决公开作出,人民法院实行案件公开审理原则,但依法不应公开审理的除外。

本章小结

经济法是调整市场经济条件下需要由国家干预的经济关系的法律规范的总和。经济法的调整对象是需要国家干预的社会经济关系。具体包括微观经济调控关系、市场调控关系、宏观经济调控关系和社会分配关系。经济法的渊源是指经济法律规范借以存在和表现的形式。我国经济法的渊源包括宪法、法律、行政法规、地方性法规、自治法规、行政规章、特别行政区法和国际条约等。经济法律关系是指经济关系被经济法律规范确认和调整之后所形成的权利和义务关系,即经济法主体根据经济法律规范产生的、经济法主体之间在国家管理与协调经济过程中形成的权利与义务关系。经济法律关系的产生、变更和消灭需要具备三个条件：经济法律规范、经济法主体和经济法律事实。经济法律关系有三要素，是构成经济法律关系的必要条件，即主体、内容、客体，三者缺一不可。法律责任是指行为人因违法行为、违约行为或者法律规定而依法应承担的不利法律后果。违反经济法的法律责任分为民事责任、行政责任和刑事责任。

复习思考题

1. 简述经济法的概念。
2. 论述经济法的调整对象。
3. 论述经济法的基本原则。
4. 试述什么是经济法律关系。
5. 试述经济法律关系的构成要素。
6. 简述经济法律关系主体、客体和内容。

第二章　公司法律制度

本章重点知识

- 公司的概念与分类
- 公司的登记管理制度
- 公司设立条件
- 公司股票与债券
- 公司组织机构
- 公司合并与分类
- 公司的解算与清算
- 股东的权利和义务
- 公司董事、高级管理人员、监事对公司的义务和责任

【引读案例】

某县良种场是县农业局主管的全民事业单位，因经营不善、资不抵债，出现全场停产局面。县政府决定对良种场实施资产重组，同意由甲民营公司兼并良种场。甲公司在与良种场签订《企业兼并协议书》并对良种场进行资产清理时发现，早在一年前良种场将其800万元的主要厂房设备以年租金1万元的价格租赁给一台商独资企业乙公司，租期5年。而乙公司因无外销订单，其租赁的良种场的厂房和设备长期闲置。甲公司以乙公司用1万元租金租赁良种场800万元厂房设备显失公正为由，将乙公司诉至法院，请求撤销良种场与乙公司的租赁合同。后因甲公司不是此案的适格原告无奈申请撤诉。之后，甲公司撬开车间的门锁，将乙公司加工的未销售的土豆片从车间搬至附近仓库，并对良种场车间进行全面规划改造。乙公司以甲公司侵权为由，将甲公司诉至中级法院，要求甲公司赔偿库存和车间物资及其他损失共计2 033 757元。甲公司应诉期间发现乙公司是一个虚假的台商独资企业，台商无任何出资。于是，甲公司请求给台商颁发批准证书的外经贸局撤销乙公司批准证书，并请求给乙公司颁发营业执照的工商行政管理局吊销乙公司营业执照。外经贸局和工商行政管理局未予答复。甲方公司提起行政诉讼，请求外经贸局履行法定职责撤销乙公司批准证书，请求工商行政管理局履行法定职责吊销乙公司营业执照。

以上案例涉及公司法哪些内容？试运用公司法及相关法律知识对案例进行分析。

第一节 公司法概述

一、公司的概念与分类

(一)概念

公司是依照公司法规定的条件和程序组建并登记的,以营利为目的的企业法人。《中华人民共和国公司法》(以下简称《公司法》)第2条规定:“本法所称公司是指依照本法在中国境内设立的有限责任公司和股份有限公司。”具有如下特征:

1.公司是依法成立的企业法人。《公司法》第6条第1款规定:“设立公司应当依法向公司登记机关申请设立登记。符合本法规定的设立条件的,由公司登记机关分别登记为有限责任公司或者股份有限公司;不符合本法规定的设立条件的,不得登记为有限责任公司或者股份有限公司。”

2.公司是具有法人资格的企业。所谓法人企业是指具有民事权利能力和民事行为能力,依法独立享有民事权利和承担民事义务的组织。根据《公司法》第3条规定:“公司是企业法人,有独立的法人财产,享有法人财产权。公司以其全部财产对公司债务承担责任。有限责任公司的股东以其认缴的出资额为限对公司承担责任;股份有限公司的股东以其认购的股份为限对公司承担责任。”

3.公司是以营利为目的的企业法人。公司作为现代社会中的一种重要的企业形态,其营利性是公司区别于其他非营利性组织的特征。公司所从事的生产经营活动,其目的是为了获取利润。

(二)公司的分类

1.根据股东对公司的责任形式的不同,将公司分为无限公司、有限公司、股份有限公司和两合公司。

(1)无限公司,是指由无限责任的股东组成的公司,股东除对公司负有一定的出资义务外,还须对公司债务负无限连带责任。

(2)有限责任公司,指每个股东以其认缴的出资额为限对公司债务承担有限责任,而公司则以其全部资产对其债务承担责任的企业法人。

(3)股份有限公司,指全部资本由等额股份构成,股东以其所认缴的股份对公司承担责任,公司则以全部资产对公司债务承担责任的企业法人。

(4)两合公司,是指一部分股东就公司债务负无限责任,另一部分股东则以其出资为限承担有限责任,即由负无限责任股东和负有限责任股东组成而成立的公司。

2.以公司信用基础为标准,可以分为人合公司、资合公司以及人资兼合公司。

(1)人合公司,指公司的设立和经营活动以股东个人信用为基础,无限公司属于典型的人合公司。

(2)资合公司，指公司的设立和经营活动以公司资本为基础，股份有限公司属典型的资合公司。

(3)人资兼合公司，指公司的设立和经营同时依赖股东个人信用和公司资本规模，兼具人合与资合的特点，有限责任公司属此类公司。

3. 根据公司的国籍可以分为本国公司、外国公司和跨国公司。

(1)本国公司，指依照本国法设立的公司。《公司法》第 2 条规定，“本法所称公司是指依照本法在中国境内设立的有限责任公司和股份有限公司”。

(2)外国公司，指未依所在国(东道国)法律，也未在所在国登记而成立的公司。《公司法》第 192 条规定，“本法所称外国公司是指依照外国法律在中国境外设立的公司”。

(3)跨国公司，指以本国为基地，在其他国家或地区设立分公司、子公司或其他参股性投资企业，从事国际性生产和经营及服务活动的公司。

4. 根据公司组织关系为标准可以分为母公司和子公司、本公司和分公司。

(1)母公司和子公司，在不同公司之间存在控制和依附关系时，处于控制地位的是母公司，处于依附地位的是子公司。子公司虽然依附于母公司，但它仍然是法人。《公司法》第 14 条第 2 款规定，“公司可以设立子公司，子公司具有法人资格，依法独立承担民事责任”。

(2)本公司和分公司，分公司是依法设立的以分公司名义进行经营活动，其法律后果由本公司承担的分支机构。相对分公司而言，公司称为本公司或总公司。分公司没有独立的公司名称、章程，没有独立的财产，不具有法人资格。但可领取营业执照，进行经营活动，其民事责任由公司承担。《公司法》第 14 条第 1 款规定。“公司可以设立分公司。设立分公司，应当向公司登记机关申请登记，领取营业执照。分公司不具有法人资格，其民事责任由公司承担。”

二、公司法的概念和特征

(一)公司法的概念

公司法是规定公司法律地位、调整公司组织关系、规范公司在设立、变更与终止过程中的组织行为的法律规范的总称。公司法的概念有广义和狭义之分。狭义公司法仅指专门调整公司问题的法律，如《公司法》；广义的公司法，除包括专门的《公司法》外，还包括其他有关公司的法律、法规、规章等调整公司组织关系、规范公司组织行为的法律规范，如《公司管理条例》等。

我国现行的《公司法》是第八届全国人大常委会第五次会议于 1993 年 12 月 29 日通过，自 1994 年 7 月 1 日起施行。此后，全国人大常委会于 1999 年、2004 年对《公司法》进行了两次小的修改。2005 年 10 月 27 日，第十届全国人大常委会第十八次会议对《公司法》进行了较大规模的修订后重新颁布，自 2006 年 1 月 1 日起施行。

(二)公司法的特征

1. 公司法是人格法与行为法相结合的法律。公司法赋予公司法人资格，对公司的设立、组织机构的设置及其权限作了详细的规定，是关于公司人格的法律。同时公司法具体规定了公司和股东在公司设立、变更、解散、经营管理、利润分配以及对外活动中的权利义务，是公司的行为准则，因此公司法又是行为法。

2.公司法是私法自治与强制性规定相结合的法律。由于公司法属于私法的范畴，按照私法自治的原则，应赋予公司团体意思自治的权利。同时，由于国家制定公司法的目的在于规范公司的组织和行为，保护公司、股东和债权人的合法权益，维护社会经济秩序实现，因而公司中也有来自公法规范的强制性规定。

3.公司法是实体法和程序法相结合的法律。公司法规定了公司组成、活动所必须遵循的原则，规定了公司内部组织机构的权限，规定了公司和股东的权利义务等，这些属于实体法性质的内容。同时，公司法还规定了为取得实体权利所必须履行的法定程序。

三、公司的注册资本制度

公司资本，又称股本或股份资本，是公司章程确定并载明的股东出资总额。公司注册资本，是指为了保护公司债权人的利益，公司必须规定和公告其应该确保的最低财产金额，并且要时常在公司中保持相当于该金额的财产，为了防止公司自行规定的注册资本过低，法律根据公司类型分别规定了最低注册资本，即法定注册资本。

为了使公司资本制度切实起到保护债权人利益和维护社会交易安全的作用，注册资本坚持以下三点原则：

1.资本确定原则。资本确定原则，是指公司设立时或者公司设立后增加资本时，须在公司章程中确定注册资本，并根据注册资本的总额认购股份和确定投资人。

2.资本维持原则。资本维持原则，是指公司在存续期间要时常保持相当于注册资本金额的财产。

3.资本不变原则。资本不变原则，是指公司的资本一经确定，非依法定程序，不得随意改变。

四、公司章程

章程是记载公司组织、活动基本准则的公开性法律文件。设立有限责任公司必须由股东共同依法制定公司章程。股东应当在公司章程上签名、盖章。公司章程对公司、股东、董事、监事、高级管理人员具有约束力。

公司章程所记载的事项可以分为必备事项和任意事项。必备事项是法律规定的在公司章程中必须记载的事项，或称绝对必要记载事项；任意记载事项是由公司自行决定是否记载的事项。

《公司法》第25条第1款规定，有限责任公司章程应当载明下列事项：公司名称和住所；公司经营范围；公司注册资本；股东的姓名或者名称；股东的出资方式、出资额和出资时间；公司的机构及其产生办法、职权、议事规则；公司法定代表人。

《公司法》第82条规定，股份有限公司的公司章程应当载明下列事项：公司名称和住所；公司经营范围；公司设立的方式；公司股份总数；每股金额和公司注册资本；发起人的姓名和名称、认购的股份数、出资方式、出资时间；董事会的组成、职权和议事规则；公司法定代表人；监事会的组成、职权和议事规则;公司的利润分配办法;公司的解散事由与清算办法;公司的通知与公告办法。

五、公司的能力

1. 公司的权利能力。公司的权利能力是指公司能够以自己的名义享有权利和承担义务的资格。公司的权利能力产生于公司成立,止于公司终止。具体来说,公司的权利能力从公司营业执照签发之日开始,至公司注销登记并公告之日终止。

2. 公司的行为能力。公司的行为能力是指公司基于自己的意思表示,以自己的行为独立取得权利和承担义务的能力。公司的行为能力与自然人的行为能力不同,它和公司的权利能力同时产生,同时消灭,并且公司行为能力的范围与权利能力的范围一致。

六、公司法人格否认制度

公司法人格否认制度是指在承认公司具有法人人格的前提下,对特定法律关系的公司人格及股东有限责任加以否认,直接追索公司背后成员的责任,以规制滥用公司人格及股东有限责任行为的制度。《公司法》第 20 条第 3 款规定:“公司股东滥用公司法人独立地位和股东有限责任,逃避债务,严重损害公司债权人利益的,应当对公司债务承担连带责任。”

适用公司法人格否认制度,必须同时具备以下三个要件:第一,股东滥用公司法人格独立地位和股东有限责任;第二,股东须有逃避义务的主观故意;第三,已存在严重损害公司债权利益的后果。

第二节　公司的登记管理制度

公司登记是国家赋予公司法人资格与企业经营资格,并对公司的设立、变更、注销加以规范、公示的法律行为。《公司法》规定,设立公司,应当依法向公司登记机关申请设立登记。法律、行政法规规定设立公司必须报经批准的,应当在公司登记前依法办理批准手续。

一、登记管辖

我国的公司登记机关是工商行政管理机关。公司登记机关实行国家、省(自治区、直辖市)、市(县)三级管辖制度。

二、登记事项

公司的登记事项包括:名称;住所;法定代表人姓名;注册资本;实收资本;公司类型;经营范围;营业期限;有限责任公司股东或者股份有限公司发起人的姓名或者名称,以及认缴和实缴的出资额、出资时间、出资方式。公司的登记事项应当符合法律、行政法规的规定。

三、设立登记

(一)公司名称预先核准

设立公司应当申请名称预先核准。预先核准的公司名称保留期为6个月,预先核准的公司名称在保留期内,不得用于从事经营活动,不得转让。

(二)公司设立的申请与登记

1.有限责任公司的设立申请。设立有限责任公司,应当由全体股东指定的代表或者共同委托的代理人向公司登记机关申请设立登记。设立国有独资公司,应当由国务院或者地方人民政府授权的本级人民政府国有资产监督管理机构作为申请人,向公司登记机关申请设立登记。法律、行政法规或者国务院决定规定设立有限责任公司必须报经批准的,应当自批准之日起90日内向公司登记机关申请设立登记;逾期申请设立登记的,申请人应当报批准机关确认原批准文件的效力或者另行报批。

2.股份有限公司的设立申请。设立股份有限公司,应当由董事会向公司登记机关申请设立登记。以募集方式设立股份有限公司的,应当于创立大会结束后30日内向公司登记机关申请设立登记。

3.公司的设立登记。依法设立的公司,由公司登记机关发给《企业法人营业执照》,公司营业执照签发日期为公司成立日期。公司凭公司登记机关核发的《企业法人营业执照》刻制印章,开立银行账户,申请纳税登记。

四、变更登记

公司变更登记事项,应当向原公司登记机关申请变更登记。未经变更登记,公司不得擅自改变登记事项。变更登记事项涉及《企业法人营业执照》载明事项的,公司登记机关应当换发《企业法人营业执照》。

五、注销登记

有下列情形之一的,公司清算组应当自公司清算结束之日起30日内向原公司登记机关申请注销登记:①公司被依法宣告破产;②公司章程规定的营业期限届满或者公司章程规定的其他解散事由出现,但公司通过修改公司章程而存续的除外;③股东会、股东大会决议解散或者一人有限责任公司的股东、外商投资的公司董事会决议解散;④依法被吊销营业执照、责令关闭或者被撤销;⑤人民法院依法予以解散;⑥法律、行政法规规定的其他解散情形。

经公司登记机关注销登记,公司终止。

六、分公司的登记

分公司的登记事项包括:名称、营业场所、负责人、经营范围。公司设立分公司的,应当自决定作出之日起30日内向分公司所在地的公司登记机关申请登记。分公司的公司登记机关准予登记的，发给《营业执照》。分公司变更登记事项的，应当向公司登记机关申请变更登记。公司登记机关准予变更登记的，换发《营业执照》。分公司被公司撤销、依法责令关闭、吊销营业执照的，公司应当自决定作出之日起30日内向该分公司的公司登记机关申请注销登记。公司登记机关准予注销登记后，应当收缴《营业执照》。

七、登记程序

申请公司、分公司登记，申请人可以到公司登记机关提交申请，也可以通过信函、电报、电传、传真、电子数据交换和电子邮件等方式提出申请。公司登记机关应当根据情况分别作出是否受理的决定。公司登记机关决定予以受理的，应当出具《受理通知书》；决定不予受理的，应当出具《不予受理通知书》。公司登记机关对决定予以受理的登记申请，应当分别情况在规定的期限内作出是否准予登记的决定。公司办理设立登记、变更登记，应当按照规定向公司登记机关缴纳登记费。公司登记机关应当将登记的公司登记事项记载于公司登记簿上，供社会公众查阅、复制。吊销《企业法人营业执照》的公告由公司登记机关发布。

八、年度检验

公司登记机关于每年3月1日至6月30日对公司进行年度检验。公司应当在规定的时间内接受年度检验，并提交年度检验报告书、年度资产负债表和损益表、《企业法人营业执照》副本。公司应当向公司登记机关缴纳年度检验费。

九、证照和档案管理

《企业法人营业执照》分为正本和副本，正本和副本具有同等法律效力。任何单位和个人不得伪造、涂改、出租、出借、转让营业执照。借阅、抄录、携带、复制公司登记档案资料的，应当按照规定的权限和程序办理。

第三节　有限责任公司

一、有限责任公司的概念

有限责任公司，是指根据《公司法》规定，由一定人数的股东共同出资，每个股东以其认缴的出资额为限对公司债务承担有限责任，公司以其全部资产对其债务承担责任的企业法人。

二、有限责任公司的设立

（一）有限责任公司设立条件

1. 股东符合法定人数。有限责任公司由50人以下股东出资设立。股东既可以是自然人，也可以是法人。

【实训题 2-1】关于股东的表述，下列哪一选项是正确的？(　　)

A. 股东应当具有完全民事行为能力　　B. 股东资格可以作为遗产继承

C. 非法人组织不能成为公司的股东　　D. 外国自然人不能成为我国公司的股东

2. 股东出资达到法定资本最低限额。

(1)法定资本最低限额。《公司法》规定，有限责任公司注册资本的最低限额为人民币 3 万元。法律、行政法规对有限责任公司注册资本的最低限额有较高规定的，从其规定。

(2)股东出资额和出资时间。《公司法》规定，有限责任公司全体股东的首次出资额不得低于注册资本的 20%，也不得低于法定的注册资本最低限额，其余部分自公司成立之日起 2 年内缴足；其中，投资公司可以在 5 年内缴足。

(3)股东的出资方式。股东可以用货币出资，也可以用实物、知识产权、土地使用权等可以用货币估价并可以依法转让的非货币财产作价出资；但是，法律、行政法规规定股东不得以劳务、信用、自然人姓名、商誉、特许经营权或者设定担保的财产等作价出资。全体股东的货币出资金额不得低于有限责任公司注册资本的 30%。

【实训题 2-2】甲、乙、丙三人拟成立一家小规模商贸有限责任公司，注册资本为 8 万元，甲以一辆面包车出资，乙以货币出资，丙以实用新型专利出资。对此，下列哪一表述是正确的？(　　)

A. 甲出资的面包车无须移转所有权，但须交公司管理和使用

B. 乙的货币出资不能少于 2 万元

C. 丙的专利出资作价可达到 4 万元

D. 公司首期出资不得低于注册资本的 30%

3. 股东共同制定公司章程。制定符合公司发展的公司章程，股东应当在公司章程上签名盖章。

4. 有公司名称，建立符合有限责任公司要求的组织机构。

5. 有公司住所。公司以其主要办事机构所在地为其住所。

(二)有限责任公司股东的权利和义务

1. 有限责任公司股东的权利。

(1)股东知情权。《公司法》规定，股东有权查阅、复制公司章程、股东会会议记录、董事会会议决议、监事会会议决议和财务会计报告。

股东可以要求查阅公司会计账簿。股东要求查阅公司会计账簿的，应当向公司提出书面请求，说明目的。公司有合理根据认为股东查阅会计账簿有不正当目的的，可能损害公司合法利益的，可以拒绝提供查阅，股东可以请求人民法院要求公司提供查阅。

(2)股东分红权和优先认股权。一般情况下，股东按照实缴的出资比例分取红利；公司新增资本时，股东有权优先按照实缴的出资比例认缴出资。但是，全体股东可以约定不按照出资比例分取红利或者不按照出资比例优先认缴出资。

有限责任公司成立后，股东不得抽逃出资。但是股东可以按照公司法允许的方式转让自己的股权，实现出资的收回。

(3)诉讼请求权。股东会、董事会的决议内容违反法律、行政法规的无效。股东会、董

事会的会议召集程序、表决方式违反法律、行政法规或者公司章程，或者决议内容违反公司章程的，股东可以自作出决议之日起 60 日内，请求人民法院撤销。股东依法提起诉讼的，人民法院可以应公司的请求，要求股东提供相应担保。公司根据股东会、董事会决议已办理变更登记的，人民法院宣告该决议无效或撤销该决议的，公司应当向公司登记机关申请撤销变更登记。

公司董事、高级管理人员执行职务违反法律、行政法规、公司章程的规定，给公司造成损失的，股东可以书面请求监事会或者不设监事会的监事提起诉讼。监事给公司造成损失的，股东可以请求董事会(或执行董事)提起诉讼。监事会、监事、董事会、执行董事拒绝提起诉讼，或者情况紧急，不立即提起诉讼将会使公司受到难以弥补的损害等情况下，股东可以直接提起诉讼。他人侵犯公司合法权益，给公司造成损失的，股东可以依照上述规定向人民法院提起诉讼。

董事、高级管理人员违反法律、行政法规或者公司章程的规定，损害股东利益的，股东可以提起诉讼。

(4)股东的退出权。有限责任公司自成立之后至解散之前，股东不得要求退还其股份。但是根据公司法的规定，有下列情形之一的，对股东会该项决议投反对票的股东可以请求公司按照合理的价格收购其股权：①公司连续 5 年不向股东分配利润，而公司该 5 年连续盈利，并且符合本法规定的分配利润条件的；②公司合并、分立、转让主要财产的；③公司章程规定的营业期限届满或者章程规定的其他解散事由出现，股东会会议通过决议修改公司章程使公司存续的。

自股东会会议决议通过之日起 60 日内，股东与公司不能达成股权收购协议的，股东可以自股东会会议决议通过之日起 90 日内向人民法院提起诉讼。

2. 有限责任公司股东的义务。

(1)足额缴纳出资。股东应当按期足额缴纳公司章程中规定的各自所认缴的出资额。股东不按规定缴纳出资的，除应当向公司足额缴纳外，还应当向已按期足额缴纳出资的股东承担违约责任。

(2)补交出资差额。有限责任公司成立后，发现作为设立公司出资的非货币财产的实际价额显著低于章程所定价额的，应当由交付该出资的股东补足其差额；公司设立时的其他股东承担连带责任。

(3)不得抽逃出资。

(4)遵纪守法，依法行使股东权利。

【实训题 2-3】甲乙丙三人共同组建一有限责任公司。公司成立后，甲将其 20%股权中的 5%转让给第三人丁，丁通过受让股权成为公司股东。甲、乙均按期足额缴纳出资，但发现由丙出资的机器设备的实际价值明显低于公司章程所确定的数额。对此，下列哪些表述是错误的？(　　)

A. 由丙补交其差额，甲、乙和丁对其承担连带责任

B. 丙应当向甲、乙和丁承担违约责任

C. 由丙补交其差额，甲、乙对其承担连带责任

D. 丙应当向甲、乙承担违约责任

三、有限责任公司的组织机构

(一)股东会

1. 股东会的职权。有限责任公司股东会由全体股东组成,是公司的权力机构,依法行使下列职权:①决定公司的经营方针和投资计划;②选举和更换非由职工代表担任的董事、监事,决定有关董事、监事的报酬事项;③审议批准董事会的报告;④审议批准监事会或者监事的报告;⑤审议批准公司的年度财务预算方案、决算方案;⑥审议批准公司的利润分配方案和弥补亏损方案;⑦对公司增加或者减少注册资本作出决议;⑧对发行公司债券作出决议;⑨对公司合并、分立、变更公司形式、解散和清算等事项作出决议;⑩修改公司章程;⑪公司章程规定的其他职权。

2. 股东会的形式。股东会会议分为定期会议和临时会议。定期会议应当按照公司章程的规定按时召开。代表 1/10 以上表决权的股东,1/3 以上的董事,监事会或者不设监事会的监事提议召开临时会议的,应当召开临时会议。

3. 股东会的召开。首次股东会会议由出资最多的股东召集和主持,依法行使职权。以后的股东会会议,公司设立董事会的,由董事会召集,董事长主持;董事长不能履行职务或者不履行职务的,由副董事长主持;副董事长不能履行职务或者不履行职务的,由半数以上董事共同推举一名董事主持。公司不设董事会的,股东会会议由执行董事召集和主持;董事会或者执行董事不能履行或者不履行召集股东会会议职责的,由监事会或者不设监事会的监事召集和主持;监事会或者监事不召集和主持的,代表 1/10 以上表决权的股东可以自行召集和主持。

召开股东会会议,应当于会议召开 15 日前通知全体股东,但是,公司章程另有规定或者全体股东另有约定的除外。股东会应当对所议事项的决定作成会议记录,出席会议的股东应当在会议记录上签名。

4. 股东会的决议。股东会会议由股东按照出资比例行使表决权,但是,公司章程另有规定的除外。股东会的议事方式和表决程序,除《公司法》有规定的外,由公司章程规定。

股东会会议作出修改公司章程、增加或者减少注册资本,以及公司合并、分立、解散或者变更公司形式的决议,必须经代表 2/3 以上表决权的股东通过。

股东会应当对所议事项的决议作成会议记录,出席会议的股东应当在会议记录上签名。

(二)董事会

有限责任公司董事会是公司的执行机构,它是公司的常设机构,对内执行公司业务,对外代表公司。

1. 董事会的组成。董事会(依法不设董事会的除外)成员为 3~13 人。2 个以上的国有企业或者其他 2 个以上的国有投资主体投资设立的有限责任公司,其董事会成员中应当有公司职工代表;其他有限责任公司董事会成员中可以有公司职工代表。董事会中的职工代表由公司职工通过职工代表大会、职工大会或者其他形式民主选举产生。

董事会设董事长一人,可以设副董事长。董事长、副董事长的产生办法由公司章程规定。

董事任期由公司章程规定,但每届任期不得超过 3 年。董事任期届满,连选可以连任。董事任期届满未及时改选，或者董事在任期内辞职导致董事会成员低于法定人数的，在改选出的董事就任前，原董事仍应当依照法律、行政法规和公司章程的规定，履行董事职务。

2.董事会的职权。董事会对股东会负责，行使下列职权：①召集股东会会议，并向股东会报告工作；②执行股东会的决议；③决定公司的经营计划和投资方案；④制订公司的年度财务预算方案、决算方案；④制订公司的利润分配方案和弥补亏损方案；⑥制订公司增加或者减少注册资本以及发行公司债券的方案；⑦制订公司合并、分立、变更公司形式、解散的方案；⑧决定公司内部管理机构的设置；⑨决定聘任或者解聘公司经理及其报酬事项，并根据经理的提名决定聘任或者解聘公司副经理、财务负责人及其报酬事项；⑩制定公司的基本管理制度；⑪公司章程规定的其他职权。

3.董事会的召开。董事会会议由董事长召集和主持；董事长不能履行职务或者不履行职务的，由副董事长召集和主持；副董事长不能履行职务或者不履行职务的，由半数以上董事共同推举一名董事召集和主持。

4.董事会的决议。董事会的议事方式和表决程序，除《公司法》有规定的外，由公司章程规定。董事会决议的表决，实行一人一票制。董事会应当对所议事项的决定作成会议记录，出席会议的董事应当在会议记录上签名。

5.经理。有限责任公司可以设经理，由董事会决定聘任或者解聘。经理对董事会负责，行使下列各项职权：①主持公司的生产经营管理工作，组织实施董事会决议；②组织实施公司年度经营计划和投资方案；③拟定公司内部管理机构设置方案；④拟定公司的基本管理制度；⑤制定公司的具体规章；⑥提请聘任或者解聘公司副经理；⑦决定聘任或者解聘除应由董事会聘任或者解聘以外的负责管理人员；⑧董事会授予的其他职权。

公司章程对经理职权另有规定的，从其规定。经理列席董事会会议。

6.执行董事。有限责任公司股东人数较少或者规模较小的，可以设一名执行董事，不设董事会。执行董事可以兼任公司经理。执行董事的职权由公司章程规定。

（三）监事会

监事会是公司的内部监督机构，它对公司执行机构的业务活动进行监督。

1.监事会的组成。经营规模较大的有限责任公司，监事会成员不得少于 3 人。股东人数较少或者规模较小的有限责任公司，可以设 1～2 名监事，不设监事会。监事会应当包括股东代表和适当比例的公司职工代表，其中职工代表的比例不得低于 1/3，具体比例由公司章程规定。董事、高级管理人员不得兼任监事。

监事会设主席一人，由全体监事过半数选举产生。监事会主席召集和主持监事会会议；监事会主席不能履行职务或者不履行职务的，由半数以上监事共同推举一名监事召集和主持监事会会议。

监事的任期每届为 3 年。监事任期届满，可连选连任。监事任期届满未及时改选，或者监事在任期内辞职导致监事会成员低于法定人数的，在改选出的监事就任前，原监事仍应当依照法律、行政法规和公司章程的规定，履行监事的职务。

【实训题 2-4】王某、刘某共同出资设立了甲有限责任公司，注册资本为 10 万元，下列关于甲公司组织机构设置的表述中，不符合公司法律制度规定的是（　　）。

A. 甲公司决定不设董事会，由王某担任执行董事

B. 甲公司决定不设监事会，由刘某担任监事

C. 甲公司决定由执行董事王某兼任经理

D. 甲公司决定由执行董事王某兼任监事

2. 监事会的职权。监事会、不设监事会的公司的监事行使下列职权：①检查公司财务；②对董事、高级管理人员执行公司职务的行为进行监督，对违反法律、行政法规、公司章程或者股东会决议的董事、高级管理人员提出罢免的建议；③当董事、高级管理人员的行为损害公司的利益时，要求董事、高级管理人员予以纠正；④提议召开临时股东会会议，在董事会不履行规定的召集和主持股东会会议职责时召集和主持股东会会议；⑤向股东会会议提出提案；⑥依照《公司法》的规定，对董事、高级管理人员提起诉讼；⑦公司章程规定的其他职权。

监事可以列席董事会会议，并对董事会决议事项提出质询或者建议。监事会、不设监事会的监事发现公司经营情况异常，可以进行调查；必要时，可以聘请会计师事务所等协助其工作。监事会、不设监事会的监事行使职权的必要费用，由公司承担。

3. 监事会的决议。监事会每年度至少召开一次会议，监事可以提议召开临时监事会会议。监事会的议事方式和表决程序，除《公司法》有规定的外，由公司章程规定。监事会决议应经半数以上监事通过。监事会应当对所议事项的决定作成会议记录，出席会议的监事应当在会议记录上签名。

四、有限责任公司股权转让和继承

(一)股权转让

1. 股东之间转让股权。有限责任公司的股东之间可以相互转让其全部或者部分股权。

2. 股东向股东以外的人转让股权。股东向股东以外的人转让股权，应当经其他股东过半数同意。其他股东半数以上不同意转让的，不同意的股东应当购买该转让的股权；不购买的，视为同意转让。经股东同意转让的股权，在同等条件下，其他股东有优先购买权。两个以上股东主张行使优先购买权的，协商确定各自的购买比例；协商不成的，按照转让时各自的出资比例行使优先购买权。

公司章程对股权转让另有规定的，从其规定。

3. 人民法院强制转让股东股权。人民法院依照法律规定强制执行程序转让股东的股权时，应当通知公司及全体股东，其他股东在同等条件下有优先购买权。其他股东自人民法院通知之日起满 20 日不行使优先购买权的，视为放弃优先购买权。

(二)股权继承

自然人股东死亡后，其合法继承人可以继承股东资格。但是，公司章程另有规定的除外。

有限责任公司股权发生变更后，公司应当注销原股东的出资证明书，向新股东签发出资证明书，并相应修改公司章程和股东名册中有关股东及其出资额的记载。对公司章程的该项修改不需要再由股东会表决。

五、一人有限责任公司的特别规定

(一)一人有限责任公司的概念

一人有限责任公司,是指只有一个自然人股东或者一个法人股东的有限责任公司。为了保证交易安全,相对于由两个以上股东组成的有限责任公司,《公司法》对一人有限责任公司在公司设立、组织机构和责任承担方面的规定更加严格。《公司法》对一人有限责任公司没有做出特别规定的则适用有限责任公司的一般规定。

(二)一人有限责任公司的特别规定

1. 一人有限责任公司的注册资本最低限额为人民币10万元。股东应当一次足额缴纳公司章程规定的出资额。一个自然人只能投资设立一个一人有限责任公司,该一人有限责任公司不能投资设立新的一人有限责任公司。

2. 一人有限责任公司的章程由股东制定。

3. 一人有限责任公司应当在公司登记中注明自然人独资或者法人独资,并在公司营业执照中载明。

4. 一人有限责任公司不设股东会。法律规定的股东会职权由股东行使,股东行使相应职权作出决定时,应当采用书面形式,并由股东签字后制备于公司。

5. 一人有限责任公司应当在每一会计年度终了时编制财务会计报告,并经会计师事务所审计。

6. 一人有限责任公司的股东不能证明公司财产独立于股东个人财产的,应当对公司债务承担连带责任。

【实训题2-5】下列关于一人有限责任公司的表述中,符合《公司法》规定的有(　　)。

A. 一人有限责任公司的注册资本最低限额为10万元

B. 一人有限责任公司应当在公司登记中注明法人独资或自然人独资,并在公司营业执照中载明

C. 一人有限责任公司的股东可以分期缴纳出资,首次出资额不得低于注册资本的20%

D. 一人有限责任公司应当在每一会计年度终了时编制财务会计报告,并经会计师事务所审计

六、国有独资公司的特别规定

(一)国有独资公司的概念

国有独资公司,是指国家单独出资、由国务院或者地方人民政府委托本级人民政府国有资产监督管理机构履行出资人职责的有限责任公司。

(二)国有独资公司的特别规定

1. 国有独资公司的章程由国有资产监督管理机构制定,或者由董事会制订报国有资产监

督管理机构批准。

2.国有独资公司不设股东会,由国有资产监督管理机构行使股东会职权。国有资产监督管理机构可以授权公司董事会行使股东会的部分职权,决定公司的重大事项,但公司的合并、分立、解散、增减注册资本和发行公司债券,必须由国有资产监督管理机构决定;其中,重要的国有独资公司合并、分立、解散、申请破产的,应当由国有资产监督管理机构审核后,报本级人民政府批准。上述所称重要的国有独资公司,按照国务院的规定确定。

3.国有独资公司设立董事会,董事会在法律规定和国有资产监督管理机构授权范围内行使职权。董事每届任期不得超过3年。董事会成员中应当有公司职工代表。董事会成员由国有资产监督管理机构委派;但是,董事会成员中的职工代表由公司职工代表大会选举产生。

董事会设董事长一人,可以设副董事长。董事长、副董事长由国有资产监督管理机构从董事会成员中指定。

4.国有独资公司的董事长、副董事长、董事、高级管理人员,未经国有资产监督管理机构同意,不得在其他有限责任公司、股份有限公司或者其他经济组织兼职。

5.国有独资公司的监事会成员不得少于5人,其中职工代表比例不得低于1/3,具体比例由公司章程规定。监事会成员由国有资产监督管理机构委派;但是,监事会中的职工代表由公司职工代表大会选举产生。监事会主席由国有资产监督管理机构从监事会成员中指定。

国有独资公司监事会的职权包括:检查公司财务;对董事、高级管理人员执行公司职务的行为进行监督,对违反法律、行政法规、公司章程或者股东会决议的董事、高级管理人员提出罢免的建议;当董事、高级管理人员的行为损害公司的利益时,要求董事、高级管理人员予以纠正;以及国务院规定的其他职权。

6.国有独资公司设经理,由董事会聘任或者解聘。经国有资产监督管理机构同意,董事会成员可以兼任经理。国有独资公司经理的职权与一般有限责任公司经理的职权相同。

【实训题2-6】甲公司为国有独资公司,其董事会作出的下列决议中,符合《公司法》规定的是( )。

A.聘选张某为公司经理　　B.增选王某为公司董事

C.批准董事林某兼任乙有限责任公司经理　　D.决定发行公司债券500万元

第四节 股份有限公司

一、股份有限公司的概念

股份有限公司是指全部资本由等额股份构成并通过发行股票筹集资本,股东以其所认购股份对公司承担责任,公司以其全部资产对公司债务承担责任的企业法人。

股份有限公司有如下特征:

1.资本化分为等额股份。股份有限公司将资本总额划分为等额的股份,每股金额与股份数乘积即是资本总额。而有限责任公司的资本不需要划分成等额股份。

2.通过发行股票筹集资本。股份有限公司可以采用定向筹集和公开筹集的方式来筹集资本。而这种筹集方式有限责任公司是不允许的。

3.股东人数无最高限额。有限责任公司为闭合性公司，股东人数有最高限额。而股份有限公司为开放式公司，股东人数没有最高限额。

4.股票可以自由转让。股份有限公司的股票按照法定程序可以自由转让，股票转让的价格可高可低，而有限责任公司在出资转让方面限制地较为严格。

5.经营信息公开。股份有限公司的公司章程、股东名册、债券存根、股东大会会议记录、董事会会议记录、监事会会议记录、财务会计报告等应置于本公司。公司应当定期向股东披露董事、监事、高级管理人员从公司获得报酬的情况。

二、股份有限公司的设立

(一)股份有限公司的设立方式

股份有限公司的设立，可以采取发起设立或者募集设立的方式。发起设立，是指由发起人认购公司应发行的全部股份而设立公司。募集设立又可分为公开募集和定向募集两种方式。公开募集设立，是指发起人认购公司应发行股份的一部分，其余部分向社会公开募集而设立公司。定向募集设立，是指由发起人认购公司应发行股份一部分，其余部分股份向特定对象募集而设立公司。

(二)股份有限公司的设立条件

1.发起人符合法定人数。发起人是指依法筹办创立股份有限公司事务的人。发起人可以是自然人，也可以是法人；可以是中国公民，也可以是外国公民。

设立股份有限公司，应当有 2 人以上 200 人以下为发起人，其中须有半数以上的发起人在中国境内有住所。

2.发起人认购和募集的股本达到法定资本最低限额。《公司法》规定，股份有限公司注册资本的最低限额为人民币 500 万元。法律、行政法规对股份有限公司注册资本最低限额有较高规定的，从其规定。

股份有限公司采取发起设立方式设立的，注册资本为在公司登记机关登记的全体发起人认购的股本总额。公司全体发起人首次出资额不得低于注册资本的 20%，其余部分由发起人自公司成立之日起 2 年内缴清；其中，投资公司可以在 5 年内缴足。在缴足前，不得向他人募集股份。

股份有限公司采取募集方式设立的，注册资本为在公司登记机关登记的实收股本总额。

发起人可以用货币出资，也可以用实物、知识产权、土地使用权等可以用货币估价并可以依法转让的非货币财产作价出资；但是，法律、行政法规规定不得作为出资的财产除外。

全体发起人的货币出资金额不得低于股份有限公司注册资本的 30%。

3.发起人制定公司章程，采用募集方式设立的须经创立大会通过。对于以发起方式设立的股份有限公司，由全体发起人共同制定公司章程；对于以募集方式设立的股份有限公司，发起人制定的公司章程，还应当经其他认股人参加的创立大会，以出席会议的认股人所持表决权的半数以上通过，方为有效。

4. 有公司名称，建立符合股份有限公司要求的组织机构。

5. 有公司住所。

6. 股份发行、筹办事项符合法律规定。

三、股份有限公司的组织机构

(一)股东大会

1. 股东大会的性质和组成。股份有限公司的股东大会是公司的权力机构，依法行使职权。股东大会由全体股东组成。

2. 股东大会的职权。股份有限公司股东大会行使法律规定的各项职权，其职权的规定与有限责任公司股东会职权的规定基本相同。

3. 股东大会的形式。股东大会分为股东年会和临时股东大会两种。股东大会应当每年召开一次年会。有下列情形之一的，应当在 2 个月内召开临时股东大会：①董事人数不足《公司法》规定人数或者公司章程所定人数的 2/3 时；②公司未弥补的亏损达实收股本总额 1/3 时；③单独或者合计持有公司 10%以上股份的股东请求时；④董事会认为必要时；⑤监事会提议召开时；⑥公司章程规定的其他情形。

【实训题 2-7】根据公司法律制度的规定，股份有限公司发生下列情形时，应当召开临时股东大会的有(　　)。

A. 董事人数不足公司章程所定人数的 1/2 时

B. 公司未弥补的亏损达到实收股本总额的 1/3 时

C. 持有公司股份 5%的股东请求时

D. 监事会提议召开时

4. 股东大会的召开。股东大会会议由董事会召集，董事长主持；董事长不能履行职务或者不履行职务的，由副董事长主持；副董事长不能履行职务或者不履行职务的，由半数以上董事共同推举一名董事主持。董事会不能履行或者不履行召集股东大会会议职责的，监事会应当及时召集和主持；监事会不召集和主持的，连续 90 日以上单独或者合计持有公司 10%以上股份的股东可以自行召集和主持。

召开股东大会会议，应当将会议召开的时间、地点和审议的事项于会议召开 20 日前通知各股东；临时股东大会应当于会议召开 15 日前通知各股东；发行无记名股票的，应当于会议召开 30 日前公告会议召开的时间、地点和审议事项。股东大会只能就以上通知中列明的事项作出决议，如果股东想要就以上通知中没有列明的事项提交股东大会进行决议，则需要提出临时提案。单独或合计持有公司 3%以上股份的股东，可以在股东大会召开 10 日前提出临时提案并书面提交董事会，董事会应当在收到提案后 2 日内通知其他股东，并将该临时提案提交股东大会审议。

5. 股东大会的决议。股东出席股东大会会议，所持每一股份有一表决权。股东可以委托代理人出席股东大会会议，代理人在授权范围内行使表决权。但公司持有的本公司股份没有表决权。股东大会作出决议，必须经出席会议的股东所持表决权过半数通过。但是，股东大会作出修改公司章程、增加或者减少注册资本的决议，以及公司合并、分立、解散或者变更公司形式的决议，必须经出席会议的股东所持表决权的2/3以上通过。

【实训题2-8】某股份有限公司共发行股份3 000万股，公司拟召开股东大会对另一公司合并的事项作出决议。在股东大会表决时可能出现的下列情形中，能使决议得以通过的是(　　)。

A. 出席大会的股东共持有2 700万股，其中持有1 600万股的股东同意

B. 出席大会的股东共持有2 400万股，其中持有1 200万股的股东同意

C. 出席大会的股东共持有1 800万股，其中持有1 300万股的股东同意

D. 出席大会的股东共持有1 500万股，其中持有800万股的股东同意

(二)董事会

1. 董事会的性质和组成。股份有限公司的董事会是股东大会的执行机构，对股东大会负责。其成员为5～19人。

董事会成员中可以有公司职工代表。董事会中的职工代表由公司职工通过职工代表大会、职工大会或者其他民主形式选举产生。

董事会设董事长一人，可以设副董事长。董事长召集和主持董事会会议，董事长不能履行职务或者不履行职务的，由副董事长履行职务；副董事长不能履行职务或者不履行职务的，由半数以上董事共同推举一名董事履行职务。

股份有限公司的董事任期由公司章程规定，但每届任期不得超过3年。董事任期届满，可连选连任。董事任期届满未及时改选，或者董事在任期内辞职导致董事会成员低于法定人数的，在改选出的董事就任前，原董事仍应当依照法律、行政法规和公司章程的规定，履行董事职务。

2. 董事会的职权。股份有限公司董事会行使法律规定的各项职权，其职权的规定与有限责任公司董事会职权的规定基本相同。

3. 董事会的召开。董事会每年度至少召开2次会议，每次会议应当于会议召开10日前通知全体董事和监事。代表1/10以上表决权的股东、1/3以上董事或者监事会，可以提议召开。

4. 董事会的决议。董事会决议的表决，实行一人一票。董事会会议应有过半数的董事出席方可举行。董事会作出决议，必须经全体董事的过半数通过。董事会会议应由董事本人出席；董事因故不能出席，可以书面委托其他董事代为出席，委托书中应载明授权范围。董事会应当对会议所议事项的决定作成会议记录，出席会议的董事应当在会议记录上签名。

董事应当对董事会的决议承担责任。董事会的决议违反法律、行政法规或者公司章程、股东大会决议，致使公司遭受严重损失的，参与决议的董事对公司负赔偿责任。但经证明在表决时曾表明异议并记载于会议记录的，该董事可以免除责任。

【实训题2-9】根据公司法律制度的规定，某股份有限公司董事会由9名董事组成，下列情形中，能使董事会决议得以顺利通过的有(　　)。

A. 5名董事出席会议，一致同意　　B. 7名董事出席会议，4名同意

C. 5名董事出席会议，4名同意　　D. 9名董事出席会议，5名同意

(三)经理

股份有限公司设经理,由董事会决定聘任或者解聘。经理行使法律规定的各项职权。公司董事会可以决定由董事会成员兼任经理。

(四)监事会

1.监事会的组成。监事会成员不得少于3人。监事会应当包括股东代表和适当比例的公司职工代表,其中职工代表的比例不得低于1/3,具体比例由公司章程规定。

监事的任期每届为3年。监事任期届满,可连选连任。监事任期届满未及时改选,或者监事在任期内辞职导致监事会成员人数低于法定人数的,在改选出的监事就任前,原监事仍应当依照法律、行政法规和公司章程的规定,履行监事职务。

董事、高级管理人员不得兼任监事。监事可以列席董事会会议,并对董事会会议决议事项提出质询或者建议。监事会发现公司经营情况异常,可以进行调查;必要时,可以聘请会计师事务所等协助其工作,费用由公司承担。

【实训题2-10】下列有关公司董事、监事以及高级管理人员兼任的表述中,符合公司法律制度规定的是(　　)。

A.公司董事可以兼任公司经理　　B.公司董事可以兼任公司监事

C.公司经理可以兼任公司监事　　D.公司董事会秘书可以兼任公司监事

2.监事会的职权。股份有限公司监事会行使法律规定的各项职权,其职权的规定与有限责任公司监事会职权的规定基本相同。

3.监事会的召开。监事会设主席一人,可以设副主席。监事会主席和副主席由全体监事过半数选举产生。监事会主席召集和主持监事会会议;监事会主席不能履行职务或者不履行职务的,由监事会副主席召集和主持监事会会议;监事会副主席不能履行职务或者不履行职务的,由半数以上监事共同推举一名监事召集和主持监事会会议。

监事会每6个月至少召开一次会议。监事可以提议召开临时监事会会议。监事会的议事方式和表决程序,除《公司法》有规定的外,由公司章程规定。监事会应当对所议事项的决定作成会议记录,出席会议的监事应当在会议记录上签名。

四、上市公司组织机构的特别规定

上市公司,是指其股票在证券交易所上市交易的股份有限公司。《公司法》对上市公司的组织机构及其活动原则作出特别规定。

(一)股东大会特别决议事项

上市公司在一年内购买、出售重大资产或者担保金额超过公司资产总额30%的,应当由股东大会作出决议,并经出席会议的股东所持表决权的2/3以上通过。

(二)设立独立董事

独立董事,是指不在公司担任除董事外的其他职务,并与其受聘的上市公司及其主要股东不存在可能妨碍其进行独立客观判断的关系的董事。独立董事由股东大会选举产生。独立董事的任期与其他董事的任期相同，任期届满可以连选连任，但是连任时间不得超过 6 年。

（三）董事会秘书

董事会秘书是指掌管董事会文件并协助董事会成员处理日常事务的人员。董事会秘书是董事会设置的服务席位。上市公司董事会秘书是公司的高级管理人员，承担法律、行政法规以及公司章程对公司高级管理人员所要求的义务，享有相应的工作职权，获得相应的报酬。上市公司董事会秘书，负责公司股东大会和董事会会议的筹备、文件保管以及公司股权管理，办理信息披露事务等事宜。

（四）关联董事表决权排除

上市公司董事与董事会会议决议事项所涉及的企业有关联关系的，不得对该项决议行使表决权，也不得代理其他董事行使表决权。该董事会会议由过半数的无关联关系董事出席即可举行，董事会会议所作决议须经无关联关系董事过半数通过。出席董事会的无关联关系董事人数不足 3 人的，应将该事项提交上市公司股东大会审议。

第五节　股份有限公司的股份发行和转让

一、股份发行

（一）股份和股票的概念

1. 股份，是指股份有限公司被均等细化的股东地位和投资单位，也是构成公司资本的最基本计量单位。

2. 股票，是指公司签发的证明股东所持股份的凭证。股票是一种有价证券，股票记载着股票种类、票面金额和代表的股份数，反映着股票持有人对公司的权利，同时股票还具有证权性和要式性等特征。股票按照不同的标准可以分为普通股和优先股，内资股和外资股，记名股和无记名股等。

（二）股份的发行原则

股份的发行，是指股份有限公司为了筹集公司资本而出售和分配股份的法律行为。股份的发行应当遵循公平、公正和同股同权的原则。同次发行的同种类股票，每股的发行条件和价格应当相同；任何单位或者个人所认购的股份，每股应当支付相同价额。

（三）股票的发行价格

股票的发行价格是指股票发行时所使用的价格，也是投资者认购股票时所支付的价格。股票的价格可以分为平价发行和溢价发行的价格。平价发行是指股票的发行价格与股票的票面金额相同，也称为等价发行、券面发行。溢价发行是指股票的实际发行价格超过票面金额。股票发行价格可以按票面金额，也可以超过票面金额，但不得低于票面金额。因为低于票面价额发行股票，违背资本充实原则，使股票发行募集的资本低于公司相应的注册资本数额。

（四）股票的形式和种类

股票采用纸面形式或者国务院证券监督管理机构规定的其他形式。公司发行的股票，可以为记名股票，也可以为无记名股票。公司向发起人、法人发行的股票，应当为记名股票，并应当记载该发起人、法人的名称或者姓名，不得另立户名或者以代表人姓名记名。发行无记名股票的，公司应当记载其股票数量、编号及发行日期。

二、股份转让

股份转让，是指股份有限公司的股份持有人依法自愿将自己所拥有的股份转让给他人，使得他人取得股份或者增加股份数额成为股东的法律行为。股份转让是一种法律行为，所以必须依法进行，法律对股份转让作出了一些具体规定。

1. 股东持有的股份可以依法转让。股东转让其股份，应当在依法设立的证券交易场所进行或者按照国务院规定的其他方式进行。

2. 记名股票，由股东以背书方式或者法律、行政法规规定的其他方式转让。转让后由公司将受让人的姓名或者名称及住所记载于股东名册。股东大会召开前 20 日内或者公司决定分配股利基准日前 5 日内，不得进行上述规定的股东名册的变更登记。但是，法律对上市公司股东名册变更登记另有规定的，从其规定。无记名股票的转让，由股东将该股票交付给受让人后即发生转让的效力。

3. 发起人持有的本公司股份，自公司成立之日起 1 年内不得转让。公司公开发行股份前已发行的股份，自公司股票在证券交易所上市交易之日起 1 年内不得转让。公司董事、监事、高级管理人员在任职期间每年转让的股份不得超过其所持有本公司股份总数的 25 %；所持本公司股份自公司股票上市交易之日起 1 年内不得转让。上述人员离职后半年内，不得转让其所持有的本公司股份。公司章程可以对公司董事、监事、高级管理人员转让其所持有的本公司股份作出其他限制性规定。

【实训题 2-11】下列关于股份有限公司股份转让限制的表述中，符合《公司法》规定的有（　　）。

A. 公司发起人持有的本公司股份，自公司成立之日起 1 年内不得转让

B. 公司董事持有的本公司股份，自公司股票上市交易之日起 1 年内不得转让

C. 公司监事离职后 1 年内，不得转让其所持有的本公司股份

D. 公司经理在任职期间每年转让的股份不得超过其所持有本公司股份总数的 25%

4. 公司不得收购本公司股份。但是，有下列情形之一的除外：①减少公司注册资本；②与持有本公司股份的其他公司合并；③将股份奖励给本公司职工；④股东因对股东大会作出的公司合并、分立决议持异议，要求公司收购其股份的。公司因上述第①项至第③项的原因收购本公司股份的，应当经股东大会决议。公司依照上述规定收购本公司股份后，属于第①项情形

的，应当自收购之日起 10 日内注销；属于第②项、第④项情形的，应当在 6 个月内转让或者注销。公司依照上述第③项规定收购本公司股份的，不得超过本公司以发行股份总额的 5%；用于收购的资金应当从公司的税后利润中支出；所收购的本公司的股份应当在 1 年内转让给职工。

5. 公司不得接受本公司的股票作为质押权的标的。

【实训题 2-12】甲公司为股份有限公司。根据《公司法》的规定，下列各项中，属于甲公司可以收购本公司股份的情形有(　　)。

A. 甲公司减少注册资本

B. 甲公司与持有本公司股份的其他公司合并

C. 甲公司将股份奖励给本公司职工

D. 甲公司接受本公司的股票作为质押权的标的

6. 记名股票被盗、遗失或者灭失的，股东可以依照《民事诉讼法》规定的公示催告程序，请求人民法院宣告该股票失效。人民法院宣告该股票失效后，股东可以向公司申请补发股票。

第六节　公司董事、监事、高级管理人员的资格和义务

一、公司董事、监事、高级管理人员的资格

《公司法》第 147 条规定有下列情形之一的，不得担任公司的董事、监事、高级管理人员：①无民事行为能力或者限制民事行为能力；②因贪污、贿赂、侵占财产、挪用财产或者破坏社会主义市场经济秩序，被判处刑罚，执行期满未逾 5 年，或者因犯罪被剥夺政治权利，执行期满未逾 5 年；③担任破产清算的公司、企业的董事或者厂长、经理，对该公司、企业的破产负有个人责任的，自该公司、企业破产清算完结之日起未逾3 年；④担任因违法被吊销营业执照、责令关闭的公司、企业的法定代表人，并负有个人责任的，自该公司、企业被吊销营业执照之日起未逾 3 年；⑤个人所负数额较大的债务到期未清偿。

公司违反规定选举、委派董事、监事或者聘任高级管理人员的，该选举、委派或者聘任无效。

二、公司董事、监事、高级管理人员的义务

公司董事、监事、高级管理人员应当遵守法律、行政法规和公司章程，对公司负有忠实义务和勤勉义务；不得利用职权收受贿赂或者其他非法收入，不得侵占公司的财产。

《公司法》149 条规定，公司董事、高级管理人员不得有下列行为：①挪用公司资金；②将公司资金以其个人名义开立账户存储；③违反公司章程的规定，未经股东会、股东大会或者董事会同意，将公司资金借贷给他人或者以公司财产为他人提供担保；④违反公司章程的规定或者

未经股东会、股东大会的同意，与本公司订立合同或者进行交易；⑤未经股东会、股东大会的同意，利用职务便利为自己或者为他人谋取属于公司的商业机会，自营或者为他人经营与所任职公司同类的业务；⑥接受他人与公司交易的佣金归为己有；⑦擅自披露公司秘密；⑧违反对公司的忠实义务的其他行为。

公司董事、监事、高级管理人员违反上述规定所得的收入应当归公司所有。

董事、监事、高级管理人员执行公司职务时违反法律、行政法规或者公司章程的规定，给公司造成损失的，应当承担赔偿责任。

三、股东诉讼

(一)股东代表诉讼

股东代表诉权，也称股东间接诉权，是指当董事、监事、高级管理人员或者他人的违反法律、行政法规或者公司章程的行为给公司造成损失，公司拒绝或者怠于向该违法行为人请求损害赔偿时，具备法定资格的股东可代表其他股东，代替公司提起诉讼，请求违法行为人赔偿公司损失的权利。具体规定如下：

1.股东对公司董事、监事、高级管理人员提起诉讼。公司董事、高级管理人员执行公司职务时违反法律、行政法规或者公司章程的规定，给公司造成损失的，应当承担责任。

(1)股东通过监事或监事会提起诉讼。公司董事、高级管理人员执行公司职务时违反法律、行政法规或者公司章程的规定，给公司造成损失的，有限责任公司的股东、股份有限公司连续 180 日以上单独或者合计持有公司 1%以上股份的股东，可以书面请求监事会或者不设监事会的有限责任公司的监事向人民法院提起诉讼。

(2)股东通过董事会或董事提起诉讼。监事执行公司职务时违反法律、行政法规或者公司章程的规定，给公司造成损失的，前述股东可以书面请求董事会或者不设董事会的有限责任公司的执行董事向人民法院提起诉讼。

(3)股东直接提起诉讼。监事会、不设监事会的有限责任公司的监事，或者董事会、执行董事，收到前述规定的股东的书面请求后拒绝提起诉讼，或者自收到请求之日起 30 日内未提起诉讼，或者情况紧急不立即提起诉讼将会使公司利益受到难以弥补的损害的，前述规定的股东有权为了公司的利益，以自己的名义直接向人民法院提起诉讼。

2.股东对他人给公司造成损失的行为提起诉讼。公司董事、监事、高级管理人员以外的他人侵犯公司合法权益，给公司造成损失的，有限责任公司的股东、股份有限公司连续 180 日以上单独或者合计持有公司 1%以上股份的股东，可以通过监事会或者监事、董事会或者董事向人民法院提起诉讼，或者直接向人民法院提起诉讼。

(二)股东直接诉讼

公司董事、高级管理人员违反法律、行政法规或者公司章程的规定，损害股东利益的，股东可以依法向人民法院提起诉讼。

【实训题 2-13】甲公司、乙公司均为有限责任公司。甲公司经理张某违反公司章程规定将公司业务发包给不知情的乙公司，致使甲公司遭受损失。李某是甲公司股东，甲公司设董事会和监事会。下列关于李某保护甲公司利益和股东整体利益的途径的表述中，符合《公司法》规定的是(　　)。

A. 李某可以书面请求甲公司监事会起诉张某

B. 李某可以书面请求甲公司董事会起诉张某

C. 李某可以书面请求甲公司监事会起诉乙公司

D. 李某可以书面请求甲公司董事会起诉乙公司

第七节　公司债券

一、公司债券的概念

公司债券是指公司为筹措资金，依法以发行有价证券的方式，向社会公众借债所产生的债务。公司债券是指公司依照法定程序发行的，约定在一定期限内还本付息的有价证券，是公司债的凭证。

二、公司债券的发行条件

发行公司债券应当符合《证券法》的相关规定。《证券法》规定发行公司债券应当具备下列条件：①股份有限公司的净资产不低于人民币 3 000 万元，有限责任公司的净资产不低于人民币 6 000 万元；②累计债券余额不超过公司净资产的 40%；③最近 3 年平均可分配利润足以支付公司债券 1 年的利息；④筹集的资金投向符合国家产业政策；⑤债券的利率不超过国务院限定的利率水平；⑥国务院规定的其他条件。

公开发行公司债券筹集的资金，必须用于核准的用途，不得用于弥补亏损和非生产性支出。有下列情形之一的，不得再次公开发行公司债券：①前一次发行的公司债券尚未募足；②对已公开发行的公司债券或者其他债务有违约或者延迟支付本息的事实，仍处于继续状态；③违反规定，改变公开发行公司债券所募资金的用途。

三、公司债券的转让

公司债券可以转让，转让价格由转让人与受让人约定。公司债券在证券交易所上市交易的，按照证券交易所的交易规则转让。

记名公司债券，由债券持有人以背书方式或者法律、行政法规规定的其他方式转让。无记名公司债券的转让，由债券持有人将该债券交付给受让人后即发生转让的效力。

发行可转换为股票的公司债券的，公司应当按照其转换办法向债券持有人换发股票，但债券持有人对转换股票或者不转换股票有选择权。

第八节 公司财务、会计

一、公司财务、会计的基本要求

1.公司应当依照法律、行政法规和国务院财政部门的规定建立本公司的财务、会计制度。

2.公司应当在每一会计年度终了时编制财务会计报告,并依法经会计师事务所审计。

3.有限责任公司应当按照公司章程规定的期限将财务会计报告送交各股东。股份有限公司的财务会计报告应当在召开股东大会年会的20日前置备于本公司,供股东查阅;公开发行股票的股份有限公司必须公告其财务会计报告。

4.公司除法定的会计账簿外,不得另立会计账簿。对公司资产,不得以任何个人名义开立账户存储。

5.公司应当依法聘用、解聘会计师事务所。

二、公司利润分配

1.利润。公司利润,是指公司在一定会计期间的经营成果。公司应当按照如下顺序进行利润分配:①弥补以前年度的亏损,但不得超过税法规定的弥补期限;②缴纳所得税;③弥补在税前利润弥补亏损之后仍存在的亏损;④提取法定公积金;⑤提取任意公积金;⑥向股东分配利润。

2.公积金。公积金是公司在资本之外所保留的资金金额,又称为附加资本或者准备金。公司为增强自身财力,扩大营业范围和预防意外亏损,从利润中提取一定的资金,以用于扩大资本或弥补亏损。公积金分为盈余公积金和资本公积金。盈余公积金是从公司税后利润中提取的公积金,分为法定公积金和任意公积金。公司分配当年税后利润时,应当提取利润的10%列入公司法定公积金。公司法定公积金累计额为公司注册资本的50%以上的,可以不再提取。

公司的法定公积金不足以弥补以前年度亏损的,在依照规定提取法定公积金之前,应当先用当年利润弥补亏损。公司从税后利润中提取法定公积金后,经股东会或者股东大会决议,还可以从税后利润中提取任意公积金。法定公积金转为资本时,所留存的该项公积金不得少于转增前公司注册资本的25%。

第九节 公司合并、分立、增资、减资

一、公司合并

(一)公司合并的形式

公司合并是指两个以上的公司依照法定程序变为一个公司的行为。公司合并有吸收合并和新设合并两种形式。吸收合并是指一个公司吸收其他公司加入本公司,被吸收的公司解散。新设合并是指两个以上公司合并设立一个新公司,合并各方解散。

(二)公司合并的程序

1.签订合并协议。
2.编制资产负债表及财产清单。
3.作出合并决议。
4.通知债权人。
5.公司合并登记。

(三)公司合并各方的债权、债务

公司合并时,合并各方的债权、债务,应当由合并后存续的公司或者新设的公司承继。

二、公司分立

公司分立是指一个公司依法分为两个以上的公司。公司分立的程序与公司合并的程序基本相同。

公司分立前的债务由分立后的公司承担连带责任。但是,公司在分立前与债权人就债务清偿达成的书面协议另有约定的除外。

三、公司注册资本的减少和增加

公司减少注册资本时,应当自作出减少注册资本决议之日起 10 日内通知债权人,并于 30 日内在报纸上公告。债权人自接到通知书之日起 30 日内,未接到通知书的自公告之日起 45 日内,有权要求公司清偿债务或者提供相应的担保。公司减资后的注册资本不得低于法定的最低限额。

有限责任公司增加注册资本时,股东认缴新增资本的出资,依照《公司法》设立有限责任公司缴纳出资的有关规定执行。股份有限公司为增加注册资本发行新股时,股东认购新股,依照《公司法》设立股份有限公司缴纳股款的有关规定执行。

公司减少、增加注册资本,应当依法向公司登记机关办理变更登记。

第十节　公司解散和清算

一、公司解散及其法定事由

公司解散,也称公司终止,是指因某些法律事实的发生而使公司法人资格归于消灭的法律行为。公司解散事由可分为任意解散事由和强制解散事由。

任意解散事由是指公司基于自己的意思而自愿解散的事由。公司法规定的任意解散事由

有三种:①公司章程规定的营业期限届满或者公司章程规定的其他解散事由出现;②股东会议决议解散;③因公司合并或分立需要解散。

强制解散事由是指公司基于法律法规和行政机关的命令而被迫解散的事由。公司法规定的强制解散事由有两种:①公司被依法宣告破产;②公司违反法律法规被依法责令关闭。

二、公司清算

(一)公司清算及其种类

公司清算是公司解散或被宣告破产后,依照一定程序终结公司债权债务关系,处理剩余财产,最终使公司法人资格归于消灭的法律程序。公司清算分为破产清算和非破产清算,前者适用《企业破产法》,后者适用《公司法》的相关规定,而非破产清算又分为普通清算和特别清算。

《公司法》第 184 条规定:“公司因本法第 182 条第 1 项、第 2 项、第 4 项、第 5 项规定而解散的,应当在解散事由出现之日起十五日内成立清算组,开始清算。有限责任公司的清算组由股东组成,股份有限公司的清算组由董事或者股东大会确定的人员组成。”属普通清算。“逾期不成立清算组进行清算的,债权人可以申请人民法院指定有关人员组成清算组进行清算。人民法院应当受理该申请,并及时组织清算组进行清算。”属特别清算。破产清算指公司因破产而解散时的清算,即《公司法》第 191 条规定的清算,清算组由人民法院组织股东、有关机关及有关专业人员组成。

(二)清算组的职权和清算程序

1. 清算组的职权。公司法对清算组规定了以下七项法定职权:清理公司财产,分别编制资产负债表和财产清单;通知或者公告债权人;处理与清算有关的公司未了结的业务;清缴所欠税款;清理债权、债务;处理公司清偿债务后的剩余财产;代表公司参与民事诉讼活动。

2. 清算程序。

(1)普通清算与特别清算程序基本相同,简称为一般清算程序:①成立清算组织,清理公司财产,制定清算方案。清算方案应报股东(大)会或有关主管部门确认;另外,清算组在清理公司财产后,发现公司财产不足清偿债务的应立即向人民法院申请宣告破产,经法院宣告破产后,进入破产清偿程序。②了结公司财务,通知债权人,收取债权,清偿债务。公司财产按下面顺序清偿:支付清算费用—员工工资和劳动保险费用—缴纳所欠税款—清偿公司债务。③分配剩余财产。按股东的出资比例或持有股份的比例分配。④提出清算报告。报告应报股东(大)会或者有关主管部门确认。⑤办理注销登记。

(2)破产清算程序:①宣告公司破产;②成立清算组,核定破产财产,确定破产债权,制定破产财产分配方案;③进行破产财产分配,终结破产程序,按破产费用、员工工资和劳动保险费、所欠税款、破产债权的顺序清偿,破产财产不足清偿同一顺序的清偿要求的按照比例分配;④办理注销登记。

第十一节　违反公司法的法律责任

一、公司违反公司法的法律责任

1.公司违反关于公司登记的法律责任。虚报注册资本、提交虚假材料或者采取其他欺诈手段隐瞒重要事实取得公司登记的，由公司登记机关责令改正，对虚报注册资本的公司，处以虚报注册资本金额5%以上50%以下的罚款；对提交虚假材料或者采取其他欺诈手段隐瞒重要事实的公司，处以5万元以上50万元以下的罚款；情节严重的，撤销公司登记或者吊销营业执照。

2.公司违反关于财务、会计规定的法律责任。公司违反规定，在法定的会计账簿以外另立会计账簿的，责令改正，处以5万元以上50万元以下的罚款。构成犯罪的，依法追究刑事责任。

公司向股东和社会公众提供虚假的或者隐瞒重要事实的财务会计报告的，对直接负责的主管人员和其他直接责任人员处以3万元以上30万元以下的罚款。构成犯罪的，依法追究刑事责任。

公司不按照《公司法》规定提取法定公积金、法定公益金的，责令如数补足，并可对公司处以20万元以下的罚款。

3.违反关于合并、分立、减少注册资本或者清算的规定的法律责任。公司在合并、分立、减少注册资本或者进行清算时，不按照《公司法》规定通知或者公告债权人的，责令改正，对公司处以1万元以上10万元以下的罚款。

4.冒用公司的法律责任。未依法登记为有限责任公司或者股份有限公司，而冒用有限责任公司或者股份有限公司名义的，责令改正或者予以取缔，并可处10万元以下的罚款。构成犯罪的，依法追究刑事责任。

5.违反关于依法开业和变更登记的规定的法律责任。公司成立后无正当理由超过6个月未开业的，或者开业后自行停业连续6个月以上的，由公司登记机关吊销其公司营业执照。

公司登记事项发生变更时，未按照《公司法》规定办理有关变更登记的，责令限期登记，逾期不登记的，处以1万元以上10万元以下的罚款。

6.外国公司擅自在中国境内设立分支机构的法律责任。外国公司违反《公司法》规定，擅自在中国境内设立分支机构的，责令改正或者关闭，并可处以5万元以上20万元以下的罚款。

二、发起人、股东违反公司法的法律责任

1.发起人、股东虚假出资的法律责任。公司的发起人、股东未交付货币、实物或者未转移财产权，虚假出资，欺骗债权人和社会公众的，责令改正，处以虚假出资金额5%以上15%以下的罚款。构成犯罪的，依法追究刑事责任。

2.发起人、股东抽逃其出资的法律责任。公司的发起人、股东在公司成立后，抽逃其出资

的，责令改正，处以所抽逃出资金额 5%以下 15%以下的罚款。构成犯罪的，依法追究刑事责任。

三、董事、监事、经理违反公司法的法律责任

董事、监事、经理利用职权收受贿赂、其他非法收入或者侵占公司财产的，没收违法所得，责令退还公司财产。构成犯罪的，依法追究刑事责任。

董事、经理挪用公司资金或者将公司资金借贷给他人的，责令退还公司的资金，由公司给予处分，将其所得收入归公司所有。构成犯罪的，依法追究刑事责任。

董事、经理违反《公司法》规定，以公司资产为本公司的股东或者其他个人债务提供担保的，责令取消担保，并依法承担赔偿责任，将违法提供担保取得的收入归公司所有。

董事、经理违反《公司法》规定自营或者为他人经营与其所任职公司同类的营业的，将其所得收入归公司所有。

董事应当对董事会的决议承担责任。董事会的决议违反法律、行政法规或者公司章程、股东大会决议，致使公司遭受严重损失的，参与决议的董事对公司负赔偿责任。但经证明在表决时曾表明异议并记载于会议记录的，该董事可以免除责任。

四、清算组和清算组成员违反公司法的法律责任

清算组不按照《公司法》规定向公司登记机关报送清算报告，或者报送清算报告隐瞒重要事实或者有重大遗漏的，责令改正。

清算组成员利用职权徇私舞弊、谋取非法收入或者侵占公司财产的，责令退还公司财产，没收违法所得，并可处以违法所得 1 倍以上 5 倍以下的罚款。构成犯罪的，依法追究刑事责任。

五、资产评估、验资或者验证机构违反公司法的法律责任

承担资产评估、验资或者验证的机构提供虚假证明文件的，没收违法所得，处以违法所得 1 倍以上 5 倍以下的罚款，并可由有关主管部门依法责令该机构停业，吊销直接责任人员的资格证书。构成犯罪的，依法追究刑事责任。

承担资产评估、验资或者验证的机构因过失提供有重大遗漏的报告的，责令改正，情节较重的，处以所得收入 1 倍以上 5 倍以下的罚款，并可由有关主管部门依法责令该机构停业，吊销直接责任人员的资格证书。

六、有关国家机关和直接责任人员违反公司法的法律责任

公司登记机关对不符合本法规定条件的登记申请予以登记，或者对符合本法规定条件的登记申请不予登记的，对直接负责的主管人员和其他直接责任人员，依法给予行政处分。构成犯罪的，依法追究刑事责任。

本章小结

公司是依照公司法组建并登记的以营利为目的的企业法人。公司章程是指公司必须具备的由发起设立公司的投资主体制定的，并对公司、股东、董事、监事及公司高级管理人员具有约束力的调整公司内部组织关系和经营行为的自治规则。公司资本，又称股本或股份资本，是公司章程确定并载明的股东出资总额。资本确定原则、资本维持原则、资本不变原则是公司资本三原则。公司的权利能力是指公司享有权利和承担义务的资格。公司的行为能力是指公司基于自己的意思表示，以自己的行为独立取得权利和承担义务的能力。股东是指向公司出资并对公司享有权利和承担义务的人。公司的组织机构包括股东会、董事会和监事会。股东（大）会是由股东组成的公司的权力机构，是股东在公司内部行使股东权的法定组织；董事会是公司的业务执行机关，是公司的核心领导层；监事会，是公司依照法律和公司章程设立的，对公司事务进行监督的机构。股东依其持有的股票行使股东权。公司债是指公司为筹措资金，依法以发行有价证券的方式，向社会公众借债所产生的债务。公司的合并和分离需要经过特别程序。公司解散，也称公司终止，是指因某些法律事实的发生而使公司法人资格归于消灭的法律行为。违反公司法的责任，根据具体情况可分为民事责任、行政责任和刑事责任。

复习思考题

1. 我国《公司法》规定的公司类型有哪几种？
2. 一人公司的特点有哪些？
3. 股份有限公司设立的条件有哪些？
4.《公司法》规定的股东行使退出权的情况有哪些？
5. 股东诉权的内容是什么？
6. 公司发行公司债券的条件是什么？

第三章　合伙企业法律制度

本章重点知识

- 合伙企业的类型
- 普通合伙企业的设立条件
- 特殊普通合伙企业的责任形式
- 有限合伙企业设立的特殊规定
- 有限合伙人的特殊权利

【引读案例】

甲、乙、丙拟设立一普通合伙企业，并订立了一份合伙协议，部分内容如下：①甲的出资现金1 000元和劳务作价5万元；②乙的出资为现金5万元，于合伙企业成立后半年内缴付；③丙的出资为作价8万元的房子一栋，不办理财产权转移手续，且丙保留对该房屋的处分权；④合伙企业的经营期限，于合伙企业成立满1年时再协商确定。

试分析该协议的上述内容是否符合《合伙企业法》的规定。

第一节　合伙企业法概述

一、合伙企业的概念及分类

(一)合伙企业的概念

合伙企业，是指自然人、法人和其他组织按照《中华人民共和国合伙企业法》(以下简称《合伙企业法》)在中国境内设立的普通合伙企业和有限合伙企业。

(二)合伙企业的分类

合伙企业分为普通合伙企业和有限合伙企业。普通合伙企业由普通合伙人组成，合伙人对合伙企业债务承担无限连带责任。《合伙企业法》对普通合伙人承担责任的形式有特别规定的，从其规定。有限合伙企业由普通合伙人和有限合伙人组成，普通合伙人对合伙企业债务承担无限连带责任，有限合伙人以其认缴的出资额为限对合伙企业债务承担责任。

二、合伙企业法的概念

合伙企业法有广义和狭义之分。狭义的合伙企业法，是指由国家最高立法机关依法制定的、规范合伙企业合伙关系的专门法律，即《中华人民共和国合伙企业法》。该法自 2007 年 6 月 1 日起实行。广义的合伙企业法，是指国家立法机关或者其他有权机关依法制定的、调整合伙企业合伙关系的各种法律规范的总称。

第二节　普通合伙企业

一、普通合伙企业的概念

普通合伙企业，是指由普通合伙人组成，合伙人对合伙企业债务依照《合伙企业法》规定承担无限连带责任的一种合伙企业。其特点：

1. 由普通合伙人组成。所谓普通合伙人指在合伙企业中对合伙企业的债务依法承担无限连带责任的自然人、法人和其他组织。但国有独资公司、国有企业、上市公司以及公益性事业单位、社会团体不得成为普通合伙人。

2. 合伙人对合伙企业债务依法承担无限连带责任，法律另有规定的除外。

【实训题 3-1】根据《合伙企业法》的规定，关于合伙人，下列哪些选项是错误的？（　　）

A. 有限责任公司不能成为普通合伙人

B. 个人丧失偿债能力的，不能成为普通合伙人

C. 无民事行为能力人或者限制民事行为能力人，可以成为有限合伙人

D. 夫妻不能在同一个合伙企业中同时作为普通合伙人

二、普通合伙企业的设立条件

1. 有两个以上合伙人。

2. 有书面合伙协议。合伙协议经全体合伙人签名、盖章后生效。

3. 有合伙人认缴或者实际缴付的出资。

4. 有合伙企业的名称和生产经营场所。普通合伙企业应当在其名称中标明“普通合伙”字样。

5. 法律、行政法规规定的其他条件。

三、普通合伙企业财产

(一)合伙企业财产的构成

1. 合伙人的出资。合伙人可用货币、实物、知识产权、土地使用权或者其他财产权利出资，也可用劳务出资。

2. 以合伙企业名义取得的收益。

3. 依法取得的其他财产。

(二)合伙企业财产的性质

合伙企业的财产具有独立性和完整性两方面的特征。独立性是指合伙企业的财产独立于合伙人。完整性是指合伙企业的财产作为一个完整的统一体而存在。

合伙人在合伙企业清算前,不得请求分割合伙企业的财产;但法律另有规定的除外。合伙人在合伙企业清算前私自转移或处分合伙企业财产的,合伙企业不得以此对抗善意第三人。

(三)合伙人财产份额的转让

1.合伙人之间转让合伙企业的全部或者部分财产份额时,应当通知其他合伙人。

2.除合伙协议另有约定外,合伙人向合伙人以外的人转让其在合伙企业中的全部或者部分财产份额时,须经其他合伙人一致同意。

3.合伙人向合伙人以外的人转让其在合伙企业中的财产份额的,在同等条件下,其他合伙人有优先购买权;但是,合伙协议另有约定的除外。

此外,《合伙企业法》规定,合伙人以其在合伙企业中的财产份额出质的,须经其他合伙人一致同意;未经其他合伙人一致同意,其行为无效,由此给善意第三人造成损失的,由行为人依法承担赔偿责任。

四、合伙事务执行

(一)合伙事务执行的形式

按照合伙协议的约定或者经全体合伙人一致决定,可以由全体合伙人共同执行合伙事务,也可以委托一个或者数个合伙人对外代表合伙企业执行合伙事务。未接受委托执行合伙企业事务的其他合伙人,不再执行合伙企业的事务。

除合伙协议另有约定外,合伙企业的下列事项应当经全体合伙人一致同意:①改变合伙企业的名称;②改变合伙企业的经营范围、主要经营场所的地点;③处分合伙企业的不动产;④转让或者处分合伙企业的知识产权和其他财产权利;⑤以合伙企业名义为他人提供担保;⑥聘任合伙人以外的人担任合伙企业的经营管理人员。

(二)合伙人在执行合伙事务中的权利和义务

1.合伙人在执行合伙事务中的权利。主要包括以下内容:①合伙人对执行合伙事务享有同等的权利;②执行合伙事务的合伙人对外代表合伙企业;③不执行合伙事务的合伙人有权监督合伙企业事务的执行情况;④合伙人有查阅合伙企业会计账簿等财务资料的权利;⑤合伙人有提出异议的权利和撤销委托的权利。

2.合伙人在执行合伙事务中的义务。主要包括以下内容:①由一个或者数个合伙人执行合伙事务的,合伙事务执行人应定期向不参加执行事务的合伙人报告企业经营状况和财务状况;②合伙人不得自营或者同他人合作经营与本合伙企业相竞争的业务;③合伙人不得同本合伙企业进行交易。除合伙协议另有约定或者经全体合伙人一致同意外;④合伙人不得从事损害本合伙企业利益的活动;⑤合伙企业应当依照法律、行政法规的规定建立企业会计制度。

【实训题 3-2】甲为某普通合伙企业的合伙人，该合伙企业经营手机销售业务。甲拟再设立一家经营手机销售业务的个人独资企业。下列关于甲能否设立该个人独资企业的表述中，符合《合伙企业法》规定的是(　　)。

A. 甲经其他合伙人一致同意，可以设立该个人独资企业

B. 甲可以设立该个人独资企业，除非合伙协议另有约定

C. 甲如不执行合伙企业事务，就可以设立该个人独资企业

D. 甲只要具有该合伙人的身份，就不可以设立该个人独资企业

(三)合伙事务执行的表决办法

合伙人对合伙企业有关事项作出决议，按照合伙协议约定的表决办法办理。合伙协议未约定或者约定不明确的，实行合伙人一人一票并经全体合伙人过半数通过的表决办法。《合伙企业法》对合伙企业的表决办法另有规定的，从其规定。

(四)合伙企业的利润分配及亏损分担的规定

1. 合伙企业的利润分配、亏损分担，按照合伙协议的约定办理；合伙协议未约定或者约定不明确的，由合伙人协商决定；协商不成的，由合伙人按照实缴出资比例分配、分担；无法确定出资比例的，由合伙人平均分配、分担。

2. 合伙协议不得约定将全部利润分配给部分合伙人或者由部分合伙人承担全部亏损。

(五)非合伙人参与经营管理

除合伙协议另有约定外，经全体合伙人一致同意，可以聘任合伙人以外的人担任合伙企业的经营管理人员。被聘任的经营管理人员的职责，主要有：①被聘任的合伙企业的经营管理人员应当在合伙企业授权范围内履行职务；②被聘任的合伙企业的经营管理人员，超越合伙企业授权范围履行职务，或者在履行职务过程中因故意或者重大过失给合伙企业造成损失的，依法承担赔偿责任。

(六)合伙人增减出资的规定

合伙人按照合伙协议的约定或者全体合伙人的决定，可以增加或者减少对合伙企业的出资。

五、普通合伙企业与第三人的关系

(一)合伙企业对外代表权的效力

合伙企业对合伙人执行合伙事务以及对外代表合伙企业权利的限制，不得对抗善意第三人。

(二)合伙企业和合伙人的债务清偿

1. 合伙企业的债务清偿与合伙人的关系：①合伙企业财产优先清偿。②合伙人的无限连

带清偿责任。③合伙人之间的债务分担和追偿。④双重优先原则。当合伙企业与合伙人都处于资不抵债的境地时,合伙企业财产优先用于清偿合伙债务,个人财产优先用于清偿个人债务,即合伙人个人的债权人优先于合伙企业的债权人从合伙人的个人财产中得到清偿,而合伙企业的债权人优先于合伙人的个人债权人从合伙财产中得到清偿。

2. 合伙人的债务清偿与合伙企业的关系:①合伙人发生与合伙企业无关的债务,相关债权人不得以其债权抵销其对合伙企业的债务,也不得代位行使合伙人在合伙企业中的权利。②合伙份额的强制执行:合伙人的自有财产不足清偿其与合伙企业有关的债务的,该合伙人可以以其从合伙企业中分取的收益用于清偿;债权人也可以依法请求人民法院强制执行该合伙人在合伙企业中的财产份额用于清偿。

【实训题 3-3】张某向陈某借款 50 万元作为出资,与李某、王某成立一家普通合伙企业。2 年后借款到期,张某无力还款。对此,下列哪些说法是正确的?( )

A. 经李某和王某同意,张某可将自己的财产份额作价转让给陈某,以抵销部分债务

B. 张某可不经李某和王某同意,将其在合伙中的份额进行出质,用获得的贷款偿还债务

C. 陈某可直接要求法院强制执行张某在合伙企业中的财产以实现自己的债权

D. 陈某可要求李某和王某对张某的债务承担连带责任

六、入伙与退伙

(一)入伙

入伙,是指在合伙企业存续期间,合伙人以外的第三人加入合伙,从而取得合伙人资格。新合伙人入伙,除合伙协议另有约定外,应当经全体合伙人一致同意,并依法订立书面入伙协议。订立入伙协议时,原合伙人应当向新合伙人如实告知原合伙企业的经营状况和财务状况。新合伙人对入伙前合伙企业的债务承担无限连带责任。

(二)退伙

退伙,是指合伙人退出合伙企业,从而丧失合伙人资格。

1. 退伙的原因。合伙人退伙一般有两种原因:一是自愿退伙;二是法定退伙。

所谓自愿退伙是指合伙人基于自愿的意思表示而退伙。自愿退伙可以分为协议退伙和通知退伙两种。合伙协议约定合伙期限的,在合伙企业存续期间,有下列情形之一时,合伙人可以退伙:①合伙协议约定的退伙事由出现;②经全体合伙人一致同意;③发生合伙人难以继续参加合伙企业的事由;④其他合伙人严重违反合伙协议约定的义务。合伙协议未约定合伙期限的,合伙人在不给合伙企业事务执行造成不利影响的情况下,可以退伙,但应当提前 30 日通知其他合伙人。法律对通知退伙有以下三项限制条件:①必须是合伙协议未约定合伙企业的经营期限;②必须是合伙人的退伙不给合伙企业事务执行造成不利影响;③必须提前 30 日通知其他合伙人。

所谓法定退伙是指合伙人因出现法律规定的事由而退伙。法定退伙分为当然退伙和除名两类。合伙人有下列情形之一的,当然退伙:①作为合伙人的自然人死亡或者被依法宣告死亡;②个人丧失偿债能力;③作为合伙人的法人或者其他组织依法被吊销营业执照、

责令关闭、撤销或者被宣告破产；④法律规定或者合伙协议约定合伙人必须具有相关资格而丧失该资格；⑤合伙人在合伙企业中的全部财产份额被人民法院强制执行。此外，合伙人被依法认定为无民事行为能力人或者限制民事行为能力人的，经其他合伙人一致同意，可以依法转为有限合伙人，普通合伙企业依法转为有限合伙企业。其他合伙人未能一致同意的，该无民事行为能力或者限制民事行为能力的合伙人退伙。当然退伙以退伙事由实际发生之日为退伙生效日。

合伙人有下列情形之一的，经其他合伙人一致同意，可决议将其除名：①未履行出资义务；②因故意或者重大过失给合伙企业造成损失；③执行合伙事务时有不正当行为；④发生合伙协议约定的事由。对合伙人的除名决议应当书面通知被除名人。被除名人接到除名通知之日，除名生效，被除名人退伙。被除名人对除名决议有异议的，可自接到除名通知之日起 30 日内，向人民法院起诉。

2. 退伙的效果。退伙的效果，是指退伙时退伙人在合伙企业中的财产份额和民事责任的归属变动。分为两类情况：一是财产继承；二是退伙结算。

合伙人死亡或者被依法宣告死亡的，对该合伙人在合伙企业中的财产份额享有合法继承权的继承人，按照合伙协议的约定或者经全体合伙人一致同意，从继承开始之日起，取得该合伙企业的合伙人资格。有下列情形之一的，合伙企业应当向合伙人的继承人退还被继承合伙人的财产份额：①继承人不愿意成为合伙人；②法律规定或者合伙协议约定合伙人必须具有相关资格，而该继承人未取得该资格；③合伙协议约定不能成为合伙人的其他情形。

除合伙人死亡或者被依法宣告死亡的情形外，《合伙企业法》对退伙结算作了以下规定：①合伙人退伙，其他合伙人应当与该退伙人按照退伙时的合伙企业财产状况进行结算，退还退伙人的财产份额。退伙人对给合伙企业造成的损失负有赔偿责任的，相应扣减其应当赔偿的数额。退伙时有未了结的合伙企业事务的，待该事务了结后进行结算。②退伙人在合伙企业中财产份额的退还办法，由合伙协议约定或者由全体合伙人决定，可以退还货币，也可以退还实物。③合伙人退伙时，合伙企业财产少于合伙企业债务的，退伙人应当依照法律规定分担亏损。

根据《合伙企业法》的规定，退伙人对基于其退伙前的原因发生的合伙企业债务，承担无限连带责任。

七、特殊的普通合伙企业

（一）特殊的普通合伙企业的概念

特殊的普通合伙企业，是指以专业知识和专门技能为客户提供有偿服务的专业服务机构。特殊的普通合伙企业名称中应当标明“特殊普通合伙”字样。如律师事务所、会计师事务所、医师事务所、设计事务所等。

（二）特殊的普通合伙企业的责任形式

1. 责任承担。一个合伙人或者数个合伙人在执业活动中因故意或者重大过失造成合伙企业债务的，应当承担无限责任或者无限连带责任，其他合伙人以其在合伙企业中的财产份额为限承担责任。合伙人在执业活动中非因故意或者重大过失造成的合伙企业债务以及合伙企业的其他债务，由全体合伙人承担无限连带责任。

2.责任追偿。合伙人执业活动中因故意或者重大过失造成的合伙企业债务，以合伙企业财产对外承担责任后，该合伙人应当按照合伙协议的约定对给合伙企业造成的损失承担赔偿责任。

（三）特殊的普通合伙企业的执业风险防范

特殊的普通合伙企业应当建立执业风险基金、办理职业保险。执业风险基金用于追偿合伙人执业活动造成的债务。执业风险基金应当单独立户管理。

第三节　有限合伙企业

一、有限合伙企业的概念

有限合伙企业，是指至少由一个普通合伙人和一个有限合伙人共同组成的合伙企业。普通合伙人对合伙企业债务承担无限连带责任，有限合伙人以其认缴的出资额为限对合伙企业债务承担责任。

二、有限合伙企业设立的特殊规定

（一）有限合伙企业人数

有限合伙企业由 2 个以上 50 个以下合伙人设立；但是，法律另有规定的除外。有限合伙企业至少应当有 1 个普通合伙人。

（二）有限合伙企业名称

有限合伙企业名称中应当标明“有限合伙”字样。

（三）有限合伙企业协议

（四）有限合伙人出资形式

有限合伙人可以用货币、实物、知识产权、土地使用权或者其他财产权利作价出资。有限合伙人不得以劳务出资。

（五）有限合伙人出资义务

有限合伙人应当按照合伙协议的约定按期足额缴纳出资；未按期足额缴纳的，应当承担补缴义务，并对其他合伙人承担违约责任。

(六)有限合伙企业登记事项

有限合伙企业登记事项中应当载明有限合伙人的姓名或者名称及认缴的出资数额。

【实训题 3-4】某有限合伙企业合伙协议的下列约定中,符合合伙企业法律制度规定的是(　　)。

A. 普通合伙人以现金出资,有限合伙人以劳务出资

B. 合伙企业成立后前三年的利润全部分配给普通合伙人

C. 有限合伙人甲对外代表本合伙企业,执行合伙事务

D. 合伙企业由普通合伙人 1 人、有限合伙人 99 人组成

三、有限合伙企业的特殊规定

(一)有限合伙企业事务执行

有限合伙企业由普通合伙人执行合伙事务。有限合伙人不执行合伙事务,也不得对外代表有限合伙企业。但有限合伙人的下列行为不视为执行合伙事务:①参与决定普通合伙人入伙、退伙;②对企业的经营管理提出建议;③参与选择承办有限合伙企业审计业务的会计师事务所;④获取经审计的有限合伙企业财务会计报告;⑤对涉及自身利益的情况,查阅有限合伙企业财务会计账簿等财务资料;⑥在有限合伙企业中的利益受到侵害时,向有责任的合伙人主张权利或者提起诉讼;⑦执行事务合伙人怠于行使权利时,督促其行使权利或者为了本企业的利益以自己的名义提起诉讼;⑧依法为本企业提供担保。

另外,第三人有理由相信有限合伙人为普通合伙人并与其交易的,该有限合伙人对该笔交易承担与普通合伙人同样的责任。有限合伙人未经授权以有限合伙企业名义与他人进行交易,给有限合伙企业或者其他合伙人造成损失的,该有限合伙人应当承担赔偿责任。

(二)有限合伙企业利润分配

有限合伙企业不得将全部利润分配给部分合伙人;但是,合伙协议另有约定的除外。

(三)有限合伙人特殊权利

1. 有限合伙人仅以其出资额为限对合伙企业的债务承担责任,而普通合伙人承担无限连带责任。

2. 除非合伙协议另有约定,有限合伙人可以同本企业进行交易,而普通合伙人除合伙协议另有约定或经全体合伙人同意外不得同合伙企业进行交易。

3. 除非合伙协议另有约定,有限合伙人可以经营与本企业相竞争的业务,而普通合伙人不可以。

4. 除非合伙协议另有约定,有限合伙人可以将其在合伙企业中的财产份额出质,而普通合伙人必须经其他合伙人一致同意方可。

5. 有限合伙人可以按照合伙协议的约定向合伙人以外的人转让其在合伙企业中的财产份额,只需提前 30 日通知其他合伙人即可;而普通合伙人对外转让财产份额必须经其他合伙人

一致同意,除非合伙协议另有约定。

四、有限合伙人债务清偿的特殊规定

有限合伙人的自有财产不足清偿其与合伙企业无关的债务的,该合伙人可以以其从有限合伙企业中分取的收益用于清偿;债权人也可依法请求人民法院强制执行该合伙人在有限合伙企业中的财产份额用于清偿。

【实训题 3-5】某社会团体与某私立学校共同出资设立一合伙企业,经营文具用品。两年后,因经营亏损,该合伙企业财产不足以清偿全部债务。下列关于各合伙人承担责任的表述中,符合《合伙企业法》规定的有(　　)。

A. 该社会团体以其认缴的出资额为限对合伙企业债务承担责任

B. 该私立学校以其认缴的出资额为限对合伙企业债务承担责任

C. 该社会团体对合伙企业债务承担无限责任

D. 该私立学校对合伙企业债务承担无限责任

五、有限合伙企业入伙与退伙的特殊规定

(一)入伙

新入伙的有限合伙人对入伙前有限合伙企业的债务,以其认缴的出资额为限承担责任。

(二)退伙

1. 有限合伙人当然退伙。有限合伙人出现下列之一情形时当然退伙:①作为合伙人的自然人死亡或者被依法宣告死亡;②作为合伙人的法人或者其他组织依法被吊销营业执照、责令关闭、撤销,或者被宣告破产;③法律规定或者合伙协议约定合伙人必须具有相关资格而丧失该资格;④合伙人在合伙企业中的全部财产份额被人民法院强制执行。

2. 有限合伙人丧失民事行为能力的处理。作为有限合伙人的自然人在有限合伙企业存续期间丧失民事行为能力的,其他合伙人不得因此要求其退伙。

3. 有限合伙人继承人的权利。作为有限合伙人的自然人死亡、被依法宣告死亡或者作为有限合伙人的法人及其他组织终止时,其继承人或者权利承受人可以依法取得该有限合伙人在有限合伙企业中的资格。

4. 有限合伙人退伙后的责任承担。有限合伙人退伙后,对基于其退伙前的原因发生的有限合伙企业债务,以其退伙时从有限合伙企业中取回的财产承担责任。

六、合伙人性质转变的特殊规定

除合伙协议另有约定外,普通合伙人转变为有限合伙人,或者有限合伙人转变为普通合伙人,应当经全体合伙人一致同意。有限合伙人转变为普通合伙人的,对其作为有限合伙人期间有限合伙企业发生的债务承担无限连带责任。普通合伙人转变为有限合伙人的,对其作为普通合伙人期间合伙企业发生的债务承担无限连带责任。

【实训题3-6】2010年3月，甲、乙、丙、丁成立一有限合伙企业，甲为普通合伙人，乙、丙、丁为有限合伙人。2011年3月丙转为普通合伙人，2010年8月该合伙企业欠银行30万元，直至2012年3月合伙企业被宣告破产仍未偿还。下列关于甲、乙、丙、丁对30万元银行债务承担责任的表述中，符合《合伙企业法》规定的是（　　）。

A. 乙、丁应以其认缴的出资额为限对30万元债务承担清偿责任，甲、丙承担无限连带责任

B. 乙、丙、丁应以其认缴的出资额为限对30万元债务承担清偿责任，甲承担无限责任

C. 乙、丁应以其实缴的出资额为限对30万元债务承担清偿责任，甲、丙承担无限连带责任

D. 乙、丙、丁应以实缴的出资额为限对30万元债务承担清偿责任，甲承担无限责任

第四节　合伙企业解散和清算

一、合伙企业解散

合伙企业解散，是指各合伙人解除合伙协议，合伙企业终止活动。

根据《合伙企业法》的规定，合伙企业有下列情形之一的，应当解散：①合伙期限届满，合伙人决定不再经营；②合伙协议约定的解散事由出现；③全体合伙人决定解散；④合伙人已不具备法定人数满30日；⑤合伙协议约定的合伙目的已经实现或者无法实现；⑥依法被吊销营业执照、责令关闭或者被撤销；⑦法律、行政法规规定的其他原因。

二、合伙企业清算

（一）确定清算人

合伙企业解散，应当由清算人进行清算。清算人由全体合伙人担任；经全体合伙人过半数同意，可以自合伙企业解散事由出现后15日内指定一个或者数个合伙人，或者委托第三人，担任清算人。自合伙企业解散事由出现之日起15日内未确定清算人的，合伙人或者其他利害关系人可以申请人民法院指定清算人。

（二）清算人的职责

清算人在清算期间执行下列事务：①清理合伙企业财产，分别编制资产负债表和财产清单；②处理与清算有关的合伙企业未了结事务；③清缴所欠税款；④清理债权、债务；⑤处理合伙企业清偿债务后的剩余财产；⑥代表合伙企业参加诉讼或者仲裁活动。

（三）通知和公告债权人

清算人自被确定之日起10日内将合伙企业解散事项通知债权人，并于60日内在报纸上

公告。债权人应当自接到通知书之日起30日内，未接到通知书的自公告之日起45日内，向清算人申报债权。债权人申报债权，应当说明债权的有关事项，并提供证明材料。清算人应当对债权进行登记。清算期间，合伙企业不得开展与清算无关的经营活动。

(四)财产清偿顺序

合伙企业财产清偿问题主要包括以下三方面的内容：①合伙企业的财产首先用于支付合伙企业的清算费用。②合伙企业的财产支付。合伙企业支付清算费用后的清偿顺序如下：合伙企业职工工资、社会保险费用和法定补偿金；缴纳所欠税款；清偿债务。③分配财产。

(五)注销登记

清算结束，清算人应当编制清算报告，经全体合伙人签名、盖章后，在15日内向企业登记机关报送清算报告，申请办理合伙企业注销登记。

(六)合伙企业不能清偿到期债务的处理

合伙企业不能清偿到期债务的，债权人可以依法向人民法院提出破产清算申请，也可以要求普通合伙人清偿。

第五节　违反合伙企业法的法律责任

一、违法行为及其法律责任

(一)合伙企业及合伙人违法行为应承担的法律责任

1.违反《合伙企业法》规定，提交虚假文件或者采取其他欺骗手段，取得合伙企业登记的，由企业登记机关责令改正，处以5 000元以上5万元以下的罚款；情节严重的，撤销企业登记，并处以5万元以上20万元以下的罚款。

2.违反《合伙企业法》规定，合伙企业未在其名称中标明“普通合伙”、“特殊普通合伙”或者“有限合伙”字样的，由企业登记机关责令限期改正，处以2 000元以上1万元以下的罚款。

3.违反《合伙企业法》规定，未领取营业执照，而以合伙企业或者合伙企业分支机构名义从事合伙业务的，由企业登记机关责令停止，处以5 000元以上5万元以下的罚款。

4.合伙企业登记事项发生变更时，未依照规定办理变更登记的，由企业登记机关责令限期登记；逾期不登记的，处以2 000元以上2万元以下的罚款。

5.合伙人执行合伙事务，或者合伙企业从业人员利用职务上的便利，将应当归合伙企业的利益据为己有的，或者来取其他手段侵占合伙企业财产的，应当将该利益和财产退还合伙企业；给合伙企业或者其他合伙人造成损失的，依法承担赔偿责任。

6. 合伙人对《合伙企业法》规定或者合伙协议约定必须经全体合伙人一致同意始得执行的事务擅自处理，给合伙企业或者其他合伙人造成损失的，依法承担赔偿责任。

7. 不具有事务执行权的合伙人擅自执行合伙事务，给合伙企业或者其他合伙人造成损失的，依法承担赔偿责任。

8. 合伙人违反《合伙企业法》规定或者合伙协议的约定，从事与本合伙企业相竞争的业务或者与本合伙企业进行交易的，该收益归合伙企业所有；给合伙企业或者其他合伙人造成损失的，依法承担赔偿责任。

9. 合伙人违反合伙协议的，应当依法承担违约责任。

(二)合伙企业清算人违法行为应承担的法律责任

1. 清算人未依照《合伙企业法》规定向企业登记机关报送清算报告，或者报送清算报告隐瞒重要事实，或者有重大遗漏的，由企业登记机关责令改正。

2. 清算人执行清算事务，牟取非法收入或者侵占合伙企业财产的，应当将该收入和侵占的财产退还合伙企业，并依法承担赔偿责任。

3. 清算人违反《合伙企业法》规定，隐匿、转移合伙企业财产，对资产负债表或者财产清单作虚假记载，或者在未清偿债务前分配财产，损害债权人利益的，依法承担赔偿责任。

4. 行政管理机关及其人员违法行为应承担的法律责任。

二、其他有关规定

1. 违反合伙企业法的刑事责任。违反《合伙企业法》规定，构成犯罪的，依法追究刑事责任。

2. 民事赔偿责任和缴纳罚款、罚金的承担顺序。违反《合伙企业法》规定，应当承担民事赔偿责任和缴纳罚款、罚金，其财产不足以同时支付的，先承担民事赔偿责任。

本章小结

合伙企业，是指自然人、法人和其他组织依照《合伙企业法》在中国境内设立的营利性组织。分为普通合伙企业和有限合伙企业。普通合伙企业由普通合伙人组成，合伙人对合伙企业债务承担无限连带责任。特殊普通合伙企业，指以专业知识和专门技能为客户提供有偿服务的专业服务机构。其责任的承担方式采用了有限责任和无限连带责任相结合的方式，同时规定了责任追偿制度。基于特殊普通合伙企业的个人职业的风险，我国建立了职业风险基金。有限合伙企业由普通合伙人和有限合伙人组成，普通合伙人对合伙企业债务承担无限连带责任，有限合伙人以其认缴的出资额为限对合伙企业债务承担责任。合伙企业在符合法定或约定的情形时，应当解散，清算人一般由全体合伙人担任，或经全体半数以上合伙人同意，指定一个或者数个合伙人或者委托第三人担任清算人。合伙企业财产应按照法定顺序清偿。

复习思考题

1. 什么是合伙企业？其特征是什么？
2. 设立普通合伙企业的条件是什么？
3. 简述普通合伙企业的入伙和退伙。
4. 特殊普通合伙企业与普通合伙企业在责任承担方面有何不同？
5. 简述有限合伙人相对于普通合伙人的特权。

第四章　个人独资企业法律制度

本章重点知识

- 个人独资企业的概念和特点
- 个人独资企业设立的条件
- 个人独资企业投资人的限定
- 个人独资企业解散的条件

【引读案例】

某个人独资企业的投资人甲聘用乙为企业经营管理人员，为了控制经营风险，甲规定乙在对外投资、签订合同时最高不得超过10万元。如果乙未经甲的同意，与丙签订一份标的为20万元的买卖合同。

试分析该合同的法律效力。

第一节　个人独资企业法概述

一、个人独资企业的概念和特点

个人独资企业是指依照《中华人民共和国个人独资企业法》在中国境内设立，由一个自然人投资，财产为投资人个人所有，投资人以其个人财产对企业债务承担无限责任的经营实体。个人独资企业具有以下特征：

1. 个人独资企业是由一个自然人投资的企业。

2. 个人独资企业的投资人对企业的债务承担无限责任。

3. 个人独资企业的内部机构设置简单，经营管理方式灵活。

4. 个人独资企业是非法人企业。

【实训题4-1】张某为避免合作矛盾与问题，不想与人合伙或合股办企业，欲自己单干。朋友对此提出以下建议，其中哪一建议是错误的？（　　）

A.“可选择开办独资企业，也可选择开办一人有限公司”

B.“如选择开办一人公司，那么注册资本不能少于10万元”

C.“如选择开办独资企业，则必须自己进行经营管理”

D.“可同时设立一家一人公司和一家独资企业”

二、个人独资企业法的概念和基本原则

(一)个人独资企业法的概念

个人独资企业法有广义和狭义之分,广义的个人独资企业法,是指国家关于个人独资企业的各种法律规范的总称;狭义的个人独资企业法是指自 2000 年 1 月 1 日起实施的《中华人民共和国个人独资企业法》。

(二)个人独资企业法的基本原则

我国《个人独资企业法》遵循下列基本原则:

1. 依法保护个人独资企业的财产和其他合法权益。

2. 个人独资企业从事经营活动必须遵守法律、行政法规,遵守诚实信用原则,不得损害社会公共利益。

3. 个人独资企业应当依法履行纳税义务。

4. 个人独资企业应当依法招用职工。

5. 个人独资企业职工的合法权益受法律保护。

第二节　个人独资企业的设立

一、个人独资企业的设立条件

设立个人独资企业应当具备下列条件:

1. 投资人为一个自然人,且只能是中国公民。

2. 有合法的企业名称。

3. 有投资人申报的出资。

4. 有固定的生产经营场所和必要的生产经营条件。

5. 有必要的从业人员。

【实训题 4-2】根据个人独资企业法律制度的规定,下列各项中,可作为投资人申请设立个人独资企业的有(　　)。

A. 刑满释放的无业人员甲

B. 某民营商业银行的工作人员乙

C. 有不良信用记录的个体工商户丙

D. 一年前曾担任过某破产清算企业的总经理并对其破产负有个人责任,现为某企业销售人员的丁

二、个人独资企业的设立程序

1.提出申请。申请设立个人独资企业,应当由投资人或者其委托的代理人向个人独资企业所在地的登记机关提出设立申请。

2.工商受理和审查、登记。登记机关应当在收到设立申请文件之日起15日内,对提交的文件进行审查,对符合个人独资企业法规定条件的予以登记,发给营业执照;对不符合个人独资企业法规定条件的,不予登记,并发给企业登记驳回通知书。

3.分支机构登记。个人独资企业设立分支机构,应当由投资人或其委托的代理人向分支机构所在地的登记机关申请设立登记。

第三节　个人独资企业的投资人及事务管理

一、个人独资企业的投资人

个人独资企业的投资人为具有中国国籍的自然人,但法律、行政法规禁止从事营利性活动的人,不得作为投资人申请设立个人独资企业。

个人独资企业投资人对本企业的财产依法享有所有权,其有关权利可依法进行转让或继承。

个人独资企业投资人在申请企业设立登记时,明确以其家庭共有财产作为个人出资的,应当依法以家庭共有财产对企业债务承担无限责任。

二、个人独资企业的事务管理

(一)个人独资企业事务管理的方式

个人独资企业的事物有两种管理方式:自行管理和委托他人管理。

个人独资企业投资人可以自行管理企业事务,也可以委托或者聘用其他具有民事行为能力的人负责企业的事务管理。投资人委托或者聘用他人管理个人独资企业事务,应当与受托人或者被聘用的人签订书面合同。

投资人对受托人或者被聘用人员职权的限制,不得对抗善意第三人。

投资人委托或者聘用的管理个人独资企业事务的人员不得从事下列行为:①利用职务上的便利,索取或者收受贿赂;②利用职务或者工作上的便利侵占企业财产;③挪用企业的资金归个人使用或者借贷给他人;④擅自将企业资金以个人名义或者以他人名义开立账户储存;⑤擅自以企业财产提供担保;⑥未经投资人同意,从事与本企业相竞争的业务;⑦未经投资人同意,同本企业订立合同或者进行交易;⑧未经投资人同意,擅自将企业商标或者其他知识产权转让给他人使用;⑨泄露本企业的商业秘密;⑩法律、行政法规禁止的其他行为。

【实训题4-3】下列关于个人独资企业法律特征的表述中,符合个人独资企业法法律制度规定的是(　　)。

A. 个人独资企业没有独立承担民事责任的能力

B. 个人独资企业不能以自己的名义从事民事活动

C. 个人独资企业具有法人资格

D. 个人独资企业对企业债务承担有限责任

(二)个人独资企业管理的内容

个人独资企业事务管理的内容包括以下几个方面:①个人独资企业应当依法设置会计账簿,进行会计核算。②个人独资企业招用职工的,应当依法与职工签订劳动合同,保障职工的劳动安全,按时、足额发放职工工资。③个人独资企业应当按照国家规定参加社会保险,为职工缴纳社会保险费。④个人独资企业可以依法申请贷款,取得土地使用权,并享有法律、行政法规规定的其他权利。⑤任何单位和个人不得违反法律、行政法规的规定,以任何方式强制个人独资企业提供财力、物力、人力;对强制提供财力、物力、人力的行为,个人独资企业有权拒绝。⑥个人独资企业依法享有其他权利的保护。

第四节　个人独资企业的解散和清算

一、个人独资企业的解散条件

个人独资企业的解散是指个人独资企业终止活动使其民事主体资格消灭的行为。个人独资企业有下列情形之一时,应当解散:①投资人决定解散;②投资人死亡或者被宣告死亡,无继承人或者继承人决定放弃继承;③被依法吊销营业执照;④法律、行政法规规定的其他情形。

【实训题 4-4】根据《个人独资企业法》的规定,下列各项中,属于个人独资企业应当解散的情形有(　　)。

A. 投资人死亡,继承人决定继承　　B. 投资人决定解散

C. 投资人被宣告死亡,无继承人　　D. 被依法吊销营业执照

二、个人独资企业的清算

1. 通知和公告债权人。个人独资企业解散,由投资人自行清算或者由债权人申请人民法院指定清算人进行清算。投资人自行清算的,应当在清算前 15 日内书面通知债权人,无法通知的,应当予以公告。债权人应当在接到通知之日起 30 日内,未接到通知的应当在公告之日起 60 日内,向投资人申报其债权。

2. 财产清偿顺序。按照下列顺序清偿:①所欠职工工资和社会保险费用;②所欠税款;③其他债务。个人独资企业财产不足以清偿债务的,投资人应当以其个人的其他财产予以清偿。

3. 清算期间对投资人的要求。清算期间,个人独资企业不得开展与清算目的无关的经营活动。

4. 投资人的持续偿债责任。个人独资企业解散后,原投资人对个人独资企业存续期间的债务仍应承担偿还责任,但债权人在5年内未向债务人提出偿债请求的,该责任消灭。

5. 注销登记。个人独资企业清算结束后,投资人或者人民法院指定的清算人应当编制清算报告,并于清算结束之日起15日内向原登记机关申请注销登记。经登记机关注销登记,个人独资企业终止。

【实训题4-5】某个人独资企业由王某以个人财产出资设立。该企业因经营不善被解散,其财产不足以清偿所欠债务,对尚未清偿的债务,根据个人独资企业法律制度的规定,下列处理方式中,正确的是(　　)。

A. 不再清偿

B. 以王某的其他财产予以清偿,仍不足清偿的,则不再清偿

C. 以王某的家庭共有财产予以清偿,仍不足清偿的,则不再清偿

D. 债权人在企业解散后5年内未提出偿债请求的,王某不再承担清偿责任

第五节　违反个人独资企业法的法律责任

一、投资人违法行为应承担的法律责任

1. 提交虚假文件或采取其他欺骗手段,取得企业登记的,责令改正,处以5 000元以下的罚款;情节严重的,并处吊销营业执照。

2. 个人独资企业使用的名称与其在登记机关登记的名称不相符合的,责令限期改正,处以2 000元以下的罚款。

3. 涂改、出租、转让营业执照的,责令改正,没收违法所得,处以3 000元以下的罚款;情节严重的,吊销营业执照。伪造营业执照的,责令停业,没收违法所得,处以5 000元以下的罚款。构成犯罪的,依法追究刑事责任。

4. 个人独资企业成立后无正当理由超过6个月未开业的,或者开业后自行停业连续6个月以上的,吊销营业执照。

5. 未领取营业执照,以个人独资企业名义从事经营活动的,责令停止经营活动,处以3 000元以下的罚款。个人独资企业登记事项发生变更时,未按本法规定办理有关变更登记的,责令限期办理变更登记;逾期不办理的,处以2 000元以下的罚款。

6. 侵犯职工合法权益,未保障职工劳动安全,不缴纳社会保险费用的,按照有关法律、行政法规予以处罚,并追究有关责任人员的责任。

7. 在清算前或清算期间隐匿或转移财产,逃避债务的,依法追回其财产,并按照有关规定予以处罚;构成犯罪的,依法追究刑事责任。

8. 应当承担民事赔偿责任和缴纳罚款、罚金,其财产不足以支付的,或者被判处没收财产的,应当先承担民事赔偿责任。

二、管理人员对投资人造成损害或侵犯投资人权益的法律责任

1.投资人委托或者聘用的人员管理个人独资企业事务时违反双方订立的合同，给投资人造成损害的，承担民事赔偿责任。

2.投资人委托或者聘用的人员违反《个人独资企业法》第20条规定，侵犯个人独资企业财产权益的，责令退还侵占的财产；给企业造成损失的，依法承担赔偿责任；有违法所得的，没收违法所得；构成犯罪的，依法追究刑事责任。

三、企业登记机关及其上级部门有关人员的法律责任

1.登记机关对不符合《个人独资企业法》规定条件的个人独资企业予以登记，或者对符合本法规定条件的企业不予登记的，对直接责任人员依法给予行政处分；构成犯罪的，依法追究刑事责任。

2.登记机关上级部门的有关主管人员强令登记机关对不符合《个人独资企业法》规定条件的企业予以登记，或者对符合《个人独资企业法》规定条件的企业不予登记的，或者对登记机关的违法登记行为进行包庇的，对直接责任人员依法给予行政处分；构成犯罪的，依法追究刑事责任。

本章小结

个人独资企业是指依照《个人独资企业法》在中国境内设立，由一个自然人投资，财产为投资人个人所有，投资人以其个人财产对企业债务承担无限责任的经营实体。个人独资企业的投资人只能是具有中国国籍的自然人，但是法律、行政法规规定禁止从事营利活动的人，不得作为投资人申请设立个人独资企业。根据《个人独资企业法》的规定，个人独资企业投资人对本企业的财产依法享有所有权，其有关权利可以依法进行转让或继承。个人独资企业投资人可以自行管理企业事务，也可以委托或者聘用其他具有民事行为能力的人负责企业的事务管理。

复习思考题

1.个人独资企业的概念和特点是什么？

2.设立个人独资企业应具备哪些条件？

3.哪些主体不得设立个人独资企业？

4.个人独资企业解散的条件有哪些？

第五章　外商投资企业法律制度

本章重点知识

- 外商投资企业的概念和种类
- 合资企业的注册资本、出资比例和出资期限
- 合资企业的组织形式与组织机构
- 合作企业的组织形式与组织机构
- 合作企业的收益分配与资本回收
- 合资企业与合作企业的区别

【引读案例】

中国某企业与外国某企业在中国境内拟共同投资设立一中外合资经营企业，双方拟订的合营企业协议中部分条款如下：①合营企业投资总额为900万美元，注册资本为400万美元。其中中方出资260万美元，外方出资140万美元，双方一次缴清出资；②中方出资方式及数额：现金60万美元、厂房作价100万美元，场地使用权作价100万美元；外方出资方式及数额：以合营企业财产作担保从银行取得的贷款70万美元、工业产权作价70万美元；③合营企业的董事长、副董事长均由中方担任；④合营企业的总经理由外方担任。

试分析合营企业协议中有无不符合法律规定之处。

第一节　外商投资企业法概述

一、外商投资企业的概念和种类

(一)外商投资企业的概念和特征

外商投资企业，是指依照中华人民共和国法律的规定，在中国境内设立的，由中国投资者和外国投资者共同投资或者仅由外国投资者投资的企业。

(二)外商投资企业的特点

1.外商投资企业具有中国国籍，接受中国法律的管辖。

2.外商投资企业有来自外国投资人的投资。此处的“外国投资人”，是指外国的企业、其他经济组织或个人。

3.外商投资企业基于外国投资人直接参与投资。“直接参与投资”，是指投资者将资金直接投入企业，并不同程度地参与企业经营决策，并通过企业的盈余分配获取投资收益的投资

方法。

基于上述法律规定,我国外商投资企业主要包括:中外合资经营企业(简称“合营企业”)、中外合作经营企业(简称“合作企业”)和外资企业。

二、外商投资企业立法概况

我国现阶段最重要的外商投资企业法主要包括以下三部法律和三部法规,三部法律有:《中华人民共和国中外合资企业经营法》(简称《合资企业法》)、《中华人民共和国中外合作经营企业法》(简称《合作企业法》)、《中华人民共和国外资企业法》(简称《外资企业法》)。三部法规分别是:《中华人民共和国中外合资经营企业法实施条例》(简称《合资企业法实施条例》)、《中华人民共和国中外合作经营企业法实施细则》(简称《合作企业法实施细则》)、《中华人民共和国外资企业法实施细则》(简称《外资企业法实施细则》)。此外,如外商投资企业采用有限责任的方式,则也应适用我国《公司法》的规定,但上述三部法律另有规定的,则优先适用这三部法律的规定。

第二节　中外合资经营企业法

一、中外合资经营企业的概念与特征

中外合资企业主要适用《合资企业法》和《合资企业法实施条例》。按照《合资企业法》的规定,中外合资经营企业,是指外国公司、企业、其他经济组织或者个人同中国公司、企业或其他经济组织,依照中国法律在中国境内设立的,由双方共同出资、共同经营、按照各自的出资比例共担风险、共负盈亏的有限责任公司。因此,中外合资经营企业为法人企业。

【实训题 5-1】依照《中外合资经营企业法》的有关规定,下列哪些选项是正确的?(　　)

A. 任何情况下,国家对中外合资经营企业不得征收

B. 中外合资经营企业的外国投资者包括外国的公司、企业、其他经济组织或者个人

C. 中外合资经营企业是中国法人

D. 中国公民个人可以和外国投资者设立中外合资经营企业

二、合营企业的设立

(一)设立条件

申请设立合营企业,应该根据《合资企业法实施条例》的规定,能够促进中国经济的发展和科学技术水平的提高,有利于社会主义现代化建设。国家鼓励、允许、限制或者禁止设立合营企业的行业,按照国家指导外商投资方向的规定及外商投资产业指导目录执行。有下列情况之一的,不予批准:有损中国主权的;违反中国法律的;不符合中国国民经济发展要求的;造成环境污染的;签订的协议、合同、章程显属不公平,损害合营一方权益的。

(二)设立程序和步骤

1. 提交申请。申请设立合营企业,由中外合营者共同向审批机构报送下列文件:①设立合营企业的申请书;②合营各方共同编制的可行性研究报告;③由合营各方授权代表签署的合营企业协议、合同和章程;④由合营各方委派的合营企业董事长、副董事长、董事人名单;⑤审批机构规定的其他文件。审批机构是对外贸易经济合作部和国务院授权的省、自治区、直辖市人民政府或国务院相关部门。

2. 审批。审批机构自接到上述申请材料之日起,3 个月内决定批准或者不批准。如批准,将发给申请者批准证书。

3. 办理设立登记。申请者应当自收到批准证书之日起 1 个月内,按照国家有关规定,向工商行政管理机关办理登记手续。营业执照签发日期为该中外合资经营企业的成立日期。

三、注册资本与出资

(一)注册资本

中外合资经营企业的注册资本,是指合营各方认缴出资的合计额,该合计额不得低于我国《公司法》规定的有限责任公司注册资本的最低额度。此外,按照《合资企业法》的规定在中外合资经营业的注册资本中,外国合营者的投资比例一般不低于 25%。

中外合资经营企业的投资总额是按照企业合同、章程规定的规模需要投入的基本建设资金和生产流动资金的总和。如果合营各方的出资额之和达不到投资总额,可基于中外合资经营企业的名义借款。在此场合,投资总额为注册资本与该借款的总和。

(二)出资形式

合营者可以以货币出资,也可以用建筑物、厂房、机器设备或者其他物料、工业产权、专有技术、场地使用权等作价出资。作为外国合营者出资的机器设备或其他物料,应当是中外合资经营企业生产所必需的,且作价不得高于同类机器设备或者其他物料当时的国际市场价格。另外,作为外国合营者出资的工业产权或者专有技术,必须符合下列条件之一:能显著改进现有产品的性能、质量,提高生产效率;能显著节约原材料、燃料、动力的。

中国合营者的投资方式可以包括为中外合资经营企业经营期间提供场地使用权。如果场地使用权未作为中国合营者投资的一部分,中外合资经营企业应向中国政府缴纳使用费。

上述各项投资应在中外合资经营企业的合同和章程中加以规定,其价格由合营各方评议商定。

四、组织机构

(一)董事会

合营企业不设股东会,董事会是合营企业的权力机构,也是企业的业务执行机关。

董事会人数组成由合营各方协商在合同、章程中确定，由合营各方委派和撤换。董事任期4年，如其所属方继续委派可以连任。董事长、副董事长由合营各方协商确定或由董事会选举产生。

董事会会议每年至少召开一次，由董事长或由董事长委托副董事长或其他董事负责召集并主持。董事会议应有2/3以上董事出席方能举行。董事不能出席，可出具委托书委托他人代表其出席和表决。董事会的议事规则在章程中载明，多数企业规定应有2/3以上多数通过才能形成董事会决议。但是下列事项由出席董事会会议的董事一致通过方可作出决议：合营企业章程的修改，合营企业的中止、解散，合营企业注册资本的增加、转让，合营企业与其他经济组织的合并、分立。

（二）董事长

董事长是中外合资经营企业的法定代表人。董事长不能履行职责时，应当授权副董事长或者其他董事代表合营企业。此外，在一般情况下，董事长还负责董事会会议的召集和主持。

（三）经营管理机构

合营企业设经营管理机构，作为辅助业务执行机关负责企业的日常经营管理工作。经营管理机构设总经理一人，设若干副总经理协助总经理工作。

【实训题5-2】甲公司欲与某外国公司设立一中外合资经营企业，就相关事项咨询律师。下列哪些选项是错误的？（　　）

A. 合资企业自审批机关批准之日起成立

B. 合资企业章程中可以约定由公司总经理担任公司的法定代表人

C. 合资企业作为有限责任公司应按照《公司法》规定设股东会作为其权力机构

D. 合资企业合同只能约定按各方的出资比例分配利润

五、合营期限、解散与清算

（一）合营期限

合营企业的合营期限是投资者十分关注的一个问题。《合资企业法》规定，合营企业的合营期限，根据不同行业和项目的具体情况，由合营各方协商决定，也可不约定期限。按规定在合同中应约定合营期限的项目，其期限应根据项目的行业类型、投资额、投资风险和投资回收期的长短确定，一般不超过30年；属于国家鼓励和允许投资的项目，在合同中约定合营期限的，可适当放宽，其约定期限一般不超过50年。

（二）合营企业的解散

合营企业在下列情况下解散：

1. 合营期限届满，合营双方没有申请延长或申请延长未被批准。

2. 企业严重亏损，无力继续经营。

3. 合营一方或多方投资者不履行协议、合同、章程规定的义务，致使企业无法继续经营。

4.因自然灾害、战争等不可抗力或意外事件的严重影响，使企业遭受巨大损失，无法继续经营。

5.未达到经营目的又无发展前途。

6.合同、章程所规定的其他解散原因出现。

除合营期限届满引起的自然解散外，企业解散都应由董事会提出解散申请书，报审批机构批准。企业解散应向工商机关登记并公告，依法进行清算，处理债权、债务，对剩余财产进行分配。

(三)清算

合营企业依法解散时，必须依法定程序进行清算。企业宣告解散时，董事会应提出清算的程序、原则和清算委员会人选，报企业主管部门审核并由其监督清算。清算委员会的成员一般应在合营企业的董事中选任。董事不能担任或不适合担任清算委员会成员时，可聘请在中国注册的会计师、律师担任。审批机构认为必要时，可以派人进行监督。清算费用和清算委员会成员的酬劳应从企业现存财产中优先支付。

清算委员会是清算期间企业的全权机构，负责对合营企业的财产、债权、债务进行全面清查，编制资产负债表和财产目录；提出财产作价和计算依据；制定清算方案，提请董事会会议通过后执行；代表企业起诉和应诉。

清算结束后，由清算委员会提出清算结束报告，提请董事会会议通过后，报告原审批机构，并向原登记管理机构办理注销登记手续，吊销营业执照。各项账册及文件应由原中国合营者保存。

【实训题 5-3】下列关于中外合资经营企业非破产清算的表述中，符合中外合资经营企业法律制度规定的有(　　)。

A.清算委员会的成员一般应当在合营企业的董事中选任

B.清算期间，清算委员会代表该合营企业起诉或应诉

C.合营企业清偿债务后的剩余财产按照合营各方的出资比例进行分配，但合营企业协议、合同、章程另有规定的除外

D.合营企业解散时，其剩余财产超过实缴资本的部分为清算所得

第三节　中外合作经营企业法

一、中外合作经营企业的概念

中外合作经营企业主要适用《合作企业法》和《合作企业法实施细则》。中外合作经营企业，是指外国企业和其他经济组织或个人与中国企业或其他经济组织依照我国《合作企业法》及其他相关法律，在中国境内共同投资设立的，在合作企业合同中约定投资或者合作条件、收益或者产品的分配、风险和亏损的分担、经营管理的方式和合作企业终止时财产的归属等事项的企业。中外合作经营企业符合中国法律关于法人条件的规定，可依法取得中国法人资格，成

为有限责任公司。

【实训题 5-4】张某有 200 万元资金，打算在国内投资设立一家注册资本为 300 万元左右的餐饮企业。张某可以选择的企业类型有？（　　）

A. 与他人共同出资设立一家合伙企业

B. 单独出资设立一家个人独资企业

C. 与韩国商人共同设立一家中外合作经营企业

D. 与他人共同出资设立一家股份有限责任公司

二、合作企业的设立条件

（一）有关中外合作经营企业经营内容的条件

国家鼓励举办产品出口的或者技术先进的生产型合作企业。在中国境内举办中外合作经营企业，应当符合国家的发展政策和产业政策，遵守国家关于指导外商投资方向的规定。有以下情形之一的，不予批准成立：①损害国家主权或者社会公共利益的；②危害国家安全的；③对环境造成污染危害的；④有违反法律、行政法规或者国家产业政策的其他情形的。

（二）中外合作经营企业的注册资本与投资总额

中外合作经营企业的注册资本是合作各方认缴的出资额总和，而投资总额，是指按照合作企业合同、章程规定的生产规模所需投入的资金总和。注册资本与投资总额的比例，可以参照《关于中外合资经营企业注册资本与投资总额比例的暂行规定》执行。此外，在依法取得中国法人资格的合作企业中，外国合作者的投资一般不低于合作企业注册资本的 25%。在不具有法人资格的合作企业中，外国合作者的投资不得低于各方合作者投资总额的 25%。

（三）出资形式

合作各方向合作企业的投资或者提供的合作条件可以是货币，也可以是实物或者工业产权、专有技术、土地使用权等财产权利。

三、设立程序

（一）提交申请

按照《合作企业法实施细则》的规定，申请设立合作企业，应当由中国合作者向审批机关报送相关文件。审批机关为对外贸易经济合作部或者国务院授权的部门和地方人民政府。

（二）审批

审查批准机关应当自收到全部文件之日起 45 日内决定批准或者不批准；审查批准机关认为报送的文件不全或者有不当之处的，有权要求合作各方在指定期间内补全或者修正。

(三)办理设立登记

上述审批通过后,批准设立的合作企业应当依法向工商行政管理机关申请登记,领取营业执照。

四、合作企业的收益分配与资本回收

(一)收益分配

我国立法在合作企业的收益分配上给予合作者以充分的自由,当事人可以依法在合同中约定分配办法和比例,可以分配收益,也可以分配产品,或采用合同中商定的其他方式。

(二)投资回收

如果合作各方在合作经营合同中约定合作期满后企业固定资产全部归中方合作者所有,可在合同中约定允许外方合作者在合作经营期间内先行回收投资的办法。若合同中约定外方合作者在缴纳所得税前回收投资的,必须向财政税收机关申请,并依照国家的税收规定进行审查批准。具体的回收办法有:①在按照投资或者提供合作条件进行分配的基础上,约定扩大外国合作者的收益分配比例;②经财政税务机关按照国家有关税收的规定审批,外国合作者在合作企业缴纳所得税前回收投资;③经财政税务机关和审批机关批准的其他回收资金方式。

五、中外合作经营企业的终止

(一)合作企业的期限

合作企业的期限完全由合作各方协商确定,法律未作规定。合作各方可以根据企业经营范围、建设周期、资金利润率和经营情况等在合同中对之作出明确规定。

合作期满,各方合作者协商同意延长经营期限的,法律予以支持,但是有关各方应达成书面的一致意见,并在合作期满前 180 日内向审批机关提出正式申请,说明原合作企业合同执行的情况,延长合作期限的原因和目的,并就合作各方在延长合作期限期间的权利、义务等事项达成书面协议。

审批机关自接到申请之日起 30 日内,决定批准或不批准。经审批机关审查予以批准的,合作企业应到工商机关办理更变登记手续。延长的期限从原合作期限届满后的第 1 天开始计算。需要注意的是,如果合同规定外方合作者先行回收投资,并且投资已经回收的,则合作企业的经营期限一般不再延长。

(二)合作企业的终止事由

合作企业的终止事由一般有两类:一类是合同规定的合作期限届满,合作各方没有协议延长合作期限,或者申请延长合作期限未获批准,称为期满终止;另一类是提前终止,即合同规定的合作期限尚未届满,但是出现了我国合同法规定可以依法解除合同的情况,合作一方有权通知另一方解除合同，提前终止合作企业合同和合作企业。

第四节　外资企业法

一、外资企业的概念与特征

外资企业是指依照中华人民共和国《外资企业法》和《外资企业法实施细则》的规定，在中国境内设立的，全部资本由外国投资者投资的企业。外资企业的组织形式主要是有限责任公司，经批准也可以是其他责任形式，如股份有限公司、独资企业或合伙企业等。

二、外资企业的设立

（一）设立条件

由于外资企业没有中方投资，也没有中方参与经营决策，故法律对它的设立提出了严格要求，国家鼓励外资企业采用先进技术和设备，从事新产品开发，实现产品升级换代，节约能源和原材料，并鼓励举办产品出口的外资企业。禁止或者限制设立外资企业的行业，按照国家指导外商投资方向的规定及外商投资产业指导目录执行。不予批准设立的几种情况为：有损中国主权或者社会公共利益的；危及中国国家安全的；违反中国法律法规的；不符合中国国民经济发展要求的；可能造成环境污染的。

（二）设立的程序

1. 准备。外国投资者在提出设立企业的申请前，应当向拟设立的外资企业所在地的县级或者县级以上地方人民政府提交报告。

2. 申请。外国投资者通过拟设立企业所在地的县级或者县级以上地方人民政府向审批机关提出申请，并报送下列文件：设立企业申请书、可行性研究报告、企业章程、企业法定代表人（或者董事会人选）名单、外国投资者的法律证明文件和资信证明文件、拟设立企业所在地的县级或者县级以上地方人民政府的书面答复、需要进口的物资清单、其他需要报送的文件。

3. 审批。审批机关在收到全部文件之日起 90 日内决定批准或者不批准。审批机关发现文件不齐备，可要求限期补报或者修改。

4. 登记成立。审批机关批准后外国投资者应当在收到批准证书之日起 30 日内向工商管理机关申请登记，领取营业执照。

三、出资方式与出资期限

（一）出资方式

与合营企业一样，外资企业的外国投资者可以用可自由兑换的外币出资，也可以用机器设备、工业产权、专有技术等作价出资。经审批机关批准，外国投资者还可以用其从中国境内举办的其他外商投资企业获得的人民币利润出资。

(二)出资期限

合营企业、合作企业的出资期限由中外双方商定，主要由双方签订的合同和章程详细规定，外国投资者可以分期缴付出资，但最后一期出资应当在营业执照签发之日起三年内缴清，且第一期出资不得少于外国投资者认缴出资额的15%，并应当在营业执照签发之日起90日内缴清。

四、外资企业的经营期限、终止、清算

(一)经营期限

外资企业的经营期限，根据不同行业和企业的具体情况，由外国投资者在设立申请书中拟订，经审批机关批准。经营期满需延长的，应当在距经营期满180日前向审批机关报送延长经营期限的申请书。审批机关应在接到申请书之日起30日内决定批准或不批准。经批准延长经营期限的，应自收到批准文件之日起30日内向工商管理机关办理变更登记手续。

(二)终止

有下列情形之一，外资企业终止：

1.经营期限届满。

2.经营不善，严重亏损，外国投资者决定解散。

3.因自然灾害、战争等不可抗力而遭受严重损失，无法继续经营。

4.破产。

5.违反中国法律法规，危害社会公共利益被依法撤销。

6.章程规定的其他解散事由已经出现。

与合营企业相比较，增加了破产和被依法撤销两种终止事由，这是与外资企业全由外国投资者投资且无企业合同的性质、特征密切相关的。

外资企业终止，应当及时公告，并按法定程序进行清算。

(三)清算

清算委员会由企业的法定代表人、债权人代表以及有关主管机关的代表组成，并聘请中国的注册会计师、律师等参加。清算委员会行使下列职权：召集债权人会议；接管并清理企业财产，编制资产负债表和财产目录；提出财产作价和计算依据；制定清算方案；收回债权和清偿债务；追回股东应缴而未缴的款项；分配剩余财产；代表外资企业起诉和应诉。

在清算结束之前，外国投资者不得将该企业的资金汇出或者携出中国境外，不得自行处理企业财产。清算结束，其资产净额和剩余财产超过注册资本的部分视同利润，应当依照中国税法缴纳所得税。

【实训题5-5】下列关于外商投资企业的表述中，符合我国外商投资企业法律制度规定的

是(　　)。

A. 中外合资经营企业在合营期限内,不得减少注册资本

B. 中外合作经营企业章程的内容与合作经营企业合同的内容不一致的,以章程为准

C. 外资企业可以是非法人企业

D. 中外合资经营企业在投资者按照公司合同、章程规定缴清出资且实际开始生产、经营之前,不得分立,但是,可以和其他具有法人资格的外商投资企业合并

本章小结

外商投资企业,是指依照中华人民共和国法律的规定,在中国境内设立的,由中国投资者和外国投资者共同投资或者仅由外国投资者投资的企业。外商投资企业包括中外合资经营企业、中外合作经营企业和外资企业。中外合资经营企业的主要特征是合资双方共同投资、共同经营、共负盈亏、有限责任。合资企业不设股东会,董事会是合资企业的权力机构,也是企业的业务执行机关。中外合作经营企业与合资企业主要的区别在于:合作企业是一种契约式企业,合作各方以合同的方式规定各方合作者的权利义务;组织形式可以是法人型合作企业,也可以是合伙型合作企业;外方投资者在企业注册资本中的份额以及合营双方的出资期限无强制性要求;组织机构和经营管理的灵活多样性;外方投资者先期回收投资制度,等。外资企业主要法律特征是企业全部资本均为外商拥有。其组织形式主要是有限责任公司,经批准也可以是其他责任形式。由于外资企业没有中方投资,也没有中方参与经营决策,故法律对它的设立以及出资期限等方面规定了严格的制度。

复习思考题

1. 简述外商投资企业的概念、种类及法律地位。
2. 简述合资企业与合作企业的区别。
3. 简述合资企业的注册资本、外方出资比例和出资期限。
4. 简述合资企业的组织形式与组织机构。
5. 简述合作企业外方投资者先期回收投资制度。

第六章　农民专业合作社法律制度

本章重点知识

- 农民专业合作社的概念和特征
- 农民专业合作社的设立和登记
- 农民专业合作社的组织机构
- 农民专业合作社的财务管理
- 农民专业合作社的扶持政策

【引读案例】

甲、乙、丙各自出资10万元与另外两农民成立了远东种植专业合作社。章程约定：因合作社成员人数较少，不设立成员大会，只设立理事会；由甲担任合作社的理事长，聘任成员之外的李某担任理事；设立监事会，乙担任合作社的执行监事；丙为监事并兼任合作社财务负责人。

试分析远东种植专业合作社章程中的上述内容是否合法？

第一节　农民专业合作社法概述

一、农民专业合作社的概念和特征

（一）农民专业合作社的概念

农民专业合作社是在农村家庭承包经营基础上，同类农产品的生产经营者或者同类农业生产经营服务的提供者、利用者，自愿联合、民主管理的互助性经济组织。这一概念包含如下几层含义：

1. 农民专业合作社是一种经济组织。近年来，我国各类农民合作经济组织发展很快，并呈现出多样性，如农民专业技术协会、农产品合作社、农产品行业协会等。这些组织在提高农业生产的组织化程度、推进农业产业化经营和增加农民收入等方面发挥了积极的作用。由于这些组织在组织形式、运行机制、发展模式以及服务内容和服务方式上具有不同特点，有的已有相关法律、行政法规予以规范。而《农民专业合作社法》中所规定的经济组织，只是各类合作经济组织中的一种，即农民专业合作社。只有从事经营活动的实体型农民合作经济组织才是农民专业合作社。那些只为成员提供技术、信息等服务，不从事营利性经营活动的农民专业技术协会、农产品行业协会等不属于农民专业合作社，不是《农民专业合作社法》的调整对象。

2. 农民专业合作社建立在农村家庭承包经营基础之上。农民专业合作社区别于农村集体经济组织，是由依法享有农村土地承包经营权的农村集体经济组织成员，即农民为主体，自愿组织起来的新型合作社。加入农民专业合作社不改变家庭承包经营关系。

3.农民专业合作社是专业的经济组织。农民专业合作社以同类农产品的生产或者同类农业生产经营服务为纽带，来实现成员共同的经济目的，其经营服务的内容具有很强的专业性。这里所称的“同类”，是指以《国民经济行业分类》规定的中类以下的分类标准为基础，提供该类农产品的销售、加工、运输、贮藏、农业生产资料的购买，以及与该类农业生产经营有关的技术、信息等服务。例如，可以是种植专业合作社，也可以是更具体的葡萄种植、柑橘种植等专业合作社。

4.农民专业合作社是自愿和民主的经济组织。任何单位和个人不得违背农民意愿，强迫他们成立或参加农民专业合作社；同时，农民专业合作社的各位成员在组织内部地位平等，并实行民主管理，在运行过程中应当始终体现“民办、民有、民管、民受益”的精神。

5.农民专业合作社是具有互助性质的经济组织。农民专业合作社是以成员自我服务为目的而成立的。参加农民专业合作社的成员，都是从事同类农产品生产、经营或提供同类服务的农业生产经营者，而且以其成员为主要服务对象。目的是通过合作互助提高规模效益，完成单个农民办不了、办不好、办了不合算的事。这种互助性特点，决定了它以成员为主要服务对象，决定了“对成员服务不以营利为目的”的经营原则。

6.农民专业合作社是独立的市场经济主体，具有法人资格，独立承担责任。从农民专业合作社的组织机构、成立目的、决策机制和盈余分配方式等特征看，它既不同于以公司为代表的企业法人，也不同于社会团体法人，更不是个人合伙或者合伙企业，而是一种全新的经济组织形态。农民专业合作社经依法登记，取得法人资格。

农民专业合作社对由成员出资、公积金、国家财政直接补助、他人捐赠以及合法取得的其他资产所形成的财产，享有占有、使用和处分的权利，并以上述财产对债务承担责任；农民专业合作社成员以其账户内记载的出资额和公积金份额为限对农民专业合作社承担责任；国家保护农民专业合作社及其成员的合法权益，任何单位和个人不得侵犯。

（二）农民专业合作社的特征

农民专业合作社具有下列特点：

1.成员以农民为主体。《农民专业合作社法》规定，农民专业合作社的成员中，农民至少应当占成员总数的80%。成员总数20人以下的，可以有一个企业、事业单位或者社会团体成员；成员总数超过20人的，企业、事业单位和社会团体成员不得超过成员总数的5%。

2.以服务成员为宗旨，谋求全体成员的共同利益。合作社是由成员所有、成员控制、成员受益的一种特殊的经济组织形式。合作社的最大特点是合作社的所有者（成员）即是合作社提供服务的使用者。成员作为所有者的身份和合作社服务的使用者身份的同一性，是合作社的本质属性，是合作社与其他经济组织的根本区别。

3.入社自愿、退社自由。农民可以自愿加入一个或者多个农民专业合作社，入社不改变家庭承包经营，仍然具有生产经营自主权；农民可以自由退出农民专业合作社，退出的，要退还他的出资额和公积金份额，并向其返还可分配盈余。

4.成员地位平等，实行民主管理。《农民专业合作社法》第16、17条规定，成员能够参加成员大会，并享有表决权、选举权和被选举权，按照章程规定对本社实行民主管理；农民专业合作社成员大会选举和表决，实行一人一票制，成员各享有一票的基本表决权。

5. 盈余主要按照成员与农民专业合作社的交易量(额)比例返还。盈余分配方式的不同是农民专业合作社与其他经济组织的重要区别。为了体现盈余主要按照成员与农民专业合作社的交易量(额)比例返还的基本原则，保护一般成员和出资较多成员两个方面的积极性，农民专业合作社法规定，在弥补亏损、提取公积金后的当年盈余，为农民专业合作社的可分配盈余。可分配盈余按成员与本社的交易量(额)比例返还，返还总额不得低于可分配盈余的60%。

【实训题6-1】农民专业合作社应当遵循下列哪些原则？(　　)

A. 成员以农民为主体

B. 以服务成员为宗旨，谋求全体成员的共同利益

C. 入社自愿、退社自由

D. 成员地位平等，实行民主管理

E. 盈余主要按照成员与农民专业合作社的交易量(额)比例返还

二、农民专业合作社法

(一)农民专业合作社法的概念

农民专业合作社法是规定农民专业合作社的设立、组织、活动和解散以及其他对内对外关系的法律规范的总称。狭义的农民专业合作社法是指已由中华人民共和国第十届全国人民代表大会常务委员会第二十四次会议于2006年10月31日通过的《中华人民共和国农民专业合作社法》(以下简称《农民专业合作社法》)。该法自2007年7月1日起施行。广义的农民专业合作社法除了《农民专业合作社法》外，还包括中华人民共和国国务院于2007年5月28日颁布并于2007年7月1日开始施行的《农民专业合作社登记管理条例》、2007年6月29日经农业部第9次常务会议审议通过的《农民专业合作社示范章程》、财政部2007年12月20日颁布，并于2008年1月1日起施行的《农民专业合作社财务会计制度(试行)》。

(二)《农民专业合作社法》的立法背景

20世纪80年代，我国农村确立了以家庭承包经营为基础、统分结合的双层经营体制，农民获得了生产经营自主权，成为独立的财产主体和市场主体，极大地解放了农村生产力。但是，随着经济社会快速发展、市场竞争日趋激烈，小规模家庭经营的弱点也逐渐显现。如何提高家庭经营抗御自然风险和市场风险的能力，将小规模的分散经营与国内、国际大市场对接，是我国加快农业与农村经济发展的重要问题。广大农民在农村家庭承包经营基础上，创办了包括农民专业合作社在内的多种形式的农民专业合作经济组织。实践证明，农民专业合作社是解决“三农”问题的一个重要途径。它可以提高农业生产和农民进入市场的组织化程度，有利于推进农业产业化经营和农业结构调整，也为落实国家对农业的支持保护政策提供了一个崭新的渠道。随着农民专业合作社的不断发展，实践中也暴露出一些问题和困难，迫切需要国家采取法律和政策措施加以解决。

党的十六届三中全会指出：支持农民按照自愿、民主的原则，发展多种形式的农村专业合作组织。2006年《中共中央、国务院关于推进社会主义新农村建设的若干意见》也明确提出，

要“积极引导和支持农民发展各类专业合作组织，加快立法进程”。通过立法，明确农民专业合作社的市场主体地位，保护农民的利益，支持和引导其健康发展，是非常必要的。

十届全国人大常委会将制定农民专业合作经济组织法列入立法规划，由全国人大农业与农村委员会负责起草，2006 年 6 月份提请十届全国人大常委会第二十二次会议审议，经过常委会第二十三次、第二十四次会议三次审议，于 2006 年 10 月 31 日通过，2007 年 7 月 1 日起施行。随后，有关部门也制定了相应的规章。

(三)《农民专业合作社法》的意义和特色

《农民专业合作社法》是 1949 年后我国首部专门规范和发展农民专业合作经济组织的法律，是 1978 年推行家庭承包经营后首次以立法形式推进农民的经济互助与合作的法律，也是中国特色社会主义法律体系中一部重要的法律，具有重大历史意义。

1.明确了国家扶持农民专业合作社的主要政策措施。这部法律还明确了国家扶持农民专业合作社的主要政策措施，充分体现了党和国家“多予、少取、放活”的惠农政策精神。这部法律的贯彻实施必将有力地促进农民专业合作社的发展壮大。

2.强调对农民专业合作社及其成员的财产权利进行保护。《农民专业合作社法》中的许多规定与 20 个世纪 50 年代中期以后的农业合作化运动中强制改变农业生产资料所有权的制度完全不同。它不但强调“民办、民有、民管、民收益”的原则，尊重和保护农民的民主办社的权利。更为重要的是，在《农民专业合作社法》中，通过有限责任制度、成员账户制度、盈余分配制度、退社制度等，对成员的财产权利进行保护。加入合作社，其出资和公积金份额仍然记载在其自己的账户中，并作为参与合作社盈余分配的重要依据。如果成员因自身的原因选择退出合作社，其享有的财产份额仍然可以退还。

第二节 农民专业合作社的设立和登记

一、农民专业合作社的设立的条件

(一)有 5 名以上符合《农民专业合作社法》第 14、15 条规定的成员

《农民专业合作社法》第 14 条规定：具有民事行为能力的公民，以及从事与农民专业合作社业务直接有关的生产经营活动的企业、事业单位或者社会团体，能够利用农民专业合作社提供的服务，承认并遵守农民专业合作社章程，履行章程规定的入社手续的，可以成为农民专业合作社的成员。但是，具有管理公共事务职能的单位不得加入农民专业合作社。农民专业合作社应当置备成员名册，并报登记机关；《农民专业合作社法》第 15 条规定：农民专业合作社的成员中，农民至少应当占成员总数的百分之八十。成员总数二十人以下的，可以有一个企业、事业单位或者社会团体成员；成员总数超过二十人的，企业、事业单位和社会团体成员不得超过成员总数的百分之五。

(二)农民专业合作社章程

农民专业合作社章程是指农民专业合作社必须具备的,由全体设立人制定的,并对农民专业合作社、农民专业合作社成员、理事、监事及农民专业合作社高级管理人员具有约束力的调整农民专业合作社组织行为和经营行为的规则。农民专业合作社章程是农民专业合作社设立、运营过程中处理内外关系的重要文件,是全体农民专业合作社成员共同一致的意思表示,具有法定性、要式性和规范性。

农民专业合作社章程应当载明下列事项:①名称和住所;②业务范围;③成员资格及入社、退社和除名;④成员的权利和义务;⑤组织机构及其产生办法、职权、任期、议事规则;⑥成员的出资方式、出资额;⑦财务管理和盈余分配、亏损处理;⑧章程修改程序;⑨解散事由和清算办法;⑩公告事项及发布方式;⑪需要规定的其他事项。此外,农民专业合作社法还允许农民专业合作社根据实际情况,对某些内容进行约定。

(三)符合法律规定的组织机构

(四)符合法律、行政法规规定的名称和章程确定的住所

(五)符合章程规定的出资

《农民专业合作社登记管理条例》第 8 条规定,农民专业合作社成员可以用货币出资,也可以用实物、知识产权等能够用货币估价并可以依法转让的非货币财产作价出资。成员以非货币财产出资的,由全体成员评估作价。成员不得以劳务、信用、自然人姓名、商誉、特许经营权或者设定担保的财产等作价出资。由于我国各地经济发展的不平衡,一律要求农民加入专业合作社时必须出资或者规定最低出资额,不符合目前发展的现实。所以,《农民专业合作社法》未规定农民专业合作社的法定最低出资额,而是将出资额决定权交由章程规定。

二、农民专业合作社的设立登记程序

设立农民专业合作社,应当向工商行政管理部门提交下列文件,申请设立登记:①登记申请书;②全体设立人签名、盖章的设立大会纪要;③全体设立人签名、盖章的章程;④法定代表人、理事的任职文件及身份证明;⑤出资成员签名、盖章的出资清单;⑥住所使用证明;⑦法律、行政法规规定的其他文件。需要特别注意的是,农民专业合作社向登记机关提交出资清单,只要有出资成员签名、盖章即可,无需其他机构的验资证明。

登记程序由申请、审查、核准发照以及公告等几个阶段组成。登记机关应当自受理登记申请之日起 20 内办理完毕,向符合登记条件的申请者颁发营业执照。

【实训题 6-2】申请设立农民专业合作社,应当向登记机关提交下列哪些文件?(　　)

A. 登记申请书

B. 全体设立人签名、盖章的设立大会纪要

C. 全体设立人签名、盖章的章程

D. 法定代表人、理事的任职文件及身份证明

E. 出资成员签名、盖章的出资清单

F. 住所使用证明

G. 主管部门的审批文件

H. 法律、行政法规规定的其他文件

三、退社制度

1. 农民专业合作社成员要求退社的，应当在财务年度终了的 3 个月前向理事长或者理事会提出；其中，企业、事业单位或者社会团体成员退社，应当在财务年度终了的 6 个月前提出；章程另有规定的，从其规定。退社成员的成员资格自财务年度终了时终止。

2. 成员在其资格终止前与农民专业合作社已订立的合同，应当继续履行；章程另有规定或者与本社另有约定的除外。

3. 成员资格终止的，农民专业合作社应当按照章程规定的方式和期限，退还记载在该成员账户内的出资额和公积金份额；对成员资格终止前的可分配盈余，依照《农民专业合作社法》第 37 条第 2 款的规定向其返还。

4. 资格终止的成员应当按照章程规定分摊资格终止前本社的亏损及债务。

第三节　农民专业合作社的组织机构

一、社员

（一）农民专业合作社成员的条件

《农民专业合作社法》第 14 条规定，具有民事行为能力的公民，以及从事与农民专业合作社业务直接有关的生产经营活动的企业、事业单位或者社会团体，能够利用农民专业合作社提供的服务，承认并遵守农民专业合作社章程，履行章程规定的入社手续的，可以成为农民专业合作社的成员。但是，具有管理公共事务职能的单位不得加入农民专业合作社。

（二）农民专业合作社成员的权利和义务

农民专业合作社法规定，农民专业合作社成员享有下列权利：①参加成员大会，并享有表决权、选举权和被选举权，按照章程规定对本社实行民主管理；②利用本社提供的服务和生产经营设施；③按照章程规定或者成员大会决议分享盈余；④查阅本社的章程、成员名册、成员大会或者成员代表大会记录、理事会会议决议、监事会会议决议、财务会计报告和会计账簿；⑤章程规定的其他权利。

农民专业合作社成员承担下列义务：①执行成员大会、成员代表大会和理事会的决议；②按照章程规定向本社出资；③按照章程规定与本社进行交易；④按照章程规定承担亏损；⑤章程规定的其他义务。

二、农民专业合作社成员大会

(一)农民专业合作社成员大会及其职权

农民专业合作社成员大会由全体成员组成，是本社的权力机构，行使下列职权：①修改章程；②选举和罢免理事长、理事、执行监事或者监事会成员；③决定重大财产处置、对外投资、对外担保和生产经营活动中的其他重大事项；④批准年度业务报告、盈余分配方案、亏损处理方案；⑤对合并、分立、解散、清算作出决议；⑥决定聘用经营管理人员和专业技术人员的数量、资格和任期；⑦听取理事长或者理事会关于成员变动情况的报告；⑧章程规定的其他职权。

同时，农民专业合作社法还规定，农民专业合作社成员超过 150 人的，可以按照章程规定设立成员代表大会。成员代表大会按照章程规定可以行使成员大会的部分或者全部职权。

(二)农民专业合作社成员(代表)大会会议的召集

农民专业合作社成员大会会议分为定期成员大会和临时成员大会两种。农民专业合作社成员大会每年至少召开一次，会议的召集由章程规定。有下列情形之一的，应当在 20 日内召开临时成员大会：①30％以上的成员提议；②执行监事或者监事会提议；③章程规定的其他情形。

(三)农民专业合作社成员大会表决权的分配和议事规则

农民专业合作社成员大会选举和表决，实行一人一票制，成员各享有一票的基本表决权；出资额或者与本社交易量(额)较大的成员按照章程规定，可以享有附加表决权。本社的附加表决权总票数，不得超过本社成员基本表决权总票数的 20％。享有附加表决权的成员及其享有的附加表决权数，应当在每次成员大会召开时告知出席会议的成员；章程可以限制附加表决权行使的范围。

农民专业合作社召开成员大会，出席人数应当达到成员总数 2/3 以上。成员大会选举或者作出决议，应当由本社成员表决权总数过半数通过；作出修改章程或者合并、分立、解散的决议应当由本社成员表决权总数的 2/3 以上通过。章程对表决权数有较高规定的，从其规定。

三、农民专业合作其他组织机构的规定

1.农民专业合作社可以设执行监事或者监事会。理事长、理事、经理和财务会计人员不得兼任监事。

2.理事长、理事、执行监事或者监事会成员，由成员大会从本社成员中选举产生，依照农民专业合作法和章程的规定行使职权，对成员大会负责。理事会会议、监事会会议的表决，实行一人一票。

3.农民专业合作社的成员大会、理事会、监事会，应当将所议事项的决定作成会议记录，出席会议的成员、理事、监事应当在会议记录上签名。

4.对理事长、理事、监事、经理或者财务会计人员的禁止性规定。农民专业合作社的理事

长、理事和管理人员不得有下列行为：①侵占、挪用或者私分本社资产；②违反章程规定或者未经成员大会同意，将本社资金借贷给他人或者以本社资产为他人提供担保；③接受他人与本社交易的佣金归为己有；④从事损害本社经济利益的其他活动。

农民专业合作社的理事长、理事、经理不得兼任业务性质相同的其他农民专业合作社的理事长、理事、监事、经理。

执行与农民专业合作社业务有关公务的人员，不得担任农民专业合作社的理事长、理事、监事、经理或者财务会计人员。

【实训题 6-3】农民专业合作社设理事长一名，为本社的法定代表人。理事长能行使下列哪项职权？（　　）

A. 主持成员大会，召集并主持理事会会议

B. 签署本社成员出资证明

C. 签署聘任或者解聘本社经理、财务会计人员和其他专业技术人员聘书

D. 用合作社财产替别人抵押

第四节　农民专业合作社的财务管理

农民专业合作社应当按照国务院财政部门制定的财务会计制度进行会计核算。农民专业合作社的理事长或者理事会应当按照章程规定，组织编制年度业务报告、盈余分配方案、亏损处理方案以及财务会计报告，于成员大会召开的 15 日前，置备于办公地点，供成员查阅。农民专业合作社与其成员的交易、与利用其提供的服务的非成员的交易，应当分别核算。

一、公积金制度

农民专业合作社可以按照章程规定或者成员大会决议从当年盈余中提取公积金。公积金用于弥补亏损、扩大生产经营或者转为成员出资。每年提取的公积金按照章程规定量化为每个成员的份额。

二、成员账户制度

农民专业合作社应当为每个成员设立成员账户，主要记载下列内容：①该成员的出资额；②量化为该成员的公积金份额；③该成员与本社的交易量（额）。

三、盈余分配制度

在弥补亏损、提取公积金后的当年盈余，为农民专业合作社的可分配盈余。可分配盈余按照下列规定返还或者分配给成员，具体分配办法按照章程规定或者经成员大会决议确定：①按成员与本社的交易量（额）比例返还，返还总额不得低于可分配盈余的 60%；②按前项规定返还后的剩余部分，以成员账户中记载的出资额和公积金份额，以及本社接受国家财政直接补助和他人捐赠形成的财产平均量化到成员的份额，按比例分配给本社成员。

【实训题 6-4】在(　　)后的当年盈余,为农民专业合作社的可分配盈余。

A. 缴纳税收　　B. 弥补亏损　　C. 提取公积金　　D. 各项规费

四、内部审计和报告制度

设立执行监事或者监事会的农民专业合作社,由执行监事或者监事会负责对本社的财务进行内部审计,审计结果应当向成员大会报告。成员大会也可以委托审计机构对本社的财务进行审计。

第五节　合并、分立、解散和清算

一、合并

农民专业合作社合并,应当自合并决议作出之日起 10 日内通知债权人。合并各方的债权、债务应当由合并后存续或者新设的组织承继。

二、分立

农民专业合作社分立,其财产作相应的分割,并应当自分立决议作出之日起 10 日内通知债权人。分立前的债务由分立后的组织承担连带责任。但是,在分立前与债权人就债务清偿达成的书面协议另有约定的除外。

三、解散

农民专业合作社因下列原因解散:①章程规定的解散事由出现;②成员大会决议解散;③因合并或者分立需要解散;④依法被吊销营业执照或者被撤销。

四、清算

1. 成立清算组。清算组因前述第①项、第②项、第④项原因解散的,应当在解散事由出现之日起 15 日内由成员大会推举成员组成清算组,开始解散清算。逾期不能组成清算组的,成员、债权人可以向人民法院申请指定成员组成清算组进行清算,人民法院应当受理该申请,并及时指定成员组成清算组进行清算。

清算组自成立之日起接管农民专业合作社,负责处理与清算有关未了结业务,清理财产和债权、债务,分配清偿债务后的剩余财产,代表农民专业合作社参与诉讼、仲裁或者其他法律程序,并在清算结束时办理注销登记。

2. 通知与公告。清算组应当自成立之日起 10 日内通知农民专业合作社成员和债权人,并于 60 日内在报纸上公告。债权人应当自接到通知之日起 30 日内,未接到通知的自公告之日起 45 日内,向清算组申报债权。如果在规定期间内全部成员、债权人均已收到通知,免除清算组的公告义务。

3. 债权人申报债权。债权人申报债权,应当说明债权的有关事项,并提供证明材料。清算组应当对债权进行登记。在申报债权期间,清算组不得对债权人进行清偿。

农民专业合作社因章程规定的解散事由出现解散,或者人民法院受理破产申请时,不能办理成员退社手续。

4. 制定清算方案。清算组负责制定包括清偿农民专业合作社员工的工资及社会保险费用,清偿所欠税款和其他各项债务,以及分配剩余财产在内的清算方案,经成员大会通过或者申请人民法院确认后实施。

五、破产

清算组发现农民专业合作社的财产不足以清偿债务的,应当依法向人民法院申请破产。农民专业合作社接受国家财政直接补助形成的财产,在解散、破产清算时,不得作为可分配剩余资产分配给成员,处置办法由国务院规定。农民专业合作社破产适用企业破产法的有关规定。但是,破产财产在清偿破产费用和共益债务后,应当优先清偿破产前与农民成员已发生交易但尚未结清的款项。

本章小结

农民专业合作社是在农村家庭承包经营基础上,同类农产品的生产经营者或者同类农业生产经营服务的提供者、利用者,自愿联合、民主管理的互助性经济组织;农民专业合作社依照本法登记,取得法人资格。具有民事行为能力的公民,以及从事与农民专业合作社业务直接有关的生产经营活动的企业、事业单位或者社会团体,能够利用农民专业合作社提供的服务,承认并遵守农民专业合作社章程,履行章程规定的入社手续的,可以成为农民专业合作社的成员。但是,具有管理公共事务职能的单位不得加入农民专业合作社。农民专业合作社设有成员大会、理事会、监事会、经理等健全的组织机构和平等民主的管理方式;农民专业合作社完备的财务管理制度。农民专业合作社法规定完整的合并、分立、清算制度。农民专业合作社破产适用企业破产法的有关规定。但是,破产财产在清偿破产费用和共益债务后,应当优先清偿破产前与农民成员已发生交易但尚未结清的款项。为了明确国家扶持农民专业合作社的基本政策,为其发展创造良好的政策环境,农民专业合作社法规定,国家通过财政支持、税收优惠和金融、科技、人才的扶持以及产业政策引导等措施,促进农民专业合作社的发展。国家鼓励和支持社会各方面力量为农民专业合作社提供服务。

复习思考题

1. 简述农民专业合作社的概念及特征。
2. 简述农民专业合作社的组织机构和管理方式。
3. 简述农民专业合作社的盈余分配的特殊性。
4. 简述国家扶持农民专业合作社的基本政策。

第七章　破产法律制度

本章重点知识

- 破产界限
- 破产申请和受理
- 破产管理人和债务人财产
- 债权申报与债权人会议
- 破产费用和共益债务
- 和解和重整
- 破产清算

【引读案例】

甲公司因经营管理不善，无力偿还到期债务，于当年 8 月 14 日向当地法院提交书面破产申请，法院于 8 月 20 日裁定受理，并于 8 月 23 日将裁定书面通知该公司，9 月 5 日通知已知债权人并发布公告，同时指定某会计师事务所作为管理人接管该公司。在 11 月 12 日召开的第一次债权人会议上，管理人将该公司的财产、债务等情况汇报如下：第一，该公司全部财产的变现价值为 2 675 万元。其中包括：①已作为银行贷款等值担保物的财产价值为 260 万元；②9 月 18 日管理人发现该公司于上一年度 11 月 5 日无偿转让作价为 140 万元的财产，遂向法院申请予以撤销、追回财产，并于 10 月 25 日将该财产全部追回；③该公司综合办公楼价值 800 万元，已用于对欠乙企业货款 500 万元的抵押担保，款项尚未支付。第二，该公司全部债务为 7 246 万元，其中包括欠发职工工资社会保险费用 240 万元、欠交税款 80 万元；管理人于 9 月 15 日解除了该公司与甲企业所签的一份合同，给甲企业造成了 120 万元的经济损失。第三，其他：诉讼费 20 万元，管理人报酬 20 万元，律师费等费用 30 万元，评估费 30 万元，为继续营业而支付的职工工资及社会保险 15 万元。

试根据以上资料，分析以下问题：①该公司的破产申请人、受理时间、宣告破产的条件、管理人的产生是否符合法律规定？②管理人的主要职责有哪些？③第一次债权人会议应如何召开？④本破产案件中哪些属于破产费用？哪些属于共益债务？如何清偿？⑤说明本破产案件的清偿顺序。⑥债权人甲企业的破产债权能获得清偿的数额是多少？

第一节　企业破产法概述

一、破产的含义

“破产”一词，理论上有两种含义：一是指客观状态，二是指法律程序。作为第一种含义上的“破产”，是指企业法人不能清偿到期债务，并且资产不足以清偿全部债务或者明显缺乏清偿能力的客观事实状态，它主要用于描述债务人的经济状况。第二种含义上的“破产”，是指法院依法强制执行企业法人的全部财产，公平清偿全体债权人的债务所进行的一种法律程序。

二、企业破产法的概念及特征

企业破产法，是指在企业法人不能清偿到期债务，并且资产不足以清偿全部债务或者明显缺乏清偿能力的情况下，法院强制对其全部财产清算分配，公平清偿债权人，或通过和解、重整延缓清偿债务，避免企业法人破产的法律规范的总称。企业破产法有广义和狭义之分。狭义的企业破产法仅指对企业法人破产清算的法律。广义的企业破产法则还包括以避免企业法人破产为主要目的的各种和解与重整方面的法律规范。现代意义上的破产法均指广义而言。企业破产法具有以下特征：

1. 破产法的调整对象限于不能清偿到期债务，并且资产不足以清偿全部债务或者明显缺乏清偿能力的企业法人。

2. 破产法是集实体性规范与程序性规范为一体的综合性法律。

3. 破产法是一部涉及面甚广的法律。

三、我国现行破产法律制度概况

我国现行的破产法律制度，是 2006 年 8 月 27 日第十届全国人民代表大会常务委员会第二十三次会议通过的《中华人民共和国企业破产法》，自 2007 年 6 月 1 日施行，1986 年颁布的《中华人民共和国企业破产法（试行）》同时废止。2011 年 8 月 29 日最高人民法院颁布《关于适用中华人民共和国企业破产法》若干问题的规定。

第二节 破产申请与受理

一、破产法的调整范围和破产界限

（一）调整范围

破产法的调整范围仅限于企业法人，不具有法人资格的企业、个体工商户、合伙组织、农村承包经营户等均不适用。

（二）破产界限

破产界限，也称为破产原因，是指债务人不能清偿到期债务，并且资产不足以清偿全部债务或者明显缺乏清偿能力。破产原因可分为两种情况：一是债务人不能清偿到期债务，且资产不足以清偿全部债务；二是债务人不能清偿到期债务，并且明显缺乏清偿能力。

1.“债务人不能清偿到期债务，且资产不足以清偿全部债务”的判断标准。①“债务人不能清偿到期债务”的判断标准。下列情形同时存在的，人民法院应当认定债务人不能清偿到期债务：第一，债权债务关系依法成立；第二，债务履行期限已经届满；第三，债务人未完全清偿债务。②“资产不足以清偿全部债务”的判断标准。债务人的资产负债表，或者审计报告、资产评估报告等显示其全部资产不足以偿付全部负债的，人民法院应当认定债务人资产不足以清偿全部债务，但有相反证据足以证明债务人资产能够偿付全部负债的除外。

2.“债务人不能清偿到期债务，并且明显缺乏清偿能力”的判断标准。①“债务人不能清偿到期债务”的判断标准。下列情形同时存在的，人民法院应当认定债务人不能清偿到期债务：第一，债权债务关系依法成立；第二，债务履行期限已经届满；第三，债务人未完全清偿债务。②“明显缺乏清偿能力”的判断标准。债务人账面资产虽大于负债，但存在下列情形之一的，人民法院应当认定其明显缺乏清偿能力：因资金严重不足或者财产不能变现等原因，无法清偿债务；法定代表人下落不明且无其他人员负责管理财产，无法清偿债务；经人民法院强制执行，无法清偿债务；长期亏损且经营扭亏困难，无法清偿债务；导致债务人丧失清偿能力的其他情形。

二、破产申请

破产申请，是指破产申请人依法向人民法院请求受理破产案件，裁定企业法人破产，并适用破产程序的民事法律行为。

(一)申请主体

破产申请人包括债务人、债权人以及依法负有清算责任的人。

1.债务人申请。债务人不能清偿到期债务，并且资产不足以清偿全部债务或者明显缺乏清偿能力的，可以向人民法院提出重整、和解或者破产清算申请。债务人提出破产申请，必须不能清偿到期债务，并且资产不足以清偿全部债务或者明显缺乏清偿能力。债务人提出破产申请，需要提交破产申请书、财产状况说明、债务清册、债权清册、有关财务会计报告、职工安置预案，以及职工工资的支付和社会保险费用的缴纳情况等。

2.债权人申请。债务人不能清偿到期债务，债权人可以向人民法院提出对债务人进行重整或者破产清算的申请。债权人向法院申请债务人破产，是债权人请求人民法院保护其实体权利的一种诉讼上的途径。

债权人提出破产申请，需要提交破产申请书及其相应的证据，一般来说应该包括债权人对债务人拥有合法的债权、债务人不能清偿到期债务或债务人陷入严重困境等材料。债权人提起破产申请，债权人须提供除“职工安置预案”外的其他全部材料。

3.清算责任人的申请。根据企业破产法，企业法人已解散但未清算或者未清算完毕，资产不足以清偿债务的，依法负有清算责任的人应当向人民法院申请破产清算。“依法负有清算责任的人”，按照公司法的规定，因公司章程规定、股东会决议、依法被吊销营业执照、责令关闭或者被撤销等而解散的，有限责任公司的清算组由股东组成；股份有限公司的清算组由董事或者股东大会确定的人员组成。清算组在进行清算时，应当对企业法人的债权、债务进行清理，编制资产负债表和财产清单，并应当制定清算方案。当发现企业法人的资产不足以清偿债务的，清算组就应当立即向人民法院申请企业法人破产，移交人民法院进行破产清算。

(二)破产案件的管辖

企业破产案件由债务人住所地法院管辖。债务人住所地是指债务人的主要办事机构所在地,债务人主要办事机构所在地不明确的,由其注册地人民法院管辖。基层人民法院一般管辖县、县级市或者区的工商行政管理机关核准登记的企业法人的破产案件;中级人民法院一般管辖地区、地级市以上的工商行政管理机关核准登记企业的破产案件,纳入国家计划调整的企业破产案件。

三、破产申请的受理

(一)破产申请受理裁定和送达

1. 破产申请受理的裁定。人民法院收到破产申请时,应当向申请人出具收到申请及所附证据的书面凭证。人民法院收到破产申请后应当及时对申请人的主体资格、债务人的主体资格和破产原因,以及有关材料和证据等进行审查,并依据《企业破产法》第 10 条规定作出是否受理的裁定。

债权人提出的破产申请,人民法院应当自收到申请之日起 5 日内通知债务人。债务人对申请有异议的,应当自收到人民法院的通知之日起 7 日内向人民法院提出,人民法院认为异议成立的,应当告知债权人先行提起民事诉讼,破产申请不予受理。其他情形,人民法院应当自收到破产申请之日起 15 日内裁定是否受理;有特殊情况需要延长裁定受理期限的,经上一级人民法院批准,人民法院可以延长 15 日。

2. 破产申请受理的送达。人民法院决定受理的,应当制作案件受理通知书,并送达申请人和债务人。通知书作出时间为破产案件受理时间。通知书应当自裁定作出之日起 5 日内送达申请人。如果是债权人提出申请的,人民法院应当自裁定作出之日起 5 日内送达债务人。

债务人应当自裁定送达之日起 15 日内,向人民法院提交财产状况说明、债务清册、债权清册、有关财务会计报告以及职工安置预案、职工工资的支付和社会保险费用的缴纳情况以及人民法院认为应当提交的其他材料。人民法院应当自裁定受理破产申请之日起 25 日内通知已知债权人,并予以公告。

人民法院经审查发现有下列情况的,破产申请不予受理:债务人有隐匿、转移财产等行为,为了逃避债务而申请破产的;债权人借破产申请毁损债务人商业信誉,意图损害公平竞争的。人民法院决定不予受理的,应当自裁定作出之日起 5 日内送达申请人并说明理由。申请人对裁定不服的,可以自裁定送达之日起 10 日内向上一级人民法院提起上诉。

(二)破产申请受理的后果

人民法院受理破产申请后,产生以下法律后果:

1. 人民法院受理破产申请后,债务人对个别债权人的债务清偿无效。

2. 人民法院受理破产申请后,债务人的债务人或财产持有人应当向管理人清偿债务或者交付财产。

3. 人民法院受理破产申请后,管理人对破产申请受理前成立而债务人和对方当事人均未履行完毕的合同有权解除或继续履行，并通知对方当事人。

4. 人民法院受理破产申请后，有关债务人财产的保全措施应当解除，执行程序应当中止。

5. 人民法院受理破产申请后，已经开始而尚未终结的有关债务人的民事诉讼或者仲裁应当中止；在管理人接管债务人的财产后，该诉讼或者仲裁继续进行。

6. 人民法院受理破产申请后，有关债务人的民事诉讼，只能向受理破产申请的人民法院提起。

四、破产申请的撤回

债务人或者债权人提出破产申请后，在人民法院受理前，可以请求撤回申请。人民法院准许申请人撤回破产申请的，在撤回破产申请之前已经支出的费用由破产申请人承担。

第三节　破产管理人和债务人财产

一、破产管理人

（一）破产管理人的概念

管理人，是指人民法院依法受理破产申请，同时指定全面接管破产企业并负责破产财产的保管、清理、估价、处理和分配，总管破产事务的人。

（二）管理人的产生和组成

1. 管理人的产生。《企业破产法》规定，管理人由人民法院指定。债权人会议认为管理人不能依法、公正执行职务或者有其他不能胜任职务情形的，可以申请人民法院予以更换。管理人没有正当理由不得辞去职务。管理人辞去职务应当经人民法院许可。

管理人的报酬由人民法院确定。管理人是独立于债权人会议、法院、债务人之外的组织，管理人依法履行职责，理应获得相应的报酬。管理人的报酬属于破产费用，标准由人民法院确定。债权人会议对管理人的报酬有异议的，有权向人民法院提出，由人民法院决定是否需要对管理人的报酬进行调整。

2. 管理人的组成。《企业破产法》规定，管理人可以由有关部门、机构的人员组成的清算组或者依法设立的律师事务所、会计师事务所、破产清算事务所等社会中介机构担任。有下列情形之一的，不得担任管理人：①因故意犯罪受过刑事处罚。②曾被吊销相关专业执业证书。③与本案有利害关系。④人民法院认为不宜担任管理人的其他情形。

（三）管理人的职责

管理人依法执行职务，向人民法院报告工作，并接受债权人会议和债权人委员会的监督。根据《企业破产法》的规定，管理人履行下列职责：①接管债务人的财产、印章和账簿、文书等资料；②调查债务人财产状况，制作财产状况报告；③决定债务人的内部管理事务；④决定债务人的日常开支和其他必要开支；⑤在第一次债权人会议召开之前，决定继续或者停止债务人的营业；⑥管理和处分债务人的财产；⑦代表债务人参加诉讼、仲裁或者其他法律程序；⑧提议召开债权人会议；⑨人民法院认为管理人应当履行的其他职责。

为了避免因管理人管理不当而损害债权人的利益，《企业破产法》对管理人履行职责设定了一定的限制。《企业破产法》规定，在第一次债权人会议召开之前，管理人实施下列行为时，应当经人民法院许可：①决定继续或者停止债务人的营业；②涉及土地、房屋等不动产权益的转让；③探矿权、采矿权、知识产权等财产权的转让；④全部库存或者营业的转让；⑤借款；⑥设定财产担保；⑦债权和有价证券的转让；⑧履行债务人和对方当事人均未履行完毕的合同；⑨放弃权利；⑩担保物的取回；⑪对债权人的利益有重大影响的其他财产处分行为。

【实训题 7-1】某破产案件中，债权人向法院提出更换管理人的申请。申请书中指出了如下事实，其中哪些属于主张更换管理人的正当事由？（　　）

A. 管理人列席债权人会议时，未如实报告债务人财产接管情况，并拒绝回答部分债权人询问

B. 管理人将债务人的一处房产转让给第三人，未报告债权人委员会

C. 债权人对债务人在破产申请前曾以还债为名向关联企业划转大笔资金的情况多次要求调查，但管理人一再拖延

D. 管理人将对外追收债款的诉讼业务交给其所在律师事务所办理，并单独计收代理费

二、债务人财产

（一）债务人财产的概念

债务人财产，是指破产申请受理时属于债务人的全部财产，以及破产申请受理后至破产程序终结前债务人取得的财产。破产财产由下列财产构成：债务人在破产宣告时所有的或者经营管理的全部财产；债务人在破产宣告后至破产程序终结前取得的财产；应当由债务人行使的其他财产权利。

（二）债务人的无效行为

无效行为自始无效，即行为从实施时起就没有法律约束力。《企业破产法》规定，涉及债务人财产的下列行为无效：①为逃避债务而隐匿、转移财产的；②虚构债务或者承认不真实的债务的。基于以上行为取得的财产，管理人有权予以追回。

（三）撤销权

撤销权是指因债务人实施的减少债务人的财产的行为危及债权人的债权时，管理人可以请求人民法院撤销该行为的权利。

根据《企业破产法》的规定，人民法院受理破产申请前 1 年内，涉及债务人财产的下列行为，管理人有权请求人民法院予以撤销：①无偿转让财产的；②以明显不合理的价格进行交易的，包括高价买入和低价卖出；③对没有财产担保的债务提供财产担保的；④对未到期的债务

提前清偿的;⑤放弃债权的。

另外,《企业破产法》规定,人民法院受理破产申请前6个月内,债务人有不能清偿到期债务,并且资产不足以清偿全部债务或者明显缺乏清偿能力的情形,仍对个别债权人进行清偿的,管理人有权请求人民法院予以撤销。但是,个别清偿使债务人财产受益的除外。

经管理人的请求被人民法院撤销的行为即归于消灭。如果据此取得财产,管理人有权予以追回。对于已领受债务人财产的第三人,应负有返还财产的义务,原物不存在时,应折价赔偿。

(四)抵销权

1.概念。抵销权是指当事人双方互负债务,又互负债权,各自以自己的债权充抵对方所负债务,使自己的债务与对方的债务在等额内消灭的制度。《企业破产法》规定,债权人在破产申请受理前对债务人负有债务的,可以向管理人主张抵销。

2.抵销权行使的要求。抵销权的行使应当符合下列要求:①债权人对债务人负有债务,且债权人对债务人所负债务产生于破产申请受理之前。这种互负债务,无论是否已到清偿期,无论债务标的、给付种类是否相同,均可主张抵销。在破产申请受理之后,债权人对债务人负有债务的,不得主张抵销。②抵销权只能由债权人行使,且债权人必须向管理人提出。

3.不得抵销的情形。《企业破产法》第40条规定,债权人在破产申请受理前负有债务的,可以向管理人主张抵销。但是,有下列情形之一的,不得抵销:①债务人的债务人在破产申请受理后取得他人对债务人的债权的。②债权人已知债务人有不能清偿到期债务或者破产申请的事实,对债务人负担债务的;但是,债权人因为法律规定或者破产申请1年前所发生的原因而负担债务的除外。③债务人的债务人已知债务人有不能清偿到期债务或者破产申请事实,对债务人取得债权的;但是,债务人的债务人因为法律规定或者破产申请1年前所发生的原因而取得债权的除外。

(五)其他由管理人依法处理的债务人财产

1.人民法院受理破产申请后,债务人的出资人尚未完全履行出资义务的,管理人应当要求该出资人缴纳所认缴的出资,而不受出资期限的限制。

2.债务人的董事、监事和高级管理人员利用职权从企业获取的非正常收入和侵占的企业财产,管理人应当追回。

3.人民法院受理破产申请后,管理人可以通过清偿债务或者提供为债权人接受的担保,取回质物、留置物。

4.人民法院受理破产申请后,债务人占有的不属于债务人的财产,该财产的权利人可以通过管理人取回。但是,法律另有规定的除外。

5.人民法院受理破产申请时,出卖人已将买卖标的物向作为买受人的债务人发运,债务人尚未收到且未付清全部价款的,出卖人可以取回在运途中的标的物。但是,管理人可以支付全部价款,请求出卖人交付标的物。

【实训题7-2】甲公司被法院宣告破产,清算组在清理该公司财产时,发现的下列哪些财产应列入该公司的破产财产?(　　)

A. 该公司依合同将于三个月后获得的一笔投资收益
B. 该公司提交某银行质押的一辆轿车
C. 该公司对某大桥上的未来 20 年的收费权
D. 该公司一栋在建的办公楼

第四节 债权申报与债权人会议

一、债权申报

债权申报是指债务人的债权人在接到人民法院的破产申请受理通知或者公告后，在法定期限内向人民法院申请登记债权，以取得破产债权人地位的行为。破产债权人在破产过程中享有的权利主要有：①参加债权人会议；②提出对债务人重整申请；③参加破产财产的分配。

(一)债权申报的期限

人民法院受理破产申请后，应当确定债权人申报债权的期限。债权申报期限自人民法院发布受理破产申请公告之日起计算，最短不得少于 30 日，最长不得超过 3 个月。

在人民法院确定的债权申报期限内，债权人未申报债权的，可以在破产财产最后分配前补充申报；但是，此前已进行的分配，不再对其补充分配。为审查和确认补充申报债权的费用，由补充申报人承担。

(二)债权申报的要求

根据《企业破产法》的规定，应当按照下列要求进行：

1. 应当提交债权证明和合法有效的身份证明；代理申报人应当提交委托人的有效身份证明、授权委托书和债权证明。

2. 未到期的债权，在破产申请受理时视为到期。附利息的债权自破产申请受理时起停止计息。

3. 附条件、附期限的债权和诉讼、仲裁未决的债权，债权人可以申报。

4. 债权人应当在人民法院确定的债权申报期限内向管理人申报债权。债务人所欠职工的工资和医疗、伤残补助、抚恤费用，所欠的应当划入职工个人账户的基本养老保险、基本医疗保险费用，以及法律、行政法规规定应当支付给职工的补偿金，不必申报，由管理人调查后列出清单并予以公示。职工对清单记载有异议的，可以要求管理人更正；管理人不予更正的，职工可以向人民法院提起诉讼。

5. 债权人申报债权时，应当书面说明债权的数额和有无财产担保，并提交有关证据。申报的债权是连带债权的，应当说明。

6. 连带债权人可以由其中一人代表全体连带债权人申报债权，也可以共同申报债权。由其中一个人代表全体连带债权人申报债权的，应说明其能够代表其他连带债权人及所代表的其他连带债权人的基本情况，该申请人的行为对其他连带债权人发生法律效力；连带债权人共同申报债权的，他们作为共同的债权人，在对破产财产清偿时，只解决所申报债权的清偿问题，连带债权人之间的内部关系，不在破产程序中解决。

7. 债务人的保证人或者其他连带债务人已经代替债务人清偿债务的，以其对债务人的求偿权申报债权。债务人的保证人或者其他连带债务人尚未代替债务人清偿债务的，以其对债务人的将来求偿权申报债权。但是，债权人已经向管理人申报全部债权的除外。

8. 连带债务人数人被裁定适用《企业破产法》规定的程序的，其债权人有权就全部债权分别在各破产案件中申报债权。

9. 管理人或者债务人依照《企业破产法》规定解除合同的，对方当事人以因合同解除所产生的损害赔偿请求权申报债权。

10. 债务人是委托合同的委托人，被裁定适用《企业破产法》规定的程序，受托人不知该事实，继续处理委托事务的，受托人以由此产生的请求权申报债权。

11. 债务人是票据的出票人，被裁定适用《企业破产法》规定的程序，该票据的付款人继续付款或者承兑的，付款人以由此产生的请求权申报债权。

【实训题 7-3】2011 年 9 月 1 日，某法院受理了湘江服装公司的破产申请并指定了管理人，管理人开始受理债权申报。下列哪些请求权属于可以申报的债权？（　　）

A. 甲公司的设备余款给付请求权，但根据约定该余款的支付时间为 2011 年 10 月 30 日

B. 乙公司请求湘江公司加工一批服装的合同履行请求权

C. 丙银行的借款偿还请求权，但该借款已经设定财产抵押担保

D. 当地税务机关对湘江公司作出的 8 万元行政处罚决定

（三）债权表的编制

管理人收到债权申报材料后，应当登记造册，对申报的债权进行审查，并编制债权表。债权表和债权申报材料由管理人保存，供利害关系人查阅。债权表应当提交第一次债权人会议核查。债务人、债权人对债权表记载的债权无异议的，由人民法院裁定确认。债务人、债权人对债权表记载的债权有异议的，可以向受理破产申请的人民法院提起诉讼。编制的债权表经人民法院确认后，就成为债权人进入破产程序行使权利的重要依据。

二、债权人会议

（一）债权人会议的组成

依法申报债权的债权人为债权人会议的成员，有权参加债权人会议，享有表决权。债权尚未确定的债权人，除人民法院能够为其行使表决权而临时确定债权额的外，不得行使表决权；对债务人的特定财产享有担保权的债权人，未放弃优先受偿权利的，其对通过和解协议和破产财产的分配方案的事项不享有表决权。债权人会议应当有债务人的职工和工会的代表参加。

债权人可以委托代理人出席债权人会议，行使表决权。债权人会议设主席一人，由人民法

院从有表决权的债权人中指定，债权人会议主席主持债权人会议。

(二)债权人会议的召开

第一次债权人会议由人民法院召集，自债权申报期限届满之日起 15 日内召开，由人民法院主持。以后的债权人会议，在人民法院认为必要时，或者管理人、债权人委员会、占债权总额 1/4 以上的债权人向债权人会议主席提议时召开。

召开债权人会议，管理人应当提前 15 日将会议的时间、地点、内容、目的等事项通知已知的债权人。

(三)债权人会议的职权

债权人会议行使下列职权：①核查债权；②申请人民法院更换管理人，审查管理人的费用和报酬；③监督管理人；④选任和更换债权人委员会成员；⑤决定继续或者停止债务人的营业；⑥通过重整计划；⑦通过和解协议；⑧通过债务人财产的管理方案；⑨通过破产财产的变价方案；⑩通过破产财产的分配方案；⑪人民法院认为应当由债权人会议行使的其他职权。

债权人会议应当对所议事项的决议作成会议记录。

(四)债权人会议的决议

债权人会议的决议，由出席会议的有表决权的债权人过半数通过，并且其所代表的债权额占无财产担保债权总额的 1/2 以上。但《企业破产法》另有规定的除外。债权人会议的决议，对全体债权人均有法律约束力。债权人认为债权人会议的决议违反法律规定，损害其利益的，可以自债权人会议作出决议之日起 15 日内，请求人民法院裁定撤销该决议，责令债权人会议重新作出决议。

(五)债权人委员会

1. 债权人委员会的组成。由于债权人会议是债权人的非常设机构，在闭会期间无法行使其权利，不足以保护全体债权人的利益，因此，债权人会议可以决定设立债权人委员会，专门行使日常监督权。债权人委员会由债权人会议选任的债权人代表和一名债务人的职工代表或者工会代表组成。债权人委员会成员不得超过 9 人。

2. 债权人委员会的职权。《企业破产法》规定，债权人委员会行使下列职权：①监督债务人财产的管理和处分；②监督破产财产分配；③提议召开债权人会议；④债权人会议委托的其他职权。

另外，管理人实施的下列行为，应当向债权人委员会报告：①涉及土地、房屋等不动产权益的转让；②探矿权、采矿权、知识产权等财产权的转让；③全部库存或者营业的转让；④借款；⑤设定财产担保；⑥债权和有价证券的转让；⑦履行债务人和对方当事人均未履行完毕的合同；⑧放弃权利；⑨担保物的取回；⑩对债权人利益有重大影响的其他财产处分行为。未设立债权人委员会的，管理人实施上述行为时，应当及时报告人民法院。

第五节 重整与和解

一、重整制度

(一)重整的概念

重整,是指当企业法人不能清偿到期债务时,不立即进行破产清算,而是在法院的主持下,由债务人与债权人达成协议,制订债务人重整计划,债务人继续营业,并在一定期限内全部或者部分清偿债务的制度。

(二)重整申请和重整期间

1. 重整申请。债务人在不同阶段,重整申请人也不同,具体规定如下:①债务人尚未进入破产程序时,债务人或者债权人可以直接向人民法院申请对债务人进行重整。债权人为保证自己债权的实现,也可以向人民法院提出重整申请,使债务人经过重整后恢复偿债能力。②在人民法院受理破产申请后、宣告债务人破产前,债务人或者出资额占债务人注册资本1/10以上的出资人,可以向人民法院申请重整。人民法院经审查认为重整申请符合规定的,应当裁定债务人重整,并予以公告。

2. 重整期间。

(1)自人民法院裁定债务人重整之日起至重整程序终止,为重整期间。

(2)在重整期间,法律对债权人、债务人,以及其他利害关系人的权利行使作出了相应的规定和限制。规定如下:①在重整期间,经债务人申请,人民法院批准,债务人可以在管理人的监督下自行管理财产和营业事务。②在重整期间,对债务人的特定财产享有的担保权暂停行使。但是,担保物有损坏或者价值明显减少的可能,足以危害担保权人权利的,担保权人可以向人民法院请求恢复行使担保权。债务人或者管理人为继续营业而借款的,可以为该借款设定担保。③债务人合法占有的他人财产,该财产的权利人在重整期间要求取回的,应当符合事先约定的条件。④在重整期间,债务人的出资人不得请求投资收益分配。债务人的董事、监事、高级管理人员不得向第三人转让其持有的债务人的股权。但是,经人民法院同意的除外。

(3)重整程序的终结。在重整期间,有下列情形之一的,经管理人或者利害关系人请求,人民法院应当裁定终止重整程序,并宣告债务人破产:①债务人的经营状况和财产状况继续恶化,缺乏挽救的可能性。②债务人有欺诈、恶意减少债务人财产或者其他显著不利于债权人的行为。③由于债务人的行为致使管理人无法执行职务。

(三)重整计划的制订和批准

1. 重整计划的制订。①重整计划草案由债务人或管理人制订。债务人自行管理财产和营业事务的,由债务人制作重整计划草案。管理人负责管理财产和营业事务的,由管理人制作重整计划草案。②重整计划草案的期限要求。债务人或者管理人应当自人民法院裁定债务人重整之日起 6 个月内,同时向人民法院和债权人会议提交重整计划草案。上述规定的期限届满后,经债务人或管理人请求,有正当理由的,人民法院可以裁定延期 3 个月。债务人或者管理人未按期提出重整计划草案的,人民法院应当裁定终止重整程序,并宣告债务人破产。③重整计划草案的内容应当包括:债务人的经营方案;债权分类;债权调整方案;重整计划的执行期限;重整计划执行的监督期限;有利于债务人重整的其他方案。

2. 重整计划的批准。人民法院应当自收到重整计划草案之日起 30 日内召开债权人会议,对重整计划草案进行表决。债务人或者管理人应当向债权人会议就重整计划草案作出说明,并回答咨询。债权人参加讨论重整计划草案的债权人会议,依照下列债权分类,分组对重整计划草案进行表决:第一类是对债务人的特定财产享有担保权的债权;第二类是债务人所欠职工工资和医疗、伤残补助、抚恤费用,所欠的应当划入职工个人账户的基本养老保险、基本医疗保险费用,以及法律、行政法规规定应当支付给职工的补偿金;第三类是债务人所欠税款;第四类是普通债权,人民法院在必要时可以决定在普通债权组中设小额债权对重整计划草案进行表决。此外,债务人的出资人代表可以列席讨论重整计划草案的债权人会议。在重整计划草案涉及出资人权益调整事项时,应当设出资人组,对该事项进行表决。重整计划草案不得规定减免债务人欠缴的第二类债权以外的社会保险费用,该项费用的债权人不参加重整计划草案的表决。

出席会议的同一表决组的债权人过半数同意重整计划草案,并且其所代表的债权额占该组债权总额的 2/3 以上的,即为该组通过重整计划草案。各表决组均通过重整计划草案时,重整计划即为通过。自重整计划通过之日起 10 日内,债务人或者管理人应当向人民法院提出批准重整计划的申请。人民法院经审查认为符合规定的,应当自收到申请之日起 30 日内裁定批准,终止重整程序,并予以公告。

部分表决组未通过重整计划草案的,债务人或者管理人可以同未通过重整计划草案的表决组协商。该表决组可以在协商后再表决一次。未通过重整计划草案的表决组拒绝再次表决或者再次表决仍未通过重整计划草案,但重整计划草案符合下列条件的,债务人或者管理人可以申请人民法院批准重整计划草案:①按照重整计划草案,第一类债权就该特定财产将获得全额清偿,其因延期清偿所受的损失将得到公平补偿,并且其担保权未受到实质性损害,或者该表决组已经通过重整计划草案。②按照重整计划草案,第二类、第三类所列债权将获得全额清偿,或者相应表决权组已经通过重整计划草案。③按照重整计划草案,普通债权所获得重整计划草案对出资人的清偿比例,不低于在重整计划草案被提请批准时依照破产清算程序所能获得的清偿比例,或者该表决组已经通过重整计划草案。④重整计划草案对出资人权益的调整公平、公正,或者出资人组已经通过重整计划草案。⑤重整计划草案公平对待同一表决组的成员,并且所规定的债权清偿顺序不违反《企业破产法》的规定。⑥债务人的经营方案具有可行性。

人民法院经审查认为重整计划草案符合以上规定的,应当自收到申请之日起 30 日内裁定批准,终止重整程序,并予以公告。重整计划草案未获得通过且未依照法律的规定获得批准,或者已通过的重整计划未获得批准的,人民法院应当裁定终止重整程序,并宣告债务人破产。

(四)重整计划的执行

1. 债务人执行。人民法院裁定批准重整计划后,已接管财产和营业事务的管理人应当向债务人移交财产和营业事务。

2. 管理人监督。自人民法院裁定批准重整计划之日起,在重整计划规定的监督期内,由管理人监督重整计划的执行。监督期届满时,管理人应当向人民法院提交监督报告。自监督报告提交之日起,管理人的监督职责终止。管理人向人民法院提交的监督报告,重整计划的利害关系人有权查阅。经管理人申请,人民法院可以裁定延长重整计划执行的监督期限。

人民法院裁定批准的重整计划,对债务人和全体债权人均有约束力。债权人未依照规定申报债权的,在重整计划执行期间不得行使权利;在重整计划执行完毕后,可以按照重整计划规定的同类债权的清偿条件行使权利。债权人对债务人的保证人和其他连带债务人所享有的权利,不受重整计划的影响。

3. 重整计划执行终止。债务人不能执行或者不执行重整计划的,人民法院经管理人或者利害关系人请求,应当裁定终止重整计划的执行,并宣告债务人破产。

人民法院裁定终止的重整计划执行的,债权人在重整计划中作出的债权调整的承诺失去效力。债权人因执行重整计划所受的清偿仍然有效,债权未受清偿的部分作为破产债权。上述规定的债权人,只有在其他同顺位债权人同自己所受的清偿达到同一比例时,才能继续接受分配。按照重整计划减免的债务,自重整计划执行完毕时起,债务人不再承担清偿责任。

二、和解制度

和解是指具备破产原因的债务人,为了避免破产清算,而与债权人协商解决债务的制度。

和解并非法院作出的破产宣告的必经程序,是否和解完全依当事人意思而定。和解制度与破产清算一样,都重在清偿,但是破产清算是一种消极的处理方法,无论对债权人还是对债务人都必然会造成损失,而和解可以起到减少损失,预防破产清算的积极作用。

(一)和解的提出

债务人可以依照《企业破产法》的规定,直接向人民法院申请和解;也可以在人民法院受理破产申请后、宣告债务人破产前,向人民法院申请和解。债务人申请和解。应当提出和解协议草案。

(二)和解协议的通过及裁定

和解协议必须经债权人会议讨论通过,同时还必须经人民法院审查认可。人民法院经审查认为和解申请符合规定的,应当裁定和解,予以公告,并召集债权人会议讨论和解协议草案。对债务人的特定财产享有担保权的权利人,自人民法院裁定和解之日起可以行使权利。债权人会议通过和解协议的决议,由出席会议的有表决权的债权人过半数同意,并且其所代表的债权额占无财产担保债权总额的 2/3 以上。债权人会议通过和解协议的,由人民法院裁定认可,终止和解程序,并予以公告。

管理人应当向债务人移交财产和营业事务，并向人民法院提交执行职务报告。

和解协议草案经债权人会议表决未获得通过，或者已经债权人会议通过的和解协议未获得人民法院认可的，人民法院应当裁定终止和解程序，并宣告债务人破产。

（三）和解协议的效力

1. 经人民法院裁定认可的和解协议，对债务人和全体和解债权人均有约束力。人民法院受理破产申请时对债务人享有无财产担保债权的人称为和解债权人。和解债权人只能依照和解协议的规定接受清偿，不得要求或接受和解协议以外的单独利益，无权提起民事执行程序。和解债权人未依照规定申报债权的，在和解协议执行期间不得行使权利；在和解协议执行完毕后，可以按照和解协议规定的清偿条件行使权利。

2. 和解债权人对债务人的保证人和其他连带债务人所享有的权利，不受和解协议的影响。

3. 债务人应当按照和解协议规定的条件清偿债务。

4. 和解协议无强制执行效力，如债务人不履行协议，债权人不能请求人民法院强制执行，只能请求人民法院终止和解协议的执行，宣告其破产。

（四）和解协议的终止

1. 因债务人的欺诈或者其他违法行为而成立的和解协议，人民法院应当裁定无效，并宣告债务人破产。有上述情形的，和解债权人因执行和解协议所受的清偿，在其他债权人所受清偿同等比例的范围内，不予返还。

2. 债务人不能执行或者不执行和解协议的，人民法院经和解债权人请求，应当裁定终止和解协议的执行，并宣告债务人破产。

债务人不能执行或者不执行和解协议的行为有：①拒不执行或者延迟执行和解协议；②财务状况继续恶化，足以影响执行和解协议；③给个别债权人和解协议以外的特殊利益；④转移财产、隐匿或私分财产；⑤非正常压价出售财产、放弃自己的债权；⑥对原来没有财产担保的债务提供财产担保、对未到期的债务提前清偿等行为。

人民法院裁定终止和解协议执行的，和解债权人在和解协议中做出的债权调整的承诺失去效力。和解债权人因执行和解协议所受清偿仍然有效，和解协议未受清偿的部分作为破产债权。上述规定的债权人，只有在其他债权人同自己所受的清偿达到同一比例时，才能继续接受分配。此外，在上述情形下，为和解协议的执行提供的担保继续有效。

3. 人民法院受理破产申请后，债务人与全体债权人就债权债务的处理自行达成协议的，可以请求人民法院裁定认可，并终结破产程序。

按照和解协议减免的债务，自和解协议执行完毕时起，债务人不再承担清偿责任。

【实训题 7-4】关于破产清算、重整与和解的表述，下列哪些选项是正确的？（　　）

A. 债务人一旦被宣告破产，则不可能再进入重整或者和解程序

B. 破产案件受理后，只有债务人才能提出和解申请

C. 即使债务人未出现现实的资不抵债情形，也可申请重整程序

D. 重整是破产案件的必经程序

第六节 破产清算

一、破产宣告及其法律效力

(一)破产宣告

破产宣告,是指法院依据当事人的申请或法定职权,对债务人具备破产原因的事实作出具有法律效力的认定。根据《企业破产法》的规定,有下列情形之一的,人民法院应当以书面裁定宣告债务人企业破产:①企业不能清偿到期债务,并且资产不足以清偿全部债务或者明显缺乏清偿能力,又不具备法律规定的不予宣告破产条件的。②重整程序被人民法院裁定终止的。③和解协议被人民法院裁定终止执行的。

人民法院宣告债务人破产的,应当自裁定作出之日起5日内送达债务人和管理人,自裁定作出之日起10日内通知已知债权人,并予以公告。

(二)破产宣告的效力

债务人被宣告破产后,债务人称为破产人,债务人财产称为破产财产,人民法院受理破产申请时对债务人享有的债权称为破产债权。

根据《企业破产法》第108条的规定,破产宣告前,有下列情形之一的,人民法院应当裁定终结破产程序,并予以公告:①第三人为债务人提供足额担保或者为债务人清偿了全部到期债务的。②债务人已清偿了全部到期债务。

二、破产财产的变价与分配

(一)变价

管理人及时拟定破产财产变价方案,提交债权人会议讨论。管理人按照债权人会议通过的或者人民法院裁定的破产财产变价方案,适时变价出售破产财产。

变价出售破产财产应当通过拍卖方式进行。但是,债权人会议另有决议的除外。破产企业可以全部或者部分变价出售。企业变价出售时,可以将其中的无形资产和其他财产单独变价出售。按照国家规定不能拍卖或者限制转让的财产,应当按照国家规定的方式处理。

(二)分配

1.分配顺序。

(1)优先清偿破产费用和共益债务。人民法院受理破产申请后发生的下列费用,为破产费用:①破产案件的诉讼费用。②管理、变价和分配债务人财产的费用。③管理人执行职务的费用、报酬和聘用工作人员的费用。人民法院受理破产申请后发生的下列债务,为共益债务:

①因管理人或者债务人请求对方当事人履行双方均未履行完毕的合同所产生的债务。②因债务人财产受无因管理所产生的债务。③因债务人不当得利所产生的债务。④为债务人继续营业而应支付的劳动报酬和社会保险费用，以及由此产生的其他债务。⑤管理人或者相关人员执行职务致人损害所产生的债务。⑥债务人财产致人损害所产生的债务。

破产费用和共益债务由债务人财产随时清偿。债务人财产不足以清偿所有破产费用和共益债务的，先行清偿破产费用。债务人财产不足以清偿所有破产费用或者共益债务的，按照比例清偿。债务人财产不足以清偿破产费用的，管理人应当提请人民法院终结破产程序。人民法院应当自收到请求之日起 15 日内裁定终结破产程序，并予以公告。

(2)破产财产清偿了破产费用和共益债务后，依照下列顺序清偿：①破产人所欠职工的工资和医疗、伤残补助、抚恤费用，所欠的应当划入个人账户的基本养老保险、基本医疗保险费用，以及法律、行政法规规定的应当支付给职工的补偿金。②破产人欠缴的除前项规定以外的社会保险费用和破产人所欠税款。③普通破产债权。

破产财产不足以清偿同一顺序的清偿要求的，按照比例分配。在清偿职工工资时，应当注意的是，破产企业的董事、监事和高级管理人员的工资不能完全按照破产人破产前其实际的工资清偿，而是按照该企业职工的平均工资计算。

【实训题 7-5】甲公司向乙银行贷款 100 万元，由 A 公司和 B 公司作为共同保证人，并以甲公司的厂房作抵押担保。其后，甲公司因严重资不抵债而向法院申请破产。法院裁定受理破产申请，并指定了破产管理人。下列哪些选项是正确的？(　　)

A. 管理人可以优先清偿乙银行的债务

B. 如 A 公司已代甲公司偿还了乙银行贷款，则其可向管理人申报 100 万元债权

C. 如乙银行不申报债权，则 A 公司或 B 公司均可向管理人申报 100 万元债权

D. 如乙银行已申报债权并获 40 万元分配，则剩余 60 万债权因破产程序终结而消灭

2. 分配方案

管理人应及时拟定破产财产分配方案，破产分配方案中，应载明参加破产财产分配的债权人名称或者姓名、住所；参加破产财产分配的债权额；可供分配的财产数额；破产财产分配额顺序、比例及数额；破产财产分配的方法等事项。

管理人将拟定的破产财产分配方案，首先交债权人会议讨论。破产财产分配方案的表决必须由出席会议的有表决权的债权人过半数通过，并且其所代表的债权额占无财产担保债权总额的 1/2 以上。经债权人会议决议通过的破产财产分配方案对全体债权人有约束力。

债权人会议通过破产财产分配方案后，由管理人将该方案提请人民法院认可。

【实训题 7-6】某建筑公司因严重资不抵债向法院申请破产救济。关于该案破产财产范围和清偿顺序等，下列哪些选项是错误的？(　　)

A. 该公司所欠民工工资应当列入破产费用先行清偿

B. 该公司租用甲公司的一套建筑设备不能列入破产财产

C. 该公司的一批脚手架已抵押给某银行，该批脚手架不能列入破产财产

D. 该公司员工对该公司的投资款只能作为普通债权受偿

三、破产程序的终结

破产程序终结，是指人民法院受理破产案件后，在出现法定事由时，由人民法院依法裁定终结破产程序，结束破产案件的审理。

（一）破产程序的终结

破产程序的终结必须由人民法院依法作出裁定。破产人无财产可供分配的，管理人应当请求人民法院裁定终结破产程序。人民法院应当自收到管理人终结破产程序的请求之日起15日内作出是否终结破产程序的裁定。裁定终结的，应当予以公告。

管理人应当自破产程序终结之日起10日内，持人民法院终结破产程序的裁定，向破产人的原登记机关办理注销登记。管理人于办理注销登记完毕的次日终止执行职务。但是，存在诉讼或者仲裁未决情况的除外。

（二）破产财产的追加分配

破产程序终结后，债权人通过破产分配未能得到清偿的债权不再予以清偿，破产企业未偿清余债的责任依法免除。但是，自破产程序依法终结之日起2年内，有下列情形之一的，债权人可以请求人民法院按照破产财产分配方案进行追加分配：①发现有依照法律规定应当追回的财产的。②发现破产人有应当供分配的其他财产的。有上述规定情形，但财产数量不足以支付分配费用的，不再进行追加分配，由人民法院将其上交国库。

破产人的保证人和其他连带债务人，在破产程序终结后，对债权人依照破产清算程序未受清偿的债权，依法继续承担清偿责任。

（三）办理注销登记

破产程序终结后，由清算组向破产企业原登记机关办理企业注销登记。破产程序终结后仍有可以追收的破产财产、追加分配等善后事宜需要处理的，经人民法院同意，可以保留清算组或者保留部分清算组成员。

本章小结

破产法是调整破产关系的法律规范的总称。债权人和债务人都可以依法提出破产申请。法院裁定受理破产申请的，应当同时指定管理人。债权人会议是由依法申报债权的全体债权人组成，并且应当有债务人的职工和工会的代表参加。债权人委员会是债权人会议的常设机构，它的职权主要是监督破产过程。重整指经利害关系人的申请，在审判机关的主持和利害关系人的参与下，对具有重整原因和重整能力的债务人进行生产经营上的整顿和债权债务关系上的清理，以期摆脱财务困境，重获经营能力的特殊法律程序。重整的终极目的是使债务人能够获得重生。破产和解是指由债务人发动，在法院的主持下，债务人与债权人就债务的清偿延期、债权减免、利息减让等债务让步事项达成协议，从而避免宣告破产的制度。破产宣告，是指法院依据当事人的申请和法律规定，对债务人具备破产原因的事实作出具有法律效力的认定。破产宣告是破产人进入破产清算的起点。破产清算是破产程序的重要组成部分，债务人一旦被宣告破产，破产程序便进入了破产清算阶段。在清算阶段，需确定破产债权的范围、分配破产财产。破产财产的分配则是破产清算的重要环节，与债权人的切身利益密切相关。管理人应当自破产程序终结之日起10日内，持人民法院终结破产程序的裁定，向破产人的原登记机关办理注销登记。

复习思考题

1. 简述破产的概念和破产的界限。
2. 破产申请受理的法律效力有哪些？
3. 债权人会议的职权有哪些？
4. 债权人委员会的职权有哪些？
5. 和解协议的法律效力有哪些？
6. 破产债权的范围包括哪些内容？
7. 破产财产的清偿顺序是怎样规定的？

第八章　消费者权益保护法律制度

本章重点知识

- 消费者权益保护法的调整范围
- 消费者的概念
- 消费者的权利
- 消费者权益争议的解决途径
- 违反消费者权益保护法的民事责任承担主体
- 欺诈消费者行为的处理办法

【引读案例】

某晚，一名医生将自己收受的一盒“五粮液酒”带入某酒店的包房就餐。包房隔壁就餐的是甲、乙夫妇和他们8岁的儿子丙。酒店服务员在包房内开启医生自带的酒时，酒发生爆炸，包房西、北两面木板墙被炸倒，包房隔壁就餐的乙及其儿子被倒下的木板隔墙压住，造成乙残疾、儿子死亡的后果。制造这个爆炸物“酒”的犯罪嫌疑人已经抓获，但其没有赔偿能力。甲、乙以酒店经营管理不善(未禁止顾客自带酒水进入餐厅、使用木板作隔墙的装修不符合安全标准并未报批)致使发生爆炸，造成顾客伤亡为由要求酒店赔偿损失。经查：允许顾客自带酒水进入餐厅是该市的行业习惯，酒店开业前已经呈报公安消防部门批准；医生带来的爆炸物“酒”一般人凭肉眼难以识别，酒店在此次爆炸事故中经济损失也不小。

试运用消费者权益保护法和相关法律知识分析酒店的法律责任。

第一节　消费者权益保护法概述

一、消费者权益保护法的概念

消费者权益保护法，是关于在市场交易关系，即消费者同商品生产者、经营者的经济关系中，以保护消费者合法权益为目的的法律规范的总称。

消费者权益保护法有广义与狭义之分，狭义的消费者权益保护法仅指全国人大常委会通过的《中华人民共和国消费者权益保护法》；广义的消费者权益保护法是指由国家制定、颁布的具有保护消费者合法权益功能的各种法律规范。通常情况下多采用广义的定义。

二、消费者权益保护法的历史沿革

世界上最早制定消费者利益保护法的国家是美国。1890年美国国会通过《保护贸易和商业不受非法限制和垄断损害法》即《谢尔曼法》，该法也是现代经济法产生的标志，它体现了国家适度干预经济生活、限制市场垄断行为、反对不正当竞争等观念，从而保护了消费者利益。此后，美国制定了大量有关保护消费者利益的法律，这些法律涉及消费品安全、卫生管理、交易规则、产品责任、商品标示及商标管理等各个领域，保护消费者利益的法律制度已相当完善。继美国之后，其他一些市场经济国家也都相继建成了保护消费者利益的法律法规体系。有的国家（如英国、日本等）除了有保护消费者利益的单行法规外，还颁布实施了保护消费者利益的基本法。随着国际间贸易往来的加强，为保护各国消费者的共同利益，消费者保护法的发展越来越呈现出国际化趋势。目前，保护消费者利益的国际立法主要有 1985 年联合国通过的《保护消费者准则》和欧洲理事会通过的《消费者保护宪章》等。

我国的消费者运动及消费者利益保护法的产生较晚。随着我国社会主义市场经济体制的建设进程，消费者处于弱者地位需要给予法律上的特别保护的问题日益突出，广大消费者强烈要求国家通过立法形式保护消费者利益，这就极大地推动了我国消费者保护法的立法进程。1993 年 10 月 31 日第八届全国人大常委会第四次会议通过了《中华人民共和国消费者权益保护法》，这是我国保护消费者权益的基本法。此外，我国许多法律法规中还有大量关于保护消费者权益的法律规范，主要有《反不正当竞争法》（1993 年 9 月 2 日第八届全国人大常委会第三次会议通过）、《食品卫生法》（1995 年 10 月 30 日第八届全国人大常委会第十六次会议通过）、《药品管理法》（1984 年第六届全国人大常委会第七次会议通过）、《化妆品卫生监督条例》（1989 年国务院发布）；《进出口商品检验法》（1989 年 2 月 21 日第七届全国人大常委会第六次会议通过）、《产品质量法》（1993 年 2 月 22 日第七届全国人大常委会第三十一次会议通过）以及计量法、标准化法、商标法、广告法、价格法等法律法规。虽然我国保护消费者权益的立法起步较晚，但发展迅速，现在已基本形成了比较完善的消费者权益保护法律体系，今后，除进一步完善消费者权益保护法律法规外，重要的任务是要严格执法。

三、消费者权益保护法的调整范围

消费有生活消费与生产消费、个人消费与集团消费之分。消费者权益保护法只调整个人生活消费。具体说消费者权益保护法的调整范围是个人为满足物质、文化生活消费需要购买、使用商品或者接受服务的个人生活消费。消费者权益是指消费者依法享有的权利及该权利受到保护时而给消费者带来的应得利益。消费者权益保护法的调整范围有以下特征。

（一）从消费的性质看，是指生活消费，而不包括生产消费

生活消费是与人们生活密切相关的一种经济现象，指人们为了满足物质、文化生活需要而消耗各种物质产品、精神产品和劳动服务的行为和过程，具体表现在吃、穿、住、行、用等方面。至于生产消费，有合同法、产品质量法等法律法规加以调整，已可以保护交易双方的权益。

（二）从消费的主体看，仅指个人，不包括单位

调整范围只包括个人主体，是国内外消费者权益保护立法的惯例。诚然，单位消费并非都

是生产消费，生活消费也是大量存在的，如单位购买副食品供食堂制作饭菜等，但是，单位在生活消费中，并不一定像个人那样处于弱者地位，当其权益受损害时，可以运用民法通则、合同法等法律得到保护。另外，单位生活消费有一部分是由其职工直接承担的，如单位购买电风扇供其职工上班使用等，当职工在使用过程中受到损害时，职工可以以使用者的身份通过消费者权益保护法得到救济，而无须以单位的名义出现。

（三）从消费的手段看，是指购买、使用（商品）和接受（服务）

购买和接受行为作为消费的手段，是无可争议的，因为其共同的特点是直接获得了商品和服务，并按照价值规律付出了相应的费用。同时，考虑到商品购买者与使用者有时存在不一致的情况，为有利于对使用者的保护也将使用行为纳入消费者权益保护法的调整范围。

（四）从消费的客体看，是指商品和服务

一般说来，消费者权益保护法所称的商品，应当符合两个特征：其一，产品与个人生活消费有关，不论其为加工制造的产品或者天然产品；其二，产品通过流通过程而推出，不论其为动产或不动产，也不论其是成品、半成品或者原料。消费者权益保护法所称的服务，应当符合三个特征：其一，与个人生活消费有关；其二，具有有偿性，即排除了无偿服务；其三，具有公开性，即可供潜在的消费者利用的任何种类的服务。

此外，农民个人购买、使用直接用于农业生产的生产资料，性质属生产消费，本不属于消费者权益保护法的调整范围。但考虑到我国农业实行的是家庭经营制度，一方面农村的生产力和农民的经济能力还不高，另一方面假劣农药、化肥、种子等农用生产资料坑害农民的现象仍很严重，农民受害后又没有适当的途径寻求保护。因此，为了保证农民生活和农业生产的稳定和发展，消费者权益保护法将农民个人购买、使用直接用于农业生产的生产资料纳入其调整范围，作为一种特殊适用，参照执行。

【实训题 8-1】关于《消费者权益保护法》的适用范围，下列说法正确的是（　　）。

A. 农民的消费活动不适用《消费者权益保护法》

B. 农民的生活消费活动适用《消费者权益保护法》，但购买、使用直接用于农业生产的生产资料时不适用该法

C. 人类的所有消费活动均适用《消费者权益保护法》

D. 农民购买、使用直接用于农业生产的生产资料，参照《消费者权益保护法》执行

上述消费者权益保护法的调整范围实际上已经蕴含了消费者这一概念的含义。概括一下就是：消费者是为满足个人或家庭的生活需要而购买、使用商品或接受服务的个体社会成员。

第二节　消费者的权利

世界上最早明确提出消费者权利的是美国。1962 年 3 月 15 日，美国总统肯尼迪在向国

会提出的消费者权利法案中，主张消费者有四项权利，即：获得消费安全的权利；取得消费咨询的权利；自由选择商品的权利；合法申诉的权利。为纪念消费者权利的提出，3 月 15 日被确定为“国际消费者权益保护日”。1969 年，美国总统尼克松提出求偿的权利，列为消费者的第五项权利，以弥补前项法案的缺憾。此后，这几项权利逐渐为世界所公认。许多国家又根据其经济和文化发展水平，作了补充和发展，如增加了接受消费教育的权利等。

通过对国内外立法的考察，结合我国经济和文化发展水平，我国消费者权益保护法规定消费者享有 9 项权利，并对每项权利的内涵尽可能作具体的阐述。

一、保障安全权

这就是说，消费者在购买、使用商品和接受服务时，享有保持身体各器官及其机能的完整以及生命不受危害的权利。这是消费者首先应享有的最重要的权利，也是宪法赋予每一个公民最基本的权利之一，是公民人身权的重要组成部分。

二、知悉真情权

即消费者在购买、使用商品和接受服务时，有权对商品和服务的具体数量、质量、性能、价格、用途、使用方法等有关情况进行全面和充分的了解。对消费者来说，知情权在消费活动中是不可缺少的。它是消费者决定购买某种商品、接受某项服务的前提。

【实训题 8-2】甲公司是一家专营进口高档家具的企业。媒体曝光该公司有部分家具是在国内生产后，以“先出口，再进口”的方式取得进口报关凭证，在销售时标注为外国原产，以高于出厂价数倍的价格销售。此时，已经在甲公司购买家具的顾客，可以行使下列哪些权利？（　　）

A. 顾客有权要求甲公司提供所售商品的产地、制造商、采购价格、材料等真实信息并提供充分证明

B. 如甲公司不能提供所售商品的真实信息和充分证明，顾客有权要求退货

C. 如能够确认甲公司对所售商品的产地、材质等有虚假陈述，顾客有权要求双倍返还价款

D. 即使甲公司提供了所售商品的真实信息和充分证明，顾客仍有权以“对公司失去信任”为由要求退货

三、自主选择权

消费者有权依照法律规定，根据自主的消费需求、意向和兴趣，充分选择自己满意的商品和服务。

消费者的自主选择权主要包括以下内容：有权自主选择提供商品或者服务的经营者；有权自主选择商品品种和服务方式；有权自主决定购买或者不购买任何一种商品、接受或者不接受任何一项服务；在自主选择商品或者服务时，有权进行比较、鉴别和挑选。此外，消费者还有权

选择购买商品或者接受服务的场所，有权根据商品或者服务的不同情况，选择商品的商标、产地、规格、等级、价格等事项，以及服务的名称、商标、内容、规格、费用等事项。

四、公平交易权

这一权利主要体现在以下两个方面：

(1)消费者在购买商品或者接受服务时，有权获得质量保障、价格合理、计量正确等公平交易条件。质量保障要求商品或者服务的质量必须符合国家规定的标准，尤其是涉及人体健康和人身安全的商品和服务，必须符合国家规定的强制性标准；对不符合质量标准的商品和服务，应予以修理和更换。价格合理要求商品或者服务的价格与其价值相符，对国家定价的商品和服务，必须严格按照国家定价执行；对国家没有定价的，由经营者与消费者按照价值规律合理确定。另外，计量是否正确，直接关系到消费者的经济利益，因为商品和服务的量值大多是借助计量器具确定的，经营者与消费者则根据计量器具的示值进行结算。如果计量示值比商品或者服务的实际值大，那么消费者的经济上就会受到损失，这就要求商品或者服务的计量必须准确可靠。

(2)消费者有权拒绝经营者的强制交易行为或者歧视交易行为。强制交易行为的特征是违背消费者的意愿。其表现是多种多样的，如饭馆强拉客人进餐等。特别是一些公用企业或者其他依法具有独占地位的经营者，利用自身的经营优势限定消费者购买其指定的商品，如煤气公司要求安装热水器的消费者必须使用其提供的热水器，否则不予安装。歧视交易也多种多样，如以比出售给本地人更高的价格出售商品给外地人等。由于强制交易行为和歧视交易行为是对消费者公平交易权的侵犯，因而消费者有权予以拒绝。

五、依法求偿权

商品和服务在客观上造成消费者人身、财产或荣誉上的损害，受害者有权依照法定原则依法要求赔偿和其他救助。

六、依法结社权

依法结社权即消费者享有依法成立维护自身合法权益的社会团体的权利。开展保护消费者合法权益的工作，离不开消费者社会组织。消费者有权依法组织维护自身合法权益的社会组织。消费者社会组织依照法律法规的规定和其章程开展维护消费者合法权益的活动。

目前，我国的消费者社会组织主要是中国消费者协会和地方各级消费者协会(有的称联合会或委员会)。消费者协会是“官意民办”的社会团体，是国家支持的保护消费者合法权益的社会组织，经同级人民政府批准后，依法登记成立。

七、获得知识的权利

获得知识的权利是从知悉真情权中引申出来的一种消费者权利，它指的是消费者所享有的获得有关消费和消费者权益保护方面的知识的权利。消费者获得有关知识的权利，是消费者其他权利的重要保障。如果消费者缺乏有关消费和消费者权益保护的知识，其他权利如知情权、自主选择权就无从谈起。消费者获得有关知识的权利包括两项内容：一是获得有关消费方面的知识的权利，二是获得有关消费者权益保护方面的知识的权利。

八、维护尊严权

维护尊严权是指消费者在购买、使用商品和接受服务时所享有的其人格尊严、民族风俗习惯得到尊重的权利。尊重消费者的人格尊严和民族习俗，是社会文明进步的表现，也是尊重和保障人权的重要内容。

九、监督建议权

监督建议权是指消费者对有关商品或服务的价格、质量、品种、供应量、供应方式、服务态度、侵权行为等问题以及保护消费者权益工作，向有关经营者或有关机构提出意见、建议或进行检举、控告的权利。

第三节 经营者的义务

与消费者的权利相对应的是经营者的义务。从总体来说，经营者的义务就是要尊重消费者的合法权利，在向消费者提供商品和服务过程中，依照法律法规的规定和双方约定，履行应尽的义务。由消费者权益保护法明文规定的经营者义务，大致包括以下方面。

一、便利消费者行使权利的义务

便利消费者行使权利的义务即经营者应当听取消费者对其提供的商品或者服务的意见，接受监督，并为消费者行使权利提供可能的条件。

二、保证商品和服务安全的义务

1.对可能危及人体健康和人身安全的商品和服务，应保证其符合国家标准、行业标准或者符合安全使用的要求。

2.对可能危及人体健康和人身安全的商品和服务，应当向消费者作出真实的说明和明确的警示，并且标明或者说明正确使用商品或者接受服务的方法。

3.经营者发现其提供的商品或者服务存在严重缺陷，即使正确使用仍然可能出现危害的，应立即通过大众宣传媒介公告，并采取必要的防止危害发生的措施。

三、提供商品和服务真实信息的义务

1.不得利用广告或其他方法对商品和服务作虚假或令人误导的宣传。

2. 对消费者的询问如实答复。

3. 以通行的方式标明有关真实信息，如产品质量说明、生产者、经营者、使用说明书等。

四、出具购货凭证或者服务单据的义务

经营者提供商品或者服务，应当按照国家有关规定或者商业惯例向消费者出具购货凭证或者服务单据；消费者索要购货凭证或者服务单据的，经营者必须出具。由于购货凭证或者服务单据具有重要的证据价值，对于界定消费者和经营者的权利义务亦具有重要意义，因此，明确经营者出具相应的凭证和单据的义务，有利于保护消费者权益。

五、保证商品和服务质量的义务

经营者应当保证在正常使用情况下其提供商品或者服务应当具有的品质、性能、用途和使用期限。经营者以广告、产品说明书、实物样品或者其他方式表明质量状况的，应当保证其与真实的质量状况相一致。

六、尊重消费者自主选择商品和服务的义务

自主选择商品和服务是消费者的一项基本权利，经营者有义务尊重，不得以任何手段强迫或者欺骗消费者购买商品或者接受服务。

七、严格履行双方约定的义务

经营者与消费者之间就商品或服务达成协议，是一种双务合同，双方均有义务履行。在达成这种协议时，经营者不得以任何借口减轻或免除自己应负的责任。此外，凡经营者承诺实行“三包”的商品或类似质量保证的服务，与消费者发生交易后必须依承诺履行。

八、补偿消费者损失的义务

消费者因购买、使用商品或接受服务遭受人身、财产损害的，商品的生产者、销售者和服务者应当依法赔偿。

九、尊重消费者人格权的义务

人格权是人身权的重要内容，经营者不得以任何方式对消费者进行侮辱、诽谤，不得以任何手段限制消费者的人身自由，也不得以任何借口搜查消费者的身体及其携带的物品。经营者采取格式合同、通知、声明、店堂告示等方式有损于消费者人格权的，一律无效。同样，采取上述方式单方面不合理的限制消费者权利或者作出对消费者不公平、不合理的规定，包括减轻或免除自己应负的责任，也一律无效。

第四节 消费者权益保护体系

一、消费者权益保护机构

对消费者合法权益的保护，仅靠某一个机关或某一个部门是不够的，只有靠国家和社会各方面力量形成一个保护体系，互相配合，才能使消费者的合法权益真正得到保护。目前，我国消费者权益的保护主要有国家机关的保护、大众传播媒介的保护及消费者组织的保护。

(一)立法机关的保护

即国家立法机关通过制定消费者权益保护法，保护消费者的利益。有效保护消费者利益的前提应当是有法可依。国家立法机关对消费者权益的保护体现在两方面：一是立法机关通过制定反映消费者意见和要求的消费者权益保护法，明确规定消费者享有哪些权利，经营者应履行哪些义务，使消费者利益保护有法律依据；二是立法机关通过对现行法律的修改、废止等不断完善消费者权益保护法，以便适应新的经济发展水平及消费者权益保护的执法需要。

(二)行政机关的保护

即国家各级行政机关通过组织、管理、协调、监督等手段贯彻执行消费者权益保护法，保护消费者合法权益。国家各级行政机关是保护消费者合法权益的重要职能部门，其主要职责是：各级人民政府应当加强领导，组织、协调、督促有关行政部门做好保护消费者合法权益的工作；各级人民政府应当加强监督，预防危害消费者人身、财产安全行为的发生，及时制止危害消费者人身、财产安全的行为。各级人民政府以及各级工商行政管理部门、物价、质量技术监督、卫生、食品检验、商品检验检疫等行政管理机关，均应在各自的职责范围内，依法加强对经营者的监督管理，以保护消费者的合法权益。各行政管理部门都应开辟渠道，听取消费者及社会团体对经营者的交易行为、商品和服务质量的意见，并及时查处解决。

(三)公安、司法机关的保护

公安、司法机关应各司其职，保护消费者合法权益。公安机关对涉及暴力侵权的消费纠纷，应及时查处，防止矛盾激化。公安、检察机关对侵犯消费者利益可能构成犯罪的案件，应根据各自权限，积极立案侦查、起诉。人民法院对消费纠纷案件和侵权案件，应积极受理，依法及时作出裁判。人民法院还应当采取措施，方便消费者提起诉讼，对符合我国民事诉讼法起诉条件的消费者权益争议，必须受理并及时审理。在实践中还应建立并完善集团诉讼制度、小额法庭制度、独任审判制度等，以便及时有效地保护消费者权益。

(四)新闻舆论机构的保护

大众传播媒介有责任做好维护消费者合法权益的宣传工作，对损害消费者合法权益的行为进行舆论监督。特别要发挥广播、电视、报刊等大众传播媒介的作用，积极宣传消费者权益保护法和消费知识。同时,对侵害消费者合法权益的行为予以批评、曝光,任何单位和个人不得干涉新闻机构对保护消费者权益的舆论监督活动。

(五)消费者组织的保护

消费者为维护自身合法权益,有权行使结社权,成立各种消费者组织。目前,我国消费者组织的主要形式是各地的消费者协会。中国消费者协会于1984年12月26日在北京成立。1989年中国保护消费者基金会成立。目前,各省、市、县级都有消费者协会,不少地区的乡、村、街道也设有消费者协会,形成了遍布全国的消费者权益保护网,为保护消费者权益发挥了重要作用。

我国《消费者权益保护法》第32条规定,消费者协会履行下列职能:①向消费者提供消费信息和咨询服务;②参与有关行政部门对商品和服务的监督、检查;③就有关消费者合法权益的问题,向有关行政部门反映、查询、提出建议;④受理消费者投诉,并对投诉事项进行调查、调解;⑤投诉事项涉及商品和服务质量问题的,可以提请鉴定部门鉴定,鉴定部门应当告知鉴定结论;⑥就损害消费者合法权益的行为,通过大众传播媒介予以揭露、批评。

消费者组织的根本宗旨是维护消费者利益,因此,消费者组织不得从事商品经营和营利性服务,不得以牟利为目的向社会推荐商品和服务,消费者协会为消费者提供的服务一般应免费,各级人民政府对消费者协会履行职能应当予以支持并酌情予以资助。

二、消费者权益保护方式

对消费者权益保护分两种情况:在消费纠纷发生之前,主要通过行政监督和社会监督的方式实现;在消费纠纷发生后,则主要通过处理消费纠纷和追究经营者、生产者法律责任的方式予以保护。

依据我国《消费者权益保护法》的规定,消费者与经营者发生消费争议时,可以通过下列途径解决:

1.与经营者协商和解。消费争议发生后,消费者可以直接向经营者或生产者交涉、索赔,达成和解协议,解决消费纠纷。

2.请求消费者协会调解。这种方式是在消费者协会的主持下,使争议双方自愿达成和解协议。消费者协会应在查明事实、分清是非、明确责任的基础上进行调解。消费者协会的调解属民间调解,其调解协议不具有法律强制力,要靠双方自愿履行。

3.向有关行政部门申诉。消费争议发生后,消费者可以根据商品或服务的性质以及侵害事由向工商、物价、商检、卫生等有关行政监督部门申诉。有关行政部门应当根据各自的职责范围及时查处。

4.向仲裁机构申请仲裁。即由争议双方根据达成的仲裁协议,将消费争议提交仲裁机构进行裁决来解决争议的方式。消费者申请仲裁的条件是与经营者事先订有仲裁条款或争议发生后达成仲裁协议。符合仲裁条件的,不论是否经过了协商、调解、申诉,消费者都可以向仲裁机构申请仲裁。仲裁机构的裁决是终局裁决,当事人应自觉履行,不得起诉。

5.向法院提起诉讼。消费争议双方没有签订仲裁条款或协议的,不论是否经过协商、调解、申诉等,消费者都可以直接向法院起诉。

【实训题 8-3】下列各项中,不属于消费者权益争议解决方式的是(　　)。

A. 请求消费者协会调解　　B. 与经营者协商和解

C. 向有关行政部门申请仲裁　　D. 向人民法院提起诉讼

第五节　违反消费者权益保护法的法律责任

根据《消费者权益保护法》及其他有关法律法规的规定,按照侵犯消费者权益的情节轻重、危害后果的大小,不法经营者应分别承担民事、行政、刑事责任。

一、民事责任

(一)承担民事责任的条件

经营者提供商品和服务有下列情形之一,承担民事责任:

1. 商品存在缺陷的。
2. 不具备商品应当具备的使用性能而在出售时未作说明的。
3. 不符合在商品或者其包装上注明采用的商品标准的。
4. 不符合商品说明、实物样式等方式表示的质量状况的。
5. 生产国家明令淘汰的商品或者销售失效、变质的商品的。
6. 销售的商品数量不足的。
7. 服务的内容和费用违反约定的。
8. 对消费者提出的修理、重作、更换、退货、补足商品数量、退还货款和服务费用或者赔偿损失的要求,故意拖延或者无理拒绝的。
9. 法律法规规定的其他损害消费者权益的情形。

(二)承担民事责任的主体

1. 由生产者、销售者、服务者承担。

(1)消费者在购买、使用商品时,其合法权益受到损害的,可以向销售者要求赔偿。销售者赔偿后,属于生产者的责任或者属于向销售者提供商品的其他销售者的责任的,销售者有权向生产者或者其他销售者追偿。

(2)消费者或者其他受害人因商品缺陷造成人身、财产损害的,可以向销售者要求赔偿,也可以向生产者要求赔偿。属于生产者责任的,销售者赔偿后,有权向生产者追偿。属于销售者责任的,生产者赔偿后,有权向销售者追偿。

(3)消费者在接受服务时,其合法权益受到损害的,可以向服务者要求赔偿。

(4)消费者在展览会、租赁柜台购买商品或者接受服务,其合法权益受到损害的,可以向销售者或者服务者要求赔偿。展览会结束或者柜台租赁期满后,也可以向展览会的举办者、柜台的出租者要求赔偿。展览会的举办者、柜台的出租者赔偿后,有权向销售者或者服务者追偿。

【实训题 8-4】甲公司租赁乙公司大楼举办展销会，向众商户出租展台，消费者李某在其中丙公司的展台购买了一台丁公司生产的家用电暖器，使用中出现质量问题并造成伤害，李某索赔时遇上述公司互相推诿。上述公司的下列哪些主张是错误的？（　　）

A. 丙公司认为属于产品质量问题，应找丁公司解决

B. 乙公司称自己与产品质量问题无关，不应承担责任

C. 丁公司认为产品已交丙公司包销，自己不再负责

D. 甲公司称展销会结束后，丙公司已撤离，自己无法负责

2. 由变更后的企业承担。消费者在购买、使用商品或者接受服务时，其合法权益受到损害，因原企业分立、合并的，可以向变更后承受其权利义务的企业要求赔偿。

3. 由营业执照的使用人或持有人承担。使用他人营业执照的违法经营者提供商品或者服务，损害消费者合法权益的，消费者可以向营业执照的使用人或持有人要求赔偿

4. 由从事虚假广告行为的经营者和广告的经营者承担。消费者因经营者利用虚假广告提供商品或者服务，其合法权益受到损害的，可以向经营者要求赔偿。广告的经营者发布虚假广告的，消费者可以请求行政主管部门予以惩处。广告的经营者不能提供经营者的真实名称、地址的，应当承担赔偿责任。

【实训题 8-5】甲手机专卖店门口立有一块木板，上书"假一罚十"四个醒目大字。乙从该店购买了一部手机，后经有关部门鉴定，该手机属于假冒产品，乙遂要求甲履行其"假一罚十"的承诺。关于本案，下列哪一选项是正确的？（　　）

A. "假一罚十"过分加重了甲的负担，属于无效的格式条款

B. "假一罚十"没有被订入到合同之中，故对甲没有约束力

C. "假一罚十"显失公平，甲有权请求法院予以变更或者撤销

D. "假一罚十"是甲自愿作出的真实意思表示，应当认定为有效

（三）民事责任的确定

1. 侵犯人身权的民事责任。根据《消费者权益保护法》之规定，侵犯人身权的民事责任是：

（1）经营者提供商品或者服务，造成消费者或者其他受害人人身伤害的，应当支付医疗费、治疗期间的护理费、因误工减少的收入等费用，造成残疾的，还应当支付残疾者生活自助用具费、生活补助费、残疾赔偿金以及由其扶养的人所必需的生活费等费用。

（2）经营者提供商品或者服务，造成消费者或者其他受害人死亡的，应当支付丧葬费、死亡赔偿金以及由死者生前抚养的人所必需的生活费等费用。

（3）经营者侵害消费者的人格尊严或者侵犯消费者人身自由的，应当停止侵害、恢复名誉、消除影响、赔礼道歉，并赔偿损失。

2. 侵犯财产权的民事责任。根据《消费者权益保护法》之规定，侵犯财产权的民事责任是：

（1）经营者提供商品或者服务，造成消费者财产损害的，应当按照消费者的要求，以修理、重作、更换、退货、补足商品数量、退还货款和服务费用或者赔偿损失等方式承担民事责任。消费者与经营者另有约定的，按照约定履行。

（2）对国家规定或者经营者与消费者约定包修、包换、包退的商品，经营者应当负责修理、更换或者退货。在保修期内两次修理仍不能正常使用的，经营者应当负责更换或者退货。对

包修、包换、包退的大件商品，消费者要求经营者修理、更换、退货的，经营者应当承担运输等合理费用。

(3)经营者以邮购方式提供商品的，应当按照约定提供。未按照约定提供的，应当按照消费者的要求履行约定或者退回货款，并应当承担消费者必须支付的合理的费用。

(4)经营者以预收款方式提供商品或者服务的，应当按照约定提供。未按照约定提供的，应按照消费者的要求履行约定或者退回预付款，并应承担预付款的利息和消费者必须支付的合理费用。

(5)依法经有关行政部门认定为不合格的商品，消费者要求退货的，经营者应当负责退货。

(6)经营者提供商品或者服务有欺诈行为的，应当按照消费者的要求增加赔偿其受到的损失，增加赔偿的金额为消费者购买商品的价款或者接受服务的费用的一倍。

【实训题 8-6】飞跃公司开发某杀毒软件，在安装程序中作了“本软件可能存在风险，继续安装视为同意自己承担一切风险”的声明。黄某购买正版软件，安装时同意了该声明。该软件误将操作系统视为病毒而删除，导致黄某电脑瘫痪并丢失其所有的文件。下列哪一选项是正确的？（　　）

A. 因黄某同意飞跃公司的免责声明，可免除飞跃公司的赔偿责任

B. 黄某有权要求飞跃公司承担赔偿责任

C. 黄某有权依据《消费者权益保护法》获得双倍赔偿

D. 黄某可同时提起侵权之诉和违约之诉

二、行政责任

(一)行政处罚

经营者有下列情形之一，若《产品质量法》和其他有关法律法规对处罚机关和处罚方式有规定，则依照这些法律法规的规定执行；若上述法律法规未作规定，则由工商行政管理部门责令改正，可以根据情节单处或者并处警告、没收违法所得。处以违法所得 1 倍以上 5 倍以下的罚款，没有违法所得的，处以 1 万元以下的罚款；情节严重的，责令停业整顿、吊销营业执照：

1. 生产、销售的商品不符合保障人身、财产安全要求的。

2. 在商品中掺杂、掺假，以假充真，以次充好，或者以不合格商品冒充合格商品的。

3. 生产国家明令淘汰的商品或者销售失效、变质的商品的。

4. 伪造商品的产地，伪造或者冒用他人的厂名、厂址，伪造或者冒用认证标志、名优标志等质量标志的。

5. 销售的商品应当检验、检疫而未检验、检疫或者伪造检验、检疫结果的。

6. 对商品或者服务作引人误解的虚假宣传的。

7. 对消费者提出的修理、重作、更换、退货、补足商品数量、退还货款和服务费用或者赔偿损失的要求，故意拖延或者无理拒绝的。

8. 侵害消费者人格尊严或者侵犯消费者人身自由的。

9. 法律法规规定的对损害消费者权益应当予以处罚的其他情形。

经营者对上述处罚决定不服的，可以自收到处罚决定之日起 15 日内向上一级机关申请复

议，对复议决定不服的，可以自收到复议决定书之日起15日内向人民法院提起诉讼，也可以直接向人民法院提起诉讼。

（二）行政处分

国家机关工作人员玩忽职守或者包庇经营者侵害消费者合法权益的，由其所在单位或者上级机关给予行政处分。

三、刑事责任

经营者提供商品或服务，有下列情形之一的，承担刑事责任：

1. 经营者提供商品或者服务，造成消费者或者其他受害人人身伤害或死亡，构成犯罪的，依法追究刑事责任。

2. 以暴力、威胁等方法阻碍有关行政部门工作人员依法执行职务的，依法追究刑事责任；未使用暴力、威胁方法的，由公安机关依照《治安管理处罚条例》的规定处罚。

3. 国家机关工作人员有玩忽职守或者包庇经营者侵害消费者合法权益的行为的，情节严重构成犯罪的，依法追究刑事责任。

本章小结

消费者权益保护法的调整范围是个人为满足物质、文化生活消费需要购买、使用商品或者接受服务的个人生活消费。农民个人购买、使用直接用于农业生产的生产资料，作为一种特殊适用，参照执行。消费者是为满足个人或家庭的生活需要而购买、使用商品或接受服务的个体社会成员。消费者权利包括：保障安全权；知悉真情权；自主选择权；公平交易权；依法求偿权；依法结社权；获得知识的权利；维护尊严权；监督建议权。消费者权益保护法明文规定的经营者义务，大致包括以下方面：便利消费者行使权利的义务；保证商品和服务安全的义务；提供商品和服务真实信息的义务；出具购货凭证或者服务单据的义务；保证商品和服务质量的义务；尊重消费者自主选择商品和服务的义务；严格履行双方约定的义务；补偿消费者损失的义务；尊重消费者人格权的义务。当消费者与经营者发生消费争议时，可以通过下列途径解决：与经营者协商和解；请求消费者协会调解；向有关行政部门申诉；向仲裁机构申请仲裁；向法院提起诉讼。违反消费者权益保护法的规定，按照侵犯消费者权益的情节轻重、危害后果的大小，经营者应分别承担民事、行政、刑事责任。

复习思考题

1. 如何界定消费者？
2. 我国消费者的权利有哪些？
3. 简述消费者权益争议的解决途径。
4. 当消费者权益受到损害时，如何确定赔偿责任的主体？
5. 简述“三包”规定的具体内容。

第九章　产品质量法律制度

本章重点知识

- 产品质量法概念
- 产品质量法的调整对象和适用范围
- 产品质量监督体制和产品质量监督的主要制度
- 生产者、销售者的产品质量义务
- 产品质量责任的概念和承担方式
- 产品责任的概念、归责原则、构成要件
- 承担产品责任的主体和赔偿范围
- 产品责任的免责事由

【引读案例】

王某在自己家中盖房时不慎致腰椎体骨折，到医院进行了椎骨切开减压复位CD钉(钛)内固定手术，将厂家生产的GSS椎弓根螺钉和连接棒置入体内。术后7个月，GSS椎弓根螺钉和连接棒断裂。之后，医院再次对王某实施手术，将断裂的GSS椎弓根螺钉和连接棒部分取出，仍有部分留在体内(后到另外的医院取出)。经鉴定，王某为二级伤残。协商不成，王某提起诉讼，请求医院和厂家共同赔偿其损失。

医院辩称，王某因腰椎体压缩骨折并截瘫而入院。手术顺利，方法合理，术后出院前X线片示位置良好，内固定牢固螺钉位置正常，无断裂现象。再次住院手术为王某行腰椎体骨折内固定物取出术时，术前医院告知王某断裂的内固定物取出困难，必要时椎弓根钉不取。王某表示同意取出，其妻子在手术知情同意书上签字，王某在医院处治疗好转后出院。在骨折病案中植入患者体内的医疗器械断裂，其原因有两种情况：一是医疗器械质量不合格；二是患者在治养期间行动不当遭外力的作用所致。因此，王某体内植入腰椎的GSS椎弓根螺钉和连接棒断裂，其责任不应在医院，应驳回王某对医院的诉讼请求。

厂家辩称，GSS椎弓根螺钉和连接棒是否存在质量问题应交由我国唯一具有对该类医疗器械有质量鉴定资格的天津医疗器械质量监督检验中心依法进行产品质量鉴定。王某使用的GSS椎弓根螺钉、连接棒尚有部分留在体内，对其的质量是否存在问题等事宜无法作出判断和鉴定，且其断裂的原因尚未清楚。在无法确认GSS椎弓根螺钉、连接棒存在质量问题的情况下，应驳回王某对厂家的诉讼请求。

经查，厂家具有国家有关机构颁发的医疗器械产品生产许可证。GSS椎弓根螺钉和连接棒无国家标准，厂家生产GSS椎弓根螺钉和连接棒执行的是企业标准。GSS椎弓根螺钉和连接棒说明书中表明术后8个月取出。

试运用产品质量法和相关法律知识分析王某、医院和厂家的法律责任。

第一节　产品质量法概述

一、产品质量和产品质量法

产品质量是指产品在正常的使用条件下，为满足合理的使用要求所必须具备的物质、技术、心理和社会特征的总和。产品质量是一个相对的概念。产品质量特性的具体内容难以作出完整的统一界定，但产品的适用性和安全性应视为一切产品共同的基本质量特性。

产品质量法是调整因产品质量而发生的社会关系的法律规范的总称。具体来说，产品质量法是调整产品质量监督管理关系和产品质量责任关系的法律规范的总称。

二、我国的产品质量立法

我国一直较为关注产品质量问题，重视产品质量立法工作，国家颁布了许多涉及产品质量的法律法规及其他规范性文件。

1993 年 2 月 22 日第七届全国人大常委会第三十次会议通过的《中华人民共和国产品质量法》，是适应市场经济发展的需要而制定的关于产品质量的基本法律，它标志着我国产品质量法律制度的基本完善。

为了适应改革开放和市场经济新情况、新变化、新要求，加大对质量违法行为的打击力度，2000 年 7 月 8 日，第九届全国人大常务委员会第十六次会议又通过了《关于修改〈中华人民共和国产品质量法〉的决定》，对原法作了重大、全面的修改，进一步强化了对产品质量的监督。依照该决定修改后的《中华人民共和国产品质量法》于 2000 年 9 月 1 日起施行。

第十届全国人大第二十一次会议于 2006 年 4 月 29 日通过《中华人民共和国农产品质量安全法》，自 2006 年 11 月 1 日起施行。《农产品质量安全法》是填补我国农业行政管理和市场经济体制空白的一部法律，结束了初级农产品质量安全游离于法律监管之外的状态。

三、产品质量法的调整对象和适用范围

我国产品质量法的调整对象包括两个方面的内容：

1. 产品质量监督管理关系。这是指国家为了提高产品质量和经济效益，确定产品质量管理监督体制和产品标准的过程中发生的经济法律关系。

2. 产品质量责任关系。这是指国家在确立生产经营者或农民专业合作经济组织因为产品质量所应承担的损害赔偿责任以及行政、经济和刑事责任过程中所产生的经济法律关系。

我国产品质量法的适用范围，是一切从事产品生产、销售的活动。其中所称的产品是指经过加工、制作用于销售的产品，不适用于建设工程；未经加工、制作的天然物品和初级农产品；虽经加工、制作，但不用于销售的产品；军工产品。其中“未经加工、制作的天然物品和初级农产品”由《农产品质量安全法》调整。此外，因核设施、核产品造成损害的赔偿责任，法律法规另有规定的，依照其规定。因此，核设施、核产品属于不完全适用于该法的产品。

第二节 产品质量监督管理制度

一、产品质量监督体制

产品质量监督体制，是指产品质量监督组织机构的设置及其职权划分制度的统称。

按照《产品质量法》规定，我国产品质量监督组织机构的构成是：

1. 国务院产品质量监督部门，即国家质量技术监督局。

2. 县级以上地方产品质量监督部门，即县级以上地方人民政府质量技术监督部门。

3. 县级以上各级人民政府有关部门，即产品质量监督部门之外的其他依法对产品质量监督负有责任的县级以上政府有关部门，如各级工商行政管理局。

依《农产品质量安全法》的规定，对农产品进行监督管理的组织机构为县级以上人民政府农业行政主管部门。

产品质量监督组织机构主要行使两方面的职权：

(一)产品质量的宏观监督

按照规定，各级人民政府应当把提高产品质量纳入国民经济和社会发展规划，加强对产品质量工作的统筹规划和组织领导，引导、督促生产者、销售者加强产品质量管理，提高产品质量，组织各有关部门依法采取措施，制止产品生产、销售中的违法行为。

依《农产品质量安全法》的规定，县级以上人民政府应当将农产品质量安全管理工作纳入本级国民经济和社会发展规划，统一领导、协调本行政区域内的农产品质量安全工作，并采取措施，建立健全农产品质量安全服务体系，提高农产品质量安全水平。

(二)查处产品质量违法案件

按照规定，县级以上产品质量监督部门根据已经取得的违法嫌疑证据或者举报，对涉嫌违反《产品质量法》规定的行为进行查处时，可以行使以下职权：

1. 对当事人涉嫌违反本法的生产、销售活动的场所实施现场检查。

2. 向当事人的法定代表人、主要负责人和其他有关人员调查、了解与从事违反本法的生产、销售活动有关的情况。

3. 查阅、复制当事人有关的合同、发票、账簿以及其他有关资料。

4. 对有根据认为不符合保障人体健康和人身、财产安全的国家标准、行业标准的产品或者有其他质量问题的产品，以及直接用于生产、销售该项产品的原辅材料、包装物、生产工具，予以查封或者扣押。

二、产品质量监督的主要制度

(一)标准化管理制度

产品质量的标准化管理，是产品质量标准及与产品质量有关的其他标准的制定、实施活动的总称。

1. 产品质量标准的制定。按照我国标准化法的规定，凡工业产品的品种、规格、质量、等级或者安全、卫生要求，工业产品的设计、生产、检验、包装、储存、运输、使用方法或者生产、储存、运输中的安全、卫生要求，工业生产的技术术语、符号、代号和制图方法等，需要统一的技术要求，应当制定标准。产品质量标准按其制定的部门或者单位以及适用范围的不同，分为国家标准、行业标准、地方标准和企业标准。国家标准是指由国务院标准化行政主管部门制定的，对全国经济、技术发展有重大意义而必须在全国范围内统一的标准。行业标准是指由国务院有关行政主管部门制定并在全国某个行业范围内统一实施的标准。地方标准是由省级标准化行政主管部门制定，并在本省、市、自治区范围内统一实施的标准。企业标准是由企业制定并在本企业范围内实施的标准。

2. 产品质量标准的实施。我国标准化法将标准按性质的不同，分为强制性标准和推荐性标准。强制性标准是必须执行的标准，它包括部分国家标准和行业标准以及全部地方标准。推荐性标准是不具有强制执行效力，由执行者自愿采用的标准，强制性标准以外的标准是推荐性标准，国际标准也是推荐性标准。《产品质量法》规定，可能危及人体健康和人身、财产安全的工业产品，必须符合保障人体健康和人身、财产安全的国家标准、行业标准；未制定国家标准、行业标准的，必须符合保障人体健康和人身、财产安全的要求。禁止生产、销售不符合保障人体健康和人身、财产安全的标准和要求的工业产品。

（二）产品质量检验检测制度

产品质量检验检测，是指按照特定的标准，对产品质量进行检查测定，以判明产品是否合格或农产品是否符合农产品质量安全标准的活动。这里的“标准”，可以是国家标准、行业标准、地方标准或企业标准，但有强制性标准的产品，须按强制性标准检验。

1. 关于生产经营者自行检验。按照《产品质量法》规定，产品质量应当检验合格，不得以不合格产品冒充合格产品。《农产品质量安全法》规定农产品生产企业和农民专业合作经济组织，应当对农产品质量安全状况进行检测，经检测不符合农产品质量安全标准的农产品，不得销售。

2. 关于第三方检验。第三方检验是指由生产方和购买方以外的产品质量检验机构对产品质量进行的检验。这种检验通常只是在特定的情况下、针对特定的产品适用，并且其直接目的主要在于获取特定产品的质量信息，以便为产品质量纠纷处理和产品质量监督活动提供决策依据。《产品质量法》对第三方检验的规定，集中体现在产品质量检验机构的组织和活动要求上。

（1）产品质量检验机构的资格。按照规定，产品质量检验机构必须具备相应的检测条件和能力，经省级以上人民政府产品质量监督部门或其授权的部门考核合格后，方可承担产品质量检验工作，法律行政法规对产品质量检验机构另有规定的，依照有关规定执行。

（2）产品质量检验机构的性质。除依照有关法律法规设置的某些特殊产品的质量检验机构外，其他产品质量检验机构是社会中介机构，必须依法设立，不得与行政机关和其他国家机关存在隶属关系或者其他利益关系。

（3）产品质量检验机构的工作规范。即必须依照有关标准，客观、公正地出具检验结果。

(三)企业质量体系认证制度

企业质量体系认证,由国家标准化组织(ISO)提出,是指依据国家质量管理和质量保证系列标准(GB/T 19000—ISO 9000),经过认证机构对企业质量体系进行审核,通过颁发认证证书的形式,证明企业质量保证能力符合相应要求的活动。质量体系认证是促进企业建立质量体系的重要措施。《产品质量法》规定,国家根据国际通用的质量管理标准,推行企业质量体系认证制度;企业根据自愿原则,可以向国务院产品质量监督部门或其授权的部门认可的认证机构申请企业质量体系认证,经认证合格的,由认证机构颁发企业质量体系认证证书。

(四)产品质量认证制度

产品质量认证,是指依据产品标准和相应的技术要求,经认证机构确认,并通过颁发认证证书和认证标志来证明某一产品符合相应标准和技术要求的活动。

产品质量认证制度是商品经济发展的产物。1903 年,英国出现了世界上第一个认证标志——风筝(BS)标志,并于 1922 年按英国商标法注册。继英国之后,产品质量认证得到了广泛发展。

我国自 1981 年开始产品质量认证试点,并建立了我国第一个认证委员会——中国电子元器件认证委员会。其后又成立了电工产品、水泥、汽车安全玻璃、卫星地面接收设备、方圆标志等认证委员会。此外,还先后加入了国际标准化组织的合格评审委员会、国际电工委员会电子元器件认证组织、国际电工产品安全认证组织等产品质量认证国际组织。与此同时,国家还加快了产品质量认证立法的步伐。发布了《产品质量认证管理条例》、《产品质量认证管理条例实施办法》、《产品质量认证委员会管理办法》、《产品质量认证质量体系检查和检验机构评审员管理办法》、《产品质量认证证书和认证标志管理办法》等规范,《产品质量法》也对产品质量认证作了规定。

我国产品质量认证制度从性质上讲属于自愿认证制,即产品质量认证由企业自愿申请,其基本内容是:

1. 认证对象。按照规定,凡经过加工、制作用于销售的产品,有国家标准和行业标准的,除建设工程和军工产品(不含军工企业生产的民用产品)外,均属产品质量认证的对象。我国目前开展产品质量认证的对象主要包括电工产品、电动工具、电线电缆、低压电器、电子元器件、水泥、汽车安全玻璃等产品。具体哪些产品可以申请认证,由国家质量技术监督局根据实际需要和认证机构的组建情况,适时向社会公布可开展认证的产品目录予以确定。

2. 认证依据。《产品质量法》规定,国家参照国际先进的产品标准和技术要求,推行产品质量认证制度。这就表明,我国产品质量认证是根据国家认可的标准进行的,具体是依据我国标准化法、《产品质量认证管理条例》及其实施办法等规定。

3. 认证方式。我国产品质量认证方式采用国际上通行的第三方认证制度。产品质量认证由国务院产品质量监督部门认可的或其授权的部门认可的认证机构承担。

4. 认证种类。按照规定,我国产品质量认证分为合格认证和安全认证两种。实行安全认证的产品,必须符合标准化法中有关强制性标准的要求。实行合格认证的产品,必须符合标准化法规定的国家标准或行业标准的要求。

5. 认证的条件。按照规定，中国企业、外国企业均可提出认证申请。提出申请的企业应具备以下条件：①产品符合国家标准或者行业标准的要求；②产品质量稳定，能正常批量生产；③生产企业的质量体系符合国家质量管理和质量保证标准及补充要求。

6. 认证的法律后果。获准认证的产品，准许企业在产品或其包装上使用产品质量认证标志；除接受法律法规规定的检查外，免于其他检查，并享有优质优价、优先推荐参加国优产品评定等优惠条件。

(五)产品质量监督检查制度

国家对产品质量实行以抽查为主要方式的监督检查制度。

1. 监督抽查的产品主要有四类：一是可能危及人体健康和人身、财产安全的产品；二是影响国计民生的重要工业产品；三是消费者、有关组织反映有质量问题的产品；四是农产品。

2. 农产品以外的产品监督抽查工作由国务院产品质量监督部门规划和组织，县级以上地方产品质量监督部门在本行政区域内也可以组织监督抽查；农产品监督抽查工作由县级以上人民政府农业行政主管部门组织实施。国家监督抽查的产品，地方不得另行重复抽查；上级监督抽查的产品，下级不得另行重复抽查。

3. 监督抽查应具有突然性。即不得事先通知被查企业，样品应当在市场上或者企业成品仓库内的待销产品中随机抽取。

4. 根据监督抽查的需要，可以对产品进行检验。生产者、销售者对抽查检验的结果有异议的，可自收到检验结果之日起 15 日内向实施监督抽查的产品质量监督部门或者其上级产品质量监督部门申请复检，由受理复检的产品质量监督部门作出复检结论。同时检验抽取样品的数量不得超过检验的合理需要，不得向被检查人收取检验费用，以防止借抽查之名加重被检查人的负担。

5. 依法进行监督抽查的产品质量不合格的，由实施监督抽查的产品质量监督部门责令其生产者、销售者限期改正。逾期不改正的，由省级以上人民政府产品质量监督部门予以公告；公告后经复查仍不合格的，责令停业，限期整顿，整顿期满后经复查产品质量仍不合格的，吊销营业执照。监督抽查的产品有严重质量问题的，依照规定处罚。发现农产品不符合质量安全标准的，应当要求销售者立即停止销售，并向农业行政主管部门报告。

(六)产品质量的社会监督制度

产品质量的社会监督，是指用户、消费者、保护消费者权益的社会组织以及新闻媒介等对产品质量实施的监督。消费者有权就产品质量问题，向生产者、销售者查询；有权向产品质量监督管理部门、工商行管理部门及有关部门申诉，接受申诉的部门应当负责处理。保护消费者权益的社会组织可以就消费者反映的产品质量问题建议有关部门负责处理，支持消费者对因产品质量造成的损害向人民法院起诉。同时国家鼓励单位和个人对农产品质量安全进行社会监督。任何单位和个人都有权对违反本法的行为进行检举、揭发和控告。

第三节 生产者、销售者的产品质量义务

产品质量义务是根据法律或者合同的规定或者约定，当事人在产品质量方面应当为一定行为或者不为一定的行为的行为。

一、生产者的产品质量义务

(一)作为的义务

1.产品应当符合内在质量的要求。①不存在危及人身、财产安全的不合理危险，有保障人体健康，人身、财产安全的国家标准、行业标准的，应当符合该标准；②具备产品应当具备的使用性能，但是，对产品存在使用性能的瑕疵作出说明的除外；③符合在产品或其包装上注明采用的产品标准，符合以产品说明、实物样品等方式表明的质量状况。

2.遵守质量表示制度。产品或其包装上的标识应当符合下列要求：①有产品质量检验合格证明；②有中文标明的产品名称、生产厂厂名和厂址；③根据产品的特点和使用要求，需要标明产品规格、等级、所含主要成分的名称和含量的，用中文相应予以标明；需要事先让消费者知晓的，应当在外包装上标明，或者预先向消费者提供有关资料；④限期使用的产品，应当在显著位置清晰地标明生产日期和安全使用期或者失效日期；⑤使用不当，容易造成产品本身损坏或者可能危及人身、财产安全的产品，应当有警示标志或者中文警示说明；⑥农产品包装物或者标识上应当按照规定标明产品的品名、产地、生产者、生产日期、保质期、产品质量等级等内容；使用添加剂的，还应当按照规定标明添加剂的名称。

此外，《产品质量法》规定，裸装的食品和其他根据产品的特点难以附加标识的裸装产品，可以不附加产品标识；易碎、易燃、易爆、有毒、有腐蚀性、有射性等危险物品以及储运中不能倒置和有其他特殊要求的产品，其包装质量必须符合相应要求，依照国家有关规定作出警示标志或者中文警示说明，标明储运注意事项。

【实训题 9-1】下列哪些产品的包装不符合《产品质量法》的要求？(　　)

A.某商场销售的“三星”彩电只有韩文和英文的说明书

B.某厂生产的火腿肠没有标明厂址

C.某厂生产的香烟上没有标明“吸烟有害身体健康”

D.某厂生产的瓶装葡萄酒没有标明酒精度

3.建立农产品生产记录。农产品生产企业和农民专业合作经济组织应当建立农产品生产记录，如实记载下列事项：①使用农业投入品的名称、来源、用法、用量和使用、停用的日期；②动物疫病、植物病虫草害的发生和防治情况；③收获、屠宰或者捕捞的日期。农产品生产记录应当保存2年。

(二)不作为的义务

按照规定，生产者不得生产国家明令淘汰的产品；不得伪造产地，不得伪造或冒用他人的

厂名、厂址；不得伪造或冒用认证标志等质量标志；生产产品不得掺杂、掺假，不得以假充真、以次充好，不得以不合格产品冒充合格产品。

二、销售者的产品质量义务

销售者是指有权出售产品的单位和个人，包括享有产品批发权和零售权的单位和个人。

(一)作为的义务

1.建立并执行进货检查验收制度。商品经销者必须对其销售的产品质量负责，对所购产品在入库或销售之前，应当通过抽检或采取其他方式，严格验收，验明产品合格证明和其他标识。农产品销售企业对其销售的农产品，应当建立健全进货检查验收制度；经查验不符合农产品质量安全标准的，不得销售。

2.采取措施保证销售产品的质量。经销者有主动建立和采用各种办法措施，保证销售产品质量的义务。

3.遵守产品质量表示制度。其具体要求与生产者的质量表示义务相同。

(二)不作为的义务

销售者不得销售失效、变质产品；不得伪造产地，不得伪造或者冒用他人的厂名、厂址；不得伪造或者冒用认证标志等质量标志；销售产品，不得掺杂、掺假，不得以假充真、以次充好，不得以不合格产品冒充合格产品。

第四节　违反产品质量法的法律责任

一、产品质量责任的概念

产品质量责任是产品的生产者、销售者以及对产品质量负有直接责任的人员违反产品质量义务所应承担的各种形式的法律后果。产品质量责任包括三类：产品质量民事责任、产品质量行政责任、产品质量刑事责任。

二、产品质量民事责任

即违反产品质量义务所应承担的民事法律后果。产品质量民事责任又可以进一步划分为两类：

(一)产品质量瑕疵责任

1.承担瑕疵责任的条件。①不具备产品应当具备的使用性能而事先未作说明的；②不符合在产品或者其包装上所注明采用的产品标准的；③不符合以产品说明、实物等方式表明的质量状况的。

2. 承担瑕疵责任方式。售出的产品有上述三种情形之一，销售者应当负责修理、更换、退货，给消费者造成损失的，应当赔偿损失。赔偿的范围包括消费者在要求销售者进行修理、更换、退货过程中所发生的运输费、交通费、误工费等。

3. 履行瑕疵责任后的损失追偿。销售者按规定负责修理、更换、退货、赔偿损失后，属于生产者的责任或者属于向销售者提供产品的其他销售者(以下简称供货者)的责任的，销售者有权向生产者、供货者追偿。生产者之间、销售者之间、生产者与销售者之间另有约定的，按合同约定执行。

(二)产品责任

本部分内容较多，专设第五节加以介绍。

三、产品质量行政责任

这是指违反产品质量法的单位或个人所应承担的行政性法律后果。生产者、经营者违反产品质量义务应承担行政责任，承担行政责任的主要形式是行政处罚。质量技术监督部门、工商行政管理部门依照各自的职权，对违反产品质量法的行为可以责令纠正，并给予警告，罚款，没收违法生产、销售的产品和没收违法所得，责令停止生产、销售，吊销营业执照等行政处罚。

四、产品质量刑事责任

这是指违反产品质量法、构成犯罪的行为人所必须承担的刑事法律后果。违反《产品质量法》和《农产品质量安全法》构成犯罪的，都要依法承担刑事责任。

《产品质量法》规定，下列两种情形情节严重构成犯罪的，依法追究刑事责任：生产不符合保障人体健康，人身、财产安全的国家标准、行业标准的产品的；销售明知是不符合保障人体健康，人身、财产安全的国家标准、行业标准的产品的。

根据现行《刑法》的规定，对生产、销售伪劣商品犯罪行为负有追究责任的国家机关工作人员，徇私舞弊，不履行法律规定的追究职责，情节严重的，处5年以下有期徒刑或者拘役。

五、产品质量争议处理

因产品质量发生民事纠纷时，当事人可以通过协商或者调解解决。当事人不愿通过协商、调解解决或者协商、调解不成的，可以根据当事人各方的协议向仲裁机构申请仲裁；当事人各方没有达成仲裁协议的，可以向人民法院起诉。

产品质量监督管理部门、工商行政管理部门及有关部门“负责处理”用户、消费者的申诉，主要的形式为行政调解。

对产品质量问题的权益争议，可通过民事诉讼程序处理。

对产品质量问题的行政争议(如不服行政处罚决定)，可通过行政复议或者行政诉讼的程序处理。

【实训题9-2】甲从国外低价购得一项未获当地政府批准销售的专利产品“近视治疗仪”。甲将产品样品和技术资料提交给我国X市卫生局指定的医疗产品检验机构。该机构未作任何检验，按照甲书写的文稿出具了该产品的检验合格报告。随后，该市退休医师协会的秘书长乙又以该协会的名义出具了该产品的质量保证书。该产品投入市场后，连续造成多起青少年因使用该产品致眼睛严重受损的事件。现除要求追究甲的刑事责任外，受害者还可以采用哪些民事补救方法？（　　）

A. 要求甲承担损害赔偿责任　　B. 要求该卫生局承担连带赔偿责任

C. 要求该检验机构承担连带赔偿责任　　D. 要求该退休医师协会承担连带赔偿责任

第五节　产 品 责 任

一、产品责任的概念

产品责任是指产品的生产者、销售者因其生产、售出的产品造成他人人身、该产品以外的其他财产损害而依法应承担的赔偿责任。

《农产品质量安全法》颁布前，农产品致人损害不能适用产品责任的规定，而现在依据《农产品质量安全法》第54条的规定，农产品批发市场中销售的农产品不符合质量安全标准给消费者造成损害的，消费者可以向农产品批发市场要求赔偿；属于生产者、销售者责任的，农产品批发市场有权追偿。消费者也可以直接向农产品生产者、销售者要求赔偿。这样，在初级农产品的领域也确立了产品责任制度。

二、产品责任的归责原则

产品责任的归责原则，是指据以确定产品的生产者和销售者承担产品责任的基本准则。我国产品质量法关于产品责任的归责原则，采用了无过错原则和过错原则相结合的归责模式：产品的生产者应当对其缺陷产品的损害承担无过错责任；产品的销售者承担过错责任，但如果产品的销售者不能指明缺陷产品的供货者的，要承担无过错责任。

根据无过错责任原则，只要产品存在缺陷，造成人身或者除缺陷产品之外的其他财产损害的，即使产品的生产者主观上没有过错，产品的生产者也应当承担民事赔偿责任，产品的生产者不能以自己没有过错而免除责任。但生产者并不负绝对责任，在法律规定的免除责任事由出现时，仍可以免除责任。

我国产品质量法规定了销售者应当承担的产品责任为过错责任和无过错责任相结合的责任体制，即由于销售者的过错，使产品存在缺陷造成消费者或者他人人身或者除缺陷产品之外的其他财产损失后，销售者应当承担过错赔偿责任。销售者不能指明缺陷产品的生产者或者不能指明缺陷产品的供货人的，销售者应当承担无过错赔偿责任，不能以证明自己没有过错而免除责任。

三、产品责任的构成要件

产品责任的构成要件，是指生产者或销售者承担产品责任的法律要件。产品责任的构成

要件因归责原则的不同而有所差异。适用无过错原则(或称严格责任原则)确定和追究产品责任时,其要件主要包括:

(一)产品有缺陷

产品缺陷,是指产品缺乏人们期待的安全性。我国产品质量法将它定义为"产品存在危及人身、他人财产安全的不合理的危险;产品有保障人体健康,人身、财产安全的国家标准、行业标准的,是指不符合该标准。"

(二)有损害事实存在

即客观上存在人身、缺陷产品以外的其他财产的损害。

(三)产品缺陷与损害后果之间有因果关系

产品缺陷与损害后果之间有因果关系,是指损害的结果是由产品缺陷直接导致的。在产品责任事故中,必须确定产品缺陷是引起损害后果的唯一原因或直接原因,产品责任才能成立。

四、产品责任的承担

(一)承担产品责任的主体

所谓承担产品责任的主体,是指依法应对受害者因产品损害所受到的损失单独或共同进行赔偿的人。一般是产品的生产者、经销者。

我国现行法律对这个问题做了如下原则性规定:

1.产品的生产者、经销者均为承担产品责任的主体。

2.生产者、经销者对受害人承担连带赔偿责任;受害人有权向致害产品生产者、经销者中的任何一方请求赔偿,任何一方均有义务赔偿;一方赔偿损失后,有权向负有责任的另一方追偿。

3.生产者、经销者有权向对产品造成损害负有责任的仓储者、运输者要求赔偿损失。

4.农产品批发市场亦为赔偿主体,属于生产者、销售者责任的,农产品批发市场有权追偿。

(二)享有赔偿请求权的主体

即指有权请求责任者赔偿损失的人。凡因产品存在缺陷造成人身、财产损害的,损害者都有权要求产、销者承担赔偿责任,不论被害人与产销者之间是否存在合同关系。

【实训题 9-3】大学生甲在寝室复习功课,隔壁寝室的学生乙、丙到甲寝室强烈要求甲打开电视观看足球比赛,甲只好照办。由于质量问题,电视机突然爆炸,甲、乙、丙三人均受重伤。关于三人遭受的损害,下列哪一选项是正确的?(　　)

A.甲可要求电视机的销售者承担赔偿责任

B.甲可要求乙、丙承担损害赔偿责任

C.乙、丙无权要求电视机的销售者承担赔偿责任

D. 乙、丙有权要求甲承担损害赔偿责任

五、产品责任的赔偿范围

产品责任的基本形式为损害赔偿。我国《产品质量法》规定，因产品存在缺陷造成受害人人身伤害的，侵害人应当赔偿医疗费、治疗期间的护理费、因误工减少的收入等费用；造成残疾的，还应赔偿残疾生活辅助具费、生活补助费、残疾赔偿金以及由其扶养的人所必需的生活费等费用；造成受害人死亡的，并应当支付丧葬费、死亡赔偿金以及由死者生前扶养的人所必需的生活费等费用。因产品存在缺陷造成受害人财产损失的，侵害人应当恢复原状或折价赔偿；受害人因此遭受其他重大损失的，侵害人应当赔偿损失。

六、产品责任的诉讼时效和请求权期限

诉讼时效是指权利人在法定期间内不行使请求权，即丧失依诉讼程序强制义务人履行义务的权利的法律制度。权利人能够依诉讼程序强制义务人履行义务的法定期间，是诉讼时效期间。因产品存在缺陷造成损害要求赔偿的诉讼时效期间为 2 年，自当事人知道或者应当知道其权益受到损害时起计算。且因产品存在缺陷造成损害要求赔偿的请求权，在造成损害的缺陷产品交付最初消费者满 10 年丧失，但尚未超过明示的安全使用期的除外。

【实训题 9-4】根据《产品质量法》规定，下列哪一说法是正确的？（　　）

A.《产品质量法》对生产者、销售者的产品缺陷责任均实行严格责任

B.《产品质量法》对生产者产品缺陷实行严格责任，对销售者实行过错责任

C. 产品缺陷造成损害要求赔偿的诉讼时效期间为 2 年，从产品售出之日起计算

D. 产品缺陷造成损害要求赔偿的请求权在缺陷产品生产日期满 10 年后丧失

七、产品责任的免除

生产者能够证明有下列情形之一的，不承担赔偿责任：

1. 未将产品投入流通。

2. 产品投入流通时，引起损害的缺陷尚不存在。

3. 将产品投入流通时的科学技术水平尚不能发现缺陷的存在。

《产品质量法》未就销售者的免责条件作出规定，对此，应按民事立法的一般规定确定。

本 章 小 结

产品质量法是调整因产品质量而发生的社会关系的法律规范的总称。产品质量法调整的对象为产品质量监督管理关系和产品质量责任关系。产品质量监督的主要制度包括标准化管理制度、产品质量检验检测制度、企业质量体系认证制度、产品质量认证制度、产品质量监督检查制度、产品质量的社会监督制度。生产者、销售者的产品质量义务都包括作为的义务和不作为的义务。产品质量责任是产品的生产者、销售者以及对产品质量负有直接责任的人员违反产品质量义务所应承担的各种形式的法律后果。包括三类：产品质量民事责任、产品质量行政责任、产品质量刑事责任。产品责任是指产品的生产者、销售者因其生产、售出的产品造成他

人人身、该产品以外的其他财产损害而依法应承担的赔偿责任。产品责任的构成要件包括产品有缺陷、有损害事实存在、产品缺陷与损害后果之间有因果关系。产品责任的基本形式为损害赔偿。

复习思考题

1. 什么是产品质量法？产品质量法的调整对象和适用范围分别是什么？
2. 什么是产品质量监督体制？产品质量监督的主要制度有哪些？
3. 简述生产者、销售者的产品质量义务。
4. 产品质量责任的概念和承担方式是什么？
5. 简述产品责任的概念、归责原则、构成要件。
6. 简述承担产品责任的主体和赔偿范围。
7. 产品责任的免责事由有哪些？
8. 产品质量责任和产品责任有何区别？

第十章　反不正当竞争法律制度

本章重点知识

- 反不正当竞争行为
- 商业秘密的概念和构成要件
- 反不正当竞争法的基本原则

【引读案例】

2002年，原告甲公司研发出一项新型“橡胶防老剂”技术成果，命名为“WH系列新型橡胶防老剂”。“WH-02”产品是该系列产品中专用于轮胎橡胶配方中的防老剂。2003年，“WH-02”产品投入市场后受到用户好评，经济效益较好。2010年，“WH-02新型橡胶防老剂”技术成果被市科委列为国家火炬计划项目；2011年，此成果在市“高新技术科技成果展览会”上评为优秀成果一等奖；同年，原告被市高新区管委会评为“先进高新技术企业”。2012年3月，原告向国家商标局提出了“WH橡胶防老剂”的商标注册申请。至诉讼时，国家商标局尚未核准注册。2012年4月，原告发现被告乙公司冒用其“WH-02”橡胶防老剂产品的名称和商标，生产“WH-02”橡胶防老剂产品，销售给天津、河南、杭州等地的轮胎生产企业。原告认为被告侵害了自己知名商品的名称权和商标权，经与被告多次交涉未果，起诉至市中级人民法院，请求判令被告立即停止侵权行为并赔偿其经济损失20万元。

试分析上述案例涉及的反不正当竞争法的内容，并结合相关法律知识对案例进行分析。

第一节　反不正当竞争法概述

一、正当竞争与不正当竞争

竞争是市场经济的必然要求，没有竞争市场就将失去活力。只有维护竞争才能更好地发展市场经济。只有通过竞争市场才能发挥其相对于计划经济的资源配置优势、促进技术进步优势和更好地保护消费者利益。

不正当竞争是相对于正当竞争而言的。泛指经营者为了争夺相对的市场竞争优势，违反法律和公认商业道德，采用欺诈、胁迫等手段扰乱正常的市场竞争秩序，损害其他经营者和消费者合法权益的行为。《反不正当竞争法》明确规定：不正当竞争，是指经营者违反本法的规定，损害其他经营者的合法权益，扰乱社会经济秩序的行为。不正当竞争具有以下特征。

（一）不正当竞争的行为主体是经营者

传统理论认为，不正当竞争的行为主体只能是经营者，非经营者由于不直接参加市场竞争,所以不能成为不正当竞争行为的主体。但是,政府及其所属部门滥用行政权力妨害经营者的正当竞争行为;企业内部职工侵犯商业秘密的行为等,其行为者均非经营者,因此这里的经营者应作概念上的拓展,在特定的不正当竞争行为中,行为主体不仅包括直接进行竞争的经营者,也包括对竞争行为能够产生重要影响的非经营者。

(二)不正当竞争行为是违法行为

不正当竞争行为之所以具有应受法律责难性,其根本原因在于法律对于该种行为的否定性评价。《反不正当竞争法》对于不正当竞争采取的概括加列举的模式,《反不正当竞争法》除了 11 种关于不正当竞争行为的具体规定外,在总则中明确提出了对于市场竞争的要求,即经营者在市场竞争中应当遵循自愿、平等、公平和诚实信用的原则,遵守公认的商业道德。因此,经营者属于具体规定的之外某些行为,只要违背了前述原则,也可以被认定为不正当竞争行为。

(三)不正当竞争行为侵害的客体是正常的市场经济秩序、其他经营者以及消费者的合法权益

不正当竞争行为至少有以下几方面的危害性:破坏公平竞争的市场秩序;阻碍技术进步和社会生产力的发展;损害其他经营者的正常经营和合法权益,使守法经营者蒙受物质上和精神上的双重损害;有些不正当竞争行为,如虚假广告和欺骗性有奖销售,还可能损害广大消费者合法权益。

二、反不正当竞争法的概念

反不正当竞争法是旨在防范、制止和处罚市场交易活动中的不正当竞争行为,鼓励和保护正当竞争,保护经营者的合法权益的法律规范的总和。

三、反不正当竞争法的基本原则

我国反不正当竞争法的基本原则,是制定、解释、执行和研究反不正当竞争法的基本依据,也是在市场交易中所必须遵循的基本准则。我国反不正当竞争法的基本原则是:

(一)保护正当竞争的原则

反不正当竞争不仅仅在于对不正当竞争行为的取缔和制裁,重要的是在于通过反不正当竞争来保护正当竞争,以有利于提高经营者的管理水平、调动其内在积极性,维护正常的经济秩序。

(二)自愿、平等、公平、诚实信用原则

不正当竞争行为的本质特征便是违背了自愿、平等、公平、诚实信用原则。反不正当竞争法以其权威性对自愿、平等、公平、诚实信用原则作了肯定。该原则正是反映反不正当竞争法本质属性的原则,是区别反不正当竞争法与其他经济法律的主要标准。

(三)维护社会主义整体经济秩序和保护消费者权益原则

任何不正当竞争都有悖于诚实信用和公平合理原则及商业道德,冲击正常的社会经济秩序,损害消费者利益。为维护社会主义市场经济健康发展,保护消费者利益,必须坚持这一原则。

(四)参照国际惯例,遵循国际经济规则的原则

随着对外开放的广度、深度的增加,特别是加入世界贸易组织后,我国的对外经济交流越来越频繁,不正当竞争越来越多地涉及国际经贸关系。反不正当竞争法必须参照国际惯例,遵循国际经济规则。否则,将不利于我国对外经济交流的正常开展,阻滞我国经济建设的进程。

第二节　不正当竞争行为

反不正当竞争行为是反不正当竞争法的核心。《反不正当竞争法》列举的不正当竞争行为,是判断经营者在市场交易中的行为是否属于不正当竞争行为的法律依据。但是,由于在现实经济生活中不正当竞争行为的复杂多样性,以及随着经济生活的发展变化还会不断出现其他形式的不正当竞争行为,《反不正当竞争法》不可能将所有的不正当竞争行为全部列举出来,只是列举了各国反不正当竞争法中普遍予以禁止的、典型的不正当竞争行为和我国现实经济生活中表现突出、危害严重、迫切需要制止的不正当竞争行为。其他危及正常市场秩序的行为可依据反不正当竞争法总则的规定予以处理。

一、混淆行为

(一)假冒他人的注册商标

商标是商品生产者或经营者在其生产、制造、加工、拣选、经销的商品上或者其从事服务的场所所加的特殊标志,以便使自己的商品和服务与他人的同类商品和服务相区别。经核准注册的商标称为注册商标。假冒他人注册商标,首先是种侵犯注册商标专用权的行为。其次由于假冒他人注册商标的行为会误导消费者,严重影响权利人的正常市场销售,破坏市场经济秩序,因而同时也是一种典型的不正当竞争行为。

(二)擅自使用知名商品特有的名称、包装、装潢,或者使用与知名商品近似的名称、包装、装潢,造成和他人的知名商品相混淆,使购买者误认为是该知名商品

商品的名称、包装、装潢是商品的外表特征,是和其他商品相区别的重要标志,同时也在一定程度上反映商品经营者的商业信誉和商品声誉,尤其是知名商品的名称、包装、装潢更是如此。这一不正当竞争行为的构成要件有:

1. 名称、包装、装潢须为知名商品所特有。所谓知名商品是指在相关大众中有一定知名度的商品。一般来讲,如果某一商品能够得以较长时期并广泛地销售、使用,在其相关领域广为

人知并有较好的信誉，则可以认定其为知名商品。所谓特有的名称、包装、装潢，是指经营者为自己的商品独创的有显著性特点的名称、包装、装潢，是该商品与其他商品相区别的标志。只有这样，才能成为知名商品的象征，对它的擅自使用才能构成不正当竞争行为。

2. 这一不正当竞争行为在客观方面表现为两种基本形式。一种是使用与他人知名商品相同的名称、包装、装潢，即作相同的使用。另一种是使用与知名商品近似的名称、包装、装潢，即作相近似的使用。

（三）擅自使用他人的企业名称或者姓名，引人误认为是他人的商品

企业名称或姓名是区别商品或服务来源的营业标志，是反映经营者的营业或服务活动的外在特征。按照《保护工业产权巴黎公约》和《TRIPS 协定》厂商名称属于知识产权的一种。保护企业名称或者姓名一方面是保护经营者的商业信誉免受非法盗用，另一方面是保护消费者免受虚假的名称的误导，维护消费者的合法权益。

这一不正当竞争行为具有两个基本特征：一是擅自使用他人的企业名称或者姓名，即未经他人许可而使用其企业名称或者姓名；二是引人误认为是他人的商品，造成市场交易中商品来源的混淆。

（四）在商品上伪造或者冒用认证标志、名优标志等质量标志，伪造产地，对商品质量作引人误解的虚假表示

在商品上伪造或冒用认证标志的不正当竞争行为主要包括以下几种情况：尚未推行产品质量认证制度的商品，经营者在该商品或包装上伪造认证标志；已推行产品质量认证制度的商品，经营者未向产品质量认证机构申请认证而擅自使用认证标志或者经营者虽向产品质量认证机构申请认证，但经认证不合格，经营者擅自使用认证标志。

名优标志是经国际或国内有关机构或社会组织评定为名优产品而发给经营者的一种质量荣誉标志。凡是未组织评定名优的产品，或者虽组织评定名优的产品，但经营者的产品未参加或虽参加未被评为名优产品，经营者擅自使用名优标志的行为；经营者的产品虽曾被评为名优产品但被取消名优产品称号后，经营者仍在该产品上使用名优产品标志的行为；经营者在级别低的名优产品上冒用级别高的名优标志的行为等均属在商品上伪造或冒用名优标志的不正当竞争行为。

商品的产地是指商品的制造、加工地或者商品生产者的所在地。有的商品因其产地独特的地理气候特点而获得市场优势；有的商品因其产地普遍较好的技术优势而获得市场优势；有的商品因其产地普遍较好的商业信誉而获得市场优势。正因如此，部分经营者为了提高其商品的声誉，在商品上不标注真实产地，而标注虚假产地。经营者的以上行为即是伪造产地的不正当竞争行为。

对商品质量作引人误解的虚假表示，是指经营者在商品上对反映商品质量的各种内容，如品质、制作成分、性能、用途、生产日期、有效期限等作不真实的或令人误解的标注，使消费者和用户无法或难以了解商品的真实情况，从而发生误认、误购的行为。经营者对商品质量作引人误解的虚假表示，不但可能使消费者上当受骗，而且会损害其竞争对手的利益，因此，《反不正当竞争法》对这一行为予以禁止。

【实训题 10-1】根据反不正当竞争法律制度的规定，下列行为中，属于不正当竞争行为的是(　　)。

A. 甲因其所居住小区内的超市过于吵闹，影响其休息，遂捏造该超市出售伪劣商品的事实并进行散布，导致该超市营业额严重下降

B. 乙家具制造企业将产自中国的家具产品的原产地标注为意大利

C. 丙歌厅见与其相邻的另外一家歌厅价格低、服务好、客源多，遂雇佣打手上门寻衅滋事，进行威胁

D. 入夏前，丁商场为了筹集资金购进夏装，以低于进货价的价格甩卖了一批库存的羽绒服

二、商业贿赂行为

商业贿赂是指经营者在市场交易活动中，为争取交易机会，特别是为争得相对于竞争对手的市场优势，通过秘密给付财物或者其他报偿等不正当手段收买客户或竞争对手的负责人、雇员、合伙人、代理人和政府有关部门工作人员等能够影响市场交易的有关人员的行为。商业贿赂具有以下特征：

1. 行为主体包括行贿者和受贿者。行贿与受贿一体两面，相互依存。经营者不得采用财物或者其他手段进行贿赂以销售或者购买商品。在账外暗中给予对方单位或者个人回扣的，以行贿论处；对方单位或者个人在账外暗中收受回扣的，以受贿论处。

2. 行为人以排斥商业竞争为目的。商业贿赂一般发生在竞争比较激烈的商业性活动中，贿赂的直接目的就是排挤竞争者。除销售或购买商品外，某些领域如体育、文艺比赛中，一旦具有商业性质，其中所发生的贿赂行为就应当认定为商业贿赂行为，如黑哨行为。

3. 商业贿赂行为具有很大的隐蔽性。商业贿赂行为的反竞争性质相当明显，因此，行为人往往想方设法掩盖其贿赂行为，表现出很大的隐蔽性。

4. 商业贿赂的形式具有多样性。除了金钱、回扣之外，还有提供免费度假、旅游、高档宴席、色情服务，赠送昂贵物品、房屋装修以及解决子女亲属入学、就业等多种方式。

商业贿赂是市场竞争过程中经常出现的一种消极现象，严重危害着市场经济生活中应有的公平竞争秩序，不仅阻碍市场机能的正常发挥，影响社会资源的合理配置和技术进步，而且是滋生腐败的温床，所以，我国《反不正当竞争法》明确禁止商业贿赂行为。

【实训题 10-2】某市甲宾馆为某介绍客人的出租车司机，按客人房费的8%支付了酬金，与甲宾馆相邻的乙酒店向监督检查部门举报了这一行为。监督检查部门经过检查，发现甲宾馆给予出租车司机的酬金均如实入账。根据《反不正当竞争法》的规定，甲宾馆的行为属于(　　)。

A. 商业贿赂行为　　　　B. 正当竞争行为

C. 限制竞争行为　　　　D. 低价倾销行为

三、引人误解的虚假宣传

引人误解的虚假宣传，既包括虚假宣传，也包括引人误解的宣传两种类型。

就宣传的内容而言，包括商品的质量、制作成分、性能、用途、生产者、有效期限、产地等任何一项或几项的虚假或引人误解的宣传。所谓虚假宣传是指商品宣传的内容与商品的实际情况不相符合，如将国产商品宣传为进口商品等。所谓引人误解的宣传是指就一般的社会公众的合理判断而言，宣传的内容会使接受宣传的人或受宣传影响的人对被宣传的商品产生错误的认识，从而影响其购买决策的商品宣传。对虚假宣传的认定较为容易，因为认定的标准是客观的，即宣传的内容是否和商品的真实情况一致。而对引人误解的宣传在认定上就比较复杂，因对其认定的标准具有很大的主观性，即以消费者、用户的主观认识为判断的依据。而有些宣传的内容虽是真实的，但仍有可能产生引人误解的后果。如广告"意大利聚酯漆家具"，消费者很容易理解为是意大利进口家具，但实际上只是用意大利进口漆涂的家具。这则广告难以被认定为虚假广告，但是，因为这则广告导致消费者发生误解，所以，应认定其为引人误解的广告。

引人误解的虚假宣传与在商品上对商品质量作引人误解的虚假表示这两种不正当竞争行为，在内容上有许多相同之处，所不同的是前者是利用广告或者其他类似方法作虚假宣传，而后者则是在商品或其包装、标签上作引人误解的虚假表示。

【实训题 10-3】欣欣公司为了宣传其新开发的保健品，虚构保健品功效，并委托某广告公司设计了"谁吃谁明白"的广告，聘请大腕明星作代言人，邀请某社会团体向消费者推荐，在报刊和电视上高频率地发布引人误解的不实广告。根据《反不正当竞争法》的规定，下列哪些选项是正确的？（　　）

A. 欣欣公司不论其主观状态如何，都必须对虚假广告承担法律责任

B. 广告公司只有在明知保健品功效虚假的情况下才承担法律责任

C. 明星代言人即使对厂商造假不知情，只要蒙骗了消费者，就应承担民事责任

D. 社会团体在虚假广告中向消费者推荐商品，应承担民事连带责任

四、侵犯商业秘密的行为

商业秘密是指不为公众所知悉、能为权利人带来经济利益、具有实用性并经权利人采取保密措施的技术信息和经营信息。商业秘密不仅包括那些凭技能或经验产生的，在实际中尤其是工业生产中适用的技术信息，如工艺流程、技术秘诀、设计图纸、化学配方等，而且包括那些具有秘密性质的经营管理方法以及与经营管理方法密切相关的经营信息，如管理方法、营销策略、货源情报、客户名单等。

能够成为商业秘密的技术信息和经营信息，必须具备以下三项基本条件：

1. 秘密性，即不为公众所知悉，是商业秘密的本质特征。

2. 实用性，即能给权利人带来实际的或潜在的经济利益及竞争优势，是商业秘密的价值所在。

3. 保密性，即权利人采取了保密措施，这不仅是技术信息或经营信息能否成为商业秘密的条件，也是寻求法律保护的前提。

根据《反不正当竞争法》第 10 条的规定，侵犯商业秘密的不正当竞争行为有以下几种情形：

1. 以盗窃、利诱、胁迫或者其他不正当手段获取权利人的商业秘密。盗窃商业秘密既包括

内部知情人员也包括外部人员盗窃权利人的商业秘密。以利诱手段获取商业秘密，是指行为人通过向掌握、了解商业秘密的有关人员直接提供财物或提供更优厚的工作条件或作出某些承诺，诱使其向行为人提供商业秘密。以胁迫手段获取商业秘密是指行为人用威胁、强制方法迫使了解、掌握商业秘密的人员向其提供商业秘密。以其他不正当手段获取商业秘密是指用盗窃、利诱、胁迫等之外的手段，如通过虚假陈述而从权利人处骗取商业秘密，通过所谓“洽谈业务”、“合作开发”、“学习取经”等活动套取权利人的商业秘密。

2. 披露、使用或者允许他人使用以前项手段获取的权利人的商业秘密。以盗窃、利诱、胁迫或其他不正当手段获取权利人的商业秘密是不正当竞争行为。因此，商业秘密非法获取者再向第三人披露、自己使用或允许第三人使用以不正当手段获取的商业秘密同样应予禁止。

3. 违反约定或者违反权利人有关保守商业秘密的要求，披露、使用或者允许他人使用其所掌握的商业秘密。这种情况是指在与权利人签订有保密协议或权利人对其商业秘密有保密要求的情况下，掌握或了解权利人商业秘密的人，应当遵守有关保密的约定或权利人提出的保密要求。需要指出的是，如果权利人与通过合法手段掌握、了解权利人的商业秘密的人之间没有保守商业秘密的约定，也没有提出要求，商业秘密的合法获取人披露、使用或允许他人使用其掌握的商业秘密，不构成侵犯商业秘密的不正当竞争行为。

4. 第三人明知或者应知以上违法行为，获取、使用或者披露他人的商业秘密，视为侵犯商业秘密。《反不正当竞争法》从保护公平竞争、制止不正当竞争的角度，将侵犯商业秘密的行为作为不正当竞争行为予以禁止，是对我国知识产权法律制度的补充。同时，为制止人才流动中的侵犯商业秘密的行为提供了法律依据。

【实训题 10-4】甲、乙公司均为网络公司，都在从事反病毒软件的开发和推广。甲公司向法院起诉，指控乙公司挖走了其研发主管及技术人员十余名，乙公司发布的 08 版反病毒软件与甲公司 07 版反病毒软件实质相似，甲公司的老客户已有三分之一成为了乙公司的新客户，请求法院认定乙公司侵犯了甲公司的商业秘密，构成不正当竞争，责令停止侵权并赔偿损失。关于乙公司如何证明自己不侵权，下列哪些选项是正确的？（　　）

A. 证明从甲公司过来的研发主管及技术人员都是合同到期后或辞职后正常流动过来的，没有竞业禁止义务或对甲公司不再承担保密义务

B. 证明其 08 版反病毒软件与甲公司的 07 版反病毒软件不构成实质相似

C. 证明甲公司的 07 版反病毒软件不是商业秘密

D. 证明甲公司是以诉讼手段恶意打压竞争对手

五、低价倾销

《反不正当竞争法》第 11 条规定：“经营者不得以排挤竞争对手为目的，以低于成本的价格销售商品。”根据反不正当竞争法，这种不正当竞争行为的主要特征是：

1. 行为的主体是在市场交易中处于销售地位的经营者。

2. 经营者实施该行为在主观上是故意的，其目的是为了排挤竞争对手。

3. 经营者实施了以低于成本的价格销售商品的行为。成本是指企业在产品生产、产品销售或提供劳务中发生的费用的总和。对不同类型的企业的成本核算，应依据有关规定进行。有下列情形之一的，不属于不正当竞争行为：

(1)销售鲜活商品。

(2)处理有效期限即将到期的商品或者其他积压的商品。

(3)季节性降价。

(4)因清偿债务、转产、歇业降价销售商品。

六、经营者违背购买者的意愿搭售商品或者附加其他不合理的条件而销售商品的行为

所谓搭售商品或者附加其他不合理条件是指经营者利用其经济优势，违背购买者的意愿，在销售一种商品或提供一种服务时，要求购买者以购买另一种商品或接受另一种服务为条件，或者就商品或服务的价格、销售对象、销售地区等附加不合理的条件。

搭售或附加不合理条件的行为只有在违背购买者的意愿的情况下进行才构成不正当竞争行为。如果购买者自愿接受经营者的搭售或附加条件，或者所附加的条件是合理的，则不能被认定为不正当竞争行为。至于附加条件是否合理，衡量的标准应是经营者在市场交易中应当遵循的自愿、平等、公平的原则。

搭售或附加不合理交易条件行为是依靠经营者的经济优势来实现的。如果经营者以贿赂、强制等手段来实施搭售或附加不合理交易条件，可能会构成商业贿赂或强制性交易等不正当竞争行为。

七、违反规定的有奖销售行为

有奖销售是指经营者以提供奖品或奖金的手段进行推销的行为，主要包括附赠式有奖销售和抽奖式有奖销售两种形式。对于附赠式的有奖销售，许多国家均予认可，但从所赠物品的价值的大小等方面予以限制。对于抽奖式的有奖销售，有的国家明确禁止；有的国家则是有条件地许可。一般说来，有奖销售这种促销手段对市场竞争秩序有着双重的影响。符合公认的商业道德的有奖销售可以起到活跃市场、促进公平竞争的积极作用；违背公认的商业道德采取不正当竞争手段的有奖销售，不仅会损害其他经营者的合法权益、损害消费者的利益，而且会扰乱社会经济秩序。因此，我国《反不正当竞争法》并没有简单地肯定或否定有奖销售，而是通过禁止以下三种形式的有奖销售而对这一促销手段进行调整。

1.采用谎称有奖或者故意让内定人员中奖的欺骗方式进行有奖销售。这种欺骗性的有奖销售主要表现为两种形式：其一是谎称有奖，事实上根本无奖；其二是虽然有奖但故意让内定人员中奖，此“奖”对于广大消费者而言，形同虚设。其中“内定人员”可能是经营者自身，也可能是其亲友或其他特定的购买者。

2.利用有奖销售的手段推销质次价高的商品。与欺骗性有奖销售不同的是，这一种非法有奖销售的违法性并不在于采用了有奖销售的促销手段，而是由于经营者采用有奖销售所要实现的目的是推销质次价高的商品。至于所推销的商品是否属“质次价高”，应由有关主管机关根据相应的规定加以认定。

3.抽奖式的有奖销售，最高奖的金额超过5 000元。根据《反不正当竞争法》的规定，对抽奖式的有奖销售是有条件的禁止。其标准就是最高金额是否超过5 000元，超过者即被禁止。

我国《反不正当竞争法》之所以对抽奖式有奖销售的最高奖的金额作出限制，是因为巨奖销售会引发消费者的暴利心理，传递错误的市场信息，妨碍市场机能的正常发挥，破坏正常的市场竞争秩序。

【实训题 10-5】根据《反不正当竞争法》规定，下列哪些行为属于不正当竞争行为？(　　)

A. 甲企业将所产袋装牛奶标注的生产日期延后了 2 天

B. 乙企业举办抽奖式有奖销售，最高奖为 5 000 元购物券，并规定用购物券购物满 1 000 元的可再获一次抽奖机会

C. 丙企业规定，销售一台电脑给中间人 5% 佣金，可不入账

D. 丁企业为清偿债务，按低于成本的价格销售商品

八、经营者捏造、散布虚伪事实、损害竞争对手的商业信誉、商品声誉的行为

商业信誉、商品声誉是从商业角度对经营者的能力和品德、对其商品品质的积极的社会评价，是经营者通过参与市场竞争的连续性活动逐渐形成的。经营者要树立良好的商业信誉和商品声誉，大多需要经过大量的市场研究、技术开发、广告宣传、公关活动和优秀服务等一系列活动才能形成。商业信誉和商品声誉是经营者在市场竞争中赢得优势地位的资本和支柱。

损害竞争对手的商业信誉、商品声誉，会给竞争对手的正常经营活动造成不利影响、损害其应有的市场竞争优势地位、甚至导致严重的经济损失。

九、通谋投标行为

我国《反不正当竞争法》第 15 条规定："投标者不得串通投标，抬高标价或者压低标价。投标者和招标者不得相互勾结，以排挤竞争对手的公平竞争。"从以上规定可以看出，投标招标中有两种类型不正当竞争行为。

1. 投标者串通投标，抬高标价或压低标价的行为。这类行为的行为主体是投标者，而且是部分参加投标的投标人共同实施的，其目的是为了避免相互间竞争，协议轮流在类似项目中中标，并有意抬高或压低标价损害招标人的利益。这类行为的表现形式主要有：①投标者之间相互串通，一致抬高标价；②投标者相互串通，一致压低标价；③投标者相互串通，轮流以高价位或低价位中标；④投标者相互间就标价以外的其他事项串通。

2. 投标者和招标者之间相互勾结以排挤竞争对手的行为。这类不正当竞争行为的主体是招标者和特定的投标者共同实施的，其目的是为了排挤该投标者的竞争对手，所造成的后果则是招标投标流于形式，损害其他投标人的利益。这类行为的表现形式主要有：①招标者在开标前，私下开启投标者的投标文件，并泄密给内定投标者；②招标者在审查评选标书时，对不同的投标者实施差别对待；③投标者和招标者相互勾结，投标者在公开投标时压低标价，中标后再给招标者以额外补偿；④招标者向特定的投标者泄露其标底，等等。

十、公用企业或其他依法具有独占地位的经营者强制交易的行为

这一类不正当竞争行为实质上属于《反垄断法》规制的范畴，纳入到《反不正当竞争法》不过是立法进程中的"权宜之计"。这类行为的主体主要是两种：其一是公用企业；其二是其他依

法具有独占地位的经营者。至于公用企业的范围究竟有多大，根据国家工商行政管理局于1993年12月24日发布的《关于禁止公用企业限制竞争行为的若干规定》的规定，公用企业是指涉及公用事业的经营者，包括供水、供电、供热、供气、邮政、电讯、交通运输等行业的经营者。所谓"其他依法具有独占地位的经营者"是指在特定的市场上，一个经营者处于无竞争的状态或取得了压倒性和排除竞争的能力，也指两个以上经营者不进行价格竞争，在它们对外的关系上具有了上述地位和能力。

享有独占地位的经营者限定他人购买其指定的经营者的商品，往往与这些享有独占地位的经营者所提供的商品或服务有直接关系，而且，被指定的经营者和享有独占地位的经营者之间有着某种利益关系，如是其下属企业等。同时，享有独占地位的经营者在实施这一行为时往往采用软硬兼施的手段，如以这些商品质量好、符合使用要求等理由为借口，或者以削减、停止商品供应或服务相威胁，迫使他人接受其条件。

十一、政府及其所属部门滥用行政权力限制竞争的行为

一般说来，反不正当竞争立法主要是规范经营者的市场交易行为。由于政府及其所属部门滥用行政权力限制竞争的现象实质上是属于一种行政垄断。但是由于《反垄断法》迟迟未能出台，而这种行政垄断行为又迫切需要法律进行规制，所以，在制定《反不正当竞争法》时将行政垄断列入规范的范围。2008年《反垄断法》实施后，针对行政垄断的规制任务将主要由《反垄断法》承担。这里只简单介绍《反不正当竞争法》的规定：①限定他人购买其指定的经营者的商品；②限制其他经营者正当的经营活动；③限制外地商品进入本地市场；④限制本地商品流向外地市场。

第三节　违反反不正当竞争法的法律责任

一、不正当竞争行为的监督检查

对不正当竞争行为的监督检查是指监督检查部门为执行反不正当竞争法，制止不正当竞争行为，鼓励和保护公平竞争，保护消费者权益，解决不正当竞争争议而进行的专门活动。

《反不正当竞争法》第16条规定："县级以上人民政府工商行政部门对不正当竞争行为，可以进行监督检查。"此外，为了体现政府的统一领导和群众的社会监督，《反不正当竞争法》第3条、第4条规定："各级人民政府应当采取措施，制止不正当竞争行为，为公平竞争创造良好的环境和条件"，"国家鼓励、支持和保护一切组织和个人对不正当竞争行为进行社会监督"。

根据反不正当竞争法规定，监督检查部门依法行使下列职权：

1.按照规定程序询问被检查的经营者、利害关系人、证明人，并要求提供证明材料或者与不正当竞争行为有关的其他资料。

2.查询、复制与不正当竞争行为有关的协议、账册、单据、文件、记录、业务函电和其他资料。

3. 检查与《反不正当竞争法》第5条(见本章第二节)规定的不正当竞争行为有关的财物,必要时可以责令被检查的经营者说明该商品的来源和数量,暂停销售,听候检查,不得转移、隐匿、销毁该财物。

监督检查部门工作人员监督检查不正当竞争行为时应当出示检查证件。监督检查部门在监督检查不正当竞争时,被检查的经营者、利害关系人和证明人应当如实提供有关资料或者情况。

二、不正当竞争行为的法律责任

(一)行政责任

为了保证国家对市场活动的必要干预和对交易秩序的有效维持,法律规定监督检查部门有权查处不正当竞争行为,有下列行为之一的,监督检查部门根据情节,分别给予停止违法行为、消除影响、罚款、没收非法所得、吊销营业执照等处罚:①假冒、仿冒商标和其他识别性标志的;②采用贿赂手段销售或购买商品,情节轻微,不构成犯罪的;③以权经商或地区封锁的;④使用虚假广告或代理、设计制造、发布虚假广告的;⑤侵犯商业秘密的;⑥违反规定进行有奖销售的;⑦投标者串通投标,抬高或压低标价,投标者与招标者恶意串通的。

(二)民事责任

为了充分保护不正当竞争行为受害人的民事权益,法律规定受害人可以依法向人民法院起诉,给被侵害的经营者造成损害的,侵害人除依法承担赔偿责任外,并应当承担被害的经营者因调查该经营者侵害其合法权益的不正当竞争行为所支出的合理费用。被侵害的经营者的损失难以计算的,赔偿额为侵权人在侵权期间用侵权所获得的利润。

(三)刑事责任

对于假冒、仿冒等手段销售伪劣产品,以财物或其他手段进行贿赂性销售或购买商品等行为情节严重、构成犯罪的依法追究刑事责任。

监督检查不正当竞争行为的国家机关工作人员滥用职权、玩忽职守、构成犯罪的依法追究刑事责任;不构成犯罪的,给予行政处分。

监督检查不正当竞争行为的国家机关工作人员徇私舞弊,对明知有违反反不正当竞争法规定构成犯罪的经营者故意包庇不使他受追诉的,依法追究刑事责任。

本章小结

反不正当竞争法作为市场经济法制的重要组成部分,在建设社会主义市场经济、维护社会主义市场经济秩序方面发挥着重要的作用。在我国《反垄断法》出台之前,反不正当竞争法在某种程度上负担部分反垄断法的内容,从而使市场监管部门在规制垄断行为时有法可依,同时对建设有序的市场经济起到了相当大的作用。我国《反垄断法》已于2008年8月1日正式实施,针对二者之间的重叠部分如何进行权限分工,执法机构如何协调、法律责任的追究问题,都有待于立法机关、行政机关出台相关的规则。

复习思考题

1. 简述反不正当竞争法的概念。
2. 简述不正当竞争行为的种类。
3. 行政性垄断是否应由反不正当竞争法调整?

第十一章　反垄断法律制度

本章重点知识

- 垄断对市场竞争的影响
- 垄断的形式
- 行政垄断在我国的特殊性
- 垄断协议的概念和种类

【引读案例】

国家信息化专家委员会发布的中国信息化形式分析与预测报告显示，截至2010年，我国宽带上网平均速率位列全球第71位，不及美国、英国、日本等三十几个经济合作组织国家平均水平的十分之一。但是，平均一兆每秒的接入费用却是发达国家平均水平的3～4倍。国家发改委价格监督检查与反垄断查明，在互联网接入这个市场上，中国电信和中国联通合在一起占有三分之二以上的市场份额，肯定是具有市场支配地位的。在这种情况下，他们利用这种市场支配地位，对于跟自己有竞争关系的竞争对手，它们给出高价，而对于没有竞争关系的企业，它们给出的价格就要优惠一些。据工业和信息化部统计，中国电信和中国联通直连宽带为261.5 G，仅占两公司拥有国际出口宽带1 078 G的24.3%。从互联质量看，两公司2011年1～9月份互联时延为87.7～131.3 ms，丢包率为0.2%～1.9%，均不符合原信息产业部《互联网骨干网间互联服务暂行规定》时延不得高于85 ms、丢包率不得超过1%的要求。这表明，中国电信和中国联通未实现充分互联互通。这既影响用户接入网络的成本，又影响用户的上网速度。

请根据《反垄断法》分析中国电信和中国联通之行为是否构成垄断？

第一节　垄断和反垄断法概述

一、垄断产生的原因

垄断最早是一个经济学的概念，是指一个(或少数几个)生产者在市场上独占或具有控制地位的情形。19世纪末20世纪初，垄断首先在资本主义社会形成。垄断的形成是由生产的发展和资本的扩张性决定的，是市场激烈竞争的结果。

随着垄断资本主义的经济矛盾日益激化，垄断对于市场经济发展以及市场竞争的妨碍日益严重，各国纷纷制定法律规制垄断行为。由此产生了法律意义上的垄断即各国反垄断法中规定的，垄断主体对市场的经济运行过程进行排他性控制或对市场竞争进行实质性的限制、妨碍公平竞争秩序的行为或状态。

二、垄断的分类

基于不同的分析需要，垄断可有不同的划分，其中主要的分类方法有：
1.依据垄断者占有市场的情况，分为独占垄断、寡头垄断和联合垄断。
2.依据垄断产生的原因，分为经济垄断、国家垄断、行政垄断、自然垄断等。
3.依据法律对垄断的态度，可分为非法垄断与合法垄断。

三、反垄断法

反垄断法，顾名思义就是反对垄断和保护竞争的法律制度。这个法律在不同国家有不同的名称。例如，德国的反垄断法名称为《反对限制竞争法》，又称作《卡特尔法》；美国的反垄断法被称为《反托拉斯法》；欧共体的反垄断法被称为《欧共体竞争法》。《中华人民共和国反垄断法》2007 年 8 月 30 日通过，自 2008 年 8 月 1 日起施行。

第二节　反垄断主管机构

一、概述

为处理有关反垄断事项，多数国家都设置了反垄断主管机关。反垄断主管机关的职责包括：制定反垄断政策及法规；审议有关反垄断的事项；对经营者的活动及竞争情况进行调查；对违反反垄断法的案件进行调查、处理；定期公布处于市场支配地位的经营者的名单；反垄断的其他事项。

与其他市场经济法律不同的是，垄断行为的特点决定了反垄断法规制的对象主要是具有相当实力和势力的大型企业或者企业集团，甚至是滥用行政权力的政府机构或其所属部门，而且，在执法的过程中，还经常会陷入国家的竞争政策和产业政策的冲突之中，因此，反垄断主管机关的独立性和权威性非常重要，甚至有可能直接影响到反垄断法的实际执行效果。所以，反垄断主管机关应当依法享有独立行使职权、不受任何单位或个人的干预的权力。

二、我国的反垄断法执法机构

我国的反垄断法执法机构主要包括以下几个机构：

国务院反垄断委员会，国务院反垄断委员会的组成和工作规则由国务院规定。国务院规定的承担反垄断执法职责的机构(以下统称国务院反垄断执法机构)依照本法规定，负责反垄断执法工作。国务院反垄断执法机构根据工作需要，可以授权省、自治区、直辖市人民政府相应的机构，依照本法规定负责有关反垄断执法工作。其主要职责是：研究拟定有关竞争政策；组织调查、评估市场总体竞争状况，发布评估报告；制定、发布反垄断指南；协调反垄断行政执法工作。

商务部下设的反垄断局，其主要职责是：负责审查经营者集中行为，指导中国企业在国外的反垄断应诉工作以及开展多双边竞争政策国际交流与合作。

国家发展改革委员会下设的价格监督检查司，其主要职责是：负责依法查处价格垄断协议行为。国家和省两级具有行政执法权，市、县两级是配合调查，跨省案件由国家发改委负责指定牵头办案或者联合办案，重大案件由国家发改委直接组织查处。

国家工商行政管理总局下设的反垄断与不正当竞争执法局，其主要职责是：负责垄断协议、滥用市场支配地位、滥用行政权力排除限制竞争的反垄断执法（价格垄断协议除外）等方面的工作。

第三节　垄断行为

关于垄断行为，我国《反垄断法》第3条以列举的方式进行了规定，包括：①经营者达成垄断协议；②经营者滥用市场支配地位；③具有或者可能具有排除、限制竞争效果的经营者集中。

经营者，是指从事商品生产、经营或者提供服务的自然人、法人和其他组织。相关市场，是指经营者在一定时期内就特定商品或者服务（以下统称商品）进行竞争的商品范围和地域范围。

一、垄断协议

垄断协议，是指排除、限制竞争的协议、决定或者其他协同行为。禁止垄断协议是各国反垄断法的通例。它指的是经营者不得以合同、协议以及其他方式，与具有竞争关系的其他经营者实施限制竞争的行为。

依据《中华人民共和国反垄断法》垄断协议的种类：

1.经营者之间的垄断协议。禁止具有竞争关系的经营者达成下列垄断协议：①固定或者变更商品价格；②限制商品的生产数量或者销售数量；③分割销售市场或者原材料采购市场；④限制购买新技术、新设备或者限制开发新技术、新产品；⑤联合抵制交易；⑥国务院反垄断执法机构认定的其他垄断协议。

2.经营者与交易相对人间的垄断协议。①固定向第三人转售商品的价格；②限定向第三人转售商品的最低价格；③国务院反垄断执法机构认定的其他垄断协议。

3.垄断协议的例外。①为改进技术、研究开发新产品的；②为提高产品质量、降低成本、增进效率，统一产品规格、标准或者实行专业化分工的；③为提高中小经营者经营效率，增强中小经营者竞争力的；④为实现节约能源、保护环境、救灾救助等社会公共利益的；⑤因经济不景气，为缓解销售量严重下降或者生产明显过剩的；⑥为保障对外贸易和对外经济合作中的正当利益的；⑦法律和国务院规定的其他情形。

经营者对其协议符合上述条件负举证责任，经营者还应当证明所达成的协议不会严重限制相关市场的竞争，并且能够使消费者分享由此产生的利益。

【实训题11-1】某行业协会的全体会员企业在相关市场的市场份额合计达到85%。由于近期原材料涨价影响了行业利润，该协会遂组织召开了由会员企业领导人参加的“行业峰会”，与会代表达成了提高产品价格的共识。会议结束后，该协会向全体会员企业印发了关于提高本行业产品价格的通知，明确要求会员企业统一将产品价格提高15%。接到通知后，会员企业按要求实施了涨价。根据反垄断法律制度的规定，下列说法中，正确的是（　　）

A. 行业协会实施了滥用市场支配地位行为

B. 行业协会实施了经营者集中行为

C. 行业协会实施了行政性限制竞争行为

D. 行业协会实施了组织本行业经营者达成垄断协议行为

二、滥用市场支配地位

市场支配地位，是指经营者在相关市场内具有能够控制商品价格、数量或者其他交易条件，或者能够阻碍、影响其他经营者进入相关市场能力的市场地位。

禁止经营者在经营活动中滥用市场支配地位、排除或限制竞争，是各国反垄断立法的共同内容。为了规制处于市场支配地位的经营者的行为，反垄断法一般要禁止处于市场支配地位的经营者实施差别待遇的行为，即处于市场支配地位的经营者没有正当理由，不得对条件相同的交易对象，就所提供的商品价格或者其他交易条件，实行价格歧视等差别待遇。处于市场支配地位的经营者，不得采取利诱、胁迫或其他不正当的方法，促使其他经营者从事限制竞争的行为，即禁止强制交易；不得违背购买者的意愿搭售商品或者附加其他不合理的交易条件；不得以排挤竞争对手为目的，以低于成本的价格销售商品，即禁止掠夺性定价；不得要求经销者在特定市场内只经销自己的商品，不经销其他经营者的同种或同类商品，即禁止独家交易。

1. 滥用市场支配地位的表现：①以不公平的高价销售商品或者以不公平的低价购买商品；②没有正当理由，以低于成本的价格销售商品；③没有正当理由，拒绝与交易相对人进行交易；④没有正当理由，限定交易相对人只能与其进行交易或者只能与其指定的经营者进行交易；⑤没有正当理由搭售商品，或者在交易时附加其他不合理的交易条件；⑥没有正当理由，对条件相同的交易相对人在交易价格等交易条件上实行差别待遇；⑦国务院反垄断执法机构认定的其他滥用市场支配地位的行为。

2. 认定具有市场支配地位应考虑的因素：①该经营者在相关市场的市场份额，以及相关市场的竞争状况；②该经营者控制销售市场或者原材料采购市场的能力；③该经营者的财力和技术条件；④其他经营者对该经营者在交易上的依赖程度；⑤其他经营者进入相关市场的难易程度；⑥与认定该经营者市场支配地位有关的其他因素。

3. 对具有市场支配地位的推定：①一个经营者在相关市场的市场份额达到二分之一的；②两个经营者在相关市场的市场份额合计达到三分之二的；③三个经营者在相关市场的市场份额合计达到四分之三的。

4. 推定的例外与推翻。两个经营者在相关市场的市场份额合计达到三分之二或三个经营者在相关市场的市场份额合计达到四分之三的，如其中有的经营者市场份额不足十分之一的，则不应当推定该经营者具有市场支配地位。

被推定具有市场支配地位的经营者，如有证据证明不具有市场支配地位的，则不应当认定其具有市场支配地位。

【实训题 11-2】根据反垄断法的规定，对于经营者从事的下列滥用市场支配地位的行为，反垄断执法机构进行违法性认定时，无须考虑行为是否有正当理由的是（　　）

A. 以不公平的高价销售商品　　B. 拒绝与交易相对人进行交易
C. 限定交易相对人只能与其进行交易　　D. 搭售商品

三、经营者集中

经营者集中又称企业合并或企业兼并。在反垄断法意义上，经营者集中包括下列情形之一：两个或两个以上的经营者合并；取得其他经营者的控股权或一定比例的股份资本；受让或承租其他经营者全部或重要部分资产或营业；与其他经营者共同经营或接受其他经营者的委托经营；直接或间接地控制其他经营者的业务经营或人事任免。

经营者进行经营活动时，有下列情形之一的，应当向反垄断主管机关申请批准：一是经营者因兼并使其市场占有率达到一定比例的，如有的国家将此比例规定为二分之一；二是参与兼并的经营者之一市场占有率达到一定比例的，如有的国家将此比例规定为四分之一；三是参与兼并的经营者之一的年销售额超过反垄断主管机关规定界限的。此外，如果经营者市场占有率达到一定比例，如有的国家将此比例规定为五分之一，由反垄断主管机关定期公告。

经营者实施反垄断法规定的兼并行为，应当向反垄断主管机关提交报告，报告中应当包括下列内容：参与兼并的经营者的情况，包括企业名称、生产或经营的产品、职工人数、资产、上一营业年度的市场销售额、利税情况等；参与兼并的经营者在上一会计年度的财务报表及营业报告；参与兼并的经营者申请兼并的相关商品的生产或经营成本、销售价格及产量等资料；实施兼并对整体经济和社会公共利益的影响；兼并的理由。

反垄断主管机关应当在收到经营者按照规定提交的材料之后，应当在规定的期限内作出是否批准的决定。如果兼并将会产生或者加强市场支配地位、限制竞争，反垄断主管机关可以禁止兼并。如果实施兼并有利于国家整体经济和社会公共利益，可以得到特殊批准。

兼并应当申请许可而没有申请，或者虽然申请但没有得到批准，反垄断主管机关可以禁止该项兼并、限期令其恢复原状、处分全部股份或部分股份、转让部分营业、免除担任的职务或者处以罚款。

反垄断主管机关批准的兼并，因批准事由消灭、经济情况变更，或兼并超出批准事项的，反垄断主管机关可撤销批准、变更批准内容、责令停止兼并、恢复原状。

1. 经营者集中的表现形式：①经营者合并；②经营者通过取得股权或者资产的方式取得对其他经营者的控制权；③经营者通过合同等方式取得对其他经营者的控制权或者能够对其他经营者施加决定性影响。

经营者集中具有或者可能具有排除、限制竞争效果的，国务院反垄断执法机构应当作出禁止经营者集中的决定。但是，经营者能够证明该集中对竞争产生的有利影响明显大于不利影响，或者符合社会公共利益的，国务院反垄断执法机构可以作出对经营者集中不予禁止的决定。

2. 经营者集中的申报义务。经营者集中达到国务院规定的申报标准的，经营者应当事先向国务院反垄断执法机构申报，未申报的不得实施集中。

3. 经营者申报的除外条款：①参与集中的一个经营者拥有其他每个经营者百分之五十以上有表决权的股份或者资产的；②参与集中的每个经营者百分之五十以上有表决权的股份或者资产被同一个未参与集中的经营者拥有的。

【实训题 11-3】在对经营者集中进行反垄断审查并作出是否禁止该集中的决定过程中，反垄断执法机构应主要考虑一些经济因素。下列各项中，属于该类经济因素的有(　　)。

A. 参与集中的经营者在相关市场的市场份额及其对市场的控制力

B. 相关市场的集中度

C. 经营者集中对市场进入、技术进步的影响

D. 经营者集中对消费者的影

四、行政垄断

行政机关和法律、法规授权的具有管理公共事务职能的组织不得滥用行政权力，限定或者变相限定单位或者个人经营、购买、使用其指定的经营者提供的商品。与经济性垄断相比，行政性垄断的危害性更为严重。

一般来讲，行政性垄断包括的具体行为有强制购买、地区垄断、行业垄断、强制联合限制竞争等。

强制购买是指政府及其所属部门滥用行政权力，在特定市场内限定他人购买其指定的经营者的商品，限制其他经营者正当的经营活动，排挤其他经营者的公平竞争的行为。地区垄断是指政府及其所属部门滥用行政权力，限制外地商品进入本地市场销售，或者限制本地商品流向外地市场。强制联合限制竞争同样是一种危害极大的限制竞争的行为，是指政府及其所属部门滥用行政权力强制本地区或者本部门的经营者联合从事排斥、限制或妨碍其他经营者参与竞争的行为，如强制本地区、本部门的经营者组建企业集团；强制本地区、本部门的经营者联合；强制本地区、本部门的经营者组建行政性公司；强制联合定价；强制联合拒销、拒购；强制经营者停止竞争，以协议方式决定生产、销售数量或范围。

行政性垄断的表现形式：

1. 对外地商品设定歧视性收费项目、实行歧视性收费标准，或者规定歧视性价格。

2. 对外地商品规定与本地同类商品不同的技术要求、检验标准，或者对外地商品采取重复检验、重复认证等歧视性技术措施，限制外地商品进入本地市场。

3. 采取专门针对外地商品的行政许可，限制外地商品进入本地市场。

4. 设置关卡或者采取其他手段，阻碍外地商品进入或者本地商品运出。

5. 妨碍商品在地区之间自由流通的其他行为。

6. 行政机关和法律、法规授权的具有管理公共事务职能的组织不得滥用行政权力，以设定歧视性资质要求、评审标准或者不依法发布信息等方式，排斥或者限制外地经营者参加本地的招标投标活动。

7. 行政机关和法律、法规授权的具有管理公共事务职能的组织不得滥用行政权力，采取与本地经营者不平等待遇等方式，排斥或者限制外地经营者在本地投资或者设立分支机构。

8. 行政机关和法律、法规授权的具有管理公共事务职能的组织不得滥用行政权力，强制经营者从事本法规定的垄断行为。

9. 行政机关不得滥用行政权力，制定含有排除、限制竞争内容的规定。

【实训题 11-4】滥用行政权力排除、限制竞争的行为，是我国《反垄断法》规制的垄断行为之一。关于这种行为，下列哪些选项是正确的？(　　)

A.实施这种行为的主体,不限于行政机关

B.实施这种行为的主体,不包括中央政府部门

C.《反垄断法》对这种行为的规制,限定在商品流通和招投标领域

D.《反垄断法》对这种行为的规制,主要采用行政责任的方式

五、反垄断调查

对涉嫌垄断行为,任何单位和个人有权向反垄断执法机构举报。反垄断执法机构应当为举报人保密。举报采用书面形式并提供相关事实和证据的,反垄断执法机构应当进行必要的调查。

1.反垄断执法调查措施。①进入被调查的经营者的营业场所或者其他有关场所进行检查;②询问被调查的经营者、利害关系人或者其他有关单位或者个人,要求其说明有关情况;③查阅、复制被调查的经营者、利害关系人或者其他有关单位或者个人的有关单证、协议、会计账簿、业务函电、电子数据等文件、资料;④查封、扣押相关证据;⑤查询经营者的银行账户。

采取前述措施,应当向反垄断执法机构主要负责人书面报告,并经批准。

反垄断执法机构调查涉嫌垄断行为,执法人员不得少于2人,并应当出示执法证件。执法人员进行询问和调查,应当制作笔录,并由被询问人或者被调查人签字。反垄断执法机构及其工作人员对执法过程中知悉的商业秘密负有保密义务。反垄断执法机构对涉嫌垄断行为调查核实后,认为构成垄断行为的,应当依法作出处理决定,并可以向社会公布。

被调查的经营者、利害关系人或者其他有关单位或者个人应当配合反垄断执法机构依法履行职责,不得拒绝、阻碍反垄断执法机构的调查。被调查的经营者、利害关系人有权陈述意见。反垄断执法机构应当对被调查的经营者、利害关系人提出的事实、理由和证据进行核实。

2.反垄断调查的中止。对反垄断执法机构调查的涉嫌垄断行为,被调查的经营者承诺在反垄断执法机构认可的期限内采取具体措施消除该行为后果的,反垄断执法机构可以决定中止调查。中止调查的决定应当载明被调查的经营者承诺的具体内容。

反垄断执法机构决定中止调查的,应当对经营者履行承诺的情况进行监督。经营者履行承诺的,反垄断执法机构可以决定终止调查。

3.反垄断调查的恢复。有下列情形之一的,反垄断执法机构应当恢复调查:①经营者未履行承诺的;②作出中止调查决定所依据的事实发生重大变化的;③中止调查的决定是基于经营者提供的不完整或者不真实的信息作出的。

第四节 违反反垄断法的法律责任

一、行政责任

行政责任的主要形式是责令停止违法行为和罚款。经营者违反反垄断法有关禁止滥用市场支配地位、垄断协议的规定的,反垄断主管机关应当责令停止违法行为,没收违法所得,可以

根据情节并处以一定数额或比例的罚款；情节严重的，由工商行政机关吊销营业执照；经营者违反反垄断法有关禁止差别待遇、禁止强制交易、禁止搭售或附加不合理的交易条件、禁止掠夺性定价、禁止独家交易的规定的，反垄断执法主管机构应当责令其停止违法行为，没收违法所得，并可处以一定数额或者比例的罚款；经营者违反反垄断法的有关规定，未经反垄断主管机关批准进行兼并的，反垄断执法主管机构应当责令其停止违法行为，没收违法所得，并可处以一定数额或者比例的罚款。

政府及其所属机构滥用行政权力限制竞争的行为具有特殊性，不应当适用行政罚款这种责任类型，应当通过反垄断主管机关责令停止违法行为的方式予以制止。当然，如果政府及其所属机构滥用行政权力限制竞争的行为致使其他经营者或者消费者的权益受损，受到损害的当事人可以通过行政复议、行政诉讼以及国家赔偿等法律制度获得合理的救济。

从性质上讲，反垄断主管机关属于行政机关，根据我国的有关法律规定，行政机关并没有强制执行权，这就需要得到司法机关的协助和支持，因此，对拒不执行反垄断主管机关依法作出的裁决的，可以移送法院强制执行。法院不仅应当受理并且应当采取积极措施强制执行反垄断主管机关的裁决。

当事人对反垄断主管机关作出的处罚决定不服的，可以依照行政复议法的规定申请复议。对复议决定不服的，可以自收到复议决定书之日起 15 日内向人民法院提起诉讼；也可以直接向人民法院提起诉讼。

行政机关和法律、法规授权的具有管理公共事务职能的组织滥用行政权力，实施排除、限制竞争行为的，由上级机关责令改正；对直接负责的主管人员和其他直接责任人员依法给予处分。反垄断执法机构可以向有关上级机关提出依法处理的建议。法律、行政法规对行政机关和法律、法规授权的具有管理公共事务职能的组织滥用行政权力实施排除、限制竞争行为的处理另有规定的，依照其规定。

二、民事责任

民事责任的主要形式就是赔偿责任，民事赔偿多以补偿性为原则。依此原则，如果经营者违反反垄断法的规定，损害他人权益的，受害人可以向法院请求经营者承担损害赔偿责任。赔偿额度应当为受害人的实际损失和可预期的利润。受害人的损失难以计算的，赔偿额为侵害人在侵权期间因侵权所获得的利润，并应当承担受害人因调查及诉讼所支付的合理费用。有些国家规定了惩罚性赔偿责任，这使经营者承担了较大的法律风险，有较好的警示作用。民事责任的救济必须有受害人的诉权相配合，为了保障受害人的正当权益，各国的反垄断法都赋予受害人以提起诉讼的权利，即经营者的合法权益受到垄断行为损害的，可以向法院提起诉讼。这同样是我国的反垄断法所必需的制度之一。

《垄断法》规定经营者实施垄断行为，给他人造成损失的，依法承担民事责任。我国法律没有规定惩罚性赔偿原则。在美国《谢尔曼法》第 7 条规定，任何因违反反托拉斯法所禁止的事项而遭受财产或营业损害的人，可以向法院提起诉讼，不论损害数额大小，一律给予其损害额的 3 倍损害赔偿及诉讼费和合理的律师费。这种惩罚性赔偿既可以使企业感受到相当巨大的威慑力，又能使受害者的损失（包括有形的和无形的、直接的和间接的）得到比较充分的补偿。实践中，根据反托拉斯法提起的私人 3 倍损害赔偿诉讼要比政府提起的反托拉斯诉讼多得多。

三、刑事责任

反垄断执法机构工作人员滥用职权、玩忽职守、徇私舞弊或者泄露执法过程中知悉的商业秘密，构成犯罪的，依法追究刑事责任；尚不构成犯罪的，依法给予处分。

第五节　反垄断法适用的例外

反垄断法的豁免（或称除外、例外）条款，是反垄断法的重要条款之一。豁免条款是指反垄断法中专门设置的规定某些特定领域、某些特定事项或者某些特定情况下的垄断行为不适用反垄断法的条款，即反垄断法对这些特定领域、特定事项或者特定情况下的垄断行为予以豁免。之所以规定豁免制度，主要是出于以下两方面的考虑：其一，为在特定的经济部门避免因竞争所可能造成的巨大社会资源的浪费；其二，为了增加反垄断法的灵活性，使其更能适应经济发展的复杂性，以更好地实现保护竞争，促进经济发展的立法目的。可见，规定豁免制度的目的是以政府的经济发展战略和竞争政策为目标，以局部或个别的反垄断豁免，保障整体竞争力和整个经济的持续发展。

一、知识产权例外

经营者依照有关知识产权的法律、行政法规规定行使知识产权的行为，不适用本法；但是，经营者滥用知识产权，排除、限制竞争的行为，适用反垄断法。

二、对农业及农民的例外

农业生产者及农村经济组织在农产品生产、加工、销售、运输、储存等经营活动中实施的联合或者协同行为，不适用反垄断法。

第六节　反垄断法与反不正当竞争法的关系

垄断与不正当竞争都具有破坏市场竞争秩序的危害性，因此，《反垄断法》和《反不正当竞争法》负有相同的任务，即维护公平的市场竞争秩序，使市场活而不乱。同时，由于垄断源于竞争，甚至是不正当竞争所追逐的目标，是竞争的异化。而且一旦垄断形成，必然会限制甚至扼杀竞争。因此，《反不正当竞争法》与《反垄断法》也是相互关联、相互配合的。但是，垄断与不正当竞争对市场竞争秩序所造成的危害有较大差异，不正当竞争危害的是具体的、个体的经营者的正当利益，直接后果是竞争过滥，而垄断则是限制竞争，导致有效竞争不足，危害的是特定市场或者特定经济领域的整体，甚至是整个国民经济。因此，《反不正当竞争法》与《反垄断法》也有所不同，各有侧重。《反不正当竞争法》规范的是不正当竞争行为，表现为经营者在市场交易中，违反自愿、平等、公平、诚实信用的原则和公认的商业道德，损害其他经营者的合法权益，扰乱社会经济秩序的行为。而《反垄断法》以贯彻国家的竞争政策为宗旨，从维护竞争性的市场结构出发，规范的是垄断行为，防止和改变有效竞争不足的局面，国家的竞争政策必须建立在国家经济制度、产业政策基础之上，本身即包含对特殊行业或商品、服务给予政策保护。《反不正当竞争法》是从保护其他经营者合法权益的角度来维护公平竞争的，而《反垄断法》则是从保障整体市场正常运转的角度来维护公平竞争的。

只有《反不正当竞争法》与《反垄断法》的有机结合，从微观和宏观两个层次规范市场主体的行为，才能构架完整的竞争法体系，因此这两种规范竞争行为的法律机制缺一不可。

本章小结

《反垄断法》2007 年 8 月 30 日通过，自 2008 年 8 月 1 日起施行。《反垄断法》的颁布标志着我国市场竞争法律体系形式上的基本完备，对于经济法体系的完善同样有着重要意义。社会主义市场经济的法制化进程又一里程碑式的进步。但是同时我们也要注意到，相比较于发达国家的《反垄断法》，我国的反垄断法还是粗线条的，很多内容有待补充和完善。反垄断主管机构的组成和规则仍有待国务院进一步出台相关的细则。反垄断主管机构与原有关部门的之间的权限界限仍然模糊。反垄断法的适用豁免情况、反垄断法与价格法、反不正当竞争法、知识产权法之间的衔接问题仍有待相关法律细化。反垄断法关于违反反垄断法的法律责任的规定，难以起到立法者期待的结果。反垄断法对于实施垄断行为的市场经营者惩罚过轻，不能有效地制止垄断行为。在我国经济体制尚未完全转变为市场经济的条件下，部门垄断、行业垄断、地区垄断等行政垄断现象在我国比较严重。对于行政垄断的规制应当成为我国反垄断法及其相关规范性法律文件重要内容。

复习思考题

1. 简述反垄断法的概念。
2. 简述垄断行为的种类。
3. 简述垄断协议的种类。
4. 简述经营者集中的表现形式。
5. 简述反垄断法的适用除外制度及范围。
6. 简述知识产权滥用与反垄断法规制。

第十二章　价格法律制度

本章重点知识

- 价格的管理体制
- 价格的基本形式
- 经营者的价格权利和义务
- 经营者的不正当价格行为

【引读案例】

国家计委依据铁道部报送的《关于报批部分旅客列车政府指导价实施方案的函》(铁财函【2000】253号),于2000年11月份下发了《关于部分旅客列车实行政府指导价有关问题的批复》(计价格【2000】1960号)【以下简称"批复"】,批准对铁路部分旅客列车运价实行政府指导价,允许客流较大线路和春运、暑运、"五一"、"十一"等主要节假日期间,客运繁忙线路的铁路旅客列车票价适当上浮;允许部分与高速公路平行、竞争激烈及其他客流较少线路列车票价常年下浮,对团体购票旅客、提前购票旅客等实行下浮,同时规定了浮动幅度、审批权限等。并在2000年12月份同意由铁道部颁发铁路旅客票价表,作为旅客列车实行浮动票价的中准价(计办价格【2000】931号)。

铁道部依据国家计委《批复》,发出《关于2001年春运期间部分旅客列车实行票价上浮的通知》(以下简称"铁道部通知"),规定:节前(1月13日至22日)自广州(集团)公司、北京、上海铁路局始发、节后(1月26日至2月17日)为成都、郑州、南昌、上海铁路局始发的部分直通客车票价上浮,其中新型空调列车上浮20%,其他列车上浮30%。除夕、正月初一、初二不上浮。儿童、学生、现役军人、革命伤残军人票价不上浮。

乔占祥购买了2001年1月17日2069次从石家庄到磁县的车票,2001年1月22日2069次从石家庄到邯郸的车票。第一张车票比涨价前多支出了5元票价,第二张车票比涨价前多支出了4元票价。据此,乔占祥认为铁道部关于涨价的通知侵害了其合法权益,于2001年1月18日就不服铁道部通知向铁道部申请行政复议,尔后,在铁道部作出维持的复议决定后,并向北京市第一中级人民法院提起行政诉讼。

试运用价格法和其他相关法律知识分析上述案例。

第一节　价格法概述

一、价格的概念与价格体系

价格是商品价值的货币表现形式。在商品交换的社会中,任何用于交换的商品都必然会有一定的价格。价格有广义和狭义的区别。狭义的价格是指商品的价格和服务价格。商品价格是指各类有形产品和无形资产的价格。服务价格是指各类有偿服务的收费。广义的价格还包括生产要素的价格,如劳动力的价格——工资,资金的价格——利率,外汇的价格——汇率等。因为这些价格有很大的特殊性,需要专门的法律规定和调节,所以,《价格法》将其调节的范围限定在商品价格和服务价格之内。

价格体系,是指价格的种类和各种价格形式之间的相互关系的总和。价格体系包括按国民经济部门区分的价格体系、按商品流通过程区分的价格体系以及按价格管理形式区分的价格体系。

按国民经济部门区分的价格体系中包括:农产品价格、工业品价格、交通运输价格、建筑产品价格、饮食服务价格等。按商品的流通过程或流通环节区分的价格体系中包括:工业品出厂价格和农产品收购价格、调拨价格、批发价格、零售价格,以及商品的地区差别价格、季节差别价格。按价格管理形式区别的价格体系中包括:市场调节价、政府指导价、政府定价。市场调节价属于非计划价格;政府指导价、政府定价属于计划价格。

二、价格法与价格法的调整对象

价格法是调整价格关系的法律规范的总称。价格法的调整对象概括地讲就是指与价格的制定、执行和监督有关的各种价格关系。具体地讲就是指以下各种价格关系:

1.各级价格主管部门、其他有关部门和经营者之间,在制定和执行价格方针、政策和法律过程中所发生的各种关系。

2.各级价格主管部门、其他有关部门、经营者和公民之间在确定作价原则,制定、调整和执行商品价格和非商品收费中所发生的价格关系。

3.各级价格主管部门、其他有关部门、经营者和公民之间在价格监督和检查过程中所发生的价格关系。

4.各种商品的经营者相互之间以及他们与个人之间因相互提供商品和服务而发生的价格关系。

三、我国的价格立法

我国现行的价格法律、法规和规章主要有:1997 年 12 月 29 日第八届人大常委会第 29 次会议通过的《中华人民共和国价格法》,是我国价格法体系的一部基本法律;国家发展计划委员会制定的《禁止价格欺诈的行为》,自 2002 年 1 月 1 日起实施;国家发展计划委员会制定的《政府制定价格行为规则(试行)》,自 2002 年 2 月 1 日起施行;国家发展计划委员会制定的《政府价格决策听证办法》,自 2002 年 11 月 22 日施行;国家发展计划委员会制定的《重要商品和服务价格成本监审暂行办法》,自 2003 年 6 月 1 日起施行;国家发展计划委员会制定的《制止价格垄断行为暂行规定》,自 2003 年 11 月 1 日起施行。除上述法律、法规和规章外,国家物价局、国家工商行政管理局等部门在职权范围内也制定了一些规章。

第二节 价格管理体制

一、价格管理体制的概念

价格管理体制，是指价格管理机构的设置、权限的划分和职能的规定。

《价格法》第 4 条规定："国家支持和促进公平、公开、合法的市场竞争，维护正常的价格秩序，对价格活动实行管理、监督和必要的调控。"价格管理、监督和调控的目的，是支持和促进公平、公开、合法的竞争，维持正常的价格秩序，从而塑造有利于价格机制正常运作的环境。

我国的价格管理机构是政府各级物价主管部门和其他有关部门。《价格法》规定：国务院价格主管部门统一负责全国的价格工作，国务院其他有关部门在各自的职责范围内负责有关的价格工作，县级以上各级人民政府价格主管部门负责本行政区域内的价格工作，县级以上各级人民政府的其他有关部门在各自的职能范围内负责有关的价格工作。

二、政府价格主管部门的职权和责任

(一)政府指导价和政府定价的商品和服务的范围

《价格法》明确规定了政府指导价和政府定价的商品和服务的范围，它包括：①与国民经济发展和人民生活关系重大的极少数商品价格；②资源稀缺的少数商品价格；③自然垄断经营的商品价格；④重要的公用事业价格；⑤重要的公益性服务价格。

(二)政府指导价和政府定价权限的具体适用范围

《价格法》还进一步指出了政府指导价和政府定价权限的具体适用范围，以中央和地方的定价目录为依据。中央定价目录由国务院价格主管部门规定、修订，报国务院批准后公布。地方定价目录由省级人民政府价格主管部门按照中央定价目录规定的定价权限和具体适用范围制定，经本级人民政府审核同意，报国务院价格主管部门审定后公布。省级人民政府以下各级地方人民政府不得制定定价目录。

(三)各级政府价格权限的划分

《价格法》规定，国务院价格主管部门和其他有关部门，按照中央定价目录规定的定价权限和具体适用范围，制定政府指导价、政府定价；其中重要商品和服务的政府指导价和政府定价，应当按照规定由国务院批准。省级人民政府价格主管部门和其他有关部门，应当按照地方定价目录规定的定价权限和具体适用范围制定在本地区执行的政府指导价、政府定价。市、县人民政府可以根据省级人民政府的授权，按照地方定价目录规定的定价权限和具体适用范围，制定在本地区执行的政府指导价、政府定价。

(四)政府指导价、政府定价的依据

《价格法》规定,制定政府指导价、政府定价,应当依据有关商品或者服务的社会平均成本和市场供求状况、国民经济和社会发展的要求及社会的承受能力,实行合理的购销差价、批零差价、地区差价和季节差价。

(五)政府指导价、政府定价的制定程序

《价格法》规定,政府价格主管部门或其他有关部门制定政府指导价、政府定价,应当开展价格、成本调查,听取消费者、经营者和有关方面的意见。制定关系群众切身利益的公用事业价格、公益性服务价格、自然垄断经营的商品价格等政府指导价、政府定价时,应当建立听证会制度,由政府价格主管部门主持,征求消费者、经营者和有关方面的意见,论证其必要性、可行性。政府指导价、政府定价制定后,由制定价格的部门向消费者、经营者公布。

【实训题 12-1】调整下列商品和服务价格时必须实行价格听证的是(　　)。

A. 电力、教育、有线电视　　B. 电视机

C. 手机　　D. 农副土特产品

(六)政府指导价、政府定价适用范围的调整

《价格法》规定,政府指导价、政府定价的具体适用范围、价格水平,应当根据经济运行情况,按照规定的定价权限和程序进行调整。消费者、经营者可以对政府指导价、政府定价提出调整建议。

三、价格总水平的调控

价格实行市场调节并不等于放任不管,为了适应市场经济条件下价格管理的要求,增强国家宏观调控能力,《价格法》对价格总水平的调控作了规定。

(一)价格宏观调控的目标和手段

《价格法》第 26 条指出:“稳定市场价格总水平是国家重要的宏观经济政策目标。国家根据国民经济发展的需要和社会承受能力,确定市场价格总水平调控目标,列入国民经济和社会发展计划,并综合运用货币、财政、投资、进出口等方面的政策和措施,予以实现。”由此可见,价格总水平调控目标的确定,要根据国民经济发展的需要和社会的承受能力,应尽力避免不切实际的经济发展目标造成严重通货膨胀和物价过分上涨,要保持物价总水平的基本稳定,以利于经济和社会的发展。同时,调控价格总水平,应尽量采用经济手段和法律手段,通过货币政策和手段合理调节货币的供求,通过财政政策和措施控制收支,通过投资政策和手段调节投资需求,通过进出口政策和手段调剂余缺。通过这些手段保持国内总供给和总需求的平衡以及重要的结构平衡,就可以达到预期的价格总水平调控目标。

考虑到某些重要商品对国民经济和人民生活影响极大,而这些商品的生产和供给,又可能出现不稳定状况,《价格法》规定:“政府可以建立重要商品的储备制度,设立价格调节基金,调控价格,稳定市场。”储备制度的功能在于当市场出现重大的供求不平衡时,通过吞吐储备商

品，平衡供求。价格调节基金的功能在于当价格出现较大波动时通过调动基金，以平衡价格。

同时，为了使价格变化正常，适应价格调控和管理的需要，还要建立价格监测制度。《价格法》规定："为适应价格调控和管理的需要，政府价格主管部门应当建立价格监测制度，对重要商品、服务价格的变动进行监测。"

（二）政府对价格的干预及采取紧急措施的情况

调控价格主要用经济手段，但在特殊情况下，也不排斥必要的行政手段的调节。《价格法》规定，在必要时国务院和省级人民政府可以采取干预措施和紧急措施。干预措施是指当重要商品和服务价格显著上涨或者有可能显著上涨，而一般正常措施仍达不到调控目的时，由国务院和省、自治区、直辖市人民政府所采取的限定差价率或者利润率、规定限价、实行提价申报制度和调价备案制度等措施。省级人民政府采取前款规定的干预措施，应当报国务院备案。

此外，《价格法》规定："当市场价格总水平出现剧烈波动等异常状态时，国务院可以在全国范围内或部分区域内采取临时集中定价权限，部分或者全面冻结价格的紧急措施。"

【实训题 12-2】当市场价格总水平出现剧烈波动等异常状态时，有权采取部分或全面冻结价格等紧急措施的是（　　）。

A. 国务院　　B. 省级人民政府

C. 国务院价格主管部门　　D. 省级价格主管部门

第三节　价格的基本形式

价格形式问题实质上是价格形成和作用机制问题。《价格法》根据不同的定价主体和价格形成的途径，将价格划分为市场调节价、政府指导价和政府定价三种基本价格形式。

一、市场调节价

（一）市场调节价的概念及特征

市场调节价，是指由经营者自主制定，通过市场竞争形成的价格。包含以下几层含义：

1. 市场调节价是由经营者自主制定的价格，定价主体是经营者。

2. 市场调节价是一种竞争价格。让经营者具有自主的定价权，只是市场调节价发挥作用的必要条件，而非充分条件。让市场调节价发挥合理配置资源作用，还要求经营者之间有充分的竞争关系。

3. 市场调节价是经营者依法确定的价格。

市场调节价有以下两个主要特征：①市场调节价具有不稳定性。由于市场调节价受到市场供求的直接影响，所以它总是随着市场供求变化而频繁地变化着，当商品供不应求时，价格上涨；当供过于求时，价格下跌；当供求大体平衡时，价格相对稳定。因此，它与国家定价比较，具有较大的灵活性。②市场调节价具有多样性。随着经济的发展，市场上供应的商品非常丰富，不仅品种繁多，质量不一，而且产生渠道不同，这就决定了市场调节价的多样性。其主要表现是同一时间、同一产品、同一地区、不同交易场所的价格不同;同一交易场所、同一产品,不同的经营者出售的价格不同。

【实训题 12-3】市场调节价的定价主体是(　　)。

A. 经营者　　B. 行业主管部门　　C. 价格主管部门　　D. 消费者

(二)市场调节价的范围

市场调节价的范围是指未列入政府指导价和政府定价范围内并适应在市场竞争中形成的商品和服务价格。具体是指:商品和服务比较丰富,不属于资源稀缺的范围;商品和服务不具有自然垄断性,是可以由多个经营者同时经营的商品和服务品种;商品和服务不属于关系国计民生的特别重要的品种。

(三)经营者确定市场调节价的基本依据

经营者确定市场调节价的基本依据有两个:生产经营成本和市场供求状况。

生产经营成本是指与生产经营有关的各项费用。按成本构成理论,生产经营成本包括变动成本和固定成本两部分。经营者定价时首先考虑的是变动成本。销售收入首先补偿的也是变动成本,多余的才补偿固定成本。当销售收入等于变动成本加固定成本时,就是该商品的盈亏临界点,收入超过盈亏临界点,就成为利润。

市场供求状况是影响价格形成的又一重要因素,对于市场价格高低有着重要影响。市场供求状况与价格的关系一般表现为三种情况:当商品供求基本平衡时,价格就会相对稳定;当商品供不应求时,价格就会上涨;当商品供过于求时,价格就会下跌。因此,经营者在市场竞争中定价时,必须考虑供求关系,以追求利润的最大化。

二、政府指导价

(一)政府指导价的定义

政府指导价,是指依照价格法规定,由政府价格主管部门或者其他有关部门,按照定价权限和范围规定基准价及其浮动幅度,指导经营者制定的价格。其基本特征有两个:

1. 政府指导价的定价主体是政府价格主管部门或者其他有关部门与经营者。政府指导价先由政府价格主管部门或者其他有关部门按照价格法规定的定价权限和范围,制定一个基准价及其浮动幅度,然后经营者在这一基准价及其浮动幅度的范围内自主制定价格。

2. 政府指导价是宏观控制性与微观灵活性相结合的一种价格。实行政府指导价的商品的品种、基准价、浮动幅度、差率大小都是国家价格管理部门或者其他有关部门根据宏观调控的需要而制定的,任何单位和个人都必须严格执行,不得擅自变动,如果需要调整,必须按照价格管理权限和审批程序办理。

(二)政府指导价的主要形式

1. 浮动价格。它是指政府对出售的商品和收费,规定基准价格和浮动幅度,允许经营者根据市场供求状况,在一定范围内自行制定和调整价格的一种价格形式。

2.最高限价。它是指政府对经营者出售某些商品的价格规定最高的限度，经营者只能在国家规定的价格限度内出售商品的一种价格形式。

3.最低保护价。它是指政府对经营者出售的商品价格规定最低限度，经营者只能高于政府规定的价格限度出售商品的一种价格形式。

(三)制定政府指导价的基本依据

1.有关商品或者服务的社会平均成本。

2.市场供求状况。

3.国民经济与社会发展需求以及社会承受能力等。

三、政府定价

政府定价，是指由政府价格主管部门或其他有关部门，依照定价的权限和范围制定的价格。这种价格形式只有极少数商品和服务，其范围由《价格法》规定。

在这三种形式中，市场调节价是主要的，凡适于在市场竞争中形成价格的绝大多数商品和服务项目，均实行市场调节价，只有不适于在竞争中形成价格的极少数商品和服务项目才实行政府指导价和政府定价。绝大多数商品和服务项目实行市场调节价，使价格根据价值规律和市场供求状况形成，优化了价格形成机制，有利于资源的优化配置和更好地发挥价格对社会经济的调节作用。

第四节　经营者的价格权利和义务

一、经营者的价格权利

(一)自主定价权

自主定价权是指经营者有权依法自主确定商品和服务的价格。这是经营者作为社会主义市场经济条件下的独立市场主体所享有的最基本权利。该权利包括以下几个方面：①经营者有权自主制定属于市场调节的价格；②经营者有权在政府指导价规定的幅度内制定价格；③经营者有权制定属于政府指导价、政府定价产品范围内的新产品的试销价格，特定产品除外。

(二)建议权

建议权是指经营者有权对政府指导价和政府定价提出意见或建议。这是实现政府价格决策、价格管理民主化科学化的必要条件。该权利包括两个方面的内容：①经营者有权对政府价格主管部门和其他有关部门在制定政府指导价、政府定价时提出意见。经营者提意见的途径有三个：一是参加政府举办的价格听证会，二是在政府进行价格、成本调查时提出意见，三是直接向政府价格主管部门和其他有关部门反映意见。②经营者有权对政府指导价及政府定价提出调整建议。

(三)检举、控告权

检举、控告权是指经营者有权检举、控告侵犯其依法自主定价权利的行为。这是经营者依法自主定价权实现的要求。经营者依法自主定价,是社会主义市场经济健康发展的客观要求,法律必须保障经营者这一权利的实现。

二、经营者的价格义务

(一)遵守法律法规

遵守法律法规是经营者的基本义务。这里所说的法律法规包括价格管理方面的法律法规,如《价格法》以及与其配套的行政法规、地方性价格管理法规;还有其他与价格管理有关的法律法规,如《消费者权益保护法》、《产品质量法》、《反不正当竞争法》、《民法通则》、《刑法》等。

(二)执行依法制定的政府指导价和政府定价、法定的干预措施和紧急措施

经营者必须执行依法制定的政府指导价和政府定价。对于经营属于政府指导价范围内的商品和服务的,经营者必须遵守政府价格主管部门及有关部门规定的基准价及其浮动幅度。对于经营属于政府定价范围内的商品和服务的,经营者必须严格按照政府价格主管部门及有关部门制定的具体价格经营,不得擅自制定或调整价格。

当国务院和省级人民政府采取干预措施或紧急措施时,经营者必须严格执行。

(三)经营者销售、收购商品和提供服务应当明码标价

经营者销售、收购商品和提供服务,应当按照政府价格主管部门的规定明码标价,注明商品的品名、产地、规格、等级、计量单位、价格或者服务的项目、收费标准等有关情况。经营者不得在标价外加价出售商品,不得收取任何未予标明的费用。

(四)不得从事不正当价格行为

《价格法》第14条明令禁止经营者的以下不正当价格行为:①相互串通、操纵市价及损害其他经营者或消费者的合法权益;②在依法降价处理鲜活、季节性商品、积压类商品外,为了排挤竞争对手或独占市场以低于成本的价格倾销,损害国家及他方利益的行为;③捏造、散布涨价信息,哄抬物价的行为;④利用虚假或诱人误解的价格手段,诱骗消费者或其他经营者与之交易;⑤提供相同商品与服务方面的价格歧视;⑥变相提高或压低价格以牟利的行为;⑦其他违法牟取暴利和依法禁止的不正当价格行为。

此外,《价格法》还规定各类中介机构提供有偿服务和收取费用,经营者收购、销售进出口商品,行业组织的经济活动,均应遵守本法和其他法律法规,加强价格自律,接受价格主管部门的工作指导。

第五节　价格监督检查

一、价格监督检查的概念

价格监督检查，是指县级以上各级人民政府价格主管部门、社会组织、新闻单位以及消费者依照价格法对价格活动进行监督检查，对价格违法行为进行处理的活动的总称。价格监督检查是价格管理的一项重要内容。加强价格监督检查工作，不仅有利于国家价格法规的贯彻执行，及时发现问题，纠正和制止经营者的不正当价格行为，而且对于防止失控性价格波动，保持市场价格的基本稳定有重要的作用。

二、价格监督检查的种类

价格监督检查可以根据不同的标准进行分类，主要有以下几种：

(一)按价格监督检查主体的不同可划分为国家行政机关的监督、社会监督、舆论监督

国家行政机关的监督是指政府价格主管部门，依据价格法赋予的职权进行的价格监督行为。价格主管部门进行价格监督检查时，可以行使下列职权：①询问当事人或者有关人员，并要求其提供证明材料和与价格违法行为有关的其他资料；②查询、复制与价格违法行为有关的账簿、单据、凭证、文件及其他资料，核对与价格违法行为有关的银行资料；③检查与价格违法行为有关的财物，必要时可以责令当事人暂停相关营业；④在证据可能灭失或者以后难以取得的情况下可以依法先行登记保存，当事人或者有关人员不得转移、隐匿或者销毁。

社会监督是指消费者组织、职工价格监督组织、居民委员会、村民委员会等组织以及消费者对价格行为所进行的监督。舆论监督是指新闻单位对价格活动所进行的监督。

【实训题 12-4】下列不属于政府价格主管部门进行价格监督检查时可以行使的职权是(　　)。

A. 询问并要求提供证明材料　　B. 查询、复制资料

C. 责令暂停相关营业　　D. 冻结银行账户

(二)按价格监督检查对象的不同可划分为农产品价格监督检查、工业品价格监督检查、收费价格监督检查

农产品价格监督检查，是指价格监督主体，依国家有关农产品价格的法规、政策，对各种农产品的经营及加工单位在收购、加工、调拨、供应、批发、零售环节的价格行为实施的监督检查。

工业品价格监督检查，是指价格监督主体，依据国家有关工业品价格的法规、政策，对工业品生产、经营企业在销售工业品过程中的价格行为实施的监督检查。

收费价格监督检查，是指价格监督主体，依照国家有关收费法规和政策，对国家行政机关在实施社会经济、技术、资源管理等活动和一些事业单位向社会提供营利性服务以及一些企业向社会提供营利性服务的收费行为进行的监督检查。

(三)按价格监督检查时间性的不同可划分为经常性的价格监督检查和临时性价格监督检查

经常性价格监督检查,是指价格监督主体有计划、定时对市场商品价格和各种收费的检查。

临时性价格监督检查,是指价格主管部门根据群众举报,领导交办及社会需要不定时地对市场商品价格和服务价格进行的检查。

三、价格监督检查的主要内容

(一)国家价格法律法规和政策的执行情况

国家法律法规和政策是实现国家宏观经济调控目标及价格总水平控制目标的保证,其贯彻执行依赖于全体公民对国家价格法律法规和政策认识和贯彻执行的自觉性的提高,因此,价格法律法规和政策的执行情况是价格监督检查工作的主要内容。

(二)监督中央和地方各项价格调控措施的贯彻落实情况

为了保证重要商品和服务价格的基本稳定,消除价格总水平剧烈波动等异常,中央和地方政府适时采取了各种调控措施,包括一般措施,如财政、货币政策手段干预措施和紧急措施。对于这些措施,各地区、各部门、各单位都要认真执行,不得有令不行,有禁不止。价格监督检查通过查处价格违法行为,推动和保障中央和地方各项价格调控措施的贯彻落实。

(三)建立和完善各项价格监督制度,进一步规范价格行为

在进一步加强各级人民政府价格主管部门监督检查工作的同时,还要重视价格的社会监督和舆论监督,建立和完善价格举报制度、社会监督制度和舆论监督制度,充分发挥社会各界和消费者参与价格监督的作用,规范价格行为,建立正常的价格秩序。

第六节　违反价格法的法律责任

一、经营者的法律责任

1.经营者不执行政府指导价、政府定价以及法定干预措施、紧急措施的,责令改正,没收违法所得,可以并处违法所得5倍以下罚款;没有违法所得的,可以处以罚款;情节严重的,责令停业整顿。

2.经营者有该法第14条所列价格违法行为之一的,责令改正,没收违法所得,可以并处违法所得5倍以下罚款;没有违法所得的,予以警告,可以并处罚款;情节严重的,责令停业整顿,或者由工商行政管理机关吊销营业执照。有关法律对该法第14条所列行为的处罚及处罚机关另有规定的,可以按照有关法律的规定执行。

3.经营者因价格违法行为致使消费者或其他经营者多付货款的，应当退还多付部分；造成损害的，应当依法承担赔偿责任。

4.经营者违反明码标价规定的，责令改正，没收违法所得，可以并处5 000元以下罚款。

5.经营者被责令暂停相关营业而不停止的，或者转移、隐匿、销毁依法登记保存的财物的，处相关营业所得或者转移、隐匿、销毁的财物价值1倍以上3倍以下的罚款。

6.拒绝按照规定提供监督检查的所需资料或者提供虚假资料的，责令改正，予以警告；逾期不改正的，可以处以罚款。

二、人民政府及其有关部门的法律责任

地方各级人民政府和各级人民政府有关部门违反价格法规定，超越定价权限和范围擅自制定、调整价格或者不执行价格干预措施、紧急措施的，责令改正，并可以通报批评；对直接负责的主管人员和其他责任人员，依法给予行政处分。

三、价格工作人员的法律责任

价格工作人员在价格执法过程中泄露国家秘密、商业秘密以及滥用职权、徇私舞弊、玩忽职守、索贿受贿，构成犯罪的，依法追究刑事责任；尚不构成犯罪的，依法给予处分。

本章小结

价格是商品价值的货币表现形式。价格法是调整价格关系的法律规范的总称。价格法的调整对象概括地讲就是指与价格的制定、执行和监督有关的各种价格关系。《价格法》根据不同的定价主体和价格形成的途径，将价格划分为市场调节价、政府指导价和政府定价三种基本价格形式。经营者的价格权利：①自主定价权；②建议权；③检举、控告权。经营者的价格义务：①遵守法律法规；②执行依法制定的政府指导价和政府定价、法定的干预措施和紧急措施；③经营者销售、收购商品和提供服务应当明码标价；④不得从事不正当价格行为。价格监督检查，是指县级以上各级人民政府价格主管部门、社会组织、新闻单位以及消费者依照价格法对价格活动进行监督检查，对价格违法行为进行处理的活动的总称。价格监督检查是价格管理的一项重要内容。

复习思考题

1.什么是《价格法》所禁止的低价倾销行为？

2.经营者的价格权利和义务是什么？

3.价格的基本形式有哪些？

第十三章　证券法律制度

本章重点知识

- 证券的概念和种类
- 证券法的概念和基本原则
- 证券市场的主体
- 证券发行
- 证券上市
- 证券交易
- 持续信息披露
- 上市公司收购
- 证券监管制度

【引读案例】

“中科创业”是深圳市中科创业股份有限公司在深交所上市股票的简称，前身为深圳康达尔(集团)股份有限公司(简称“康达尔”)。1994 年在深交所挂牌上市的康达尔，主营业务为饲料生产和养鸡。1999 年 12 月，经历了股东换血、经营转型，“养鸡专业户”康达尔摇身成为“高科技＋金融”概念的“中科创业”。更名后，这只久负“盛名”的长庄股股价便开始连年飙升：1998 年 10 月 27 日除权后，其股价只有 14.57 元，而到了 2000 年 2 月 21 日则达到了 84 元。然而，从 2000 年 12 月 25 日开始该股票却突然连续出现 10 个跌停板，股价一路跌至 11 元。跌去 50 个亿市值的“中科创业”股票的异常走势引起了深圳证管办、中国证监会的高度警觉。2001 年 1 月 11 日，中国证监会宣布查处“中科创业”的违规操纵行为。1 月 20 日，北京市公安局对“中科创业”立案侦查。2001 年 9 月 27 日，北京市公安局将涉嫌操纵证券交易价格罪、窝藏罪的 7 名犯罪嫌疑人移送北京市人民检察院第二分院审查起诉。2003 年 4 月 2 日上午 10 时，这起被称为“中国股市头号大案”的国内首例由检察机关提起公诉的操纵股票价格案——“中科创业”案在北京市二中院公开宣判。参与这起惊天股市大案的 6 名被告人分别被判 2 年零 2 个月至 4 年有期徒刑不等，被告单位上海华亚实业发展公司被判罚金人民币 2 300 万元。

试分析操纵股票价格会给证券市场的健康发展带来的危害。

第一节　证券和证券法概述

一、证券的概念、特征和分类

证券是指证明有关经济权利的凭证。证券主要有三个特征：

1. 证券必须依法设置。证券必须依照国家法律法规的规定签发，必须依法定格式书写或制作，所记载的内容必须合法。

2. 证券上记载的权利受法律保护，对持有人和有关当事人都具有法律约束力。

3. 证券须采用书面形式或具有同等功效的形式。

从总体上讲，证券分为两大类：一类是无价证券，即证券本身不能是其持有者取得收入的证券，例如车船票、商品供应券即属于无价证券；另一类则是有价证券，即具有一定票面金额，证明其持有者有权按其取得一定权益的所有权或债券证书。有价证券又有广义和狭义之分。广义的有价证券包括货币证券和资本证券。货币证券主要包括汇票、本票和支票，它们适用票据法。狭义的有价证券主要是指资本证券，这就是《中华人民共和国证券法》所指的证券，主要包括股票、债券以及国务院认定的其他证券。

股票是股份有限公司签发的证明股东所持股份的凭证。根据所享有的权利，可以将股票分成普通股股票和优先股股票；根据票面上是否记有股东姓名，可以将股票分为记名股票和无记名股票；根据是否有票面金额，可以将股票分为面额股票和无面额股票等。

债券是一种债权债务的凭证，是债券发行人对债券持有人按照债券约定承担还本付息义务的凭证。债券持有人可凭债券按期支取固定利息，并在到期时向发行人收回本金。根据发行人的不同，可以将债券分为政府债券、金融债券和企业债券三大类。

国务院认定的其他证券是指证券投资基金份额以及证券衍生品种。

二、证券法

(一)证券法的概念

证券法是调整证券发行和交易过程中发生的经济关系的法律规范的总称。这是广义上证券法的概念。狭义的证券法指的是《中华人民共和国证券法》(1998 年 12 月 29 日第九届全国人大常委会第六次会议通过，2004 年 8 月 28 日第十届全国人大常委会第十一次会议和 2005 年 10 月 27 日第十届全国人大常委会第十八次会议对《证券法》进行了修订)。

(二)证券市场

证券市场是指证券发行与交易的场所。证券市场分为发行市场和流通市场。发行市场又称一级市场，是发行新证券的市场，证券发行人通过证券发行市场将已获准公开发行的证券第一次销售给投资者，以获取资金。证券流通市场又称二级市场，是对已发行的证券进行买卖、转让交易的场所。通过一级市场取得的证券可以到二级市场进行买卖，投资者可以在二级市场对证券进行交易。

(三)证券法的基本原则

证券法的基本原则是指证券法所规定的证券发行和证券交易活动必须遵循的基本准则，是证券立法、司法和执法的出发点和指导思想，它体现了证券法的基本精神。根据我国《证券法》的规定，在证券活动和证券管理中应坚持如下原则：

1. 公开、公平、公正原则。《证券法》第 3 条规定，“证券的发行、交易活动，必须实行公开、公平、公正的原则”。公开原则是指市场信息要公开，证券市场的透明度高。在内容上，凡是可能影响投资者决策的信息都应当公开，如公司章程，有关财务会计资料，本次所要发行证券的发行对象、发行品种、发行条件、发行价格、招股说明书等。公开的形式包括向社会公告，将有关信息刊登在报纸或刊物上，将有关资料置备于有关场所，供公众随时查阅等。公开的信息还必须及时、完整、真实、准确。公平原则是指所有市场参与者都具有平等的地位，其合法权益都应受到公平的保护。公正原则是指在证券发行和交易中的有关事务处理上，要在坚持客观事实的基础上，做到一视同仁，对所有证券市场参与者都要给予公正的待遇，特别是证券监管机关，在处理问题时坚持公正原则尤为重要。

2.自愿、有偿、诚实信用原则。《证券法》第 4 条规定，“证券发行、交易活动的当事人具有平等法律地位，应当遵守自愿、有偿、诚实信用原则”。自愿是指当事人有权按照自己的意愿参与证券发行与证券交易活动，其他人不得干涉，也不得采取欺骗、威吓或胁迫等手段影响当事人决策。有偿是指在证券发行和交易活动中，一方当事人不得无偿占有他方当事人的财产和劳动。诚实是指要客观真实，不欺人不骗人。信用是指遵守承诺，并及时、全面地履行承诺。

3.守法原则。《证券法》第 5 条规定：“证券发行、交易活动，必须遵守法律、行政法规；禁止欺诈、内幕交易和操纵证券交易市场的行为。”在中国境内，股票、公司债券和国务院认定的其他证券的发行和交易适用证券法的规定。证券法未规定的，适用公司法和其他法律法规的规定。政府债券的发行和交易，则由法律法规另行规定。

4.国家审计监督原则。国家审计监督是由国家审计机关对证券交易所、证券公司、证券登记结算机构、证券监督管理机构依法进行的审计监督。我国《宪法》中明确规定：“国务院设立审计机关，对国务院各部门和地方各级政府的财政收支，对国家的财政金融机构和企业事业组织的财务收支，进行审计监督。”我国《审计法》中也规定了相应的内容。证券监督管理机构属于证券业监督管理部门，已在国家审计机关的监督范围之内，我国的证券交易所、证券公司和证券登记结算机构亦属国家审计监督的范围。根据《证券法》第 9 条的规定，即使属于非国有的证券公司，也属国家审计监督的范围。

第二节 证券市场的主体

证券市场的主体主要由证券投资者、证券公司、证券登记结算机构、证券交易服务机构、上市公司、证券交易场所以及证券监督管理机关构成。

一、证券投资者

在证券市场上，投资者是最主要的市场主体。无论证券的发行市场还是交易市场，都离不开投资者的参与。以证券投资者为一方当事人的证券法律关系是最为基础的证券法律关系。证券投资者包括自然人、法人和其他组织。

为坚持公开、公平、公正原则，防范和化解市场风险，维护市场正常秩序，《证券法》对证券市场的投资者作了一些强制性规定：①禁止法人非法利用他人账户从事证券交易。②禁止法人出借自己和他人的证券账户。③证券交易所、证券公司、证券登记结算机构从业人员、证券监督管理机构工作人员和法律、行政法规禁止参与股票交易的其他人员，在任期或者法定限制内，不得直接或者以化名、借用他人名义持有、买卖股票，也不得收受他人赠送的股票。而且任何原先不具有上述身份的人在成为前列身份的人员时，其原已持有的股票，必须依法转让。违反上述规定，责令依法处理非法持有的股票，没收违法所得，并处以所买卖股票等值以下的罚款；属于国家工作人员的，还应当依法给予行政处分。④法人以他人名义设立账户或者利用他人账户买卖证券的，责令改正，没收违法所得，并处以违法所得1倍以上5倍以下的罚款；对直接负责的主管人员和其他直接负责人员给予警告，并处以3万元以上10万元以下的罚款。⑤国有企业和国有资产控股的企业买卖上市交易的股票，必须遵守国家有关规定。

二、证券公司

(一)证券公司的概念及其业务

证券公司，是指按照公司法规定设立的并经国务院证券监督管理机构审查批准可以从事证券经营业务的有限责任公司或股份有限公司。

从总体上讲，证券公司的业务包括自营、经纪和承销三种。证券公司必须将其证券经纪业务、证券承销业务、证券自营业务和证券资产管理业务分开办理，不得混合操作。

(二)证券公司的风险及业务管理

1. 证券公司的自营业务管理及风险管理

(1)自营业务管理。证券公司的自营业务必须使用自有资金和依法筹集的资金；必须以自己的名义进行，不得假借他人名义或者以个人名义进行。证券公司不得将其自营账户借给他人使用。

(2)风险管理。净资本是衡量证券公司资本充足和流动性状况的重要指标，是根据证券公司的业务范围、经营状况和资产流动性情况对净资产进行调整后的资产价值，表明证券公司可以随时变现以满足支付需要的资金数额。证监会国际组织、美国、欧盟等国家和地区均通过净资本对证券公司进行风险监控。

2. 证券公司的经纪业务管理

①证券公司办理经纪业务，应当置备统一制定的证券买卖委托书，供委托人使用。采取其他委托方式的，必须作出委托记录。客户的证券买卖委托，不论是否成交，其委托记录应当按规定的期限，保存于证券公司。

②证券公司接受证券买卖的委托，应当根据委托书载明的证券名称、买卖数量、出价方式、价格幅度等，按照交易规则代理买卖证券，如实进行交易记录；买卖成交后，应当按照规定制作买卖成交报告单交付客户。证券交易中确认交易行为及其交易结果的对账单必须真实，并由交易经办人员以外的审核人员逐笔审核，保证账面证券余额与实际持有的证券相一致。

③证券公司为客户买卖证券提供融资融券服务，应当按照国务院的规定并经国务院证券

监督管理机构批准。

④证券公司办理经纪业务，不得接受客户的全权委托而决定证券买卖、选择证券种类、决定买卖数量或者买卖价格。证券公司不得以任何方式对客户证券买卖的收益或者赔偿证券买卖的损失作出承诺。

⑤证券公司及其从业人员不得未经过其依法设立的营业场所私下接受客户委托买卖证券。证券公司的从业人员在证券交易活动中，执行所属的证券公司的指令或者利用职务违反交易规则的，由所属的证券公司承担全部责任。

三、证券登记结算机构

证券登记结算机构是指国务院证券监督管理机构批准设立的，为证券交易提供集中的登记、存管与结算服务的机构，是不以营利为目的的法人。《证券法》规定，证券持有人所持有的证券上市交易前，应当全部托管在证券登记结算机构。证券登记结算机构采取全国集中统一的运营方式。

证券登记结算机构的主要职责是：①证券账户、结算账户的设立；②证券的存管和过户；③证券持有人名册登记；④证券交易所上市证券交易的清算和交收；⑤受发行人的委托派发证券权益；⑥办理与上述业务有关的查询；⑦国务院证券监督管理机构批准的其他业务。

四、证券交易服务机构

证券交易服务机构，是指根据证券投资和证券交易业务的需要，依法设立的从事证券投资咨询机构、财务顾问机构、资信评级机构、资产评估机构以及会计师事务所等。从事证券服务的证券投资咨询机构和资信评级机构，应当按照国务院有关管理部门规定的标准或者收费办法收取服务费用。

五、证券交易所

证券交易所是为证券集中交易提供场所和设施，组织和监督证券交易，实行自律管理的法人。在世界范围内，证券交易所有公司制交易所和会员制交易所之分。前者是以营利为目的的，而后者不以营利为目的。我国新修订的《证券法》取消了原《证券法》中有关证券交易所为非营利法人的规定，为证券交易所将来采取会员制以外的其他组织形式预留了法律空间。

【实训题 13-1】下列关于证券交易所职责的表述中，不符合证券法律制度规定的是（　　）。

A. 公布证券交易即时行情并按交易日制作市场行情表

B. 决定公司债券的暂停或终止上市

C. 因突发性事件采取技术性停牌应报国务院证券监督管理机构批准

D. 根据需求，可对出现重大异常交易情况的证券账户限制交易，并报国务院证券监督管理机构备案

第三节　证券发行

一、证券发行概述

证券发行，是指经批准符合条件的证券发行人，以筹集资金为目的，按照法定程序将证券销售给投资者的行为。依据发行方式的不同，可以将证券发行分为公开发行和非公开发行。

（一）证券发行市场的主体

证券发行市场一般由发行人、承销机构和投资人构成。发行人是指通过发行证券来筹集资金的法人组织。承销机构是在证券发行市场上帮助发行人发行证券，并为此获取手续费和佣金收入的机构。

（二）证券发行的方式

公开发行证券的承销业务采取代销或者包销方式。证券代销是指证券公司代发行人发售证券，在承销期结束时，将未出售的证券全部退还给发行人的承销方式。证券包销是指证券公司将发行人的证券按照协议全部购入或者在承销期结束时将售后剩余证券全部自行购入的承销方式。

（三）证券发行的保荐制度

《证券法》规定，发行人申请公开发行股票、可转换公司债券，依法采取承销方式的，或者公开发行法律、行政法规规定实行保荐制度的其他证券的，应当聘请具有保荐资格的机构担任保荐人。保荐人应当遵守业务规则和行业规范，诚实守信，勤勉尽责，对发行人的申请文件和信息披露资料进行审慎核查，督导发行人规范运作。

（四）公开发行的标准

公开发行证券，必须符合法律、行政法规规定的文件，并依法报经国务院证券监督管理机构或者国务院授权的部门核准；未经依法核准，任何单位和个人不得公开发行证券。有下列情形之一的为公开发行：①向不特定对象发行证券；②向累计超过200人的特定对象发行证券；③法律、行政法规规定的其他发行行为。

（五）申请发行及核准的程序

1.申请。设立股份有限公司公开发行股票，应当符合《中华人民共和国公司法》规定的条件和经国务院批准的国务院证券监督管理机构规定的其他条件，并向国务院证券监督管理机构报送募股申请和《证券法》规定的有关文件。同样，申请公开发行公司债券，也应当向国务院授权的部门或者国务院证券监督管理机构报送《证券法》规定的有关文件。

2.核准。国务院证券监督管理机构或者国务院授权的部门应当自受理证券发行申请文件之日起3个月内，依照法定条件和法定程序作出予以核准或者不予核准的决定，发行人根据要求补充、修改发行申请文件的时间不计算在内；不予核准的，应当说明理由。

3.公告。证券发行申请经过核准，发行人应当依照法律、行政法规的规定，在证券公开发行前，公告公开发行募集文件，并将该文件置备于指定场所供公众查阅。发行证券的信息依法公开前，任何知情人不得公开或者泄露该信息。发行人不得在公告公开发行募集文件之前发行证券。

二、股票的发行

股票的发行，是指股份有限公司（包括经过批准拟成立的股份有限公司）以募集资本为目的，分配或出售自己的股份，由投资人认购的行为。

股票发行按不同的标准有不同的分类：①按股票发行时间的不同，可分为设立发行和新股发行。设立发行又可分为发起设立方式中的发行和募集设立中的发行；新股发行又可分为公开发行新股、配股和送股。②按股票发行方式的不同可分为公募发行和私募发行。前者指股份有限公司通过证券承销机构公开向广大社会公众发行股票的方式。根据我国法律的规定，股份公司采取募集设立方式发行股份，或向社会公开募集新股都应公募发行。后者是指股份公司直接向特定的认购人发行股票，如发起设立发行、送股发行、配股发行。③按发行的地域范围不同，可分为境内发行和境外发行。④按股票投资者的不同，可分为内资股发行和外资股发行。

三、债券的发行

债券的发行分为金融债券的发行、企业债券的发行和政府债券的发行。根据《证券法》的规定，政府债券的发行并不适用该法的规定。目前，在我国境内发行的企业债券，依据债券发行企业是否属于公司制企业为标准，可以分为公司债券和非公司企业债券。

1.公司债券发行的条件：①股份有限公司的净资产不低于人民币3 000万元，有限责任公司的净资产不低于人民币6 000万元。②累计债券余额不超过公司净资产的40%。③最近3年平均可分配利润足以支付公司债券1年的利息。④筹集的资金投向符合国家产业政策。⑤债券的利率不超过国务院限定的利率水平。⑥国务院规定的其他条件。

此外，如果是上市公司发行可转换债券，除应当符合上述规定的条件外，还应当符合《证券法》关于公开发行股票的条件，并报国务院证券监督管理机构核准。

2.非公司企业债券发行的条件：对于非公司企业债券的发行，则要适用《企业债券管理条例》中的有关规定。《企业债券管理条例》规定企业发行债券的条件为：①企业规模达到国家规定的要求。②企业财务制度符合国家规定。③具有偿债能力。④企业经济效益良好，发行企业债券前连续3年盈利。⑤所筹资金的用途符合国家产业的政策。

【实训题13-2】某股份有限公司净资产为1亿元，该公司拟再次公开发行公司债券。根据《证券法》的规定，下列规定中，导致该公司不得再次公开发行公司债券的情形有（　　）。

A.该公司累计债券余额已达3 000万元

B.前一次公开发行的公司债券尚未募足

C. 筹集的资金拟用于清偿公司即将到期的债券利息

D. 对已公开发行的公司债券的延迟支付本息的事实，仍处于断续状态

第四节 证券上市及退市

一、股票的上市

股票的上市，是指已经发行的股票按照法律规定的条件和程序，在依法设立的证券交易所挂牌供投资者公开进行买卖。

1. 股票上市的实质条件

《证券法》规定，股份有限公司申请股票上市，应当符合下列条件：①股票经国务院证券监督管理机构核准已公开发行。②公司股本不少于人民币 3 000 万元。③公开发行的股份达到公司股份总数的 25%以上。④公司股本总额超过人民币 4 亿元的，公开发行股份的比例为 10%以上。⑤公司最近 3 年无重大违法行为，财务会计报告无虚假记载。证券交易所可以规定高于上述规定的上市条件，并报国务院证券监督管理机构批准。

此外，国家鼓励符合产业政策并符合上市条件的公司股票上市。

2. 股票上市的程序条件

(1)申请。公司在申请股票上市时，要向证券交易所提供以下文件：①上市报告书。②申请上市的股东大会决议。③公司章程。④公司营业执照。⑤经法定验证机构验证的公司最近 3 年的或者公司成立以来的财务会计报告。⑥法律意见书和上市保荐书。⑦最近一次的招股说明书。⑧证券交易所上市规则规定的其他文件。

(2)签订协议。股票上市交易申请经证券交易所审核同意后，双方签订上市协议。

(3)公告。股票上市交易申请经证券交易所审核同意并签订上市协议后，签订协议的公司应当在规定的期限内公告股票上市的有关文件，并将该文件置备于指定场所供公众查阅。

(4)上市。

3. 股票上市的暂停与终止

上市公司具备下列情形的，其股票依法暂停上市交易：①公司股本总额、股权分布等发生变化不具备上市条件。②公司不按照规定公开其财务状况，或者对财务会计报告做虚假记载，可能导致误导投资者。③公司有重大违法行为。④公司最近 3 年连续亏损。⑤证券交易所上市规则规定的其他情形。

上市公司具备下列情形的，其股票依法终止交易：①公司股本总额、股权分布等发生变化不具备上市条件，在证券交易所规定的期限内仍不能达到上市条件。②公司不按照规定公开其财务状况，或者对财务会计报告做虚假记载，且拒绝纠正。③公司最近 3 年连续亏损，在其后一个年度内未能恢复盈利。④证券交易所上市规则规定的其他情形。

二、债券的上市

债券的上市，是指已经发行的债券按照法律规定的条件和程序，在依法设立的证券交易所

挂牌供投资者公开进行买卖。

1.公司债券上市的条件和程序

公司申请其发行的公司债券上市交易,必须报经国务院证券监督管理机构审核同意。国务院证券监督管理机构可以授权证券交易所依照法定条件和法定程序核准公司债券上市申请。向国务院证券监督管理机构提出公司上市交易申请时。应当提交下列文件:①上市报告书。②申请公司债券上市的董事会决议。③公司章程。④公司营业执照。⑤公司债券募集办法。⑥公司债券的实际发行数额。申请可转换公司债上市交易,还应当报送保荐人出具的上市保荐书。

公司债券上市交易申请经证券交易所审核同意后,签订上市协议的公司应当在规定的期限内公告公司债券上市的有关文件,并将该文件置备于指定场所供公众查阅。

2.公司债券上市交易的暂停和终止

公司债券上市交易后,公司有下列情形之一的,由证券交易所决定暂停其公司债券上市交易:①公司有重大违法行为。②公司情况发生重大变化不符合债券上市条件。③公司债券所募集资金不按照审批机关核准的用途使用。④未按照公司债券募集办法履行义务。⑤公司最近2年连续亏损。

公司有以上第①项、第④项所列情形之一,经查实后果严重的,或者有以上第②项、第③项、第⑤项所列情形之一,在限期内未能消除的,由证券交易所决定终止该公司债券上市。

公司解散、依法被责令关闭或者被宣告破产的,由证券交易所终止其公司债券上市。

第五节 证券交易

一、证券交易的概念、种类和方式

证券交易又称证券买卖,是指已发行的证券在不同的证券投资者之间进行的有偿转让的行为。证券交易当事人依法买卖的证券,必须是依法发行并交付的证券。非依法发行的证券,不得买卖。依法发行的股票、公司债券及其他证券,法律对其转让有限制性规定的,在限定的期限内,不得买卖。

依据证券交易场所的不同,证券交易可分为证券交易所交易和非集中竞价交易。

所谓证券交易所交易,又称场内交易,是指在证券交易所内进行的证券交易。场内交易具有以下特征:①场内交易是集中的、有形的市场,其交易都要集中于证券交易所的交易系统。②只有经过批准依法取得证券交易所会员资格的证券经营机构才能直接参与场内交易,没有取得会员资格的投资者需要委托会员来买卖证券。③交易的证券是经过法定程序的严格核准允许上市的证券。④采取集中竞价的交易方式,成交顺序坚持价格优先、时间优先。⑤坚持公开原则。

所谓非集中竞价交易,又称场外交易,是指在非集中竞价的证券交易场所进行的证券交易。场外交易具有以下特征:①场外交易是分散的、无形的市场。②场外交易的参加者资格无特殊限制。③交易证券的种类复杂。④交易方式灵活,由交易当事人协议确定或者按照国务院证券管理部门规定的其他方式确定证券交易价格。

证券交易以现货和国务院规定的其他方式进行。其他方式是指期货交易、期权交易、保证金交易等。经依法核准上市交易的股票、公司证券及其他证券，应当在证券交易所挂牌交易。

二、持续信息公开

持续信息公开是信息披露制度在交易市场的反映，保证了交易市场的投资者在进行证券投资交易时有公开的信息作为判断的依据。

(一)持续信息公开的内容

持续信息公开的内容包括上市公告书、中期报告、年度报告和临时报告。

1.上市公告书。它是发行人将已在境内公开发行的证券申请在证券交易所挂牌交易，而依法在上市前必须进行公告的法律文件。

2.中期报告。它是依法编制的反映公司上半年生产经营状况及其他各方面基本情况的法律文件。上市公司和公司债券上市交易的公司，应当在每一会计年度的上半年结束之日起2个月内，向国务院证券监督管理机构和证券交易所报送记载以下内容的中期报告，并予公告。

3.年度报告。它是依法编制的反映公司整个会计年度生产经营状况及其他各方面基本情况的法律文件。上市公司和公司债券上市交易的公司，应当在每一会计年度结束之日起4个月内，向国务院证券监督管理机构和证券交易所报送记载以下内容的年度报告，并予公告。

4.临时报告。它是反映公司发生可能对上市公司股票交易价格产生较大影响的重大事件的公告文件。下列情况为前款所称重大事件：①公司的经营方针和经营范围的重大变化。②公司的重大投资行为和重大的购置财产的决定。③公司订立重要合同，可能对公司的资产、负债、权益和经营成果产生重要影响。④公司发生重大债务和未能清偿到期重大债务的违约情况。⑤公司发生重大亏损或者重大损失。⑥公司生产经营的外部条件发生的重大变化。⑦公司的董事、1/3以上监事或者经理发生变动。⑧持有公司5%以上股份的股东或者实际控制人，其持有股份或者控制公司的情况发生较大变化。⑨公司减资、合并、分立、解散及申请破产的决定。⑩涉及公司的重大诉讼，股东大会、董事会决议被依法撤销或者宣告无效。⑪公司涉嫌犯罪被司法机关立案调查，公司董事、监事、高级管理人员涉嫌犯罪被司法机关采取强制措施。⑫国务院证券监督管理机构规定的其他事项。

(二)持续信息公开的基本要求

1.上市公司所披露的信息真实、准确、完整。

2.依法必须披露的信息，应当在国务院证券监督管理机构指定的媒体发布，同时将其置备于公司住所、证券交易所，供社会公众查阅。

(三)违反持续信息公开的法律责任

1.发行人、上市公司的信息披露资料，有虚假记载、误导性陈述或者重大遗漏，致使投资者在证券交易中遭受损失的，发行人、上市公司应当承担赔偿责任。

2.发行人、上市公司的董事、监事、高级管理人员和其他直接责任人员以及保荐人、承销的证券公司,应当与发行人、上市公司承担连带赔偿责任,但是能够证明自己没有过错的除外。

3.发行人、上市公司的控股股东、实际控制人有过错的,应当与发行人、上市公司承担连带赔偿责任。

三、禁止的证券交易行为及其法律责任

我国《证券法》明确规定,证券发行、交易活动,必须遵守法律、行政法规,禁止欺诈客户、虚假陈述、内幕交易和操纵市场等行为。

(一)内幕交易及其法律责任

内幕交易,是指内幕人员和以不正当手段获取内幕信息的其他人员违反法律规定,泄露内幕信息、根据内幕信息买卖证券或者建议他人买卖证券的行为。我国《证券法》明确规定,禁止证券交易内幕信息的知情人和非法获取内幕消息的人利用内幕信息从事证券交易活动。

1.内幕人员。《证券法》规定的内幕人员包括:①发行股票或者公司债券的公司董事、监事、高级管理人员。②持有公司5%以上股份的股东及其董事、监事、高级管理人员,公司的实际控制人及其董事、监事、高级管理人员。③发行人控股的公司及其董事、监事、高级管理人员。④由于所任公司职务可以获取公司有关证券信息的人员。⑤证券监督管理机构工作人员以及由于法定职责对证券的发行、交易进行管理的其他人员。⑥保荐人、承销的证券公司、证券交易所、证券登记结算机构、证券服务机构的有关人员。⑦国务院证券监督管理机构规定的其他人员。

2.内幕信息。在证券交易活动中,涉及公司的经营、财务或者对该公司证券的市场价格有重大影响的尚未公开的信息为内幕信息。包括:①公司的经营方针和经营范围的重大变化。②公司的重大投资行为和重大的购置财产的决定。③公司订立重要合同,而该合同可能对公司的资产、负债、权益和经营成果产生重要影响。④公司发生重大债务和未能清偿到期重大债务的违约情况。⑤公司发生重大亏失或者重大损失。⑥公司生产经营的外部条件发生的重大变化。⑦公司的董事,1/3以上的董事,或者经理发生变动。⑧持有5%以上股份的股东或者实际控制人,其持有股份或者控制公司的情况发生较大变化。⑨公司减资、合并、分立、解散及申请破产的决定。⑩涉及公司的重大诉讼,股东大会、董事会决议被依法撤销或者宣告无效。⑪公司涉嫌犯罪被司法机关立案调查,公司董事、监事、高级管理人员涉嫌犯罪被司法机关采取强制措施。⑫公司分配股利或者增资的计划。⑬公司股权结构的重大变化。⑭公司债务担保的重大变更。⑮公司营业用主要资产的抵押、出售或者报废一次超过该资产的30%。⑯公司的董事、监事、高级管理人员的行为可能依法承担重大损害赔偿责任。⑰上市公司收购的有关方案。⑱国务院证券监督管理机构认定的对证券交易价格有明显影响的其他重要信息。

3.内幕人员的法律责任。内幕交易行为给投资者造成损失的,行为人应当依法承担赔偿责任。证券交易内幕信息的知情人和非法获取内幕信息的人,在涉及证券的发行交易或者其他对证券交易价格有大影响的信息公开前买卖该证券的,或者泄露该信息,后者建议他人买卖该证券的,责令依法处理非法持有的证券,没收违法所得,并处以违法所得1倍以上5倍以下的罚款;没有违法所得或者违法所得不足3万元的,处以3万元以上60万元以下的罚款。单位从事内幕交易的,还应当对直接负责的主管人员和其他机构负责人员给予警告,并处以3万

元以上 30 万元以下的罚款。证券监督管理机构工作人员进行内幕交易的，从重处罚。

(二)操纵市场及其法律责任

《证券法》规定，任何人不得以下列手段操纵证券市场：①单独或者通过合谋，集中资金优势、持股优势或者利用信息优势联合或者连续买卖，操纵证券交易价格或者证券交易量。②与他人串通，以事先约定的时间、价格和方式相互进行证券交易，影响证券交易价格或者证券交易量。③在自己实际控制的账户之间进行证券交易，影响证券交易价格或者证券交易量。④以其他手段操纵证券市场。

操纵证券市场行为给投资者造成损失的，行为人应当依法承担赔偿责任。

任何人违反规定，操纵证券市场的，责令依法处理其非法持有的证券，没收违法所得，并处以违法所得 1 倍以上 5 倍以下的罚款；没有违法所得或者违法所得不足 30 万元的，处以 30 万元以上 300 万元以下的罚款。单位操纵市场的，还应当对直接负责的主管人员和其他机构负责人员给予警告，并处以 10 万元以上 60 万元以下的罚款。

(三)虚假陈述及其法律责任

《证券法》规定，各种传播媒介传播证券交易信息必须真实、客观、禁止误导，禁止国家工作人员、传播媒介从业人员和有关人员编造、传播虚假信息，扰乱证券市场；禁止证券交易所、证券公司、证券登记结算机构、证券服务机构及其从业人员，证券业协会、证券监督管理机构工作人员，在证券交易活动中作出虚假陈述或者信息误导。

国家工作人员、传播媒介相关人员编造、传播虚假信息的，由证券监督管理机构责令改正，没收违法所得，并处以违法所得 1 倍以上 5 倍以下的罚款；没有违法所得或者违法所得不足 3 万元的，并处以 3 万元以上 20 万元以下的罚款。

证券交易所、证券公司、证券登记结算机构、证券交易服务机构、社会中介机构及其从业人员，或者证券业协会、证券监督管理机构及其工作人员，在证券交易活动中作虚假陈述或者信息误导的，责令改正，并处以 3 万元以上 20 万元以下的罚款；属于国家工作人员的，还应当依法给予行政处分。

证券服务机构未勤勉尽责，所制作、出具的文件有虚假记载、误导性陈述或者重大遗漏的，责令改正，没收业务收入，暂停或者撤销证券服务业务许可，并处以业务收入 1 倍以上 5 倍以下的罚款。对直接负责的主管人员和其他直接责任人员给予警告，撤销证券从业资格，并处以 3 万元以上 10 万元以下的罚款。

证券交易所、证券公司、证券登记结算机构、证券交易服务机构的从业人员、证券业协会或者证券监督管理机构的工作人员，故意提供虚假资料，伪造、变造或者销毁交易记录，诱骗投资者买卖证券的，取消从业资格，并处以 3 万元以上 10 万元以下的罚款；属于国家工作人员的，还应当依法给予行政处分。

(四)欺诈客户及其法律责任

1.《证券法》规定的欺诈客户的行为包括：①违背客户的委托为其买卖证券。②不在规定时间内向客户提供交易的书面确认文件。③挪用客户所委托买卖的证券或者客户账户上的资金。④未经客户的委托，擅自为客户买卖证券，或者假借客户的名义买卖证券。⑤为牟取佣金收入，诱使客户进行不必要的证券买卖。⑥利用传播媒介或者通过其他方式提供、传播虚假或者误导投资者的信息。⑦其他违背客户真实意思表示，损害客户利益的行为。

2. 欺诈客户行为的法律责任。欺诈客户行为给客户造成损失的，行为人应当依法承担赔偿责任。证券公司违背客户的委托买卖证券、办理交易事项，以及其他违背客户真实意思表示，办理交易以外的其他事项的，责令改正，处以 1 万元以上 10 万元以下的罚款，给客户造成损失的，依法承担赔偿责任。挪用客户的资金或者证券，或者未经客户的委托，擅自为客户买卖证券的，责令改正，没收违法所得，并处以违法所得 1 倍以上 5 倍以下的罚款；没有违法所得或者违法所得不足 10 万元的，处以 10 万元以上 60 万元以下的罚款；情节严重的，责令关闭或者撤销相关业务许可。对直接负责的主管人员和其他直接责任人员给予警告，撤销任职资格或者证券从业资格，并处以 3 万元以上 30 万元以下的罚款。

【实训题 13-3】某机构投资者对已在上海证券交易所上市的 A 公司进行调研时发现 A 公司有如下信息：

(1)甲为 A 公司的实际控制人，通过 B 公司持有 A 公司 34%的股份。甲担任 A 公司的董事长、法定代表人。2009 年 8 月 7 日，经董事会决议(甲回避表决)，A 公司为 B 公司向 C 银行借款 4 000 万元提供连带责任保证，并发布公告予以披露。2010 年 3 月 1 日，C 银行通知 A 公司，B 公司的借款到期未还，要求 A 公司承担保证责任。A 公司为此向 C 银行支付了 4 000 万元借款本息。

(2)乙在 2009 年 12 月至 2010 年 2 月底期间连续买入 A 公司股票，持有 A 公司股份总额达到 3%。A 公司为 B 公司承担保证责任后，乙于 2010 年 3 月 5 日直接向人民法院提起股东代表诉讼，要求甲赔偿 A 公司因承担保证责任造成的损失。甲则辩称：乙在起诉前未向公司监事会提出书面请求，故请求人民法院驳回乙的起诉。

(3)2010 年 3 月 10 日，A 公司公告拟于 4 月 1 日召开年度股东大会。董事会推荐了 3 名独立董事候选人，其中，候选人丙为 B 公司财务主管，候选人丁持有 A 公司股份总额 1%的股份。

(4)2010 年 3 月 24 日，乙向 A 公司董事会书面提出年度股东大会临时提案，要求罢免甲的董事职务。A 公司董事会当即拒绝将该临时提案列为年度股东大会审议事项。3 月 25 日，乙联合持有 A 公司股份总额 8%的股东张某，共同公告拟于 4 月 1 日在同一地点召开 A 公司临时股东大会。4 月 1 日，A 公司的两个“股东大会”在同一酒店同时召开。出席“年度股东大会”的股东所持 A 公司股份总额为 35%：出席“临时股东大会”的股东所持 A 公司股份总额为 40%。后者通过了对甲的董事罢免案，并选举乙为 A 公司董事。

(5)2010 年 4 月 21 日，B 公司与乙达成股权转让协议。4 月 23 日，A 公司、B 公司和乙联合公布了该协议内容：B 公司将所持 A 公司 27%的股份转让给乙，转让后 B 公司仍持有 A 公司 7%的股份；同时，乙向 A 公司全体股东发出要约，拟另行收购 A 公司已发行股份的 4%。随后，甲辞职，乙被股东大会选举为董事。

(6)2010 年 6 月 3 日，A 公司董事会通过决议，决定购买乙控制的 C 公司 100%的股权，该交易金额达到 A 公司资产总额的 25%。12 月 6 日，A 公司董事会又通过决议，决定购买乙所持 D 公司的全部股权，该交易金额达到 A 公司资产总额的 20%。上述两项交易完成后，A 公司的主营业务转换为汽车零配件生产。

(7)在上述两项股权交易公告前,A公司的股价均出现了异常波动。经调查发现:乙借用他人账户,于2010年6月1日至12月3日期间大量买入A公司的股票;董事戊于12月6日董事会开会期间,电话委托买入A公司股票1万股;A公司秘书庚在电梯中听到公司高管议论公司重组事宜后,于12月3日买入公司股票2 000股。因受市场环境影响,上述人员买入A公司股票后均未获利,其中,乙账面亏损达3亿元;戊账面亏损2万元;庚已卖出股票,亏损2 000元。

根据上述内容,分别回答下列问题:

(1)A公司董事会为B公司提供担保的决议是否有效?并说明理由。

(2)乙是否具备对甲提起股东代表诉讼的资格?甲请求人民法院驳回乙起诉的理由是否成立?并分别说明理由。

(3)丙、丁是否符合A公司独立董事的任职资格?并分别说明理由。

(4)2010年3月24日,乙提出的临时提案是否应被列为A公司年度股东大会审议事项?4月1日,乙与股东张某共同召集A公司临时股东大会的程序是否合法?并分别说明理由。

(5)乙在受让B公司转让的A公司27%的股份时,向A公司全体股东发出要约收购4%的股份是否符合法律规定?并说明理由。

(6)2010年12月6日,A公司董事会通过的购买乙所持D公司股权的决议是否有效?并说明理由。

(7)乙、戊、庚是否存在内幕交易行为?并分别说明理由。

第六节　上市公司收购

一、上市公司收购的概念、方式及意义

上市公司收购,是指投资者为达到对上市公司控股或者兼并的目的,而依法购买其已发行上市的股份的行为。

我国《证券法》规定,投资者可以采取要约收购、协议收购及其他合法方式收购上市公司。要约收购,是指收购方通过向被收购方的股东发出收购要约的方式进行的收购;协议收购,是指收购方依照法律、行政法规的规定向被收购公司的特定股东以协议方式进行的收购。

由于上市公司收购是公司兼并的一种重要形式,因此,法律对上市公司收购进行规范具有重大意义:一方面,有利于优化资源配置,加速资本的集聚,促进规模经济的形成;另一方面,有利于证券市场的稳定和有序运作,维护投资公众特别是被收购公司小股东的合法权益。

二、我国上市公司收购的主要制度

(一)强制信息披露规则

此规则是指通过证券交易所的证券交易,投资者持有或者通过协议、其他安排与他人共同

持有一个上市公司已发行的股份达到5%时，应当在该事实发生之日起3日内，向国务院证券监督管理机构、证券交易所作出书面报告，通知该上市公司，并予公告。

（二）慢走规则

此规则是指投资者持有或者通过协议、其他安排与他人共同持有一个上市公司已发行的股份达到5%后，其所持该上市公司已发行的股份比例每增加或者减少5%，应当依照上述规定进行报告和公告。在报告期限和作出报告、公告后2日内，不得再行买卖该上市公司的股票。

依照上述规定所作出的书面报告和公告，应当包括下列内容：持股人的名称、住所；所持有的股票的名称、数量；持股达到法定比例或者持股增减变化达到法定比例的日期。

（三）强制要约收购规则

此规则是指通过证券交易所的证券交易，投资者持有或者共同持有一个上市公司已发行的股份达到30%时，继续进行收购的，应当依法向该上市公司所有股东发出收购上市公司全部或者部分股份的收购要约。收购上市部分股份的收购要约应当约定，被收购公司股东承诺出售的股份份额超过预定收购的股份数额的，收购人按比例进行收购。

1.上市公司收购报告书。依照以上规定发出收购要约，收购人必须事先向国务院证券监督管理机构报送上市公司收购报告书。

2.收购公告。收购人在依照前述规定报送上市公司收购报告书之日起15日后，公告其收购要约。在上述期限内，国务院证券监督管理机构发现上市公司收购报告不符合法律、行政法规规定的，应当及时告知收购人，收购人不得公告其收购要约。

3.收购要约的期限。收购要约约定的收购期限不得少于30日，并不得超过60日。在收购要约确定的承诺期限内，收购人不得撤销其收购要约。收购人需要变更收购要约的，必须事先向国务院证券监督管理机构及证券交易所提出报告，经批准后，予以公告。

4.强制要约收购中的信息披露。收购要约人在发出收购要约前应当向中国证监会作出有关收购的书面报告；在发出收购要约的同时应当向受要约人、证券交易所提供本身情况的说明和与该要约有关的全部信息，并保证材料真实、准确、完整、不产生误导。收购要约发出后，主要要约条件改变的，收购要约人应当立即通知所有受要约人。

5.被收购公司股东的公平待遇。收购要约中提出的各项收购条件，适用于被收购公司所有的股东。收购要约人要约购买股票的总数低于预受要约的总数时，收购要约人应当按照比例从所有受要约人中购买该股票。采取要约收购方式的，收购人在收购期限内不得卖出被收购公司的股票，也不得采取要约规定以外的形式和超出要约的条件买入被收购公司的股票。

6.强制要约收购的结果。收购上市公司的行为结束后，收购人应当在15日内将收购情况报告国务院证券监督管理机构和证券交易所，并予以公告。收购期限届满，被收购公司股权分布不符合上市条件的，该上市公司的股票应当由证券交易所依法终止上市交易；其余仍持有被收购公司股票的股东，有权向收购人以收购要约的同等条件出售其股票，收购人应当收购。收购行为完成后，被收购公司不再具备股份有限公司条件的，应当依法变更企业形式。

(四)协议收购的基本规定

采取协议收购方式的,收购人可以依照法律、行政法规的规定同被收购公司的股东以协议方式进行股权转让。以协议方式收购上市公司时,达成协议后,收购人必须在3日内将该收购协议向国务院证券监督管理机构及证券交易所作出书面报告,并予以公告。在未作出公告前不得履行收购协议。采取协议收购方式的,协议双方可以临时委托证券登记结算机构保管协议转让的股票,并将资金存放于指定的银行。在采取协议收购方式中,收购人收购或者通过协议、其他安排与他人共同收购一个上市公司已发行的股份达到30%时,继续进行收购的,应该向该上市公司的所有股东发出收购上市公司全部或者部分股份的要约。但是,经国务院证券监督管理机构免除发出要约的除外。收购行为结束后,收购人也应遵守前述公告规定。

在上市公司收购中,收购人对所持有的被收购上市公司股票,在收购行为完成后的12个月内不得转让。收购行为完成后,收购人与被收购公司合并,并将该公司解散的,被解散公司的原有股票由收购人依法更换。

关于国有股份的收购,《证券法》第101条特别规定,收购上市公司中由国家授权投资的机构持有的股份,应当按照国务院的规定,经有关主管部门批准。国务院证券监督管理机构应当按照《证券法》的原则制定上市公司收购的具体办法。

【实训题13-4】甲投资者收购一家股本总额为4.5亿元人民币的上市公司。下列关于该上市公司收购的法律后果的表述中,符合证券法律制度规定的有(　　)。

A. 收购期限届满,该上市公司公开发行的股份占公司股份总数的8%,该上市公司的股票应由证券交易所终止上市交易

B. 收购期限届满,持有该上市公司股份2%的股东,要求以收购要约的同等条件向甲投资者出售其股票的,甲投资者可拒绝收购

C. 甲投资者持有该上市公司股票,在收购完成后的36个月内不得转让

D. 收购行为完成后,甲投资者应当在15日内将收购情况报告国务院证券监督管理机构和证券交易所,并予公告

第七节　证券监管制度

证券市场的监管包括政府设立证券监管部门进行监管和由证券经营机构等成立自律性组织进行监管。世界上对证券市场的监管一般也是采用这两种模式。我国是实行政府统一监管与行业自律相结合的模式。我国《证券法》第7条规定,国务院证券监督管理机构依法对全国证券市场实行集中统一监督管理。同时,该法第8条规定,在国家对证券发行、交易活动实行集中统一监督管理的前提下,依法设立证券业协会,实行自律性管理。

一、国务院证券监督管理机构

证券监管机构,是指依法对证券发行和交易及其相关活动行使监督管理职责的机构。《证券法》第178条规定,国务院证券监督管理机构依法对证券市场实行监督管理,维护证券市场

秩序，保障其合法运行。因此，在我国，国务院证券监督管理机构是全国证券市场的监督管理机构。

二、证券自律管理机构

证券自律管理机构，是指由证券经营机构组成、依其自律规则对证券发行、交易活动进行管理的民间组织，是在国家对证券发行、交易活动实行统一监督管理的前提下依法设立的、证券行业的自律性组织，是社会团体法人。我国的证券业协会已经于 1991 年 8 月 28 日成立。根据《证券法》的规定，证券公司应当加入证券业协会。证券业协会的权力机构为由全体会员组成的会员大会。证券业协会设理事会。理事会成员依章程的规定由选举产生。证券业协会的章程由会员大会制定，并报国务院证券监督管理机构备案。

此外，我国《证券法》根据我国的实际情况，确立了证券业和银行业、信托业、保险业分业经营、分业管理的体制。因此，证券公司与银行、信托、保险业务机构应当分别设立、分业经营和分业管理。但目前实行严格分业经营的做法在实践中已经开始被突破，实践中已经出现在集团控股下分设银行、证券、保险机构的模式。比如中国工商银行等商业银行已经设立了基金公司，这确实需要法律上给予支持。修改后的证券法在相关条款强调分业管理的同时，新增“国家另有规定的除外”的字句，这就在法律上“开了口子”，给出了政策空间。

本章小结

证券是指证明有关经济权利的凭证。《证券法》所指的证券主要包括股票、债券以及国务院认定的其他证券。股票是股份有限公司签发的证明股东所持股票的凭证；债券是一种债权债务的凭证，是债券发行人对债券持有人按照债券约定承担还本付息义务的凭证。国务院认定的其他证券是指证券投资基金份额以及证券衍生品种。证券法是调整证券发行和交易过程中发生的经济关系的法律规范的总称。证券法的基本原则有公开、公平、公正原则；自愿、有偿、诚实信用原则；守法原则；国家审计监督原则。证券市场的主体包括证券投资者、证券公司、证券登记结算机构、证券交易服务机构、上市公司以及证券交易场所。证券法律制度包括证券发行制度、证券上市制度、证券交易制度、证券的信息披露制度、上市公司收购制度。证券市场的监管包括政府设立证券监管部门进行监管和由证券经营机构等成立自律性组织进行监管。

复习思考题

1. 简述证券的分类。
2. 简述证券法的基本原则。
3. 论述证券市场主体的构成。
4. 论述证券法禁止的证券交易行为及其法律责任。
5. 简述股票交易的基本程序。
6. 论述我国的证券的信息披露制度。
7. 论述我国上市公司收购的方式及法律对上市公司收购进行规范的意义。

第十四章　票据法律制度

本章重点知识

- 票据的概念、特征及经济功能
- 票据关系的概念与特征
- 票据行为的概念及其构成要件
- 票据权利的概念、取得和行使
- 汇票的出票、背书、承兑、保证、付款
- 汇票、本票和支票的区别

【引读案例】

甲公司向某工商银行申请一张银行承兑汇票，该银行作了必要的审查后受理了这份申请，并依法在票据上签章。甲公司得到这张票据后没有在票据上签章便将该票据直接交付给乙公司作为购货款。乙公司又将此票据背书转让给丙公司以偿债。到了票据上记载的付款日期，丙公司持票向承兑银行请求付款时，该银行以票据无效为理由拒绝付款。

试分析：(1)从以上案情显示的情况看，这张汇票有效吗？(2)根据我国《票据法》关于汇票出票行为的规定，记载了哪些事项的汇票才为有效票据？(3)银行既然在票据上依法签章，它可以拒绝付款吗？为什么？

第一节　票据概述

一、票据的概念和特征

票据，是指出票人依票据法签发的，由本人或委托他人在见票时或者在票据记载日期无条件支付确定的金额给收款人或持票人的一种有价证券。

我国《票据法》规定的票据包括汇票、本票和支票。票据具有以下法律特征：

1. 票据是设权证券。票据的权利义务因票据的设立而产生。

2. 票据是无因证券。只要具备法定条件，票据权利即告成立，票据义务随之产生，权利的行使和义务的履行不问设立票据的原因。

3. 票据是要式证券。票据的作成必须依照法定的方式，具备必要的形式和内容，才能产生票据上的效力。缺乏法定要式，票据无效。

4. 票据是文义证券。票据的权利和义务，完全根据票据上所记载的文字意义决定，不得以票据记载以外的任何理由，改变票据的效力。

5. 票据是债权证券。债权人占有票据即可要求债务人给付票据载明的金额。

6.票据是金钱证券。以金钱为给付标的，因此票据能够代替现金作为支付工具和流通工具。

7.票据是流通证券。票据到期前，持票人可以通过背书或交付自由转让其权利。

二、票据的经济作用

票据制度和公司制度是现代经济制度中两个基本的支柱，票据在经济生活中发挥着极其重要的作用。

1.支付作用。票据可以用来清结因商品交易、劳务供应等产生的债权债务，如买主可以签发支票给卖主，用来支付货物价款。票据还可以作异地支付之用，其中以汇票最为明显。如甲、乙两方不在一地，现在甲要付一定金钱给乙，现金携带不方便，而且容易丢失，有了票据制度，甲就可以签发汇票，以乙为收款人，以甲的开户银行为付款人。这样，乙接到汇票后，甲的支付义务已履行，乙可从付款人那里提取现金或转入自己的账户。

2.结算作用。1988 年 12 月份中国人民银行颁布的银行结算办法规定，各项经济往来，除按规定可以使用现金外，都必须办理转账结算，而票据则是一种主要的结算工具。目前用于银行结算的票据有银行汇票、商业汇票、银行本票、支票。在票据使用较早的国家还广泛推行票据交换制度，即同城的各银行对相互托收、代付的票据，按照一定的时间通过票据交换所进行交换并清算资金。国际上不仅在同城内设立票据交换所，各贸易中心也设立票据交换所，利用票据进行国际间的结算。

3.信用作用。票据是建立在信用基础上的书面支付凭证，是一种信用工具。参加商品交易的人通过使用票据互相提供信用，从而促进资金的融通，推动经济的发展。

4.融资作用。票据的融资作用是通过票据贴现实现的。票据贴现是持有未到期票据的持票人以转让一定利息的代价将票据卖给贴现银行以取得现款。票据市场和证券市场一样，是市场经济中最为重要的组成部分，使资金周转灵活、便利。

5.流通作用。票据允许背书转让，因此在市场上可广泛流通，成为一种流通工具，从而节约了现金的使用。

三、票据的起源和发展

票据是指某些可以代替现金流通的有价证券。它是适应商业上的需要而发展起来的。从历史上看，票据最早起源于古希腊罗马时代，当时称为“自笔证书”。这种证书的持有人在要求债务人偿付债务时，必须提示证书，并须于债务清偿后将证书退还给债务人，这就是票据的雏形。到公元 12 世纪，在意大利的一些城市，票据已颇为流行。当时意大利的沿海城市航海贸易相当发达，各国商人云集于此，为了便利交易，兑换业即应运产生。当时的兑换商通过发行票据从事货币兑换业务，并使用票据作为隔地付款的证券。此后，票据的使用日趋普遍。

我国票据起源很早。据史料记载，唐代的飞钱和帖子，就是汇票和支票的萌芽；南宋时代使用的交子就是本票的雏形。但当时的票据并无一定的格式，又无确定的种类，当事人之间的权利义务很难确定，因而使票据的流通使用受到很大的限制。

到资本主义时代，由于商品经济高度发达，票据的使用逐步广泛，票据得以真正形成。

第二节 票据法的一般原理

一、票据法概述

(一)票据法的概念和特征

1.概念

票据法是调整票据关系以及与票据关系有关的其他社会关系的法律规范。它包括三层意思：

(1)票据关系是指票据当事人之间因票据行为而产生的票据权利义务关系。

(2)票据行为是指出票、背书、承兑、保证、付款等行为。

(3)与票据关系有关的其他社会关系是指为保障社会关系的依法产生、变更、实现而产生的社会关系。包括:①因票据付款而产生的请求持票人缴回票据的关系。②因票据丧失而产生的请求交还票据的关系。③为票据行为所依赖的合同关系、委托付款关系。④因利用票据为非法行为而产生的刑事制裁、行政处罚以及民事赔偿关系。

票据法有广义和狭义之分,广义的票据法是指各种广义票据的法律规范的总称。它除以票据法的名称颁布的法律之外,还包括其他一些法律中关于票据的规定,如民法中的法律行为、行为能力、代理、票据设质的规定,破产法中关于出票人或背书人受破产宣告的规定等。狭义的票据法是指专门规定有关调整票据的种类、形式、内容、权利、义务等票据法律关系规范的总称。

2.票据法的法律特征

(1)强制性。票据法律关系的内容直接由法律规定,不依当事人之间的意思而变更。

(2)技术性。票据法不体现人类社会的情理和道德规范,而是由专家精心设计后严格制定的、技术性很强的法律规范。

(3)国际统一性。票据是一种金钱支付工具,具有很强的流通性,这种流通性不仅限于一国之内,而且经常跨越国界。票据的流通在很大程度上推进着世界经济的发展,基于此,各国的立法者都试图使本国的票据法尽可能地与国际上的票据规则接轨。

(4)票据法“实行严格的形式主义”。票据法重视票据和票据行为的形式。只要票据和票据行为的形式符合票据法,就会受到法律的保护。反之,如果形式不符合票据法的规定,即使票据的原因是合法有效的,票据和票据行为也属无效。

(二)票据法律关系

票据法律关系是指票据当事人之间在票据的签发和转让等过程中发生的权利义务关系。

票据法律关系可以分为票据关系和非票据关系两类。基于票据行为而直接发生的票据上的债权债务关系,为票据关系;与票据关系虽有密切关系,但不是基于票据行为而产生的相关权利义务关系,为非票据关系。非票据关系又分为两种:即票据法上的非票据关系和民商法上的非票据关系，后者又被称为“票据基础关系”。票据关系问题在票据法理论中占有重要地位，可以说票据法就是以票据关系为规范对象的法律。

1.票据关系。票据关系是指当事人间基于票据行为而发生的债权债务关系，也称为票据上的关系。票据关系主要有：基于出票而发生的出票人与收款人之间的关系，收款人与付款人之间的关系；基于汇票承兑而发生的持票人与承兑人之间的关系；基于背书而发生的背书人与被背书人的关系，被背书人与付款人的关系，背书的前手与后手之间的关系；基于汇票和本票的保证而发生的保证人与持票人的关系，保证人履行债务后对被保证人及其前手的关系。

2.票据法上的非票据关系。票据法上的非票据关系，是指票据法为保障票据关系，使票据债权人得以顺利行使其权利而规定的，而不是基于票据行为直接发生的法律关系。

票据法上的非票据关系主要有：票据上的正当权利人对于因恶意或重大过失而取得票据的人行使票据返还请求权而发生的关系；因时效期满或手续欠缺而丧失票据上权利的持票人对于出票人或承兑人行使利益偿还请求权而发生的关系；票据付款人付款后请求持票人交还票据的关系。

3.票据的基础关系。票据关系是由票据授受这种形式而发生的。当事人之所以授受票据，亦即授受票据的原因或实质，在票据授受之前就已存在。这种作为票据授受的前提的关系即是票据的基础关系。票据的基础关系有三种：原因关系、资金关系、票据预约。

票据的原因关系又称为票据原因，即当事人（出票人与收款人）间授受票据的原因。《票据法》第10条规定，票据的签发、取得和转让，应当遵循诚实信用的原则，具有真实的交易关系和债权债务关系。原因关系存在于票据的直接当事人间，票据一经转手，其原因关系必然断裂。

资金关系是存在于汇票出票人与付款人之间、支票出票人与银行之间的基础关系，又称为票据资金。授受票据的当事人间有了原因关系之后，在发出票据之前，还必须就票据的种类、金额、到期日、付款地等事项达成合意，这种合意称为票据预约。

（三）票据法的一般法律原理

1.票据得以迅速、简便的方式进行转让。票据的转让要比民法上的债权让与简单方便得多。一张票据，经过多次转让之后，尽管数易其主，但最后的执票人仍有权要求票据上的债务人向其清偿，票据债务人不得以没有接到转让通知为由拒绝清偿。

2.票据本身与其基础关系相分离。尽管票据的发行或转让都有某种原因为依据，但是票据上的权利义务关系一经成立，即与原因关系相脱离。不论原因关系是否有效、是否存在，都不影响票据的效力。

3.强调保护善意第三人。为了保证票据交易的安全，票据法规定，善意并支付了对价的票据受让人，可以取得优于其前手的权利，不受其前手权利瑕疵的影响。

4.票据是一种要式证券。所谓要式是指票据的做成必须符合法定的形式要求。如果不符合法定的形式，就不能产生票据的效力。

二、票据行为

1.票据行为的概念

票据行为是以发生票据上的权利义务为目的所实施的要式法律行为，包括出票、背书、承兑、保证和付款等。

不同的票据涉及的票据行为也不同:汇票具备上述全部票据行为;本票由于出票人即是付款人,故无须承兑;支票的付款人是银行或其他金融机构,一般无须保证和承兑,只有出票和背书两种行为。

2. 票据行为的特征

(1)要式性。指票据行为必须按照票据法规定的形式和要求进行,否则票据无效。如果记载了法律禁止记载的事项,这种记载也不发生法律效力。

(2)独立性。指票据行为之间互不依赖而独立发生效力。虽然所有附属票据行为都以出票为前提,但各票据行为之间是独立的,只要该票据行为符合法律规定的要件就发生法律效力。其他票据行为纵然无效或被撤销,也不影响该票据行为继续有效。

(3)抽象性。票据行为的成立,只要具备票据法规定的要件,即为有效的票据行为,而不问票据原因关系的存在或合法与否。

(4)文义性。票据行为的内容以票据上的文字记载为准,在票据上签章的行为人,必须依票据上的文字记载内容承担票据义务。纵然票据上的某些记载与实质情况不符,也不允许以文字记载以外的证据作变更或补充。

(5)书面性。指票据行为具有严格的书面形式,表现为必须在票据上签名盖章。无论何种票据行为,都必须在票据上有所记载方能发生法律效力。

3. 票据行为的要件

(1)形式要件。票据行为在形式上的要件是签名。票据行为人应在票据上记载一定的事项并签名。签名的意义在主观方面为签名人表示自己承担债务,在客观方面为使他人知悉票据上的义务人。

(2)实质要件。关于票据行为的实质要件,如票据行为人的权利能力、行为能力以及意思表示问题等,均以民法的规定。

4. 票据行为的代理。为了保护善意第三人(持票人),票据法对票据行为代理的规定较一般民事代理要严格,具体表现为:

(1)票据当事人委托其代理人在票据上签章时,应当在票据上表明其代理关系,形式要求更严格。

(2)对于没有代理权而以代理人名义在票据上签章的和代理人超越代理权限的,法律不问被代理人事后是否追认,直接强令签章人承担票据责任或就其超越权限的部分承担票据责任。

【实训题 14-1】潇湘公司为支付货款向楚天公司开具一张金额为 20 万元的银行承兑汇票,付款银行为甲银行。潇湘公司收到楚天公司货物后发现有质量问题,立即通知甲银行停止付款。另外,楚天公司尚欠甲银行贷款 30 万元未清偿。下列哪些说法是错误的?(　　)

A. 该汇票须经甲银行承兑后才发生付款效力

B. 根据票据的无因性原理,甲银行不得以楚天公司尚欠其贷款未还为由拒绝付款

C. 如甲银行在接到潇湘公司通知后仍向楚天公司付款,由此造成的损失甲银行应承担责任

D. 潇湘公司有权以货物质量瑕疵为由请求甲银行停止付款

三、票据权利

(一)票据权利的定义和种类

票据权利,是指持票人向票据债务人请求支付票据金额的权利,包括付款请求权和追索权。

1.付款请求权。即持票人可对票据主债务人行使的权利,是票据权利的第一次请求权。票据主债务人,就汇票而言是指汇票的付款人或承兑人及其保证人,就本票而言是指本票发票人及其保证人,就支票而言是指支票的付款人。票据主债务人对票据负有绝对的付款责任。

2.追索权。又称偿还请求权,它是持票人在票据到期不获付款,或期前不获承兑,或有其他法定原因,并在实施行使或保全票据上权利的行为后,可向其前手请求偿还票据金额、利息及其他法定款项的一种票据权利。追索权是票据的第二次请求权,只有在票据权利的第一次请求权得不到实现时,即持票人行使付款请求权遭拒绝或有其他法定原因时方可行使。追索权行使的对象包括出票人、背书人、汇票和本票的保证人等。

【实训题 14-2】当汇票到期被拒绝付款时,持票人可以对下列哪些人行使追索权?(　　)

A.前手背书人　　B.付款人　　C.保证人　　D.出票人

(二)票据权利的取得

票据权利的取得有两种方式:①原始取得,即因票据的创设而取得票据权利。②继受取得,即因票据的转让,或因继承、合并等法定原因而取得票据权利。

票据权利的取得,根据取得人是否受前手票据权利瑕疵的影响,可分为善意取得和恶意取得。善意取得是指票据上的受让人,依票据法所规定的转让方法,主观上无恶意或重大过失,从票据无处分权人处取得票据,从而享有票据上的权利且不受前手票据权利瑕疵的影响。明知或应当知道票据转让人无处分票据的权利而受让票据的是恶意取得。《票据法》第 12 条规定:"以欺诈、偷盗或者胁迫等手段取得票据的,或者明知有前列情形,出于恶意取得票据的,不得享有票据权利。持票人因重大过失取得不符合本法规定的票据的,也不得享有票据权利。"

票据权利的取得,必须给付对价,即应当给付票据双方当事人认可的相对应的代价。因税收、继承、赠与可以依法无偿取得票据的,不受给付对价的限制,但所享有的票据权利不得优于其前手。

(三)票据权利的转让

票据是一种流通证券,票据权利可以通过背书而自由转让。为了保持票据的流通性,各国票据法对票据权利转让作了不同于一般债权转让的规定。

1.票据权利可通过交付,或经背书和交付票据而转让,不必通知债务人。

2.善意而支付了对价的受让人可取得票据的所有权,并且其享有的票据权利不因让与人对票据权利有缺陷而受到影响。

票据法对善意取得人给予特殊的保护,同时也对善意取得规定了严格的要件:一是主观上无恶意和重大过失;二是所取得票据必须具备票据法规定的形式要件,以背书转让的,背书应连续无间断;三是支付了相当的对价。如果没有支付对价或没有支付相当的对价(例如以

200 元取得金额为 10 000 元的票据),则不能取得票据权利。

(四)票据权利的行使和保全

1. 概念。票据权利的行使,是指票据权利人请求票据债务人履行其票据义务的行为。如行使付款请求权以请求付款,行使追索权以请求偿还等。票据权利的保全,是指票据权利人为防止票据权利丧失而采取的行为,如按期提示、中断时效等行为。票据权利的行使往往能够产生票据保全的效力,因此,常常将两者相提并论。

2. 行使和保全的方法。票据权利人行使和保全票据权利,必须遵守法定形式,具体有以下三种:①提示付款。权利人行使票据上的权利,必须持有票据,向债务人提示票据。②中断时效。票据法规定,票据权利在票据时效期限内不行使的,因时效届满或超期而消灭。③作成拒绝证书。如果票据债权人为在规定的时间内作成拒绝证书,即丧失对其前手的追索权。

3. 票据权利行使的地点和时间。我国《票据法》规定,提示票据而行使权利,须在债务人的住所或营业所;为行使或保全票据上的权利,对于票据关系人应为之行为,应于营业日之营业时间内为之,如无特定之营业日或未定有营业时间者,应于通常营业日之营业时间内为之。

(五)票据权利的消灭

1. 因付款而消灭。付款是指票据到期时,经持票人提示,票据债务人支付票款的行为。付款有广义和狭义之分。广义的付款指一切票据关系人依据票据的记载文义向票据债权人支付票面金额的行为。广义的付款,付款后票据关系并不绝对消灭。狭义的付款指票据主债务人为消灭票据关系而向票据债权人清偿票款。狭义的付款在票据法上具有特殊意义,即付款后一切票据关系因此而消灭。

2. 因时效期限届满而消灭。《票据法》第 17 条规定,票据权利在下列期限内不行使而消灭:①持票人对票据的出票人和承兑人的权利,自票据到期日起 2 年,见票即付的汇票、本票,自出票日起 2 年;②持票人对支票出票人的权利,自出票日起 6 个月;③持票人对前手的追索权,自被拒绝承兑或者被拒绝付款之日起 6 个月;④持票人对前手的再追索权,自清偿日或者被提起诉讼之日起 3 个月。

3. 因票据记载事项欠缺而消灭。持票人因超过票据权利时效或者因票据记载事项欠缺而丧失票据权利的,仍享有民事权利,可以请求出票人或者承兑人返还其与未支付的票据金额相当的利益。

第三节 汇　票

一、汇票的定义、特征和种类

(一)汇票的定义和特征

汇票是出票人签发的,委托付款人在见票时或者在指定日期无条件支付确定的金额给收款人或者持票人的票据。汇票具有下列特征：

1.汇票有三个基本当事人，即出票人、付款人和收款人。由于这三个当事人在汇票发行时既已存在，故属基本当事人，缺一不可。但是随着汇票的背书转让，汇票上设立保证等，被背书人、保证人等也成为汇票上的当事人。

2.汇票是由出票人委托他人支付的票据，是一种委托证券。

3.汇票是在指定到期日付款的票据。指定到期日是指见票即付、定日付款、出票后定期付款、见票后定期付款四种形式。

4.汇票是付款人无条件支付票据金额给持票人的票据，此处的持票人包括收款人、被背书人或受让人。

(二)汇票的种类

汇票可从不同角度作出不同分类。

1.以付款期限长短为标准，汇票可分为即期汇票和远期汇票。即期汇票是指见票付款的汇票；远期汇票是指约定一定的到期日付款的汇票，包括定期付款汇票、出票日后定期付款汇票(也叫计期汇票)和见票后定期付款汇票。

2.以记载受款人的方式不同为标准，汇票可分为记名式汇票和无记名式汇票。

3.以签发和支付地点不同，汇票可分为国内汇票和国际汇票。前者指在一国境内签发和付款的汇票；后者指汇票的签发和付款一方在国外，或都在国外的汇票。

4.以银行对付款的要求不同，汇票可分为跟单汇票和原票。前者指使用汇票时需附加各种单据(如提货单、运货单、保险单等)；后者是指只需提出汇票本身即可付款，无须附加任何单据的汇票。

我国《票据法》将汇票分为银行汇票和商业汇票。前者是指银行签发的汇票；后者则是银行之外的企事业单位、机关、团体等签发的汇票。

二、汇票的当事人之间的法律关系

(一)银行汇票

1.出票人。这是指“签发行”。根据我国现行做法，只有参加“全国联行往来”的银行才能签发汇票，即充当出票人。

2.受款人。这是指收款人，收款人可以是“汇款人”，也可以是其他人。

3.付款人。这是汇票中的兑付行。“汇款人”不是汇票上的当事人，而是与出票人有原因关系的人。“汇款人”可以是单位、个体经济户和个人。

(二)商业汇票

商业汇票是指收款人或付款人(或承兑申请人)签发，由承兑人承兑，并于到期日向收款人或被背书人支付款项的票据。

商业汇票按承兑人的不同，分为商业承兑汇票和银行承兑汇票。前者指由收款人签发，经付款人承兑，或由付款人签发并承兑的票据；后者指由收款人或承兑申请人签发、并由承兑申请人向开户银行申请，经银行审查同意承兑的票据。

在商业承兑汇票中，汇票上的当事人是：①出票人。它是交易中的收款人，即卖方，或者交易中的付款人，即买方。②承兑人。出票人如是卖方，承兑人为买方；出票人如是买方，本人为承兑人。③付款人，是买方的开户银行。④受款人，是交易中的收款人，即卖方。

在银行承兑汇票中，汇票上的当事人是：出票人是承兑申请人；付款人和承兑人是承兑行，即承兑申请人的开户银行；受款人是与出票人签订购销合同的收款人，即卖方。

（三）汇票原始当事人之间的法律关系

汇票的出票人对付款人来说是债权人，而对受款人来说则是债务人。但是，只有当汇票的付款人在汇票上签名，承担了付款义务之后，才成为汇票真正的债务人。而且，一旦付款人在票据上签名，他就成为该汇票的主债务人，而出票人则居于次要地位，成为从债务人。

三、汇票的出票

（一）出票的定义

出票是指出票人签发票据并将其交付给收款人的一种行为。汇票的出票人必须与付款人具有真实的委托付款关系，并且具有支付汇票金额的可靠资金来源。出票人依据票据法规定的要件作成票据并交付后，出票行为即发生票据法上的效力，票据债权债务关系成立。

出票对收款人、付款人、出票人具有不同的法律效力：在出票行为有效成立后，收款人即享有票据上的权利；出票行为的成立虽然并不使付款人承担承兑义务，但是基于出票人的付款委托而使其具有承兑的地位，在其对汇票进行承兑后，即成为汇票上的主债务人；对出票人来说，则成为票据上的债务人。

（二）汇票的记载事项

根据《票据法》的规定，汇票的记载事项分为绝对应记载事项和相对应记载事项。

1. 绝对应记载事项。汇票的绝对应记载事项为：①表明“汇票”的字样。②无条件支付的委托。③确定的金额。④付款人名称。⑤收款人名称。⑥出票日期。⑦出票人签章。银行汇票的出票人，必须是经中国人民银行批准办理银行汇票业务的银行。上述绝对应记载事项，缺一则票据无效。

2. 相对应记载事项。相对应记载的事项也是汇票记载的内容，与绝对应记载事项的区别之处是：相对应记载事项如果未在汇票上记载，并不影响汇票本身的效力，可依法律规定推定。相对应记载事项主要有：①付款日期。未记载付款日期的，视为见票即付。②付款地。未记载付款地的，以付款人的营业场所、住所或者经常居住地为付款地。③出票地。未记载出票地的，以出票人的营业场所、住所或经常居住地为出票地。

3. 非法定事项的记载。汇票上可以记载《票据法》规定事项以外的其他出票事项，但是该记载事项不具有汇票上的效力。如签发票据的原因或用途、该票据项下的交易合同号码、该票据项下的有关单证的名称及号码、开户银行名称及账号等。

四、背书

背书是指持票人在票据背面或者粘单上记载有关事项并签章将汇票权利让与他人的一种票据行为。《票据法》规定，背书必须作成记名背书。

(一)背书记载的事项

背书应记载的事项有：背书人的签章、被背书人的名称和背书的日期。其中，前两项属于绝对应记载事项；背书日期如未记载，则视为在汇票到期日前背书。

另外，背书不得附条件，否则所附条件不具有汇票上的效力；将汇票金额的一部分转让或者将汇票金额分别转让给 2 人以上的背书无效。

【实训题 14-3】甲公司为购买货物而将所持有的汇票背书转让给乙公司，但因担心以此方式付款后对方不交货，因此在背书栏中记载了“乙公司必须按期保交货，否则不付款”的字样，乙公司在收到票据后没有按期交货。根据票据法律制度的规定，下列表述中正确的是(　　)。

A. 背书无效

B. 背书有效，乙的后手持票人应受上述记载约束

C. 背书有效，但是上述记载没有汇票上的效力

D. 票据无效

(二)禁止背书

禁止背书是指出票人或背书人在票据上记载“不得转让”等类似文句，以禁止票据权利的转让，包括出票人的禁止背书和背书人的禁止背书两种。

出票人的禁止背书应记载在汇票的正面。如果收款人或持票人将出票人作此背书的汇票转让，该转让不发生票据法上的效力，而只具有普通债权让与的效力，出票人对受让人不承担票据责任。

背书人的禁止背书应记载在汇票的背面。如其后手再背书转让，原背书人对其直接被背书人以后通过背书方式取得汇票的一切当事人，不负担保责任。

(三)背书的连续性

票据背书的连续性是指票据上为转让票据权利而为背书中，转让票据的背书人与受让票据的被背书人在票据上的签章具有不间断性。即在票据上做第一次背书的人应当是票据上记载的受让人，自第二次背书起，每一次背书的背书人必须是上一次背书的被背书人，最后的持票人必须是最后一次的被背书人。

连续的背书具有权利证明的效力。《票据法》第 31 条规定：以背书转让的汇票，背书应当连续。持票人以背书的连续，证明其汇票权利；非经背书转让，而以其他合法方式取得汇票的，依法举证，证明其汇票权利。

(四)背书的效力

票据背书的效力主要有：①票据权利的转移。背书成立后，汇票上的一切权利均由背书人

转移给被背书人。后者成为汇票的债权人，前者则成为票据的债务人。②票据权利的证明。持票人背书，证明其对票据的权利。③票据权利的担保。背书人应按照汇票的文义，担保汇票的承兑和付款。汇票不获承兑或不获付款时，背书人对于被背书人及其所有后手均负有偿还票款的义务。

五、承兑

承兑是指汇票付款人承诺在汇票到期日支付汇票金额的票据行为。

(一)汇票的提示承兑

提示承兑是指持票人向付款人出示汇票，并要求付款人承诺付款的行为。根据付款形式的不同，汇票可分为必须提示承兑、无须提示承兑以及可以提示承兑的汇票三种。

1. 必须提示承兑的汇票。见票后定期付款的汇票属于必须提示承兑的汇票。

2. 无须提示承兑的汇票。见票即付的汇票属于无需提示承兑的汇票。这类汇票有两种：一是，汇票上明确记载见票即付的汇票；二是，汇票上没有记载付款日期，视为见票即付的汇票，目前主要是指银行汇票。

3. 可以提示承兑的汇票。定日付款和出票后定期付款的汇票属于可以提示承兑的汇票。持票人可以在汇票到期日前提示承兑，也可以不提示承兑而于到期日直接请求付款。但我国《票据法》规定，除见票即付的汇票外，其他汇票都必须提示承兑。

(二)承兑记载的事项和记载方法

1. 承兑记载的事项。承兑记载的事项包括三项，即承兑文句、承兑日期、承兑人签章。承兑文句、承兑人签章是绝对应记载事项；承兑日期属于相对应记载事项，但见票后定期付款的汇票，则必须记载日期。

2. 承兑的记载方法。付款人对汇票进行承兑时，必须记载在汇票的正面。在汇票背面或粘单上所作的承兑，不发生票据法上的效力。

(三)承兑的效力

承兑的效力在于确定汇票付款人的付款责任。承兑人于汇票到期日必须向持票人无条件地支付汇票上的金额。承兑人在到期日拒绝付款的，必须向持票人承担迟延责任，支付迟延付款的利息及其他有关费用。承兑人不得以其与出票人之间的资金关系来对抗持票人，拒绝支付汇票金额。承兑人的票据责任不因持票人未在法定期限提示付款而解除，承兑人仍要对持票人承担票据责任。

六、保证

保证是票据债务人以外的第三人为担保票据债务的履行所作的一种附属票据行为。

(一)保证的记载事项与记载方法

保证应记载事项分为绝对应记载事项与相对应记载事项两种。绝对应记载事项主要有：

表明“保证”的字样,保证人签章。相对应记载事项主要有:保证人的名称和地址,被保证人的名称,保证日期。缺少保证人的名称和地址,保证人名称可由其签章认定,保证人地址可以推定为保证人的营业场所、住所;缺少被保证人的名称,承兑人(业经承兑)或出票人为被保证人;缺少保证日期,以出票日为保证日期。

保证的记载方法是记载在汇票上或者其粘单上。

(二)保证人的责任和权利

1.保证人的责任。由于票据保证既是债的一种担保方式,同时又是一种票据行为,这种特殊性决定了票据保证人的票据责任从属于被保证人的债务,与被保证人负有同一责任,同时又不随被保证人的债务因实质原因无效而无效。只有当保证人的债务因欠缺票据形式要件而无效时,保证人的债务才归于无效,保证人的票据责任因此而被免除。保证人为 2 人以上的,保证人之间承担连带责任。

2.保证人清偿汇票债务后的权利。保证人向持票人清偿债务后,取得票据而成为持票人,享有票据上的权利,有权对被保证人及其前手行使追索权。

七、付款

付款是汇票的承兑人(付款人)向持票人支付汇票金额以消灭票据权利义务的行为,它不属于票据行为。

(一)付款的提示

付款的提示是指持票人向付款人或承兑人现实地出示票据,请求其付款的行为。付款的提示是票据权利的保全和行使。如果持票人不按照法定期限提示付款的,则丧失对其前手的追索权,但经作出说明后,承兑人或者付款人仍应对持票人承担付款责任。持票人应当按下列期限提示付款:①见票即付的汇票,自出票日起的 1 个月内向付款人提示付款。②定日付款、出票后定期付款或者见票后定期付款的汇票,自到期日起 10 日内向承兑人提示付款。

通过委托收款银行或者通过票据交换系统向付款人提示付款的,视同持票人提示付款。

(二)付款的方法

1.付款日期。付款人或者承兑人必须在持票人请求付款的当日足额付款,不允许延期付款。

2.付款手续。汇票获得付款时,应当由持票人在汇票上签收,并将汇票交给付款人(开户银行)。持票人委托银行收款的,托收银行将代收的汇票金额转账收入持票人的账户,视同签收。

(三)付款的责任

受托银行只要依法将汇票金额收入持票人账户或从付款人账户支付,即为如约履行了义务,而对于汇票当事人之间的纠纷或其他原因造成的损失,不承担任何责任。

付款人或代理付款人在付款时,必须承担审查义务。审查包括两个方面:一是审查提示付款人的合法身份证明或者有效证件;二是审查汇票上诸项背书是否连续。付款人或代理付款人付款时,有恶意或重大过失造成当事人损失的,应自行承担责任。

【实训题 14-4】甲公司为支付货款向乙公司签发了一张以 A 银行为承兑人、金额为 20 万元的银行承兑汇票。A 银行在票据承兑栏中进行了签章。乙公司为向丙公司支付租金,将该票据交付丙公司,但未在票据上背书和签章。丙公司因需向丁公司支付工程款,欲将该票据转让给丁公司。丁公司发现票据上无转让背书,遂提出异议。丙公司便私刻了乙公司法定代表人刘某的人名章和乙公司公章,加盖于背书栏,并直接记载丁公司为被背书人。丁公司不知有假,接受了票据。之后,丁公司为偿付欠款将该票据背书后转让给了戊公司。

根据上述内容,分别回答下列问题:

(1)A 银行拒绝向戊公司付款的理由是否成立?并说明理由。

(2)A 银行拒绝付款后,戊公司可以向哪些当事人进行追索?

(3)若戊公司在 A 银行拒绝付款后向甲公司进行追索,甲公司可否以与乙公司之间的买卖合同纠纷尚未解决为由拒绝向戊公司承担票据责任?并说明理由。

(4)丙公司将私刻的人名章和公章加盖于背书栏,并直接记载丁公司为被背书人的行为属于票据法上的什么行为?应当承担何种法律责任?

第四节　本票与支票

一、本票

(一)本票的概念

根据《票据法》的规定,本票即银行本票,是指出票人签发的、承诺自己在见票时,无条件支付确定的金额给收款人或持票人的票据。银行本票限于见票即付。

(二)本票的记载事项

本票绝对应记载的事项有:①表明“本票”的字样。②无条件支付的承诺。③确定的金额。④收款人名称。⑤出票日期。⑥出票人签章。本票上未记载前述规定事项之一的,本票无效。

本票相对应记载事项有:①付款地。本票上未记载付款地的,出票人的营业场所为付款地。②出票地。本票上未记载出票地的,出票人的营业场所为出票地。

(三)本票的付款

按照《票据法》的规定,本票自出票之日起,付款期限最长不得超过 2 个月,并保证支付。本票的出票人在持票人提示见票时,必须承担付款的责任。持票人未按规定期限提示见票的,丧失对出票人以外的前手的追索权。

本票的背书、保证、付款行为和追索权的行使,除本票的规定外,适用有关汇票的规定。

二、支票

(一)支票的概念和种类

支票是出票人签发的，委托办理支票存款业务的银行或其他金融机构在见票时，无条件支付确定的金额给收款人或持票人的票据。支票按照支付票款的方式可以分为普通支票、现金支票和转账支票。

普通支票既可以转账，也可以支取现金。用于转账的，可在普通支票左上角加划两条平行线，亦称划线支票；未划线的普通支票，可用于支取现金。

现金支票专门用于支取现金。这种支票在印制时，已在支票的上端印明了现金字样。

转账支票专门用于转账，不得用于支取现金，这种支票印制时，在支票的上端已印明转账字样。

(二)支票的记载事项

支票绝对应记载的事项有：①表明“支票”的字样；②无条件支付的委托；③确定的金额；④付款人名称；⑤出票日期；⑥出票人签章。支票上未记载前述六项规定事项之一的，则支票无效。

支票相对应记载的事项有：①付款地，未记载付款地的，以付款人营业场所为付款地；②出票地，未记载出票地的，以出票人的营业场所、住所或者经常居住地为出票地。

(三)禁止签发的支票

1. 空头支票。《票据法》规定，禁止签发空头支票，出票人签发的支票金额超过其付款时在付款人处实有的存款金额的，为空头支票。

2. 与预留签章不符的支票和远期支票。支票的出票人不得签发与其预留本名的签名式样或者印鉴不符的支票。

(四)支票的付款

出票人必须按照签发的支票金额承担保证向该持票人付款的责任，出票人在付款人处的存款足以支付支票金额时，付款人应当在当日足额付款。支票限于见票即付，不得另行记载付款日期。另行记载付款日期的，该记载无效。持票人应当自出票日起 10 日内提示付款，超过提示付款期限的，付款人可以不予付款；付款人不予付款的，出票人仍应当对持票人承担票据责任。

付款人依法支付支票金额的，对出票人不再承担受委托付款的责任，对持票人不再承担付款的责任。

【实训题 14-5】依据我国《票据法》，下列有关本票与支票的表述中哪些是正确的？(　　)

A. 本票包括银行本票和商业本票

B. 本票的基本当事人为出票人、付款人和收款人

C. 支票限于见票即付，不得另行记载付款日期

D. 支票可以背书转让

第五节　违反票据法的法律责任

一、票据欺诈行为的法律责任

有下列票据欺诈行为之一的，依法追究刑事责任：

1.伪造、变造票据的。

2.故意使用伪造、变造的票据的。故意使用伪造、变造票据的行为，是一种对社会正常经济秩序危害较大的违法行为，行为人应承担刑事责任。

3.签发空头支票或者故意签发与其预留的本人签名式样或印鉴不符的支票，骗取财物的。

4.签发无可靠资金来源的汇票、本票，骗取资金的。签发汇票、支票应当有可靠的资金来源，保证支付，确保票据权利人能按时得到票款。如果出票人签发无可靠资金来源的汇票、本票，其目的是为了骗取资金，构成票据欺诈行为。出票人除应负票据责任外，还应承担刑事责任。

5.汇票、本票的出票人在出票时做虚假记载、骗取财物的。这里所讲的虚假记载，是指出票人对票据上除签章以外的其他事项，如付款人、收款人、票据金额、付款地等所作的不真实记载。作这样的记载，如果是以骗取财物为目的的，构成票据欺诈行为。出票人除承担票据责任外，还应承担刑事责任。

6.冒用他人的票据，或者故意使用过期或者作废的票据，骗取财物的。冒用他人的票据，是指无权利人没有法律依据或没有得到授权而利用真正票据权利人的票据，骗取票据资金、商品等财物。冒用他人票据的，属于票据欺诈行为，应承担刑事责任。过期的票据，是指票据权利因已经超过时效期限而消灭的票据。作废的票据，是指付款请求权已经实现、自始无效或者被法院宣告无效的票据。凡是故意使用上述票据来骗取票款、商品等财物的，亦属于票据欺诈行为，应依法承担刑事责任。

7.付款人同出票人、持票人恶意串通，实施前六项所列行为之一的。

犯有上述七种票据欺诈行为，情节轻微，社会危害较小，不构成犯罪的，应给予行政处罚。

【实训题 14-6】下列票据欺诈行为中，属于伪造票据的是(　　)。

A.假冒出票人在票据上签章　　B.涂改票据号码

C.对票据金额进行挖补篡改　　D.修改票据密押

二、票据付款人违法行为的法律责任

票据付款人的违法行为主要表现为故意压票、拖延支付。

票据付款人包括银行汇票和银行本票的出票银行、银行承兑汇票的承兑银行、商业承兑汇票的承兑人、支票的付款银行等。由于银行汇票、银行承兑汇票、银行本票的付款，按照我国现行做法是由代理付款银行进行的。因此，故意压票、拖延支付所承担的责任也适用于代理付款银行。

票据付款人故意压票、拖延支付的行为，应由金融行政管理部门处以罚款，对直接责任人给予处分。目前中国人民银行已经对付款人故意压票、拖延支付应给予的行政处罚作出规定，主要有：罚款、警告、通报批评、停止使用或办理有关票据结算、对责任人给予行政处罚。

关于罚款的规定有：对付款人故意压票、拖延支付的，按票据金额每天处以万分之七的罚款；对商业承兑汇票人拖延支付的，对其按票据金额处以5%，但不低于1 000元的罚款。关于对直接责任人处分的规定：处以按本人月基本工资额20%至80%的罚款，给予警告、记过、撤职、直至开除公职。

票据付款人故意压票、拖延支付给持票人造成损失的，应依法承担赔偿责任。按照中国人民银行现行规定，票据付款人故意压票、拖延支付，影响持票人资金使用的，每天要按延压的票据金额的万分之五向持票人计付赔偿金。

本章小结

票据是指出票人依票据法签发的，由本人或委托他人在见票时或者在票据记载日期无条件支付确定的金额给收款人或持票人的一种有价证券。包括汇票、本票和支票。票据是设权证券、无因证券、要式证券、文义证券、债权证券、金钱证券和流通证券。票据具有支付、结算、信用、融资和流通功能。票据法是调整票据关系以及与票据关系有关的其他社会关系的法律规范。具有强行性、技术性、国际统一性，实行“严格形式主义”。票据法律关系是指票据当事人之间在票据的签发和转让等过程中发生的权利义务关系。票据本身与其基础关系相分离，强调保护善意第三人。票据行为是以发生票据上的权利义务为目的所实施的要式法律行为，包括出票、背书、承兑、保证和付款等。票据权利，是指持票人向票据债务人请求支付票据金额的权利，包括付款请求权和追索权。汇票是出票人签发的，委托付款人在见票时或者在指定日期无条件支付确定的金额给收款人或者持票人的票据。本票即银行本票，是指出票人签发的、承诺自己在见票时，无条件支付确定的金额给收款人或持票人的票据。支票是出票人签发的，委托办理支票存款业务的银行或其他金融机构在见票时，无条件支付确定的金额给收款人或持票人的票据。涉外票据是指出票、背书、承兑、保证、付款等行为中，既有发生在中国境内的，又有发生在中国境外的票据。

复习思考题

1. 简述票据的概念、特征和作用。
2. 论述票据法的基本原理。
3. 简述票据行为的概念、特征及构成要件。
4. 我国《票据法》规定的票据行为有哪些？各票据行为的作用如何？
5. 简述持票人行使追索权的条件、时间、地点和程序。
6. 汇票的基本当事人有哪些？关系如何？
7. 简述汇票的出票规则。
8. 简述汇票、本票、支票的不同。

第十五章　房地产管理法律制度

本章重点知识

- 房地产管理法的概念
- 房地产开发用地
- 房地产开发
- 房地产转让
- 房地产抵押
- 商品房预售
- 房地产权属登记

【引读案例】

甲在诉乙的侵权诉讼中保全了乙的一处房产，该房产是乙从丙房地产开发公司处购得的。乙与丙公司的商品房购买合同约定，房价50万元，一次性付款。而乙在房屋购销合同签订当日仅付5万元，该房产在法院保全时未办理房产过户手续，只是在房产管理部门进行了预售登记。该房产被保全后，丙公司就房产被保全事宜向法院提出异议，主张乙未给付剩余购房款，其有解除合同的权利；该房产处于在建状态，乙对该房产只是一种期待权利，不享有所有权，该房屋所有权归丙公司所有。

试用房地产管理法和相关法律知识分析上述案例。

第一节　房地产管理法概述

一、房地产的含义与特征

房地产是房产与地产的合称。房产是指土地上的房屋等建筑物和构筑物。地产是指供人们开发、使用和经营的土地。房产与地产有时可分，有时不可分。从物质形态上看，当土地作为耕地或者空地时，它只是地产；当在土地上建房时，地产与房产则连为一体，称为房地产。所以，“房地产”作为一个复合概念，是指土地、土地权益以及地上的房屋的合称。

房地产作为一种不动产，具有如下特征：①不可移动性，即位置上不可移动，或者一旦移动其经济价值就会受到损害。②特定性，即房地产是特定物。房地产所在的特定位置的唯一性，即使外形、风格、年代、建筑材料、建筑标准完全相同的数幢房屋，处在不同的地理位置和环境，其价值就会有差异；同一幢建筑，由于所处楼层、朝向、单元不同，其价值也会有所不同。③非损耗性。房地产及其使用价值不会因其利用被消耗掉，而是能够长期存在。④有限性。土地作为一种稀缺资源，其有限性决定了房地产供给的有限性。

二、房地产业的概念

房地产业的概念有广义和狭义之分。广义的房地产业，是指从事城乡土地、房屋的开发、利用、经营、服务、管理、保护的各种业务活动。狭义的房地产业是指从事房地产开发经营的产业。

三、房地产管理法

(一)房地产管理法的概念及其立法

房地产管理法，是调整在国家管理房地产开发经营过程中发生的经济关系的法律规范的总称。1988 年 4 月 12 日，七届人大一次会议通过了宪法修正案，确立了“土地的使用权可以依照法律规定转让”的制度。这是新中国成立以后我国首次以根本大法的形式规定土地使用权可以依法转让，我国房地产开发经营克服了重大的法律障碍。根据宪法修正案，1988 年，七届人大常委会修改了 1986 年制定的《中华人民共和国土地管理法》(以下简称《土地管理法》)，对土地使用权作了补充修改。为了加强土地管理，九届人大常委会于 2004 年又对《土地管理法》作了修订，在一系列问题上作出了重要规定。1989 年七届人大常委会通过了《中华人民共和国城市规划法》，该法于 2008 年废止，被《中华人民共和国城乡规划法》取代。1994 年第八届人大常委会通过了《中华人民共和国城市房地产管理法》(以下简称《房地产管理法》)，这是我国城市房地产管理的基本法，为我国城市房地产管理的法制化奠定了坚实的基础。2007 年《中华人民共和国物权法》(以下简称《物权法》)施行，我国房地产法进入与《物权法》的协调期。第十届人大常委会于 2007 年对《房地产管理法》进行了修正，增加了房屋征收的内容。围绕《房地产管理法》，国务院及国务院房地产管理主管机关，亦先后发布了一系列有关城市房地产管理的行政法规和部门规章，不仅有助于完备我国的房地产管理法律制度，而且在实践中对房地产开发经营活动的运作产生了重大的影响。这些法规、规章主要有《城市商品房预售管理办法》(1994 年，2001 年、2004 年修正)、《城市房地产中介服务管理规定》(1996 年，2001 年修正)、《城市房地产抵押管理办法》(1997 年，2001 年修正)、《住房公积金管理条例》(1999 年，2002 年修订)、《房地产开发企业资质管理规定》(2000 年)、《物业管理条例》(2003 年，2007 年修订)、《经济适用住房管理办法》(2004 年，2007 年修订)、《土地登记办法》(2008 年施行)、《房屋登记办法》(2008 年施行)、《国有土地上房屋征收与补偿条例》(2011 年施行)等。

(二)房地产管理法的适用范围

《房地产管理法》第 2 条规定:“在中华人民共和国城市规划区国有土地范围内取得房地产开发用地的土地使用权，从事房地产开发、房地产交易，实施房地产管理，应当遵守本法。”

(三)房地产管理法的基本原则

房地产管理法确立的基本原则可以概括为两项:一是国家扶持发展居民住宅建设的原则，二是保护房地产权利人合法权益的原则。

第二节　房地产开发用地

一、房地产开发用地的概念

房地产开发用地，是指依法取得的、用于房地产开发、进行基础设施和房屋建设的用地。其特点是：①房地产开发用地的所有权属于国家，房地产开发企业必须依法取得使用权，才能进行开发。②房地产开发用地，一般具有资产增值的功能，一经开发即成为一种重要资产。③房地产开发用地，一般以市场取向为目的，投资者开发的目的是为了投入市场交易。

房地产开发用地的原则，是指在进行房地产开发使用土地过程中应当遵循的基本行为准则。主要有以下几项：①节约、合理利用土地和切实保护耕地的原则。②集体土地先征后用于房地产开发的原则。③符合土地利用规划和建设用地计划的原则。④房地产开发用地以出让为主要方式的原则。

二、土地使用权出让

(一)土地使用权出让的概念及特征

土地使用权出让，是指国家将国有土地使用权在一定年限内出让给土地使用者，由土地使用者向国家支付土地使用权出让金的行为。其法律特征是：

1. 土地使用权出让的客体是一定年限的土地使用权，土地使用权出让事实一经发生，即实现国有土地所有权与使用权的分离。根据我国宪法规定，我国实行土地公有制，任何组织或者个人不得侵占、买卖或者以其他形式非法转让土地。土地使用权可以依照法律的规定转让。因此，土地使用权出让的客体是土地使用权，而不是土地的所有权。

2. 土地使用权出让，有法定最高年限：居住用地 70 年；工业用地 50 年；教育、科技、文化、卫生、体育用地 50 年；商业、旅游、娱乐用地 40 年；综合或者其他用地 50 年。实际出让年限由土地使用权出让合同约定，使用年限届满，土地使用者未申请续期或申请续期未获批准的，土地使用权由国家无偿收回。

3. 土地使用权出让是有偿的，土地使用者取得一定年限内的土地使用权必须向土地所有者即国家支付土地使用权出让金。

4. 从土地范围来看，出让的土地使用权只是一种地上使用权，不及于土地之下的资源、埋藏物和市政公用设施。

(二)土地使用权出让的方式

《房地产管理法》第 13 条规定：“土地使用权出让，可以采取拍卖、招标或者双方协议的方式。商业、旅游、娱乐和豪华住宅用地，有条件的，必须采取拍卖、招标方式；没有条件，不能采取拍卖、招标方式的，可以采取双方协议的方式。”国土资源部 2002 年发布的《招标拍卖挂牌出让国有土地使用权规定》(以下简称《规定》),不仅对招标、拍卖流程做出规范,还规定了挂牌出让方式这种新的公开出让方式。该《规定》第4条还扩大了招标、拍卖等竞价方式的适用范围,“商业、旅游、娱乐和商品住宅等各类经营性用地,必须以招标、拍卖或者挂牌方式出让。前款规定以外用途的土地的供地计划公布后,同一宗地有两个以上意向用地者的,也应当采用招标、拍卖或者挂牌方式出让。”即凡有两个以上潜在受让人的,就应当采取公开方式,不受土地用途的限制。

1.拍卖出让。拍卖出让,是指在指定的时间、地点,组织符合条件的土地使用权竞投者到场,在市、县人民政府土地使用权拍卖主持人主持下,公平竞投某一地块使用权,按“价高者得”的原则确定土地使用权受让人的一种出让方式。采用这种方式,有利于受让人之间公开、平等竞争,排除人为因素的干扰,同时也可使出让方获得较高的出让金。

2.招标出让。招标出让,是指在指定的期限内,由符合条件的单位或者个人以书面投标方式,竞投出让地块使用权,由招标人根据一定的要求,择优确定土地使用权受让人的一种出让方式。

3.双方协议出让。双方协议出让,是指市、县人民政府土地管理部门与申请受让人直接就土地使用权出让有关事宜进行协商,达成协议的一种出让方式。

4.挂牌出让。挂牌出让,是指出让人发布挂牌公告,按公告规定的期限将拟出让宗地的交易条件在指定的土地交易场所挂牌公布,接受竞买人的报价申请并更新挂牌价格,根据挂牌期限截止时的出价结果确定土地使用者的行为。

(三)土地使用权出让合同

土地使用权出让,应当签订书面出让合同,合同依法成立即具有法律约束力。

1.一般而言,出让合同应包括以下主要内容:

(1)出让地块的基本情况,包括位置、面积、界线、地面现状等。

(2)出让金及其支付方式、支付期限。

(3)土地使用权的出让期限。

(4)土地使用条件,即根据建设规划确定的土地用途及利用要求。

(5)违约责任、争议解决方法等条款。

2.合同的变更、终止与续期

(1)合同的变更。土地使用者需要改变土地使用权出让合同约定的土地用途的,必须取得出让方和市、县人民政府城市规划行政主管部门的同意,签订出让合同变更协议或者重新签订出让合同,并相应调整土地使用权出让金。

(2)土地使用权终止。土地使用权终止,是指因出现法律规定的情况,致使受让人丧失了土地使用权。《房地产管理法》对土地使用权终止,作了四项重要规定:①使用期限届满。《房地产管理法》第22条第2款规定:“土地使用权出让合同约定的使用年限届满,土地使用者未申请续期或者虽申请续期但依照前款规定未获批准的,土地使用权由国家无偿收回。”②根据社会公共利益的需要提前收回。《房地产管理法》第20条规定:“国家对土地使用者依法取得的土地使用权,在出让合同约定的使用年限届满前不收回;在特殊情况下,根据社会公共利益的需要,可以依照法律程序提前收回,并根据土地使用者使用土地的实际年限和开发土地的实际情况给予相应的补偿。”③因逾期开发而被无偿收回。《房地产管理法》第26条规定:“以出让方式取得土地使用权进行房地产开发的,必须按照土地使用权出让合同约定的土地用途、动工开发期限开发土地。满2年未动工开发的,可以无偿收回土地使用权。”④土地灭失。《房地产管理法》第21条规定:“土地使用权因土地灭失而终止。”土地灭失,是指由于不可抗拒的自然力量造成原土地性质的彻底改变或原土地面貌的彻底改变,受让人因此而终止其土地使用权。

(3)土地使用权期满后的续期。《房地产管理法》第22条第1款规定:土地使用权出让合同约定的使用年限届满,土地使用者需要继续使用土地的,应当至迟于届满前一年申请续期,除根据社会公共利益需要收回该幅土地的,应当予以批准。经批准予以续期的,应当重新签订土地使用权出让合同,依照规定支付土地使用权出让金。

三、土地使用权划拨

(一)土地使用权划拨的概念

土地使用权划拨,是指县级以上人民政府依法批准,在土地使用者缴纳补偿、安置等费用后将该幅土地交付其使用,或者将土地使用权无偿交给土地使用者使用的行为。以划拨方式取得土地使用权的,一般没有使用期限的限制。

(二)土地使用权划拨的范围

《房地产管理法》第24条规定:“下列建设用地的土地使用权,确属必需的,可以由县级以上人民政府依法批准划拨:国家机关用地和军事用地;城市基础设施用地和公益事业用地;国家重点扶持的能源、交通、水利等项目用地;法律法规规定的其他用地。”

第三节　房地产开发

一、房地产开发的概念和原则

(一)房地产开发的概念

房地产开发,是指在依法取得国有土地使用权的土地上进行基础设施、房屋建设的行为。基础设施建设,通常称为土地开发或再开发。土地开发,也称“三通一平”或“七通一平”。“三通”即路通、水通、电通;“七通”则包括道路通、上下水通、雨污排水通、电力通、通讯通、煤气通、热力通;“一平”即平整场地。土地再开发,是指通过一定量的资金、劳动等投入,调整用地结构,完善城市基础设施,以提高现有土地的使用功能,提高土地利用效益。房屋建设,是指在经过开发或再开发,具备建设条件的土地上,建筑各类房屋,包括住宅、工业用房、商业楼宇、办公用房和其他专门用房等。

(二)房地产开发应当遵循的原则

按照建立和健全市场经济的基本思路,《房地产管理法》规定了若干房地产开发的基本原则。这些基本原则构成了房地产开发秩序的基本框架,是从事房地产开发必须遵循的准则。

1.严格执行城市规划。城市规划是城市发展的纲领,也是房地产开发和城市各项建设的依据。房地产开发必须严格执行城市规划,只有如此,才能保证城市有秩序地协调发展。

2.坚持经济、社会和环境效益相统一。经济效益是房地产开发赖以生存和发展的必要条件,房地产开发必须追求和提高经济效益,但绝不能损害社会效益和环境效益。它们三者之间是相互依存、相互促进、缺一不可的关系。

3.按照约定的用途、动工开发期限开发土地。房地产开发必须按照土地使用权出让合同约定的用途和动工开发期限开发土地。坚持这一原则的目的在于规范房地产开发利用土地的行为,维护土地使用权出让合同的权威性和效益目标。

4.设计、施工、验收必须符合规范。房地产开发项目的设计、施工必须符合国家的有关标准和规范。房地产开发项目竣工,经验收合格后,方可交付使用。这样有利于确保开发项目的工程质量,维护消费者的权益和国家利益、社会公共利益。

5.鼓励开发、建设居民住宅。国家采取税收等方面的优惠措施鼓励和扶持房地产开发企业开发建设居民住宅。这一原则体现党和政府对城市居民住房问题的关心和高度重视。

二、房地产开发经营管理体制

房地产开发经营管理体制,是指房地产开发经营管理机构的设置和管理权限的划分。《房地产管理法》第7条规定:“国务院建设行政主管部门、土地管理部门依照国务院的规定划分职权,各司其职,密切配合,管理全国房地产工作。”根据这一规定,住房和城乡建设部和国土资源部是主管全国房地产工作的机关。

三、房地产开发企业

(一)房地产开发企业的概念及设立条件

房地产开发企业是以营利为目的,从事房地产开发和经营的企业。《房地产管理法》第30条规定,设立房地产开发企业,应当具备下列条件:有自己的名称和组织机构;有固定的经营场所;符合国务院规定的注册资本;有足够的专业技术人员;法律法规规定的其他条件。

(二)设立程序

设立房地产开发企业,应向工商行政管理部门申请登记。工商行政管理部门对符合上述条件的,应当予以登记,发给营业执照;对不符合上述条件的,不予登记。房地产开发企业在领取营业执照后的1个月内,应当到登记机关所在地的县级以上人民政府规定的部门备案。

第四节 房地产交易

一、房地产交易的概念、基本原则和制度

(一)房地产交易的概念与特征

房地产交易是指当事人依法进行的房地产转让、房地产抵押和房屋租赁等活动。它具有以下特征:①房地产交易的对象是一种特殊商品——房地产。它属于不动产,具有不可移动性、特定性。②房地产交易的内容包括房地产转让、房地产抵押和房屋租赁。③房地产交易必须依法进行,即必须遵循《房地产管理法》及其他有关法律法规。

(二)房地产交易应当遵循的基本原则

《房地产管理法》第32条规定:"房地产转让、抵押时,房屋的所有权和该房屋占用范围内的土地使用权同时转让、抵押。"该条明确了房地产转让、抵押的一般原则。根据这一原则,房地产无论是转让,还是抵押,房屋的所有权与该房屋占用范围内的土地使用权必须同时转让或者抵押,即房地统一、房地相随。

(三)房地产交易的基本制度

1.房地产价格评估制度。房地产价格评估,应当遵循公正、公平、公开的原则,按照国家规定的技术标准和评估程序,以基准地价、标定地价和各类房屋的重置价格为基础,参照当地的市场价格进行评估。

2.房地产成交价格申报制度。房地产权利人转让房地产,应当向县级以上地方人民政府规定的部门如实申报成交价,不得瞒报或者作不实的申报。实行房地产成交价格申报制度,有利于国家加强税收管理,保障国家税收收入,也有利于国家了解和掌握房地产市场的行情,实施必要的宏观调控,维护房地产市场秩序。

二、房地产转让

(一)房地产转让的概念、方式及限制

房地产转让,是指房地产权利人通过买卖、赠与或其他合法方式将其房地产转移给他人的行为。由此可见,房地产转让的方式主要有买卖、赠与和其他合法方式,如交换、继承、遗赠等。

下列房地产不得转让:①以出让方式取得土地使用权,不符合规定条件的。②司法机关和行政机关依法裁定,决定查封或者以其他方式限制房地产权利的。③依法收回土地使用权的。④共有房地产,未经其他共有人书面同意的。⑤权属有争议的。⑥未依法登记领取权属证书的。⑦法律法规规定禁止转让的其他情形。

(二)以出让方式取得土地使用权的房地产转让

以出让方式取得土地使用权的房地产转让应当符合下列条件:①按照出让合同约定已经支付全部使用权出让金,并取得土地使用权证书。②按照出让合同约定进行投资开发,属于房屋建设工程的,完成开发投资的25%以上,属于成片开发土地的,形成工业用地或者其他建设用地条件。转让房地产时房屋已经建成的,还应当持有房屋所有权证书。

房地产转让,应当签订书面转让合同,合同中应当载明土地使用权取得的方式。转让成立后,土地使用权出让合同载明的权利义务随之转移。

转让房地产后,其土地使用权的使用年限为原土地使用权出让合同约定的使用年限减去原土地使用者已经使用年限后的剩余年限。通过转让取得土地使用权的受让人欲改变原土地使用权出让合同约定的土地用途的,必须依法取得有关部门同意并办理变更手续。

(三)以划拨方式取得土地使用权的房地产转让

以划拨方式取得土地使用权的房地产转让,应符合下列条件:①按照国务院规定,报有批准权的人民政府审批。②经有批准权的人民政府准予转让的,应当由受让方办理土地使用权出让手续,并依照国家有关规定缴纳土地使用权出让金。有批准权的人民政府依法决定可以不办理土地使用权出让手续的,转让方应按照有关规定将转让房地产所获收益中的土地收益上缴国家或者作其他处理。

(四)商品房预售

商品房预售是房地产转让的一种主要销售方式,指房地产开发企业在建设房屋的工程尚未竣工之前,将正在施工的房屋预先出售给购买者的行为。

商品房预售应当符合下列条件:①已交付全部土地使用权出让金,取得土地使用权证书。②持有建设工程规划许可证。③提供预售的商品房计算,投入开发建设的资金达到工程建设总投资的25%以上,并已经确定施工进度和竣工交付日期。④向县级以上人民政府房产管理部门办理预售登记,取得商品房预售许可证明。

三、房地产抵押和房屋租赁

(一)房地产抵押

房地产抵押,是指抵押人以其合法的房地产以不转移占有的方式向抵押权人提供债务履行担保的行为。债务人不履行债务时,抵押权人有权依法以抵押的房地产折价或者拍卖、变卖该房地产所得的价款优先受偿。《房地产管理法》第48条规定,以出让方式取得的土地使用权、依法取得的房屋所有权连同该房屋占用范围内的土地使用权,可以设定抵押权。

房地产抵押,抵押人和抵押权人应当签订书面抵押合同,并凭土地使用权证、房屋所有权证办理法定手续。

房地产抵押合同签订后,土地上新增的房屋不属于抵押财产。需要拍卖该抵押的房地产时,可以依法将土地上的新增的房屋与所抵押财产一同拍卖,但对拍卖新增房屋所得,抵押权人无权优先受偿。

设定房地产抵押权的土地使用权是以划拨方式取得的，依法拍卖该房地产后，应当从拍卖所得的价款中缴纳相当于应缴纳的土地使用权出让金的款项后，抵押权人方可优先受偿。

下列房地产不得设定抵押：①权属有争议的房地产。②用于教育、医疗、市政等公共福利事业的房地产。③列入文物保护的建筑物和有重要纪念意义的其他建筑物。④已依法公告列入拆迁范围的房地产。⑤被依法查封、扣押、监管或者以其他形式限制的房地产。⑥依法不得抵押的其他房地产。

(二)房屋租赁

房屋租赁，是指房屋所有权人作为出租人将其房屋出租给承租人使用，由承租人支付租金的行为。出租人和承租人应当签订书面租赁合同，约定租赁期限、租赁用途、租赁价格、修缮责任等条款，明确双方的权利义务，并向房地产管理部门登记备案。

房屋所有权人以营利为目的将以划拨方式取得使用权的国有土地建成的房屋出租的，应当将租金中所含土地收益上缴国家。

有下列情形之一的房屋不得出租：①未依法取得房屋所有权证的。②司法机关和行政机关依法裁定、决定查封或者以其他形式限制房地权利的。③共有房屋未取得共有人同意的。④权属有争议的。⑤属于违法建筑的。⑥不符合安全标准的。⑦已抵押，未经抵押权人同意的。⑧不符合公安、环保、卫生等主管部门有关规定的。⑨有关法律、法规规定禁止出租的其他情形。

四、房地产中介服务机构

房地产中介服务机构，是指依法设立，从事房地产咨询、经纪和评估等业务的组织，包括房地产咨询机构、房地产价格评估机构、房地产经纪机构等。

房地产中介服务机构的设立应当符合《房地产管理法》第 58 条规定的条件，有自己的名称和组织机构；有固定的服务场所；有必要的财产和经费；有足够数量的专业人员；法律、法规规定的其他条件。此外，还应向工商行政管理部门申请设立登记，领取营业执照后，方可开业。

【实训题 15-1】下列哪些机构属于房地产中介服务机构？（　　）

A. 房地产咨询机构　　B. 房地产经纪机构

C. 房地产职业培训机构　　D. 房地产价格评估机构

第五节　房地产权属登记

一、房地产权属登记的概念和功能

房地产权属登记，又称房地产产权登记，即房地产管理部门代表政府对房地产所有权、使用权以及由上述权利产生的抵押权、典权等房地产他项权利进行登记，依法确认房地产权归属关系的行为。登记的主要作用在于公示房地产的权属状态和权力范围。房地产权属登记具有以下功能：

1. 产权确认功能。权利确认功能是指房地产权属登记具有的确认房地产的权属状态，承认并保护房地产权利人对其房地产的法律支配关系的功能。

2. 权利公示功能。权利公示功能，是指将房地产权利变动的事实向社会公开用以表示房地产流转功能，是维护房地产交易安全的需要。

3. 权属管理功能。房地产权属登记的管理功能，是指房地产权属登记所具有的实施国家管理意图的功能。

二、房地产权属登记的效力

我国《物权法》对不动产实行的是以登记生效主义为原则、以登记对抗主义为例外。原则上由登记决定不动产物权的设立、变更、转让和消灭是否生效，不动产物权的各项变动都必须登记，不登记者不生效；例外情况下采取登记对抗主义。应当注意，房地产权属登记的效力与有关房地产合同的效力是两个不同的问题。

三、房地产权属登记的类型

房地产权属登记包括土地权属登记（简称土地登记）和房屋权属登记（简称房屋登记）。

（一）土地登记

依照《土地登记管理办法》的规定，土地登记，是指将国有土地使用权、集体土地所有权、集体土地使用权和土地抵押权、地役权以及依照法律法规规定需要登记的其他土地权利记载于土地登记簿公示的行为。土地登记包括土地总登记、初始登记、变更登记、注销登记和其他土地登记。

（二）房屋登记

依照《房屋登记管理办法》的规定，房屋登记，是指房屋登记机构依法将房屋权利和其他应当记载的事项在房屋登记簿上予以记载的行为。根据土地所有权属不同，房屋登记分为国有土地范围内房屋登记和集体所有土地范围内房屋登记。这两类房屋登记都包括所有权登记、抵押权登记、地役权登记、更正登记和异议登记。其中，所有权登记包括初始登记、转移登记、变更登记和注销登记，抵押权登记和地役权登记包括设立登记、转移登记、变更登记和注销登记。

【实训题 15-2】2010 年 1 月份，高某与某房地产开发公司签订了一份《预售商品房认购书》。《认购书》约定，公司为高某预留所选房号，双方于公司取得商品房预售许可证时正式签订商品房预售合同。《认购书》还约定，认购人于签订认购书时缴纳“保证金”1 万元，该款于双方签订商品房预售合同时自动转为合同定金，如认购人接到公司通知后 7 日内不签订商品房预售合同，则该款不予退还。同年 2 月份，高某接到公司已经取得商品房预售许可证的通知，立即前往公司签订了商品房预售合同，并当场缴纳了首期购房款 80 万元。同年 5 月份，高某接到公司通知:房屋预售合同解除。经了解,该套房屋已经被公司以更高价格出售给第三人。双方发生争议。请回答第1～3题。

1. 公司主张,双方在签订《预售商品房认购书》时,公司尚未取得商品房预售许可证,故该《认购书》无效,以此为基础订立的商品房预售合同也应无效。对此,下列判断正确的是:(　　)

A. 法律规定,取得商品房预售许可证是商品房预售的必备条件之一

B.《预售商品房认购书》不是商品房预售合同,不以取得商品房销售许可证为条件

C. 双方签订商品房预售合同时,公司已具备商品房预售的法定条件,该合同有效

D. 因施工进度及竣工交付日期变化的,房屋可另售他人

2. 公司还主张,公司在解除商品房预售合同时,该合同尚未报区政府房地产管理局备案,故不受法律保护。对此,下列判断正确的是:(　　)

A. 登记备案是商品房预售合同的法定生效要件,该合同未经登记备案不受法律保护

B. 登记备案是商品房预售人的法定义务,但不是合同的生效条件,该合同应受法律保护

C. 登记备案是商品房预售合同当事人的权利,未登记备案不影响该合同的效力

D. 商品房预售合同无须登记备案,当事人在房屋交付时办理产权登记即可

3. 经双方协商,高某同意解除商品房预售合同。但在款项支付问题上,双方发生分歧。高某要求返还80万元首期房款本息并双倍返还定金。公司主张只退还80万元首期房款和1万元"保证金"。对此,下列判断正确的是:(　　)

A. 商品房预售合同无约束力,只能按公司的意见办理退款

B. 商品房预售合同有效,但《预售商品房认购书》无效,故应按公司的意见办理退款

C.《预售商品房认购书》和商品房预售合同均有效,应该支持高某的主张

D. 开发商违约,高某有权请求赔偿损失

第六节　违反房地产管理法的法律责任

一、违反房地产管理法的法律责任的概念

违反房地产管理法的法律责任,是指个人或者组织违反房地产管理法,侵害房地产法律关系主体的利益和房地产管理秩序的行为所应承担的不利的法律后果。

二、违反房地产管理法应承担法律责任的主要情形

(一)房地产开发企业、中介服务机构违反登记管理的法律责任

未取得营业执照擅自从事房地产开发业务或房地产中介服务业务的,由县级以上人民政府工商行政管理部门责令停止业务活动,没收违法所得,可以并处罚款。

（二）房地产权利人违反房地产交易管理的法律责任

房地产权利人违反《房地产管理法》第39条第一款规定转让房地产的，由县级以上人民政府土地管理部门没收违法所得，可以并处罚款；违反第40条第一款规定转让房地产的，由县级以上人民政府土地管理部门责令缴纳土地使用权出让金，没收违法所得，可以并处罚款；违反第45条的规定预售商品房的，由县级以上人民政府房产管理部门责令停止预售活动，没收违法所得，可以并处罚款。

（三）政府及管理机关、管理人员的违法责任

1.擅自批准出让或者擅自出让土地所有权用于房地产开发的，由上级机关或所在单位给予有关责任人员行政处分。所谓擅自批准出让，是指违反批准权限批准出让国有土地的行为；所谓擅自出让土地使用权是指出让未经批准出让的土地或者在批准手续不完备的情况下出让土地使用权的行为。

2.没有法律法规的依据，向房地产开发企业收费，是乱收费，上级机关应当责令退回所收取的款项；情节严重，包括收费的数额较大，或者多次违法收费，经教育不改的，对直接责任人员给予行政处分。

3.房产管理部门、土地管理部门工作人员玩忽职守、滥用职权，构成犯罪的，依法追究刑事责任；不构成犯罪的，给予行政处分。

本章小结

房地产是房产与地产的合称。房产是指土地上的房屋等建筑物和构筑物。地产是指供人们开发、使用和经营的土地。房地产管理法，是调整在国家管理房地产开发经营过程中发生的经济关系的法律规范的总称。房地产开发，是指在依法取得国有土地使用权的土地上进行基础设施、房屋建设的行为。房地产开发用地，是指依法取得的，用于房地产开发，进行基础设施和房屋建设的用地。在我国现阶段对房地产开发用地实行土地使用权出让和土地使用权划拨两种方式。土地使用权出让，是指国家将国有土地使用权在一定年限内出让给土地使用者，由土地使用者向国家支付土地使用权出让金的行为。土地使用权划拨，是指县级以上人民政府依法批准，在土地使用者缴纳补偿、安置等费用后将该幅土地交付其使用，或者将土地使用权无偿交给土地使用者使用的行为。房地产交易是指当事人依法进行的房地产转让、房地产抵押和房屋租赁等活动。房地产权属登记是指房地产管理部门代表政府对房地产所有权、使用权以及由上述权利产生的抵押权、典权等房地产他项权利进行登记，依法确认房地产权归属关系的行为。房地产权属登记具有产权确认、权利公示和管理的功能，我国实行的是房地产权登记生效主义为原则，登记对抗主义为例外。

复习思考题

1.简述房地产开发用地的概念和特征。

2.简述土地使用权出让的方式。

3. 土地使用权划拨的范围如何?

4. 房地产交易有哪些特征?

5. 房地产转让的限制性条件有哪些?

6. 房屋租赁与房屋抵押的关系如何?

7. 简述商品房预售的条件。

8. 房地产权属登记的功能和效力如何?

第十六章　国有资产管理法律制度

本章重点知识

- 国有资产管理法的概念
- 国有资产管理体制
- 国有资产产权界定
- 国有资产产权登记制度
- 国有资产评估制度

【引读案例】

A食品站属国有企业，在站长王某以食品站名义起草的出售食品站西院房地产的请求报告经县食品公司和县商业局批复后，李某与食品站签订了转让房地产合同。合同约定：食品站将其西院4间门面房、4间院内房包括院内土地，以30万元的价格转让给李某。合同签订后，李某向县土地管理局办理了土地使用权过户手续，领取了土地使用权证。但该转让行为转让的房地产未经国资局批准，也未经依法评估。国资局立案调查后，委托县房地产交易所对食品站与李某之间转让的房地产进行评估，评估价为60万余元。此后，县国资局向法院提起诉讼，请求法院确认A食品站与李某之间的转让合同无效。试运用国有资产管理法律知识和相关法律知识分析A食品站与李某之间的转让合同的效力。

第一节　国有资产管理法概述

一、国有资产的概念和分类

国有资产是指所有权属于国家的财产，包括国家依法取得和认定的，或者国家以各种形式对企业投资和投资收益、国家向行政事业单位拨款等形成的资产。

国有资产依其存在的属性，可以划分为经营性国有资产、非经营性国有资产和资源性国有资产。

经营性国有资产即国家作为出资者在企业中依法拥有的资本及其权益。增值性是经营性国有资产最突出的特点。经营性国有资产是国有资产中最重要、最活跃的部分，是国有资产不断增长的基础，因此成为国有资产管理的重点对象。包括国有企业（含国有独资公司）的资产，股份制企业中的国有股权，中外合资合作企业中中方国有单位的出资，联营企业中国有单位的出资，集体企业中的国有资产，这部分国有资产也可称之为企业国有资产。

非经营性国有资产主要是指行政事业性资产，即由行政事业单位占有、使用的，在法律上确认为国家所有、能以货币计量的各种经济资源的总和。非经营性国有资产主要运用于非生产领域,在使用目的上具有服务性,保证各项行政事业单位工作能够顺利开展,保障整个社会正常运转,因此,对非经营性国有资产的使用,不能以营利为目的。包括国家拨给行政事业单位的资产,行政事业单位按照国家政策规定运用国有资产组织收入形成的资产,以及接受捐赠和其他经法律确认为国家所有的资产。

资源性国有资产是指具有开发价值的国家自然资源,包括土地、矿藏、水流、森林、山岭、草原、滩涂、海洋等。根据我国的有关法律规定,绝大多数资源性资产的所有权属于国家,这是因为资源的私有化不能适应社会化大生产发展的要求,资源性资产的全社会拥有是社会化大生产的必然结果。

本章所述的国有资产仅指经营性国有资产和非经营性国有资产。

【实训题 16-1】国有资产按其资产的性质分,可以分为(　　)

A. 经营性国有资产　　B. 非经营性国有资产

C. 资源性国有资产　　D. 非资源性国有资产

二、国有资产管理法与我国国有资产管理立法

国有资产管理是指国有资产的所有者依法对国有资产占有者在使用、处分该财产时所进行的监督与控制。其主要任务是保护国有资产及其权益不受损害,保护国有资产不断增值。

国有资产管理法是指调整国有资产的所有者对占有者在使用、处分国有资产进行管理过程中所发生的社会关系的法律规范的总和。我国先后公布的国有资产管理法律规范主要有:2003 年 5 月 27 日国务院发布的《企业国有资产监督管理暂行条例》、2003 年 12 月 31 日国务院国有资产监督管理委员会公布的于 2004 年 2 月 1 日起施行的《企业国有产权转让管理暂行办法》、2005 年 8 月 31 日国务院国有资产监督管理委员会公布的于同年 9 月 1 日起施行的《企业国有资产评估管理暂行办法》、2006 年 5 月 30 日财政部公布的于同年 7 月 1 日起施行的《行政单位国有资产管理暂行办法》和《事业单位国有资产管理暂行办法》。2008 年 10 月 28 日十一届全国人大常委会第五次会议通过了《企业国有资产法》,自 2009 年 5 月 1 日起施行。

三、国有资产管理体制

(一)国有资产管理体制的概念

国有资产管理体制,是指在国有资产管理过程中有关管理机构的设立及其职责划分的基本制度。

国家根据政府的社会经济管理职能和国有资产所有者职能分开、政企职能分开、国有资产所有权与经营权适当分离的原则,确立国有资产管理体制。这一原则体现了国家在对国有企业的关系上具有双重身份,即一是行政管理者身份,二是企业资产所有者的身份。国家依不同的身份对国有企业享有不同的职权。为使国家双重的职权不相混淆,真正做到政企分开,国家设立了专司国有资产管理的机构。

(二)国有资产管理体制

国家对国有资产实行国家所有、政府分级监管、企业自主经营的体制。国家所有是指国家是国有资产的所有权主体,对国有财产享有占有、使用、收益和处分的权利,这样从法律上排除了任何组织和个人主张对国有财产的所有权。分级监管,是指由各级国有资产管理机构,以及政府授权管理国有资产的机构对国有资产所进行的管理。企业自主经营是指企业把国家授权管理的资产作为全部法人财产所进行的管理。这一体制体现了国有资产管理中的分工协作关系,是较为合理的对国有资产进行管理和经营的形式。

(三)国有资产管理机构

与上述管理体制相适应,国有资产管理机构由以下三个层次所构成:

1.政府国有资产管理机构。政府国有资产管理机构具体组织形式为国有资产管理局,是政府行政机构,国有资产所有者的代表,代表国家专司国有资产所有者的管理职能。地方各级政府相应设立地方各级国有资产管理局。各级国有资产管理局都由同级财政部门归口管理,并向同级政府、上级国有资产管理局和同级财政部门负责并报告工作。

国有资产管理局的主要任务是对境内外的全部国有资产行使管理职能,重点是管理国家投入到各类企业中的国有资产。国家国有资产管理局的具体职责是:①贯彻执行国家有关国有资产管理的方针政策和法律法规,拟定全国性的国有资产管理条例和各项管理制度,并组织实施。②组织对中央和地方各级国有资产现状和变动情况的调查研究及登记管理工作,监督国有资产的保值和增值。③参与国家投资的分配和回收投资的再分配,对各类国家投资公司、投资银行的经营活动进行稽核和监督,促进提高投资效益。④对国有资产的运用情况实施检查,促进国有资产经营单位大力提高经营效益,保证国有资产保值和增值。⑤会同有关部门对中央级国有企业进行发包、租赁、合资、参股经营等项工作,并参与决定国有企业税后利润分配和合资企业国有资产股权收益分配。⑥审批中央级国有企业承包、租赁、合资、参股经营和兼并、拍卖、破产清理等经济活动中涉及国有资产的评估、产权变动和财务处理问题。审批中央级行政事业单位国有资产产权转移、评估和财务处理问题。⑦组织推动中央和地方企业闲置国有资产的处理,提高国有资产利用率。⑧管理设在我国境外的国有资产,维护其合法权益。⑨指导地方各级国有资产管理机构的工作。

地方国有资产管理部门在本地区内行使相应的管理国有资产的职权。

2.政府授权管理国有资产的机构。政府授权管理国有资产的机构具体包括国家投资公司等组织机构。这种机构介于管理国有资产的政府机构与国有企业之间,在政府国有资产管理部门授权下,以所有者代表的身份向企业派出产(股)权代表或机构,据此对企业中的国有资产实行经营决策方面的管理。

3.企业国有资产管理机构。现代企业按照财产构成可以有多种组织形式。但是,无论哪种形式,凡是有国家投资的,都存在一个对国有资产的管理问题,这就要求企业把包括国家在内的出资者投资形成的财产进行统一管理,对出资者承担资产保值增值的责任。

第二节 国有资产产权界定法律制度

一、国有资产产权界定的概念

产权是指财产所有权以及与财产所有权有关的经营权、使用权。

产权界定是指国家依法划分财产所有权和经营权、使用权等产权归各类产权主体行使权利的财产范围及管理权限的一种法律行为。根据国有资产管理局颁布的《国有资产产权界定和产权纠纷处理暂行办法》的规定，产权界定包括全部或部分占用国有资产单位的产权界定、全民所有制单位与其他所有制单位之间以及全民所有制单位之间的国有资产产权的界定。

产权界定应遵循“谁投资谁拥有产权”的原则。在产权界定过程中，既要维护国有资产所有者及经营者的合法权益，又不得侵犯其他财产所有者的合法权益。产权界定，对于明晰国有资产产权关系，防止国有资产流失，维护国有资产所有者的合法权益，保护其他财产主体的合法权益，促进社会主义市场经济的发展，具有重要的意义。

二、国有资产所有权的界定

（一）国家机关及其所属事业单位占有、使用的资产以及政党、人民团体中由国家拨款等形成的资产，界定为国有资产

（二）企业中国有资产产权界定

1. 全民所有制企业中的国有资产产权界定。全民所有制企业中下列财产产权应界定为国有资产：

（1）有权代表国家投资的部门和机构以货币、实物和所有权属于国家的土地使用权、知识产权等向企业投资，形成的国家资本金。

（2）全民所有制企业运用国家资本金及在经营中借入的资金等所形成的税后利润经国家批准留给企业作为增加投资的部分以及从税后利润中提取的盈余公积金、公益金和分配利润等。

（3）以全民所有制企业和行政事业单位（以下统称全民单位）担保，完全用国内外借入资金投资创办的或完全由其他单位借款创办的全民所有制企业，其收益积累的净资产。

（4）全民所有制企业接受馈赠形成的资产。

（5）在实行《企业财务通则》、《企业会计准则》以前，全民所有制企业从留利中提取的职工福利基金、职工奖励基金和《两则》实行后用公益金购建的集体福利设施而相应增加的所有者权益。

（6）全民所有制企业中党、团、工会组织等占用企业的财产（不包括以个人缴纳党费、团费、会费以及按国家规定由企业拨付的活动经费等结余购建的资产）。

2. 集体所有制企业中国有资产产权界定。

(1)全民单位以货币、实物和所有权属于国家的土地使用权、知识产权等独资(包括几个全民单位合资,下同)创办的以集体所有制名义注册登记的企业单位,其资产所有权界定按照全民所有制企业中的产权界定的办法处理。但依国家法律法规规定或协议约定并经国有资产管理部门认定的属于无偿资助的除外。

(2)全民单位用国有资产在非全民单位独资创办的集体企业(以下简称集体企业)中的投资以及按照投资份额应取得的资产收益留给集体企业发展生产的资本金及其权益,界定为国有资产。

(3)集体企业依据国家规定享受税前还贷形成的资产,其中属于国家税收应收未收的税款部分,界定为国有资产;集体企业依据国家规定享受减免税形成的资产,其中列为"国家扶持基金"等投资性的减免税部分界定为国有资产。经国有资产管理部门会同有关部门核定数额后,继续留给集体企业使用,由国家收取资产占用费。上述国有资产的增值部分由于历史原因无法核定的,可以不再追溯产权。

集体企业改组为股份制企业时,改组前税前还贷形成的资产中国家税收应收未收的税款部分和各种减免税形成的资产中列为"国家扶持基金"等投资性的减免税部分界定为国家股,其他减免税部分界定为企业资本公积金。

(4)集体企业使用银行贷款、国家借款等借贷资金形成的资产,全民单位只提供担保的,不界定为国有资产;但履行了连带责任的,全民单位应予追索清偿或经协商转为投资。

(5)集体企业无偿占用国有土地的,应由国有资产管理部门会同土地管理部门核定其占用土地的面积和价值量,并依法收取土地占用费。集体企业和合作社改组为股份制企业时,国有土地折价部分,形成的国家股份或其他所有者权益,界定为国有资产。

3. 中外合资、合作经营企业中国有资产的所有权界定。中外合资、合作经营企业中下列财产应界定为国有资产:

(1)中方以国有资产出资投入的资本总额包括现金、厂房建筑物、机器设备、场地使用权、无形资产等形成的资产。

(2)企业注册资本增加,按双方协议,中方以分得利润向企业再投资或优先购买另一方股份的投资活动中所形成的资产。

(3)可分配利润及从税后利润中提取的各项基金中中方按投资比例所占的相应份额(不包括已提取用于职工奖励、福利等分配给个人消费的基金)。

(4)中方职工的工资差额。

(5)企业根据中国法律和有关规定按中方工资总额一定比例提取的中方职工的住房补贴基金。

(6)企业清算或完全解散时,馈赠或无偿留给中方继续使用的各项资产。

4. 股份制企业、联营企业中国有资产的所有权界定。股份制企业、联营企业中下列财产应界定为国有资产:

(1)国家机关或其授权单位向股份制企业投资形成的股份,包括现有已投入企业的国有资产折成的股份。

(2)全民所有制企业向股份制企业投资形成的股份。

(3)股份制企业公积金、公益金中,全民单位按照投资应占有的份额。

(4)股份制企业未分配利润中,全民单位按照投资比例所占的相应份额。

(三)全民所有制单位之间产权界定

全民所有制单位之间产权界定的主要内容有:

1.各个单位占用的国有资产,应按分级分工管理的原则,分别明确其与中央、地方、部门之间的管理关系,非经有权管理其所有权的人民政府批准或双方约定,并办理产权划转手续,不得变更资产的管理关系。

2.全民所有制单位对国家授予其使用或经营的资产拥有使用权或经营权。除法律法规另有规定者外,不得在全民单位之间无偿调拨其资产。

全民所有制企业之间是平等竞争的法人实体,相互之间可以投资入股,按照"谁投资、谁拥有产权"的原则,企业法人的对外长期投资或入股,属于企业法人的权益,不受非法干预或侵占。依据国家有关规定,企业之间可以实行联营,并享有联营合同规定范围内的财产权利。

3.国家机关所属事业单位经批准以其占用的国有资产出资创办的企业和其他经济实体,其产权归该单位拥有。

三、产权纠纷处理程序

产权纠纷的处理应本着实事求是、公正、公平的原则依法进行。

全民所有制单位之间因对国有资产的经营权、使用权等发生争议而产生的纠纷,应在维护国有资产权益的前提下,由当事人协商解决,协商不能解决的,应向同级或共同上一级国有资产管理部门申请调解和裁定,必要时报有权管辖的人民政府裁定,国务院拥有最终裁定权。

上述全民单位对国有资产管理部门的裁定不服的,可以在收到裁定书之日起15日内,向上一级国有资产管理部门申请复议,上一级国有资产管理部门应当自收到复议申请之日起60日内作出复议决定。

全民所有制单位与其他经济成分之间发生的产权纠纷,由全民单位提出处理意见,经同级国有资产管理部门同意后,与对方当事人协商解决。协商不能解决的,依司法程序处理。

第三节　国有资产产权登记制度

国有资产产权登记,是指国有资产管理部门代表政府对占有国有资产的企业、行政事业单位的资产、负债、所有者权益等产权状况进行登记,依法确认产权归属关系的行为。产权登记与产权界定是紧密相连的两种法律行为,即确认是登记的前提,而登记则是对界定结果的确认。为了健全国有资产基础管理制度,防止国有资产流失,我国按照"国家所有、分级管理、授权经营、分工监督"的原则,建立了国有资产产权登记管理制度。

一、登记的范围

国有资产产权登记包括企业国有资产登记和行政事业单位国有资产产权登记两大类。企业国有资产产权登记(以下简称产权登记),是指国有资产管理部门代表政府对占有国有资产的各类企业的资产、负债、所有者权益等产权状况进行登记,依法确认产权归属关系的行为。行政事业单位资产产权登记,是国有资产管理部门代表国家对行政事业单位资产进行登记,依法确认国家对国有资产的所有权和行政事业单位占有、使用国有资产的法律行为。国有资产管理部门核发的国有资产产权登记证是国家对行政事业单位占用国有资产享有所有权的法律凭证。

本书以企业国有资产产权登记为重点。根据有关法律规定,下列已取得或申请取得法人资格的企业或国家授权投资的机构(以下统称企业),应当按规定申办产权登记:①国有企业。②国有独资公司。③国家授权投资的机构。④设置国有股权的有限责任公司和股份有限公司。⑤国有企业、国有独资公司或国家授权投资机构投资设立的企业。⑥其他形式占有、使用国有资产的企业。

二、登记管理的机关和登记的内容

产权登记主管机关是国有资产管理局。产权登记按照统一政策、分级管理的原则,由各级国有资产管理部门按企业单位财务隶属关系组织实施;按财务隶属关系不便组织实施的,可结合行政隶属关系组织实施;按财务和行政隶属关系均不便组织实施的,可结合属地关系组织实施。不论按上述何种组织实施,都要贯彻国有资产产权登记不重不漏的原则。

国有资产产权登记的主要内容为:单位名称、地址、负责人、经济性质、主管单位、资产总额、国有资本金总额、国有资产总额。

三、登记的程序

产权登记按下列程序办理:

1. 申办产权登记的企业单位向国有资产管理部门申报。经确认受理后,填写《国有资产产权登记表》。

2. 申办的企业单位将产权登记表报主管单位审查并签署意见。

3. 申办的企业单位携带有关文件、证件、资料及经主管单位审查后的产权登记表到国有资产管理部门办理审定手续。国有资产管理部门审查合格的《国有资产产权登记表》是核发《国有资产授权占用证书》的依据,也是企业单位对国家承担占有、使用的国有资产经济责任的依据和国家对该企业单位占有、使用的国有资产拥有所有权的法律凭证。

4. 国有资产管理部门对审查合格的企业单位,办理有关核发《国有资产授权占用证书》事宜。该《占用证书》是企业单位对授予其经营管理的国有资产享有占有、使用和依法进行处分的权利的法律凭证。

四、登记的种类

1. 占有产权登记。企业应当向国有资产管理部门办理占有权登记,主要内容包括出资人名称住所、出资金额及法定代表人;企业名称、住所及法定代表人;企业的资产、负债及所有者权益;企业实收资本、国有资本;企业投资情况等。

2. 变动产权登记。企业名称、住所、法定代表人发生变化,应在工商行政管理机关核准变更登记后，向国有资产管理部门申报备案。企业分立、合并或者改变经营形式，主管单位需要变动，以及国有资产总额发生超过一定比例的变化，应在向国有资产管理部门申办变动产权登记后，向工商行政管理机关申请办理相应的变更登记和改变隶属关系的备案手续。

3. 注销产权登记。企业解散、被依法撤销或者被依法宣告破产，转让全部产权或企业被划转等，应在主管部门或审批机关批准后30日内，向国有资产管理部门申办变动产权登记或注销产权登记，并依法向工商行政管理机关办理相应的登记手续。

五、产权登记检查

产权登记实行年度检查制度，即国有资产管理部门按年度对企业单位进行产权登记检查，检查企业占有、使用国有资产情况。检查内容包括：①是否按规定申办国有资产开办产权登记、变动产权登记。②国有资产的增减变动审批手续是否完备。③国有资产的保值增值情况。④国有资产的合法权益是否受到侵害。

产权登记年度检查时，企业单位应填报年度检查表；提交产权登记检查年度会计决策报表、国有资产增减变动审批文件、《国有资产授权占用证书》副本等文件。

六、法律责任

企业不在规定的期限内办理产权登记及其年度检查的，产权登记机关责令其限期办理，并视情节轻重，处以一千元以上三万元以下罚款，逾期仍不办理的，产权登记机关视情节轻重，处以三万元以上六万元以下罚款，并提请政府有关部门对企业领导人员和直接责任人员给予相应的纪律处分。

企业提供虚假财务报告或证明文件，隐瞒真实情况，骗取产权登记及其年度检查的；伪造、涂改、出借、出租、出卖产权登记表和产权登记证等其他行为的，产权登记机关责令其限期改正，并予以通报批评，视情节轻重处以六万元以上十万元以下罚款，并提请政府有关部门对企业领导人员和直接责任人员给予相应的纪律处分。

会计、评估、法律咨询事务所（公司）等中介机构故意为企业出具虚假的审计、验资报告或有关证明文件的，将不得再从事与产权登记有关的审计、验资、评估等事务，产权登记机关将向注册会计师协会等管理机构通报情况，并予以公告；造成国有资产流失并构成犯罪的，依法追究其刑事责任。

企业违反规定不办理产权登记及其年度检查，造成国有资产流失并构成犯罪的，依法追究其刑事责任。

第四节　国有资产的评估制度

国有资产的评估管理是指国有资产占有单位在转移或处置其占有的国有资产产权过程中，由国有资产评估机构对该资产产权进行价值评定的法律行为。为了正确体现国有资产的价值，保护国有资产所有者和经营者、使用者的合法权益，我国建立了国有资产评估管理法律制度。

一、国有资产评估的范围

国有资产评估的范围包括境内国有资产占有单位占有的固定资产、流动资产、无形资产和其他资产。至于境外国有资产的评估,以及有关国有自然资源有偿使用、开采的评估办法,由国家另行规定。

二、国有资产评估的前提条件

评估的前提条件是指国有资产占有单位在何种情形下应当或者可以进行资产评估。

根据《国有资产评估管理办法》及其《施行细则》的规定,国有资产占有单位有下列情形之一的,应当进行资产评估:资产拍卖、转让;企业兼并、出售、联营、股份经营;与外国企业和其他经济组织或者个人开办中外合资、合作经营企业;企业清算;依照国家有关规定需要进行资产评估的其他情形。

国有资产占有单位有下列情形之一,当事人认为需要的,可以进行资产评估:资产抵押、质押或其他担保;企业租赁;需要进行资产评估的其他情形。

但是,以企业整体资产进行租赁,将国有资产租赁给外商或非国有单位,将国家行政事业单位占有的非经营性资产转为经营性资产等情形出现时必须对国有资产进行评估。

【实训题 16-2】下列情形中,事业单位应当对国有资产进行评估的是(   )。

A. 合并、分立、清算

B. 确定诉讼资产价值

C. 整体或者部分资产租赁给非国有单位

D. 经批准事业单位整体或者部分资产无偿划转

三、国有资产评估的组织管理

国有资产评估工作,按照国有资产管理权限,由国有资产管理行政主管部门负责管理和监督。国有资产评估的组织工作,按照国有资产占有单位的隶属关系,由行业主管部门负责。但是,国有资产管理行政主管部门和行业主管部门均不直接从事国有资产评估的业务。

具体从事国有资产评估业务的机构为持有国务院或省级人民政府国有资产管理行政主管部门颁发的国有资产评估资格证书的资产评估公司、会计师事务所、财务咨询公司以及经国务院或者省级人民政府国有资产管理行政主管部门认可的临时评估机构等。

上述资产评估机构,可根据国有资产占有单位的委托,按照有偿服务的原则,从事国有资产评估业务。任何评估机构对国有资产的评估,都必须坚持国有资产及其权益不受侵犯的原则。

四、国有资产评估的方法

对国有资产的评估应当遵循真实性、科学性、可行性的原则,依照国家规定的标准、方法和程序进行。国有资产评估方法包括:

1. 收益现值法。用收益现值法进行资产评估的,应当根据被评估资产合理的预期获利能力和适当的折现率，计算出资产的现值，并以此评定重估价值。

2.重置成本法。用重置成本法进行资产评估的，应当根据该项资产在全新情况下的重置成本，减去按重置成本计算的已使用年限的累积折旧额，考虑资产功能变化、成新率等因素，评定重估价值；或者根据资产的使用期限，考虑资产功能变化等因素重新确定成新率，评定重估价值。

3.现行市价法。用现行市价法进行资产评估的，应当参照相同或者类似资产的市场价格，评定重估价值。

4.清算价格法。用清算价格法进行资产评估的，应当根据企业清算时其资产可变现的价值，评定重估价值。

5.国务院国有资产管理行政主管部门规定的其他评估方法。国家国有资产管理局转发的、中国资产评估协会制定的《资产评估操作规范意见》作了详细规定。

五、国有资产评估的程序

国有资产评估按照下列程序进行：

1.申请立项。国有资产占有单位在依法应当或认为需要进行资产评估时，应经其主管部门审查同意，然后向同级国有资产管理行政主管部门提交资产评估立项申请书，并附财产目录和有关会计报表等资料。国有资产管理行政主管部门应当自收到资产评估立项申请书之日起10日内进行审核，并作出是否准予资产评估立项的决定，通知申请单位及其主管部门。申请单位收到准予资产评估立项通知后，可以委托资产评估机构评估资产。

2.资产清查。由资产评估机构对委托单位的资产、债权、债务进行全面清查，并在清查的基础上，核实资产账面与实际是否相符，经营成果是否真实，据此作出鉴定。

3.评定估算。资产评估机构根据国家规定的资产评估方法对委托单位被评估资产的价值进行评定和估算，并向委托单位提出资产评估结果报告书。

4.验证确认。国有资产占有单位收到资产评估机构出具的资产评估结果报告书，经其主管部门审查同意后，报国有资产管理行政主管部门确认资产评估结果。国有资产管理行政主管部门在收到后应组织审核、验证、协商，确认资产评估结果，并下达确认通知书。国有资产占有单位对确认通知书有异议的，可向上一级国有资产管理行政主管部门申请复核。

六、法律责任

国有资产占有单位违反规定，提供虚假情况和资料，或者与资产评估机构串通作弊，致使资产评估结果失实的，国有资产管理行政主管部门可以宣布资产评估结果无效，并可以根据情节轻重，单处或者并处下列处罚：通报批评；限期改正，并可以处以相当于评估费用以下的罚款；提请有关部门对单位主管人员和直接责任人员给予行政处分，并可以处以相当于本人3个月基本工资以下的罚款。情节严重，构成犯罪的，由司法机关依法追究刑事责任。

资产评估机构作弊或者玩忽职守，致使资产评估结果失实的，国有资产管理行政主管部门可以宣布资产评估结果无效，并可以根据情节轻重，对该资产评估机构给予下列处罚：警告；停业整顿；吊销国有资产评估资格证书。情节严重，构成犯罪的，由司法机关依法追究刑事责任。

国有资产管理行政主管部门或者行业主管部门工作人员利用职权谋取私利，或者玩忽职守，造成国有资产损失的，国有资产管理行政主管部门或者行业主管部门可以按照干部管理权限，给予行政处分，并可以处以相当于本人3个月基本工资以下的罚款。利用职权谋取私利的，由有查处权的部门依法追缴其非法所得。情节严重，构成犯罪的，由司法机关依法追究刑事责任。

本章小结

国有资产是指所有权属于国家的财产，包括国家依法取得和认定的，或者国家以各种形式对企业投资和投资收益、国家向行政事业单位拨款等形成的资产。国有资产管理法是指调整国有资产的所有者依法对国有资产占有者在使用、处分国有资产进行管理过程中所发生的社会关系的法律规范的总和。国有资产管理体制，是指在国有资产管理过程中有关管理机构的设立及其职责划分的基本制度。国有资产产权界定包括全部或部分占用国有资产单位的产权界定、全民所有制单位与其他所有制单位之间以及全民所有制单位之间的国有资产产权的界定。产权界定应遵循"谁投资谁拥有产权"的原则。国有资产产权登记，是指国有资产管理部门代表政府对占有国有资产的企业、行政事业单位的资产、负债、所有者权益等产权状况进行登记，依法确认产权归属关系的行为。国有资产产权登记的主要内容为：单位名称、地址、负责人、经济性质、主管单位、资产总额、国有资本金总额、国有资产总额。国有资产产权登记的种类有三种：占有产权登记、变动产权登记和注销产权登记。国有资产的评估管理是指国有资产占有单位在转移或处置其占有的国有资产产权过程中，由国有资产评估机构对该资产产权进行价值评定的法律行为。

复习思考题

1. 简述国有资产的概念和分类。
2. 国有资产所有权的界定包括哪些内容？
3. 简述国有资产产权登记的范围。
4. 简述国有资产产权登记的内容和种类。
5. 国有资产评估的前提条件有哪些？

第十七章 财政与税收法律制度

本章重点知识

- 财政法的概念以及财政法的调整对象
- 预算法的概念以及我国预算管理体制
- 税法的概念和调整对象
- 税法的构成要素
- 现行税种的分类以及典型税种
- 税款征收方式

【引读案例】

一直以来，甲县国家税务局（简称国税局）按13%的税率征收乙外商独资公司生产的活性白土产品的增值税，所有增值税纳税申报表上都有国税局税管员的签字和国税局的印章。

甲县国家税务局稽查局（简称稽查局）每年都对乙公司进行税务稽查，其中，2005年、2006年对乙公司稽查时还分别下达过2次税务行政处罚事项告知书、4次税务处理决定书、1次税务行政处罚决定书、1次账务调整通知书，但从未涉及以13%税率向乙公司征收增值税违反税法事宜。

2010年8月24日，稽查局认为乙公司生产的活性白土产品应按17%税率缴纳增值税，于是作出税务处理决定书，要求乙公司按17%税率补缴2007年、2008年度增值税及滞纳金2 190 243.97元。2010年10月21日，乙公司针对稽查局的《税务处理决定书》向国税局申请行政复议，请求撤销该《税务处理决定书》，国税局一直未予作出复议决定。2010年12月13日，稽查局又向乙公司下达税收强制执行决定书，从乙公司账户扣缴款项共计人民币2 190 243.97元。

2011年1月10日，乙公司向甲县法院提起诉讼，请求确认稽查局的《税务处理决定书》和《税务强制执行决定书》违法并请求予以撤销。2011年5月26日，法院针对乙公司提起的请求确认稽查局《税务处理决定书》违法并予以撤销之诉讼，作出了4号行政裁定书驳回了乙公司的起诉。驳回的理由是：乙公司对稽查局作出的税务处理决定书不服，应先依照税务机关的处理决定缴纳或者解缴税款及滞纳金或者提供相应的担保后，方可申请行政复议。乙公司未履行申请行政复议所应具备的前置义务，便向国税局申请行政复议，进而提起行政诉讼，应视为未经行政复议程序，故乙公司的起诉，应不予受理，已受理的予以驳回。法院遂作出了69号行政判决书驳回了乙公司的诉讼请求。驳回的理由是：稽查局在乙公司未按期履行税务处理决定书确定的义务的情况下，采取强制执行措施，符合法律法规的规定，符合法定程序。乙公司诉请于法无据，法院不予支持，应予以驳回。乙公司对4号裁定书和69号判决书均为上诉。

2011年6月7日，乙公司又向甲县法院提起诉行政诉讼，请求：①依法确认国税局2007年、2008年按13%税率征收乙公司增值税的行为违法；②判令国税局赔偿其违法征收给乙公司造成的损失2 190 243.97元及相应利息。2011年8月10日，法院下达105号行政裁定书驳回了乙公司的起诉，理由是：乙公司请求确认国税局2007年、2008年按13%税率征收乙公司增值税违法之诉请为纳税争议，应先复议后诉讼，因乙公司未申请复议，故驳回乙公司的起诉。乙公司不服105号行政裁定书又提起上诉。2011年11月1日，中级法院作出终字第87号行政裁定书，以"上诉人与被上诉人之间纳税争议已经解决，纳税争议已不存在"、"一审法院适用《税收征收管理法》第88条的规定以纳税争议为由裁定驳回上诉起诉，适用法律不当，应予纠正"为由，裁定撤销105号行政裁定书，指令甲县法院对本案继续审理。中级法院指令继续审理的87号行政裁定书下达1年之后，甲县法院于2013年1月28日再次下达第105-1号行政裁定书驳回了乙公司起诉。驳回理由是：乙公司诉讼请求是确认国税局2007年、2008年按13%税率征收其增值税违法并赔偿损失，这一诉请所依托的事实仍是税务处理决定书及税收强制执行决定书。而对税务处理决定书及税收强制执行决定书乙公司已主张过诉讼权利。本案，综合乙公司的诉讼请求、事实及理由，可以认定乙公司与国税局之间仍是因税率及税收问题而产生的行政争议，该行政争议已经4号案、69号案审查完结。因此乙公司属于重复起诉，应予驳回。乙公司不服105-1号行政裁定书于2013年2月4日再次向中级法院提起上诉。

试运用税法、税收征收管理法及相关法律分析上述案例。

第一节　财　政　法

一、财政的概念

财政是指国家在资金的管理、积累、分配和使用等方面的经济活动，它产生于出现国家之后。任何一个国家要生存、发展和强大，必须要有财政，庞大的国家机器的运转需要财政为动力，国家离开了财政就意味着失去了赖以存在的物质基础。同时，财政也离不开国家，因为若没有国家权力作保证，财政分配根本无法实现。

二、财政法的定义和调整对象

财政法是指调整财政分配和财政管理活动中形成的财政关系的法律规范的总称。我国社会主义财政法律体系包括综合性法规、预算法规、税收法规、国有资产管理法规、财务管理法规、会计法规、国家信用管理法规、财政监督法规及其他财政法规九个方面。主要的财政法规有《国家预算管理条例》,《中华人民共和国税收征收管理法》和各税种的单行法规,《中华人民共和国会计法》,《中华人民共和国审计条例》等。

财政法的调整对象是财政关系,也即国家在参与社会产品和国民收入的分配和再分配过程中与各有关方面发生的分配关系。财政法所调整的财政关系包括以下几个方面。

1. 财政收支管理关系,这是在财政活动中形成的最主要、最广泛的社会关系,包括财政收入关系、财政支出关系以及财政管理关系。

2. 财政活动程序关系,这是在依法定程序进行财政活动的过程中形成的社会关系。

3. 财政管理体制关系,这是在相关的国家机关之间进行财政管理权限的横向和纵向划分的过程中所发生的社会关系。

第二节 预 算 法

一、预算法的定义

预算,即国家预算,它是依照法定程序编制的基本财政收支计划,是国家有计划地集中和分配资金,调节社会经济生活的主要财政手段,包括预算收入和预算支出两部分。国家预算由中央预算和地方预算组成。中央预算由中央各部门(含直属单位)的预算组成,地方预算由各省、自治区、直辖市总预算组成。

预算法是财政法的重要组成部分。它是国家调整预算收支关系的法律规范的总称。我国调整预算关系的法律规范主要是 1994 年 3 月第八届全国人民代表大会第二次会议通过的,1995 年 1 月起施行的《中华人民共和国预算法》(以下简称《预算法》)。

二、预算管理体制

我国《预算法》规定,国家实行一级政府一级预算,设立中央,省、自治区、直辖市,设区的市、县、自治县,不设区的市、市辖区,乡、民族乡、镇五级预算。不具备设立预算条件的乡、民族乡、镇,经省级政府确定,可以暂不设立预算。

(一)预算编制和管理机关

1. 国务院编制中央预算、决算草案;向全国人民代表大会作关于中央和地方预算草案的报告;将省、自治区、直辖市政府报送备案的预算汇总后报全国人民代表大会常务委员会备案;组织中央和地方预算的执行;决定中央预算预备费的动用;编制中央预算调整方案;监督中央各部门和地方政府的预算执行;改变或者撤销中央各部门和地方政府关于预算、决算的不适当的决定、命令;向全国人民代表大会、全国人民代表大会常务委员会报告中央和地方预算的执行情况。

2. 县级以上地方各级政府编制本级预算、决算草案；向本级人民代表大会作关于本级预算草案的报告；将下一级政府报送备案的预算汇总后报本级人民代表大会常委会备案；组织本级总预算的执行；决定本级预算预备费的动用；编制本级预算的调整方案；监督本级各部门和下级政府的预算执行；改变或者撤销本级各部门和下级政府关于预算、决算的不适当的决定、命令；向本级人民代表大会及其常务委员会报告本级预算的执行情况。

(二)预算审批机关

1. 全国人民代表大会审查中央和地方预算草案及中央和地方预算执行情况的报告；批准中央预算和中央预算执行情况的报告；改变或者撤销全国人民代表大会常务委员会关于预算、决算的不适当决议。全国人民代表大会常务委员会监督中央和地方预算的执行；审查和批准中央预算的调整方案；审查和批准中央决算；撤销国务院制定的同宪法、法律相抵触的关于预算、决算的行政法规、决定和命令；撤销省、自治区、直辖市人民代表大会及其常务委员会制定的同宪法、法律和行政法规相抵触的关于预算、决算的地方性法规和决议。

2. 县级以上地方各级人民代表大会审查本级预算草案及本级预算执行情况的报告；批准本级预算和本级预算执行情况的报告；改变或者撤销本级人民代表大会常务委员会关于预算、决算的不适当决议；撤销本级政府关于预算、决算的不适当决定和命令。县级以上地方各级人民代表大会常务委员会监督本级总预算的执行；审查和批准本级预算的调整方案；审查和批准本级决算；撤销本级政府和下级人民代表大会及其常务委员会关于预算、决算的不适当的决定、命令和决议。

三、预算收支范围

预算的内容由预算收入和预算支出组成。预算收入划分为中央预算收入、地方预算收入、中央和地方预算共享收入。预算支出分为中央预算支出和地方预算支出。预算收入包括：①税收收入；②依照规定应当上缴的国有资产收益；③专项收入；④其他收入。预算支出包括：①经济建设支出；②教育、科学、文化、卫生、体育等事业发展支出；③国家管理费用支出；④国防支出；⑤各项补贴支出；⑥其他支出。

四、预算管理程序

(一)预算编制

预算编制应当按照预算管理职权和收支范围的规定，参考上一年度预算执行情况和本年度收支预测进行编制。各级政府、各部门、各单位应当按照国务院规定的时间编制预算草案。各级预算收入的编制，应当与国民生产总值的增长率相适应。按照规定必须列入预算的收入，不得隐瞒、少列，也不得将上一年的非正常收入作为编制预算收入的依据。各级预算支出的编制，应当贯彻厉行节约，勤俭建国的方针。

(二)预算审查和批准

我国《预算法》明确规定,国务院在全国人民代表大会举行会议时,向大会作关于中央和地方预算草案的报告。地方各级政府在本级人民代表大会举行会议时,向大会作关于本级总预算草案的报告。中央预算由全国人民代表大会审查和批准,地方各级政府预算由本级人民代表大会审查和批准。

(三)预算执行和调整

国家预算经审查批准后即具有法律效力,各地区、各部门、各单位必须认真执行。国家预算的执行,是组织完成预算收支任务的活动。具体地说,各级预算由本级政府组织执行,具体工作由本级政府财政部门负责。各级政府财政部门必须依照法律法规和国务院财政部门的规定,及时、足额地拨付预算支出资金,加强对预算支出的管理和监督。

预算调整是指经全国人民代表大会批准的中央预算和经地方各级人民代表大会批准的本级预算在执行中因特殊情况需要增加支出或者减少收入,使原批准的收支平衡的预算的总支出超过总收入,或者使原批准的预算中举借债务的数额增加的部分变更。各级政府对于必须进行调整的预算,应当编制预算调整方案。中央预算的调整方案必须提请全国人民代表大会常务委员会审查和批准,县级以上地方各级政府预算的调整方案必须提请本级人民代表大会常委会审查和批准;乡、民族乡、镇政府预算的调整方案必须提请本级人民代表大会审查和批准。未经批准,不得调整预算。

五、决算

国家决算是国家预算年度收支执行情况的总结。它由中央总决算和地方总决算汇编而成。国务院财政部门编制中央决算草案,报国务院审定后,由国务院提请全国人民代表大会常务委员会审查和批准。县级以上地方各级政府财政部门编制本级决算草案,报本级政府审定后,由本级政府提请本级人民代表大会常务委员会审查和批准。

六、国家预算和决算的监督

全国人民代表大会及其常务委员会对中央和地方预算、决算进行监督,县级以上地方各级人民代表大会及其常务委员会对本级和下级政府预算、决算进行监督,乡、民族乡、镇人民代表大会对本级预算、决算进行监督。上一级政府监督下级政府的预算执行,下级政府应当定期向上一级政府报告预算执行情况。各级政府财政部门负责监督检查本级各部门及其所属各单位预算的执行,并向本级政府和上一级政府财政部门报告预算执行情况。同时,各级政府审计部门对本级各部门、各单位和下级政府的预算执行和决算实行审计监督。

第三节 税 法

一、税法概述

(一)税收的定义和特征

税收是国家为实现其职能,凭借政治权力,按照法律预先规定的标准,强制地、无偿地征收货币或实物的一种经济活动,是国家参与社会产品和国民收入分配与再分配的重要手段,也是国家管理经济的一个重要调节杠杆。

目前,我国税收收入占国家财政收入的90%以上,它是国家取得财政收入的最主要的来源。因此,重视和发挥税收调节经济、调节分配、加强宏观调控的作用至关重要。税收与国家取得财政收入的其他形式相比较,具有下列显著特征:

1.强制性。税收的强制性是指税收这种分配是以国家的政治权力为直接依据的,而不是以生产资料的所有权为依据的。其具体表现就是国家以法律形式作出直接规定,纳税人必须依法纳税,自觉履行纳税义务,否则就要受到法律制裁。

2.无偿性。税收的无偿性是指国家取得税收收入,既不需要返还,也不需要对纳税人付出任何代价。

3.固定性。税收的固定性是指国家通过法律形式事先规定对什么征税以及征收比例或数额。在征税以前,国家预先规定征税对象、征收数额或比例,纳税人只要取得了应该纳税的收入或有了应该纳税的行为,就必须按照税法规定的比例或数额纳税。

(二)税法的定义及其调整对象

税法是调整国家与纳税人之间征纳税关系的法律规范的总称。换言之,税法就是调整税收关系的法律规范的总称。所谓税收关系,是指代表国家行使其职权的各级财税机关向负有纳税义务的单位和公民个人在征收税款(或实物)过程中所形成的征纳税关系。我国税法调整的税收关系,主要包括:①代表国家行使其职权的财税机关与下列纳税人之间因征纳税而形成的税收关系,其中包括财税机关与企业之间的税收关系;财税机关与国家行政机关、事业单位及其他预算外单位之间的税收关系;财税机关与城乡个体工商户、农村专业户、承包户之间的税收关系;财税机关与个人所得税交纳者之间的税收关系。②国家权力机关、国家行政机关、各级财税机关以及他们各自的上下级之间因税收监督而发生的关系。

二、税法的构成要素

(一)征税主体

征税主体是指在税收中享有征税权利的税务行政执法机关,包括各级税务机关和海关。

(二)纳税义务人

纳税义务人简称纳税人,是指依法直接负有纳税义务的自然人、法人和其他组织。

(三)征税客体

征税客体,又称征税对象。它是指课征的目的物,即对什么经济活动、什么财产、什么行为征税。我国税法规定的征税客体有流转额、所得额、财产、行为和资源五大类。

(四)税种、税目

税种是指国家税法规定的税收种类。如我国对流转额的征税包括增值税、消费税、营业税、关税四个税种。

税目是税法中具体规定某个税种应当纳税的项目。它是征税对象的具体化,反映具体的征税范围。如消费税规定卷烟、酒等11种产品纳税,卷烟等项目就是消费税的税目。

(五)税率

税率,是指应纳税额占征税对象的比例。在征税对象既定的前提下,税收调控力度的大小就主要体现在税率上,因此,税率是税收的核心要素。按照计算单位不同,税率可分为按绝对量和按百分比相对量两种形式。前者适用于从量课征的税收,如生产销售一吨盐交多少税。这种形式叫定额税率,即对征税对象的每单位直接规定税额。后者适用于计征的税收。按百分比课征的税率又可分为两种形式:比例税率和累进税率。

1. 比例税率。它是对同一征税对象不分数额多少,都按同一比例征税。一般适用于对流转额的征税,也适用于对所得额的征税。

2. 累进税率,又称等级税率,它是按征税对象数额的大小,规定不同等级的税率。征税对象数额越大,税率越高。一般适用于对所得额的征税。累进税率又分为全额累进税率和超额累进税率等。全额累进税率是把征税对象按数额的大小划分为若干不同的等级,对每一个等级分别规定不同的税率。当征税对象达到哪个等级,就对其全部数额适用该级别的税率征税。超额累进税率是根据征税对象数额的大小,划分成若干不同的等级,并对每一个等级规定税率,分别计算税额。征税对象数额增加,需要提高一个等级税率时,只对其超过部分按提高一级的税率计算税额。每一纳税人的征税对象则按其所属等级同时适用几个税率来分别计算,然后将计算结果相加,即得出其应纳税额。目前,我国对收益类税的征税都采用这种超额累进税率。

(六)计税依据

计税依据是指计算应纳税额的依据或标准,即根据什么来计算纳税人应缴纳的税额。一般有两种:从价计征和从量计征。从价计征,是以计税金额为计税依据。从量计征是以征税对象的重量、体积、数量为计税依据。

(七)减税免税

减税免税,是指税法对特定的纳税人或征税对象给予鼓励和照顾的一种优待性规定。即减税是对应纳税额少征一部分,免税是对应纳税额全部免除。适用减免税规定的主要有下列三种情况:

1. 起征点,是指对征税对象达到征税数额开始征税的界限,达到起征点数额的征税,未达到起征点的则不征税。

2. 免征额,是指在征税对象中免予征税的数额,即按一定的标准从全部征税对象中预先免予征税的部分,只对超过部分征税。

3. 法定减免条件,是指税法中对在哪些情况下减税,哪些情况下免税的具体规定。只有具备这些条件,才能减税或免税。

(八)纳税期限

纳税期限,是指税法规定纳税人缴纳税款的具体时限,规定纳税期限是税收强制性和固定性的体现。纳税人不按期纳税,应依法交纳滞纳金。

(九)法律责任

法律责任是对纳税人违反税法的行为,比如欠税、漏税、偷税、抗税或未履行纳税登记、申报等,税务机关有权按照规定给予处罚。

三、现行税种

(一)流转税

流转税是以商品流转额和劳务收入为征税对象的一个类别的税。其特点是:流转税的征收伴随商品交换和提供服务进行,计税依据是商品价格和服务收费,税额是商品价格或服务收费的组成部分,其量的大小只与商品价格和服务收费的多少以及税率的高低有直接关系,而与商品和劳务的成本水平没有关系。在价格和税率既定的前提下,商品或劳务成本降低或提高都不影响税额;反过来,在价格和成本既定的前提下,税率的提高或降低就直接调节着企业的利润水平。流转税的这个特点,对保证国家财政收入,促进企业改善经营管理,以及配合价格政策调节生产和消费等方面都有重要意义。流转税包括增值税、土地增值税、消费税、营业税和关税。

1. 增值税。是指对从事销售货物或者加工、修理修配劳务,以及进口货物的单位和个人取得的增值额为计税依据征收的一种流转税。增值税的课税对象,从理论上说,是商品销售收入扣除产品中已税的物耗部分,即相当于纳税单位活劳动新创造的国民收入。我国现行增值税属于消费型增值税,在计算增值税时,将外购固定资产的价值一次性全部扣除,它是各国普遍采用的一种类型。

1993 年 12 月 13 日国务院颁布的《中华人民共和国增值税暂行条例》,及其同年 12 月 25 日财政部发布的《中华人民共和国增值税暂行条例实施细则》对增值税作了具体规定。

(1)纳税主体。在中国境内销售货物或者提供加工、修理修配劳务以及进口货物的单位和个人,为增值税纳税主体。

(2)征税对象。增值税征税对象是商品的生产、批发、零售和进口收入中的增值额。

(3)税率。实行比例税率。基本税率为17%,部分货物适用13%的税率,国务院规定的部分货物以及出口货物适用零税率。对一般小规模纳税人规定了6%的征收率,对商业企业小规模纳税人规定了4%的征收率。这里所讲的小规模纳税人,是指经营规模较小,销售额在规定标准以下,而且会计核算不健全的纳税人。

(4)征收办法。增值税实行价外征收的办法,实行税款抵扣的方法间接计算应纳税额。应纳增值税税额是当期销项税额与当期进项税额的差。

我国从2012年1月1日起正式公布营业税改征增值税试点方案,按照规划,最快有望在十二五(2011—2015年)期间完成"营改增"。届时会新增11%和6%两种低税率。租赁有形动产等适用17%税率,交通运输业、建筑业等适用11%税率,其他部分现代服务业适用6%税率。

【实训题17-1】下列各项中,应当计算缴纳增值税的是(　　)。

A. 邮政部门发行报刊

B. 农业生产者销售自产农产品

C. 电力公司向发电企业收取过网费

D. 残疾人的组织直接进口供残疾人专用的物品

2. 消费税。是以消费品销售额或消费支出额作为课税对象的一种税。消费税具有以下特征:第一,征税范围具有选择性,只对一部分消费品征税。第二,税率、税额的差别性。根据不同消费品的种类、档次、结构、功能以及供求、价格等情况,制定不同的税率、税额。第三,消费税是价内税。即以含税价格为计税依据的税。国务院于1993年12月13日颁布了《中华人民共和国消费税暂行条例》,同年12月25日财政部颁布了《中华人民共和国消费税暂行条例实施细则》。之后,2006年3月20日财政部、国家税务总局发布了《关于调整和完善消费税政策的通知》等,对消费税作了具体规定。

(1)征税范围。包括14个税目,分别为烟、酒及酒精、化妆品、成品油、贵重首饰及珠宝玉石、鞭炮及焰火、摩托车、小汽车、高尔夫球及球具、高档手表、游艇、木制一次性筷子、实木地板、汽车轮胎。

(2)纳税主体。在中国境内生产、委托加工和进口应税消费品的单位和个人。

(3)税率。采用比例税率和定额税率,根据不同的应税消费品分别施行从价定率、从量定额和从量定额与从价定率相结合的复合计税方法。对一些供求基本平衡,价格差异不大,计量单位规范的消费品,选择计税简易的定额税率;对一些供求矛盾突出、价格差异较大或计量单位不规范、规格不统一的消费品,采用税价联动的比例税率。

3. 营业税。是指对在我国境内提供劳务、转让无形资产或者销售不动产的单位和个人就其营业收入额征收的一种税。1993年12月13日国务院颁布了《中华人民共和国营业税暂行条例》,以及同年12月财政部发布的《中华人民共和国营业税暂行条例实施细则》对营业税作了具体规定。营业税征税范围广,税负均衡合理,征收手续简便,不仅能为国家积聚资金,而且能够发挥税收对一切营业收入的调节作用。

(1)纳税主体。凡在我国境内从事交通运输、金融保险、邮电通信、建筑安装、文化体育、娱乐以及转让无形资产和销售不动产的单位和个人,为营业税的纳税主体。

(2)税率。营业税实行差别比例税率,按照普遍征收,调低税率的原则,并根据积累水平高低和消费水平层次设置税率:交通运输业、建筑业、邮电通信业、文化体育业税率为3%;金融保险业、服务业、转让无形资产、销售不动产税率为5%;娱乐业税率为5%~20%。

4.关税。关税是海关依法对进出国境或关境的货物和物品所征收的一种税。关税分为进口税和出口税。我国关于关税方面的法规主要是全国人民代表大会常务委员会于1987年1月22日通过的、于2000年7月8日修正的《海关法》,国务院于2003年11月颁布的《进出口关税条例》等法规、文件。关税是一种特殊的税种,它是维护国家主权和经济利益,执行国家对外经济政策的重要手段。它通过对出口货物大部分免税,小部分征税来鼓励出口,增强产品的国际竞争力,保护国内的某些资源。它利用高低不同的税率以及关税的减免,鼓励国内必需品的进口,限制非必需品进口,有利于引进技术和先进设备。

(1)纳税主体。关税的纳税主体是进口货物的收货人、出口货物的发货人,进出境物品的所有人。

(2)计税依据。关税的计税依据是海关依照关税条例审定的完税价格。

(3)税率。关税的税率为差别比例税率。进出口货物的税率分为进口税率和出口税率。进口税率又分为普通税率和优惠税率。优惠税率适用于与我国签订关税互惠协议的国家或者地区的进口货物,普通税率适用于未与我国签订关税互惠协议的国家或者地区的进口货物。为了鼓励出口,我国只对部分商品征收出口税。

(二)所得税

所得税属于直接税,也叫收益税,是以纳税人的所得额为征税对象的税。所谓所得,一般是指纳税人由于劳动、营业、投资等而获得的收入扣除为取得收入所需的费用之后的余额。所得税包括企业所得税、个人所得税。

1.企业所得税。是指以企业、组织的生产经营所得和其他所得为征税对象的税。自2008年1月1日起施行的第十届全国人民代表大会第五次会议通过的《中华人民共和国企业所得税法》,实现了内资、外资企业适用统一的所得税法,使我国税制进一步符合市场经济的要求。

(1)纳税主体。在我国境内的企业和其他取得收入的组织,为企业所得税的纳税义务人。按照国际惯例,企业所得税纳税人分为居民企业和非居民企业。居民企业,是指依照一国法律法规在该国境内成立,或者实际管理机构、总机构在该国境内的企业。非居民企业,是指按照一国税法规定不符合居民企业标准的企业。居民企业承担全面纳税义务,就其来源于我国境内外的全部所得纳税;非居民企业承担有限纳税义务,只就其来源于我国境内的所得纳税。

(2)征税范围。居民企业应当就其来源于中国境内、境外的所得缴纳企业所得税。

非居民企业在中国境内设立机构、场所的,应当就其所设机构、场所取得的来源于中国境内的所得,以及发生在中国境外但与其所设立机构、场所有实际联系的所得,缴纳企业所得税。

非居民企业在中国境内未设立机构、场所的,或者虽然设立机构、场所但取得的所得与其所设机构、场所没有实际联系的,应当就其来源于中国境内的所得缴纳企业所得税。

(3)税率。企业所得税采用比例税率,税率为25%。非居民企业取得符合税法规定情形的所得,适用税率为20%。另外,税法规定,对符合条件的小型微利企业,减按20%的税率征收企业所得税;对国家需要重点扶持的高新技术企业,减按15%的税率征收企业所得税。

2.个人所得税。个人所得税是对个人的劳务和非劳务所得征收的一种税。它是国家调节个人收入的一种手段。2011年9月1日实施生效的《中华人民共和国个人所得税法》和国务院于1994年1月28日发布的《中华人民共和国个人所得税法实施条例》构成了我国现行个人所得税法律制度的主要依据。

(1)纳税主体。个人所得税的纳税人包括中国公民、个体工商户、合伙企业、个人独资企业以及在中国有所得的外籍人员(包括无国籍人员)和中国香港、中国澳门、中国台湾同胞。在中国境内有住所,或者无住所而在境内居住满一年的居民纳税人就来源于中国境内和境外的全部所得征税;在中国境内无住所又不居住,或者无住所而在境内居住不满一年的非居民纳税人只就来源于中国境内所得部分征税。

(2)征税对象。下列各项个人所得,应纳个人所得税:工资、薪金所得;个体工商户的生产、经营所得;企事业单位的承包经营、承租经营所得;劳务报酬所得;稿酬所得;特许权使用费所得;利息、股息、红利所得;财产租赁所得;财产转让所得;偶然所得;经国务院财政部门确定征税的其他所得。

(3)税率。个人所得税税率实行超额累进税率与比例税率相结合的税率。工资、薪金所得,适用3%~45%的七级超额累进税率。个体工商户的生产、经营所得和对企事业单位的承包经营、承租经营所得,适用5%~35%的超额累进税率。稿酬所得,税率为20%并按应纳税额减征30%。劳务报酬所得,税率为20%。对劳务报酬所得一次收入特别高的,可以实行加成征收。特许权使用费所得,利息、股息、红利所得,财产租赁所得,财产转让所得,偶然所得和其他所得,税率为20%。

(4)减税、免税。下列各项个人所得,免纳个人所得税:省级人民政府、国务院部委和中国人民解放军军以上单位,以及外国组织、国际组织颁发的科学、教育、技术、文化、卫生、体育、环境保护等方面的奖金;国债和国家发行的金融债券利息;按照国家统一规定发给的补贴、津贴;福利费、抚恤金、救济金;保险赔款;军人的转业费、复员费;按照国家统一规定发给干部、职工的安家费、退职费、退休工资、离休工资、离休生活补助费;依照我国有关法律规定应予免税的各国驻华使馆、领事馆的外交代表、领事官员和其他人员的所得;中国政府参加的国际公约、签订的协议中规定免税的所得;经国务院财政部门批准免税的所得。

有下列情形之一的,经批准可以减征个人所得税:残疾、孤老人员和烈属的所得;因严重自然灾害造成重大损失的;其他经国务院财政部门批准减税的。

【实训题17-2】根据个人所得税法律制度的规定,下列个人所得中,应缴纳个人所得税的是(　　)。

A.财产租赁所得　　B.退休工资　　C.保险赔偿　　D.国债利息

(三)财产税、行为税和资源税

1.财产税。是指以一定财产的数量或财产价值为征税对象的一种税。财产税按实际课征范围的宽窄可以分为一般财产税和特定财产税。一般财产税是就纳税人一切财产的价值综合课征,而特定的财产税是指对纳税人的个别财产如土地、房屋等有选择的分别课征。

(1)房产税。是以房产为征税对象，按照房产的计税价值或房产租金收入向房产所有人或经营管理人等征收的一种税。国务院于 1986 年 9 月 15 日颁布并于同年 10 月 1 日起施行的《中华人民共和国房产税暂行条例》对房产税的征收做了规定。房产税的纳税人一般为房产的产权所有人。房产的产权属于全民所有的，为其经营管理人；房产的产权出典的，为其承典人；房产的产权所有人、承典人不在当地或产权未确定以及租典纠纷未解决的，为其代管人或使用人。房产税的税率采用比例税率，以房产原值一次减去 10%～30%后的余值作为计税价格计征的，税率为 1.2%；以租金收入计征的，年税率为 12%。

(2)契税。是指国家向承受土地、房屋权属的单位和个人征收的一种税，包括国有土地使用权出让，土地使用权转让，房屋买卖、赠与、交换等行为。国务院于 1997 年 7 月 7 日发布的《中华人民共和国契税暂行条例》对契税作了具体规定。纳税主体为承受土地、房屋权属的单位和个人。征税对象为国有土地使用权出让、转让和房屋买卖的成交价格；交换土地使用权和房屋的价格差额；赠与土地使用权和房屋的，参照土地使用权出让和出售房屋买卖的市场价格交纳；以划拨方式取得土地使用权，经批准转让房地产时应补交的契税，以补交的土地使用权出让费用或土地收益作为计税依据。税率采用幅度比例税率，为 3%～5%。

2. 土地增值税。是对单位和个人有偿转让国有土地使用权、地上建筑物及其附着物的增值收益进行征税的一个税种。这是国家为规范土地、房地产交易秩序，合理调节土地增值收益，维护国家权益而开征的税。1993 年 12 月 13 日国务院通过的《中华人民共和国土地增值税暂行条例》和 1995 年 1 月 27 日财政部发布的《土地增值税暂行条例实施细则》对土地增值税作了规定。

(1)纳税主体。转让国有土地使用权、地上的建筑物及其附着物并取得收入的单位和个人，为土地增值税的纳税主体。

(2)征税对象。土地增值税的征税对象是转让房地产所取得的增值额，即纳税人转让房地产所取得的收入(包括货币收入、实物收入和其他收入)，减去取得土地使用权时所支付的土地价款、土地开发成本、地上建筑物成本及有关费用、销售税金等规定的扣除项目后的余额。如果纳税人转让房地产的收入减除规定的扣除项目后没有余额，则不需要缴纳土地增值税。

(3)税率。土地增值税实行四级超率累进税率：增值额未超过扣除项目金额 50%的部分，税率为 30%；增值额超过扣除项目金额 50%、未超过扣除项目金额 100%的部分，税率为 40%；增值额超过扣除项目金额 100%、未超过扣除项目金额 200%的部分，税率为 50%；增值额超过扣除项目金额 200%的部分，税率为 60%。

3. 资源税。资源税是为了调节资源开发过程中的级差收入，以自然资源为征税对象的一种税。开征资源税可以促进国有资源的有效管理和充分利用，并增加财政收入。国务院于 1993 年 12 月 25 日发布的《中华人民共和国资源税暂行条例》是我国资源税法律体制的主要构成部分。

(1)纳税主体。为在中国境内开采《中华人民共和国资源税暂行条例》规定的矿产品或者生产盐的单位和个人。

(2)资源税的征税范围。包括原油、天然气、煤炭、其他非金属矿原矿、黑色金属矿原矿、有色金属矿原矿和盐，盐包括固体盐和液体盐。

(3)税率。资源税实行从量计征的定额幅度税率。所谓定额幅度税率,指在统一征税的幅度内根据纳税人拥有的征税对象或发生课税行为的具体情况或者生产征税对象的地区差异,由省、直辖市、自治区税务机关确定纳税人具体适用税率。我国的资源税有 7 个税率,如原油 8～30 元/吨,煤炭 0.3～5 元/吨,固体盐 10～60 元/吨。

【实训题 17-3】某油田 3 月份生产原油 5 000 吨,当月销售 3 000 吨,加热、修井自用 100 吨。已知该油田原油适用的资源税单位税额为 8 元/吨。该油田 3 月份应缴纳的资源税税额为(　　)元。

A. 40 000　　B. 24 800　　C. 24 000　　D. 23 200

四、税收征收管理的法律规定

税收征收管理是税收机关对纳税人依法征收税款和进行税务监督管理的总称。1992 年 9 月 4 日第七届人大常委会第 27 次会议通过并于 1995 年 2 月 28 日、2001 年 4 月 28 日先后两次修订的《中华人民共和国税收征收管理法》,确定了我国税收征收管理制度。

(一)税务管理

1. 税务登记。从事生产、经营的纳税人,非从事生产经营但依照规定负有纳税义务的单位和个人,除特殊规定外,均应当办理税务登记。根据税法规定负有扣缴税款义务的扣缴义务人应当办理扣缴税款登记。税务登记包括:开业登记;变更登记;停业、复业登记;注销登记;外出经营报验登记。

企业、企业在外地设立的分支机构和从事生产、经营的场所,个体工商户和从事生产、经营的事业单位(以下统称从事生产、经营的纳税人)自领取营业执照之日起 30 日内持有关证件,向税务机关申报办理税务登记,税务机关审核后发给税务登记证件。从事生产、经营的纳税人税务登记内容发生变化的,自工商行政管理机关办理变更登记之日起 30 日内,持有关证件向税务机关申报办理变更税务登记。

2. 账簿、凭证管理。从事生产经营的纳税人、扣缴义务人应按照国务院财政、税务主管部门的规定设置账簿,根据合法、有效凭证记账,进行核算,并按规定的保管期限保管账簿、记账凭证、完税凭证及有关资料。账簿是指订本式总账、明细账、订本式日记账以及其他辅助性账簿。财务、会计制度或者财务会计处理办法应当符合国家的有关规定并报送税务机关备案。除法律、行政法规另有规定的除外,账簿、记账凭证、报表、完税凭证、发票、出口凭证及其他有关涉税资料应当保存 10 年。

3. 纳税申报。纳税人必须在法定或者税务机关依法确定的申报期限内办理纳税申报,报送纳税申报表、财务会计报表以及其他纳税资料。扣缴义务人必须在法定或者税务机关依法确定的申报期限内报送代扣代缴、代收代缴税款报告表以及其他有关资料。纳税申报方式包括:直接申报、邮寄申报、数据电文申报等。

(二)税款征收

税款的确定方式分为:

1. 查账征收。适合于经营规模较大,财务会计制度健全,能够如实核算和提供生产经营情况，正确计算应纳税款的纳税人。

2. 查定征收。适用生产经营规模较小、产品零星、税源分散、会计账册不健全的小型厂矿和作坊。

3. 查验征收。适用于纳税人财务制度不健全，生产经营不固定，零星分散、流动性大的税源。

4. 定期定额征收。适用于经主管税务机关认定和县以上税务机关（含县级）批准的生产、经营规模小，达不到个体工商户建账管理暂行办法规定设置账簿标准，难以查账征收，不能准确计算计税依据的个体工商户（包括个人独资企业）。

税务机关依照法律法规的规定征收税款，不得违反法律法规的规定开征、停征、多征或者少征税款。扣缴义务人依照法律法规的规定履行代扣、代收税款的义务。纳税人因有特殊困难不能按期缴纳税款的，经县级以上税务管理机关批准，可以延期缴纳，但最长不得超过三个月。

纳税人可以依照法律法规的规定向税务机关书面申请减税、免税。减税、免税的申请须经法定的审查批准机关审批；其他部门、单位和个人擅自作出的减税、免税决定无效。

（三）税务检查

税务机关有权检查纳税人的账簿、记账凭证、报表和有关资料，检查扣缴义务人代扣代缴、代收代缴税款账簿、记账凭证和有关资料；有权到纳税人的生产、经营场所或货物存放地检查纳税人应纳税的商品、货物或者其他财产，检查扣缴义务人与代扣代缴、代收代缴税款有关的经营情况。纳税人、扣缴义务人必须接受税务机关依法进行的税务检查，如实反映情况，提供有关资料，不得拒绝、隐瞒。

（四）违反税法的行为及其处理

违反税法的行为，是指纳税主体或征税机关以及直接责任人员故意或过失地侵害了税收征收管理制度的行为。它包括下列三方面行为：

1. 违反税收征收管理程序的行为

根据《税收征收管理法》的规定，以下几种行为属于违反税收征收管理程序的行为：

（1）未按照规定的期限申报办理税务登记、变更或者注销登记的。

（2）未按照规定设置、保管账簿或者保管记账凭证和有关资料的。

（3）未按照规定将财务、会计制度或者财务、会计处理办法报送税务机关备查的。

（4）未按照规定将其全部银行账号向税务机关报告的。

（5）未按照规定安装、使用税控装置，或者损毁或者擅自改动税控装置的。

纳税人有以上行为之一的，由税务机关责令限期改正，可以处二千元以下的罚款；情节严重的，处二千元以上一万元以下的罚款。

（6）扣缴义务人未按照规定设置、保管代扣代缴、代收代缴税款账簿或者保管代扣代缴、代收代缴税款记账凭证及有关资料的，由税务机关责令限期改正，可以处二千元以下的罚款；情节严重的，处二千元以上五千元以下的罚款。

（7）纳税人未按照规定的期限办理纳税申报和报送纳税资料的，或者扣缴义务人未按照规定的期限向税务机关报送代扣代缴、代收代缴税款报告表和有关资料的，由税务机关责令限期改正，可以处二千元以下的罚款；情节严重的，可以处二千元以上一万元以下的罚款。

2. 偷税抗税行为

(1)偷税。偷税是指纳税人采取伪造、变造、隐匿、擅自销毁账簿、记账凭证，在账簿上多列支出或者不列、少列收入，或者进行虚假的纳税申报的手段，不缴或者少缴应纳税款的行为。依照《税收征收管理法》的规定，下列行为也属偷税行为：扣缴义务人采取上述偷税手段，不缴或者少缴已扣、已收税款；纳税人欠缴应纳税款，采取转移或者隐匿财产手段，致使税务机关无法追缴欠缴的税款；纳税人采取对所生产或者经营的商品假报出口等欺骗手段，骗取国家出口退税款。纳税人有偷税行为的处以罚款，构成犯罪的，依照有关《刑法》规定追究刑事责任。

(2)抗税。抗税是指以暴力、威胁方法拒不缴纳税款的行为。抗税行为情节严重构成犯罪的，依照《刑法》规定追究刑事责任；情节轻微，未构成犯罪的，由税务机关追缴其拒缴的税款、滞纳金，并处拒缴税款一倍以上五倍以下的罚款。

3. 税务人员的违法行为

(1)税务人员徇私舞弊，对依法应当移交司法机关追究刑事责任的不移交，情节严重的，依法追究刑事责任。

(2)税务人员徇私舞弊或者玩忽职守，不征或者少征应征税款，致使国家税收遭受重大损失，构成犯罪的，依法追究刑事责任；尚不构成犯罪的，依法给予行政处分。

(3)税务人员利用职务上的便利，收受或者索取纳税人、扣缴义务人财物或者谋取其他不正当利益，构成犯罪的，依法追究刑事责任；尚不构成犯罪的，依法给予行政处分。

(4)税务人员滥用职权，故意刁难纳税人、扣缴义务人的，调离税收工作岗位，并依法给予行政处分。

(5)税务机关、税务人员查封、扣押纳税人个人及其所扶养家属维持生活必需的住房和用品的，责令退还，依法给予行政处分；构成犯罪的，依法追究刑事责任。

(6)税务人员对控告、检举税收违法违纪行为的纳税人、扣缴义务人以及其他检举人进行打击报复的，依法给予行政处分；构成犯罪的，依法追究刑事责任。

(7)税务人员在征收税款或者查处税收违法案件时，未按照本法规定进行回避的，对直接负责的主管人员和其他直接责任人员，依法给予行政处分。

(五)税务争议的解决程序

纳税人、扣缴义务人、纳税担保人同税务机关因纳税发生争议时，必须先依照法律法规的规定缴纳或者补缴税款及滞纳金或者提供相应的担保，然后可以在收到税务机关填发的缴款凭证之日起 60 日内向上一级税务机关申请复议。上一级税务机关应当自收到复议申请之日起 60 日内作出复议决定。对复议决定不服的，可以在接到复议决定书之日起 15 日内向人民法院起诉。

当事人对税务机关的处罚决定、强制执行措施或者税收保全措施不服的，可以在接到处罚通知之日起或者税务机关采取强制执行措施、税收保全措施之日起 15 日内向上一级机关申请复议；对复议决定不服的，可以在接到复议决定之日起 15 日内向人民法院起诉。当事人也可以在接到处罚通知之日起或者税务机关采取强制执行措施、税收保全措施之日起 15 日内直接向人民法院起诉。复议和诉讼期间，强制执行措施和税收保全措施不停止执行。

当事人对税务机关的处罚决定逾期不申请复议，也不向人民法院起诉，又不履行的，作出处罚决定的税务机关可以采取强制执行措施或者申请人民法院强制执行。

本章小结

财政是指国家在资金的管理、积累、分配和使用等方面的经济活动。财政法是指调整财政分配和财政管理活动中形成的财政关系的法律规范的总称。预算，即国家预算，它是依照法定程序编制的基本财政收支计划，是国家有计划地集中和分配资金，调节社会经济生活的主要财政手段，包括预算收入和预算支出两部分。预算法是财政法的重要组成部分。它是国家调整预算收支关系的法律规范的总称。税法是调整国家与纳税人之间征纳税关系的法律规范的总称。换言之，税法就是调整税收关系的法律规范的总称。所谓税收关系，是指代表国家行使其职权的各级财税机关向负有纳税义务的单位和公民个人在征收税款(或实物)过程中所形成的征纳税关系。税法的构成要素有：征税主体，纳税义务人，征税客体，税种、税目，税率，计税依据，减税免税，纳税期限，法律责任。现行税种有流转税类，所得税类，财产税、行为税和资源税类。流转税包括增值税、土地增值税、消费税、营业税和关税。所得税包括企业所得税、个人所得税。财产税、行为税和资源税类包括房产税、契税、土地增值税等。税收征收管理是税收机关对纳税人依法征收税款和进行税务监督管理的总称。分为税收管理、税款征收、税务检查、违反税法的行为及其处理以及税务争议的解决程序等部分。税款的确定方式分为：查账征收，查定征收和定期定额征收。

复习思考题

1. 简述财政法的概念以及财政法的调整对象。
2. 列举国家预算收支范围。
3. 简述税法的概念和调整对象。
4. 税法的构成要素有哪些?
5. 现行税种分几类? 各类分别有哪些典型税种?
6. 税款征收的方式有哪些?

第十八章　金融法律制度

本章重点知识

- 金融法的概念与调整对象
- 中国人民银行的性质和地位
- 货币政策工具
- 中国人民银行的职能
- 商业银行的地位
- 商业银行的业务范围
- 外汇管理制度
- 银行业监管体制

【引读案例】

美国次贷危机从 2006 年春天开始逐步显现，2007 年 8 月开始席卷美国、欧盟和日本等世界主要金融市场。美国次贷危机的发生过程显示，金融体系系统性风险的来源已经发生了变化，规模巨大但缺乏监管的金融衍生产品和结构性产品，以及与这些产品相关却基本上不受监管的特殊目的实体、投资银行、对冲基金等金融机构，都可能引发系统性风险。

请思考美国的次贷危机对我国金融法律制度的设计及运行有哪些启示？

第一节　金融法概述

一、金融的概念

金融，是货币资金融通的简称，具体是指以银行等金融机构为中心的信用活动以及在信用基础上组织起来的货币流通。它涉及的范围非常广泛，包括货币的发行、流通和回笼；存款、贷款活动；银行的转账结算；证券的发行、交易；信托投资；保险；票据流通；汇兑往来；外汇、外债的管理；金融期货交易、融资租赁以及其他国际金融活动等。

二、金融法及其调整对象

金融法是调整货币流通和社会信用活动中所发生的金融关系的法律规范的总称。

金融法的调整对象是金融关系，具体包括金融监管关系和金融业务关系。

1. 金融监管关系，即国家金融监管机关与金融机构、非金融机构和个人之间因金融监管而发生的社会关系。

2. 金融业务关系，即金融机构之间以及他们与客户之间在经营货币和信用业务活动中所发生的经济关系。

三、金融法的体系与我国的金融立法

金融法的体系是由调整不同领域的金融关系的法律规范所组成的有机联系的统一整体。金融法的内容非常广泛，包括银行法、信托法、证券法、保险法、外汇管理法、金银管理法等。

改革开放以来，我国加快了金融立法的步伐，制定了大量的金融法律法规，具体包括：《中华人民共和国中国人民银行法》(2003 年修正)(以下简称《中国人民银行法》)、《中华人民共和国商业银行法》(2003 年修正)(以下简称《商业银行法》)、《中华人民共和国票据法》(2004 年修正)、《中华人民共和国保险法》(2009 年修订)、《中华人民共和国证券法》(2005 年修订)、《中华人民共和国信托法》(2001 年)、《中华人民共和国证券投资基金法》(2012 年修订)、《中华人民共和国银行业监督管理法》(2006 年修正)(以下简称《银行业监督管理法》)、《中华人民共和国外汇管理条例》(2008 年修订)、《外资银行管理条例》(2006 年施行)、《征信业管理条例》(2013 年施行)等。这几部金融基本法奠定了我国金融法律的基本框架，使我国的金融事业真正走上了法制化轨道，对于促进我国金融业及金融市场的发展具有重要的作用。

本章主要阐述银行法、外汇管理法、银行业监管法。

四、我国的金融机构体系

我国的金融机构体系是以中央银行即中国人民银行为中心，以商业银行为主体，多种金融机构并存的庞大而有序的体系。目前我国金融机构大致可以分为四类：一是中央银行即中国人民银行；二是商业银行；三是政策性银行；四是非银行金融机构，包括证券公司、信托投资公司、财务公司、融资租赁公司、保险公司、信用合作社、典当行等。

第二节　中国人民银行法

一、中国人民银行概述

新中国成立后，设立了中国人民银行，身兼两职，既是中央银行，又是商业银行。1983 年 9 月，国务院作出了《关于中国人民银行专门行使中央银行职能的决定》，确立了中国人民银行为中央银行的法律地位。1995 年 3 月 18 日第八届全国人大第三次会议通过并公布实施了《中国人民银行法》，进一步明确了中国人民银行的法律地位和职责。为了进一步健全金融监管体制，第十届全国人大第一次会议通过了《关于国务院机构改革方案的决定》，国务院决定设立银监会，统一监管银行、金融资产管理公司、信托投资公司等银行业金融机构。2003 年 12 月 27 日，第十届全国人大常委会第六次会议通过了《关于修改〈中国人民银行法〉的决定》，并于 2004 年 2 月 1 日起施行。修改后的《中国人民银行法》规定人民银行不再履行对金融机构的监督管理职责，其职能主要是制定和执行货币政策，防范和化解金融风险，维护金融稳定。

二、中国人民银行的性质和地位

(一)中国人民银行的性质

《中国人民银行法》第2条第1款规定:“中国人民银行是中华人民共和国的中央银行。”该规定确立了中国人民银行的性质,即中国人民银行是我国的中央银行。

(二)中国人民银行的地位

《中国人民银行法》根据我国的国情,对中国人民银行的地位作了规定。根据这些规定,一方面人民银行在行政上隶属于国家最高行政机关——国务院,同时受国家最高权力机关——全国人大的监督;另一方面,人民银行又具有相对独立性。

三、中国人民银行的职能与职责

(一)中国人民银行的职能

中国人民银行具有中央银行应当具备的一切职能,具有发行的银行、政府的银行、银行的银行等职能。所谓发行的银行,是指中国人民银行享有人民币的独占发行权,且法律规定人民币是我国唯一的法定货币;政府的银行,是指中国人民银行代表政府履行金融监管职能,并直接为政府提供金融服务;银行的银行,是指中国人民银行只与普通银行等金融机构发生业务往来,不与一般工商企业发生直接的信用关系。

(二)中国人民银行的职责

按照《中国人民银行法》第4条的规定,中国人民银行履行下列13项职责:

1.发布与履行其职责有关的命令和规章。

2.依法制定和执行货币政策。

3.发行人民币,管理人民币流通。

4.监督管理银行间同业拆借市场和银行间债券市场。

5.实施外汇管理,监督管理银行间外汇市场。

6.监督管理黄金市场。

7.持有、管理、经营国家外汇储备、黄金储备。

8.经理国库。

9.维护支付、清算系统的正常运行。

10.指导、部署金融业反洗钱工作,负责反洗钱的资金监测。

11.负责金融业的统计、调查、分析和预测。

12.作为国家的中央银行,从事有关的国际金融活动。

13.国务院规定的其他职责。

四、中国人民银行货币政策和货币政策工具

(一)货币政策和货币政策目标

1.货币政策的概念。货币政策是中央银行调节货币供求以实现宏观经济调控目标的方针和政策的总称,是针对整个国民经济运行中的经济增长、通货膨胀、国际收支以及与此相联系的货币供应量、利率、汇率等问题而实行的一种宏观经济政策。其目的是通过对社会总需求的调整间接地影响社会总供给的变动,从而促进整个社会总需求与总供给的平衡。货币政策的制定和实施是中央银行实现宏观调控的重要职能。

2.货币政策目标。货币政策目标是指中央银行实施货币政策所预定要对宏观经济产生的明确效果。实践证明,只有币值稳定,才能促进国民经济持续、快速、健康地发展。因此,《中国人民银行法》第3条规定:"货币政策目标是保持货币币值的稳定,并以此促进经济增长。"它以稳定物价为前提,在此基础上有条件可加速经济发展,适当多投放货币量;条件不成熟,退而求币值稳定。

(二)中国人民银行的货币政策工具

货币政策工具是实现货币政策目标的手段,人民银行可以采用的货币政策工具包括:存款准备金、中央银行基准利率、再贴现、向商业银行提供贷款、通过公开市场买卖国债及外汇等。

1.存款准备金。商业银行按照中央银行规定的比例,将其吸收的存款总额的一定比例款额,缴存中央银行指定的账户,缴存中央银行指定账户的款额,成为存款准备金。这部分款额与商业银行吸收的存款总额的比例,成为存款准备金率。中央银行使用存款准备金作为货币政策工具的作用是:调节市场货币流通量,从而达到紧缩或放松货币供应量的目的。当存款准备金率提高时,存入中央银行账户上的款项就增加,市场上流通的货币量就会减少。反之,当这个比率降低时,市场上的货币流通量就会增加。

2.中央银行基准利率。中央银行贷款给商业银行的利率,称为基准利率。它的水平和变动决定其他各种利率的水平和变化。当中央银行的基准利率提高时,商业银行对客户的商业贷款利率也会相应提高。反之,基准利率下调时,商业贷款利率也会降低。从而对市场上的货币流通量进行调整。

3.再贴现。贴现就是以未到期的票据向商业银行转让,融通资金。再贴现是指商业银行或其他金融机构将贴现所获得的未到期票据向中央银行转让,也就是商业银行和中央银行之间的票据买卖和资金让渡。再贴现政策就是中央银行通过制定或调整再贴现利率来干预和影响市场利率及货币市场的供应与需求,从而调节市场货币供应量。

4.再贷款。再贷款是指中央银行对商业银行的贷款。中国人民银行通过再贷款控制和调节商业银行的信贷活动,从而控制和调节货币供应量和信用总量。

5.公开市场业务。公开市场业务指中央银行为实现货币政策目标而在公开市场上买进或卖出有价证券(主要是政府债券)的行为。根据《中国人民银行法》规定,我国中央银行公开市场业务仅限于买卖国债和其他政府债券和金融债券及外汇。

6.其他货币政策工具。主要有特种存款、证券市场信用控制、消费信用控制、不动产信用

控制等。

五、人民币发行管理

人民币发行管理，主要是人民币发行计划的编制管理和人民币发行计划的执行管理。

（一）人民币的法律地位

《中国人民银行法》第16条规定："中华人民共和国的法定货币是人民币。"这一规定表明了人民币的法律地位，即它是我国境内流通、使用的唯一合法货币。作为法定支付手段，以人民币支付我国境内的一切公共的和私人的债务，任何单位和个人不得拒收。

（二）人民币的发行

《中国人民银行法》第18条规定："人民币由中国人民银行统一印制、发行。中国人民银行发行新版人民币，应当将发行时间、面额、图案、式样、规格予以公告。"该条规定确立了人民银行作为我国唯一货币发行机关的法律地位。发行人民币、管理人民币流通是《中国人民银行法》赋予中国人民银行的职责之一，是人民银行作为"发行的银行"的重要标志。

（三）人民币的管理

有关人民币的管理规定具体体现在《中国人民银行法》和《人民币管理条例》中，主要包括：禁止伪造、变造人民币；禁止出售、购买伪造、变造的人民币；禁止运输、持有、使用伪造、变造的人民币；禁止故意毁损人民币；禁止在宣传品、出版物或者其他商品上非法使用人民币图样；任何单位和个人不得印制、发售代币票券，以代替人民币在市场上流通；残缺、污损的人民币，按照中国人民银行的规定兑换，并由中国人民银行负责收回、销毁。

六、中国人民银行的业务

（一）中国人民银行业务活动的特点

中国人民银行是我国的中央银行，为履行其调节经济、金融监管的职能，必然要开展业务活动。作为特殊的金融机构，中国人民银行的业务活动有其特点：①开展业务的宗旨在于调节宏观经济，促进经济增长，不以营利为目的；②不经营商业银行业务，不与商业银行竞争；③业务对象是特定的，主要是政府、商业银行和其他金融机构，不直接对工商企业和个人提供服务。

（二）中国人民银行的主要业务

1. 要求金融机构交存存款准备金。
2. 确定中央银行基准利率。
3. 为在中国人民银行开立账户的金融机构办理再贴现。
4. 向商业银行提供贷款。
5. 在公开市场上买卖国债和其他政府债券及外汇。

6. 依照法律法规的规定经营国库。

7. 代理国务院财政部门向各金融机构组织发行、兑付国债和其他政府债券。

8. 组织或协助组织金融机构相互之间的清算系统，协调金融机构相互之间的清算事项，提供清算服务。

9. 法律法规规定的其他业务。

(三)中国人民银行业务禁止性规定

中国人民银行在进行业务活动时，不得对金融机构的账户透支；不得对政府财政透支，不得直接认购、包销国债和其他政府债券；不得向地方政府、各级政府部门提供贷款，不得向非银行机构以及其他单位和个人提供贷款，但国务院决定中国人民银行可以向特定的非银行金融机构提供贷款的除外；不得向任何单位或个人提供担保。

七、中国人民银行金融监督管理的法律规定

金融监督管理简称金融监管，是指中央银行依据法律准则和法律程序对金融主体、金融业务活动和金融市场实行检查、稽核、组织和协调。金融监管是中国人民银行的重要职能和职责之一。中央银行实施金融监督，对于保证货币政策的顺利实施，抑制通货膨胀，保障公众利益，保持社会安定以及保证金融体系安全，保证金融市场稳定都具有十分重要的意义。

《中国人民银行法》规定中国人民银行有权对金融机构以及其他单位和个人的下列行为进行检查监督，包括：

1. 执行有关存款准备金管理规定的行为。

2. 与中国人民银行特种贷款有关的行为。

3. 执行有关人民币管理规定的行为。

4. 执行有关银行间同业拆借市场、银行间债券市场管理规定的行为。

5. 执行有关外汇管理规定的行为。

6. 执行有关黄金管理规定的行为。

7. 代理中国人民银行经理国库的行为。

8. 执行有关清算管理规定的行为。

9. 执行有关反洗钱规定的行为。

第三节 商业银行法

一、商业银行法概述

(一)商业银行的概念

商业银行是指依照《商业银行法》和《中华人民共和国公司法》(以下简称《公司法》)设立的

吸收公众存款、发放贷款、办理结算等业务的企业法人。它的基本职能是通过各种融资渠道和信用手段筹集货币资金，为商品生产和商品流通提供所需的货币资金和信用工具，促进国民经济发展。

(二)商业银行法的概念

商业银行法是调整商业银行在设立、变更、终止及开展业务活动中发生的各种社会关系的法律规范的总称。其主要内容包括商业银行的性质、种类、地位、法律形式、管理体制、业务范围、监督管理、法律性质等。我国规范商业银行行为的基本法律是1995年5月10日第八届全国人民代表大会常务委员会第十三次会议通过，1995年7月1日起施行的《商业银行法》。2003年12月27日第十届全国人民代表大会常务委员会对该法作出了修改，修改后的《商业银行法》已于2004年2月1日施行。

二、商业银行的设立

1.设立的条件。商业银行的设立是指商业银行创办人依照法律规定的条件和程序，取得商业银行合法资格的行为。《商业银行法》第11条规定："设立商业银行，应当经国务院银行业监督管理机构审查批准。未经国务院银行业监督管理机构批准，任何单位和个人不得从事吸收公众存款等商业银行业务，任何单位不得在名称中使用"银行"字样。"设立商业银行应该满足下列基本条件和其他审慎性条件。

(1)有符合《商业银行法》和《公司法》规定的章程。

(2)有符合《商业银行法》规定的注册资本最低限额，即全国性商业银行为十亿元人民币，城市商业银行为一亿元人民币，农村商业银行为五千万元人民币。

(3)有具备任职专业知识和业务工作经验的董事、高级管理人员。

(4)有健全的组织机构和管理制度。

(5)有符合要求的营业场所、安全防范措施和与业务有关的其他设施。

【实训题18-1】《商业银行法》规定，设立全国性商业银行的注册资本最低限额为(　　)元人民币。

A.4亿　　B. 8亿　　C.10亿　　D.20亿

2.商业银行的法律地位。商业银行是经营货币信用业务的金融企业，是具有民事权利能力和民事行为能力，依法自主经营、自负盈亏的企业法人，以其全部法人财产独立承担民事责任，在其经营自主权范围内开展业务活动，坚持效益性、安全性、流动性的经营原则，实行自主经营、自担风险、自负盈亏、自我约束，以追求利润最大化为经营目的。

三、商业银行的组织体制和组织形式

1.我国商业银行的组织体制。我国商业银行实行的是总分行制的组织体制。总分行制也称为分支行制，是指依法可以在国内外开设分支机构的银行体制。

2.商业银行的组织形式。《商业银行法》第17条规定："商业银行的组织形式、组织机构适

用《公司法》的规定。”因此，我国商业银行的组织形式有两种，即有限责任公司和股份有限公司形式。

四、商业银行的业务

商业银行可以经营下列部分或者全部业务：①吸收公众存款。②发放短期、中期和长期贷款。③办理国内外结算。④办理票据承兑与贴现。⑤发行金融债券。⑥代理发行、代理兑付、承销政府债券。⑦买卖政府债券、金融债券。⑧从事同业拆借。⑨买卖、代理买卖外汇。⑩从事银行卡业务。⑪提供信用证服务及担保。⑫代理收付款项及代理保险业务。⑬提供保管箱服务。⑭经国务院银行业监督管理机构批准的其他业务。

经营范围由商业银行章程规定，报国务院银行业监督管理机构批准。商业银行经中国人民银行批准，可以经营结汇、售汇业务。

五、商业银行的监督管理

1.商业银行的内部监督管理。商业银行通过建立、健全风险管理和内部控制制度；建立、健全对存款、贷款、结算、呆账等各项情况的稽核、检查制度以及对分支机构进行经常性的稽核和检查监督来实现自身合法、安全、有效地经营。

2.商业银行的外部监督管理。商业银行的外部监督管理包括：国务院银行业监督管理机构、中国人民银行和审计机关的审计监督。商业银行应当按照规定向国务院银行业监督管理机构、中国人民银行报送资产负债表、利润表以及其他财务会计、统计报表和资料。商业银行应当按照国务院银行业监督管理机构的要求，提供财务会计资料、业务合同和有关经营管理方面的其他信息。中国人民银行有权依照《中国人民银行法》的规定对商业银行进行检查监督。商业银行应当依法接受审计机关的审计监督。

第四节　政策性银行法

一、政策性银行的概念和特征

政策性银行是由政府创办、不以盈利为目的、专门经营政策性贷款的银行机构。它是适应贯彻国家产业政策、调控宏观经济的需要产生的。

我国的政策性银行在20世纪90年代以后才开始建立。根据党的十四届三中全会精神和《国务院关于金融体制改革的决定》及其他文件，我国于1994年相继建立了国家开发银行(1994年3月17日)、中国农业发展银行(1994年11月8日)、中国进出口银行(1994年7月1日)三家政策性银行。

政策性银行是专门为配合政府的社会经济政策，贯彻政府的经济意图而设立的，它是政府发展经济、调整产业结构、进行宏观经济调控的金融机构。其作用在于弥补商业银行在资金配置上的缺陷，健全与优化金融体系的整体功能，促进国民经济全面、健康发展。政策性银行与商业银行相比有以下法律特征：

(1)政策性银行由政府出资设立，并以政府财政为后盾。

(2)政策性商业银行不以营利为目的。政策性银行以贯彻和执行政府的社会经济政策为己任，主要是为国家重点建设和按照国家产业政策扶植的行业及企业，提供政策性贷款，自主保本经营。

(3)政策性银行主要从事贷款业务，不吸收公众存款。其资金来源是政府提供的资本金、各种借入资金和发行金融债券筹措的资金，其资金运作多为长期贷款和资本贷款。

(4)政策性银行有自己特定的服务领域(农业、大型项目和国家进出口)，不与商业银行竞争。这些领域集中在国民经济比较薄弱的环节或亟待发展的部门，共同特点是不易得到商业银行的资金支持，需要政府设立专门的金融机构予以特殊的资金支持。

二、中国农业发展银行

中国农业发展银行是直属国务院领导的我国唯一的一家农业政策性银行，1994 年 11 月挂牌成立。全系统共有 31 个省级分行、300 多个二级分行和 1 800 多个营业机构，服务网络遍布中国大陆地区。

中国农业发展银行的主要职责是按照国家的法律、法规和方针、政策，以国家信用为基础，筹集资金，承担国家规定的农业政策性金融业务，代理财政支农资金的拨付，为农业和农村经济发展服务。

三、中国进出口银行

中国进出口银行成立于 1994 年，是直属国务院领导的、政府全资拥有的国家银行，总部设在北京。在国内设有 21 家营业性分支机构；在境外设有东南非代表处、巴黎代表处和圣彼得堡代表处；与 1 000 多家银行的总分支机构建立了代理行关系。目前，中国进出口银行拥有标准普尔公司、穆迪投资者服务公司和惠誉信用评级有限公司的评级，这些评级分别是 AA－、Aa3、A＋，与中国国家主权信用评级一致。

中国进出口银行的主要职责是为扩大我国机电产品、成套设备和高新技术产品进出口，推动有比较优势的企业开展对外承包工程和境外投资，促进对外关系发展和国际经贸合作，提供金融服务。

四、国家开发银行

国家开发银行于 2008 年 12 月 11 日整体改制为国家开发银行股份有限公司，由政策性银行转型为商业银行，主要通过开展中长期信贷与投资等金融业务，为国民经济重大中长期发展战略服务。

政策性银行在落实国家产业政策，推进经济发展等方面起到了重要作用，但也出现了发展定位不清，可持续发展能力不强，治理结构和风险内控机制不健全等一系列问题，改革成为政策性银行发展的必由之路。国家开发银行率先进行改革，全面推行商业化运作，主要从事中长期业务。

第五节 外资银行

一、外资银行概述

外资银行是指在我国境内设立的、由外国独资或合资经营的银行类金融机构。依照2006年施行的《外资银行管理条例》，外资银行包括四类：外国银行单独出资或者外国银行与其他外国金融机构共同出资设立的外商独资银行；外国金融机构与中国的公司、企业共同出资设立的中外合资银行；外国银行分行；外国银行代表处。

从业务范围来看，前三者从事商业银行的金融业务，被称为外资银行营业性机构。外国银行代表处作为非营业性机构，从事联络、信息收集和市场调查等非经营性活动。

从法律地位来看，外商独资银行和中外合资银行都是中国法人，独立承担法律责任。外国银行分行和外国银行代表处则不具有中国法人地位，不能独立承担法律责任，其法律责任最终由外国银行承担。

二、外资银行的设立

1. 最低注册资本与营运资金。外商独资银行、中外合资银行的注册资本最低限额为10亿元人民币或者等值的自由兑换货币。注册资本应当是实缴资本。外国银行分行应当由其总行无偿拨给不少于2亿元人民币或者等值的自由兑换货币的营运资金。国务院银行业监督管理机构根据外资银行营业性机构的业务范围和审慎监管的需要，可以提高注册资本或者营运资金的最低限额，并规定其中的人民币份额。

2. 股东资格。《外资银行管理条例》规定设立外商独资银行、中外合资银行的股东或者设立分行、代表处的外国银行不仅应当满足基本审慎性条件，还应符合各自的特别规定。

三、外资银行的业务范围

1. 外商独资银行、中外合资银行。按照国务院银行业监督管理机构批准的业务范围，可以经营下列部分或者全部外汇业务和人民币业务：吸收公众存款；发放短期、中期和长期贷款；办理票据承兑与贴现；买卖政府债券、金融债券，买卖股票以外的其他外币有价证券；提供信用证服务及担保；办理国内外结算；买卖、代理买卖外汇；代理保险；从事同业拆借；从事银行卡业务；提供保管箱服务；提供资信调查和咨询服务；经国务院银行业监督管理机构批准的其他业务。

经中国人民银行批准，可以经营结汇、售汇业务。

2. 外国银行分行。按照国务院银行业监督管理机构批准的业务范围，可以经营下列部分或者全部外汇业务以及对除中国境内公民以外客户的人民币业务：吸收公众存款；发放短期、中期和长期贷款；办理票据承兑与贴现；买卖政府债券、金融债券，买卖股票以外的其他外币有价证券；提供信用证服务及担保；办理国内外结算；买卖、代理买卖外汇；代理保险；从事同业拆借；提供保管箱服务；提供资信调查和咨询服务；经国务院银行业监督管理机构批准的其他业务。

外国银行分行可以吸收中国境内公民每笔不少于100万元人民币的定期存款。经中国人民银行批准，可以经营结汇、售汇业务。

3.外国银行代表处。可以从事与其代表的外国银行业务相关的联络、市场调查、咨询等非经营性活动。

第六节　非银行金融机构

非银行金融机构，是指除银行以外的从事货币信用业务和金融服务业务的金融机构。按照经营范围不同，非银行金融机构可分为合作类非银行金融机构，如农村信用社；保险类非银行金融机构；证券类非银行金融机构；信托租赁类非银行金融机构，如信托公司、金融租赁公司等；其他非银行金融机构，如财务公司等。

一、信托投资公司

信托投资公司是指经批准经营信托投资业务的机构，属于非银行的金融机构，其组织形式采取公司制。所谓信托投资业务系指受托人按照委托人指明的特定目的或要求，收受、经理或运用信托资金、信托财产的金融业务。信托投资公司的设立、变更和终止由国务院银行业监督管理机构履行审批职责，经营业务也必须按规定的范围和程序报经国务院银行业监督管理机构审核批准。

二、农村信用合作社

农村信用合作社是指经中国人民银行批准设立，由社员入股组成、实行社员民主管理，主要为社员提供金融服务的农村合作金融机构。农村信用合作社是独立的企业法人，以其全部资产对农村合作信用社的负债承担责任，依法享有民事权利，承担民事责任，其财产、合法权益和依法开展的业务活动受国家法律保护，任何单位和个人不得侵犯和干涉。目前，多地符合条件的农村信用社改制为农商银行，成为股份制商业银行。

三、金融租赁公司

金融租赁公司是指经中国人民银行批准以经营融资租赁业务为主的非银行金融机构。所谓融资租赁，又称金融租赁，是一种资金融通方式，它一方面仍然具有租赁的一般特性，如承租者获得租用物品的使用权，出租者获得租金；另一方面，金融租赁又不同于一般租赁方式，出租人提供信贷，厂商提供设备，承租人使用设备；出租人把所有权的全部责任，包括维修、保险和纳税等，都转移给承租人，租期可长达接近资产的经济寿命。在多数情况下，租赁期满时，承租人可按不低于资产公平市价的价格来购买设备，也可以把资产还给出租人。金融租赁是具有融资、融物双重职能的租赁交易。

四、企业集团财务公司

根据2006年修订的《企业集团财务公司管理办法》的相关规定，企业集团财务公司是以加强企业集团资金集中管理和提高企业集团资金使用效率为目的，为企业集团成员单位提供财务管理服务的非银行金融机构，依法接受中国银行业监督管理委员会的监督管理。其注册资本金应当主要从成员单位中募集，并可以吸收成员单位以外的合格的机构投资者的股份。业务经营范围限于企业集团内部，可以从事下列全部或部分业务：对成员单位办理财务和融资顾问、信用鉴证及相关的咨询、代理业务；协助成员单位实现交易款项的收付；经批准的保险代理业务对成员单位提供担保；办理成员单位之间的委托贷款及委托投资；对成员单位办理票据承兑与贴现；办理成员单位之间的内部转账结算及相应的结算、清算方案设计；吸收成员单位的存款；对成员单位办理贷款及融资租赁；从事同业拆借；中国银行业监督管理委员会批准的其他业务。

第七节 外汇管理法

一、外汇管理概述

外汇指以外国货币表示的、可用于国际清偿的支付手段和资产。根据《外汇管理条例》的规定，外汇包括：外币现钞，包括纸币、铸币；外币支付凭证或者支付工具，包括票据、银行存款凭证、银行卡等；外币有价证券，包括债券、股票等；特别提款权；其他外汇资产。

外汇管理，也称外汇管制，是指一个国家为了维持国际收支平衡和本国货币汇价水平的稳定，对外汇收支、外汇买卖、国际结算、外汇进出国境和本国货币的汇价等所实行的一种限制性的政策措施。

二、经常项目和资本项目的外汇管理

（一）经常项目的外汇管理

经常项目是指一个国家的国际收支中经常发生的交易项目，包括贸易收支、劳务收支、单方面资产转移等，它是整个国际收支中最大的项目。对经常项目外汇收支的管理包括对境内机构、个人外汇的管理和对驻华机构、来华人员外汇的管理。

1. 对境内机构的管理。境内机构是指在我国境内的企事业单位、国家机关、社会团体、部队等，其中包括外商投资企业和金融机构。境内机构的经常项目外汇管理规定如下：①境内机构的外汇收入可以调回境内或者存放境外。②经常项目外汇收入，可以按照国家有关规定保留或者卖给经营结汇、售汇业务的金融机构。③经常项目外汇支出，应当按照国务院外汇管理

部门关于付汇与购汇的管理规定，凭有效单证以自有外汇支付或者向经营结汇、售汇业务的金融机构购汇支付。

2. 对境内个人持汇用汇的管理。境内个人系指中国公民和在中国境内居住满 1 年的外国人。属于个人所有的外汇，可以自行持有，也可以存入银行或者卖给外汇指定银行。个人因私出境用汇，在规定限额内购汇；超过规定限额的，可以向外汇管理机构申请。个人携带外汇进出国境，应当向海关申报手续；携带出境的外汇超过规定限额的，还应向海关出具有效凭证。居住在境内的中国公民持有的外币支付凭证、外币有价证券等形式的外汇资产，未经外汇管理机构批准，不得携带或者邮寄出境。

3. 对驻华外国机构和来华人员的外汇管理。驻华机构是指外国驻华外交机构、领事机构、国际组织驻华代表机构、外国驻华商务机构和外国民间组织驻华业务机构等。来华人员是指驻华机构的常驻人员、短期入境的外国人、应聘在境内机构工作的外国人以及外国留学生等。对这些机构和人员所持有的外汇可以分不同情况进行管理：①驻华外交机构、领事机构收取的以人民币支付的签证费、认证费等，需要汇出境外的，可以持有关证明材料向外汇指定银行兑付；其他驻华机构的合法人民币收入，需要汇出境外的，应当持有关证明向外汇管理机构申请，凭外汇管理机构的售汇通知单，到外汇指定银行兑付。②应聘在境内机构工作的外籍专家的人民币工资，以及其他合法收入，依法纳税后，可以向外汇指定银行购汇汇出或者携带出境，但应聘在外商投资企业工作的外籍人员除外。③应聘在外商投资企业工作的外籍人员的工资以及其他合法收入，是外汇的，依法纳税后，可直接汇出或携带出境；是人民币的，依法纳税后，可以持外汇管理机构规定的有效凭证向外汇指定银行购汇汇出或携带出境。④驻华机构和来华人员由境外汇入或携带入境的外汇，可以自行保存，也可以存入银行或卖给外汇指定银行，还可以持有效凭证汇出或携带出境。

【实训题 18-2】根据外汇法律制度的规定，下列外汇收支活动中，应当适用《外汇管理条例》的是(　　)。

A. 美国驻华大使洪某在华任职期间的薪酬

B. 最近 2 年一直居住在上海的美国公民汤姆，出租其在美国的住房获得的租金

C. 美国花旗银行伦敦分行在香港的营业所得

D. 正在中国短期旅行的美国人彼得，得知其在美国购买的彩票中了 300 万美元的大奖

(二)资本项目的外汇管理

资本项目是指国际收支中因资本输出、输入而产生的资产与负债的增减项目，包括直接投资、各类贷款、证券投资等。对资本项目外汇的管理按以下规定进行：

1. 境外资本管理。境外机构、境外个人在境内直接投资，经有关主管部门批准后，应当到外汇管理机关办理登记；在境内从事有价证券或者衍生产品发行、交易，应当遵守国家关于市场准入的规定，并按照国务院外汇管理部门的规定办理登记。

2. 境内资本管理。境内机构、境内个人向境外直接投资或者从事境外有价证券、衍生产品发行、交易，应当按照国务院外汇管理部门的规定办理登记。

3. 资本项目外汇收入与支出。资本项目外汇收入保留或者卖给经营结汇、售汇业务的金融机构，应当经外汇管理机关批准，但国家规定无须批准的除外。

资本项目外汇支出，应当按照国务院外汇管理部门关于付汇与购汇的管理规定，凭有效单证以自有外汇支付或者向经营结汇、售汇业务的金融机构购汇支付。国家规定应当经外汇管理机关批准的，应当在外汇支付前办理批准手续。

依法终止的外商投资企业，按照国家有关规定进行清算、纳税后，属于外方投资者所有的人民币，可以向经营结汇、售汇业务的金融机构购汇汇出。

4. 外债的管理。外债包括直接借款和发行债券借款等。国家对外债实行规模管理。借用外债应当按照国家有关规定办理，并到外汇管理机关办理外债登记。国务院外汇管理部门负责全国的外债统计与监测，并定期公布外债情况。

5. 提供对外担保，应当向外汇管理机关提出申请，由外汇管理机关根据申请人的资产负债等情况作出批准或者不批准的决定；国家规定其经营范围需经有关主管部门批准的，应当在向外汇管理机关提出申请前办理批准手续。申请人签订对外担保合同后，应当到外汇管理机关办理对外担保登记。但经国务院批准为使用外国政府或者国际金融组织贷款进行转贷提供对外担保的，不需要办理登记。

三、对金融机构外汇业务的管理

对金融机构经营外汇业务的管理，《外汇管理条例》规定如下：

1. 金融机构经营或者终止经营结汇、售汇业务，应当经外汇管理机关批准；经营或者终止经营其他外汇业务，应当按照职责分工经外汇管理机关或者金融业监督管理机构批准。

2. 外汇管理机关对金融机构外汇业务实行综合头寸管理，具体办法由国务院外汇管理部门制定。

3. 金融机构的资本金、利润以及因本外币资产不匹配需要进行人民币与外币间转换的，应当经外汇管理机关批准。

四、人民币汇率和外汇市场的管理

1. 人民币汇率管理。汇率是一国货币与另一国货币相互折算的比率，即以一国货币表示另一国货币的价格。汇率的高低由外汇市场供求关系和其他有关经济政治因素所决定，同时又对一国的国际收支和经济发展起着重要的反作用。《外汇管理条例》的规定，人民币汇率实行以市场供求为基础的、有管理的浮动汇率制度。中国人民银行每个工作日闭市后公布当日银行间外汇市场美元等交易货币对人民币汇率的收盘价，作为下一个工作日该货币对人民币交易的中间价。自 2006 年 1 月 4 日起，中国人民银行授权中国外汇交易中心于每个工作日上午 9 时 15 分对外公布当日人民币对美元、欧元、日元和港币汇率中间价，作为当日银行间即期外汇市场(含 OTC 方式和撮合方式)以及银行柜台交易汇率的中间价。自 2012 年自 4 月 16 日起，银行间即期外汇市场人民币兑美元交易价浮动幅度由 0.5%扩大至 1%。

2. 外汇市场管理。外汇市场是进行外汇买卖的市场。《外汇管理条例》的规定，经营结汇、售汇业务的金融机构和符合国务院外汇管理部门规定条件的其他机构，可以按照国务院外汇管理部门的规定在银行间外汇市场进行外汇交易。外汇市场交易应当遵循公开、公平、公正和诚实信用的原则。外汇市场交易的币种和形式由国务院外汇管理部门规定。国务院外汇管理部门依法监督管理全国的外汇市场。国务院外汇管理部门可以根据外汇市场的变化和货币政策的要求，依法对外汇市场进行调节。

第八节　银行业监督管理法

一、银行业监督管理法概述

银行业监督管理法是调整银行业监督管理关系的法律规范的总称。《银行业监督管理法》于 2003 年 12 月 27 日由第十届全国人大常委会第六次会议通过，自 2004 年 2 月 1 日起施行。2006 年 10 月 31 日第十届全国人大常委会第二十四次会议通过《关于修改〈银行业监督管理法〉的决定》，对其进行修正，并自 2007 年 1 月 1 日起施行。

(一)立法宗旨

《银行业监督管理法》第 1 条规定："为了加强对银行业的监督管理，规范监督管理行为，防范和化解银行业风险，保护存款人和其他客户的合法权益，促进银行业健康发展，制定本法。"这说明，《银行业监督管理法》不是一部关于国务院银行业监督管理机构的组织法，而是关于银行业监督管理行为的专门法律。旨在通过法律的形式，明确我国银行业监管的宗旨、原则、确定银行监管机构的法定地位和职责，加强和完善监管手段，规范监管程序，推进我国银行业监管向国际最佳做法靠拢，实现从合规监管向风险监管的转变，从而提高我国银行业监管的有效性。

(二)银行业监督管理的对象

《银行业监督管理法》第 2 条规定："国务院银行业监督管理机构负责对全国银行业金融机构及其业务活动监督管理的工作。"具体包括以下几种：

1. 全国银行业金融机构及其业务活动。银行业金融机构指在中华人民共和国境内设立的商业银行、城市信用合作社、农村信用合作社等吸收公众存款的金融机构以及政策性银行。

2. 对在中华人民共和国境内设立的金融资产管理公司、信托投资公司、财务公司、金融租赁公司以及经国务院银行业监督管理机构批准设立的其他金融机构。

3. 经国务院银行业监督管理机构批准在境外设立的金融机构以及前两种金融机构在境外的业务活动。

(三)监督管理的目标与原则

银行业监督管理的目标是促进银行业的合法、稳健运行，维护公众对银行业的信心。同时，银行业监督管理应当保护银行业公平竞争，提高银行业竞争能力。

银行业监督管理应当遵循以下原则：

1. 依法、公开、公正和效率的原则。这是银行业监督管理应当遵循的最基本的原则。

2. 独立监管原则。银行业监督管理机构及其从事监督管理工作的人员依法履行监督管理职责，受法律保护。地方政府、各级政府部门、社会团体和个人不得干涉。

3. 审慎监管原则。银行业监督管理机构应当以认真谨慎的态度对银行的资本充足性、流动性、风险管理、内部控制等方面制定标准并进行有效的监督和管理。

4. 协同原则。国务院银行业监督管理机构应当和中国人民银行、证券业监督管理机构、保险业监督管理机构建立监督管理信息共享机制，以便它们在各自的职责范围内，开展对银行业和金融市场的有效监督。

二、银行业监督管理机构和管理人员

中国银行业监督管理委员会(简称“银监会”)是国务院银行业监督管理机构，于 2003 年 4 月28 日挂牌成立，并正式履行职责。

1. 机构设置。目前，银监会设主席 1 人，副主席 4 人，设 15 个职能部门。根据履行职责的需要设立派出机构，并对派出机构实行统一领导和管理。按照行政区划银监会在全国 31 个省、自治区、直辖市和大连、青岛、厦门、深圳、宁波 5 个计划单列市设银监局，在 306 个市(地、州)设立银监分局。在地方设立的银监局和银监分局直接隶属于银监会，在银监会的授权范围内，对本辖区内的银行业金融机构进行监督管理，承办银监会交办的其他事项，不受地方政府领导和管理。

2. 管理人员。《银行业监督管理法》对银行业监督管理人员设立了如下基本规范：①应当具备与其任职相适应的专业知识和业务工作经验。②忠于职守，依法办事，公正廉洁，不得利用职务便利牟取不正当的利益，不得在金融机构等企业中兼任职务。③保守国家秘密，并有责任为其监督管理的银行业金融机构及当事人保守秘密。

三、监督管理职责

银监会的主要职责包括以下各项：制定并发布对银行业金融机构及其业务活动监督管理的规章、规则；审查批准银行业金融机构的设立、变更、终止以及业务范围；在受理申请设立银行业金融机构时，或者银行业金融机构变更持有资本总额或者股份总额达到规定比例以上的股东时，负责对股东的资金来源、财务状况、资本补充能力和诚信状况进行审查；对于银行业金融机构业务范围内的业务品种，按照规定进行审查批准或者备案；对银行业市场准入实施管制；对银行业金融机构的董事和高级管理人员实行任职资格管理；依照法律、行政法规制定银行业金融机构的审慎经营规则；对银行业自律组织的活动进行指导和监督；开展与银行业监督管理有关的国际交流、合作活动。

四、监督管理措施

银行业监督管理机构根据履行职责的需要，有权要求银行业金融机构按照规定报送资产负债表、利润表和其他财务会计、统计报表、经营管理资料以及注册会计师出具的审计报告；有权采取必要的措施，进行现场检查；有权要求与银行业金融机构董事、高级管理人员进行监督管理谈话；有权要求银行业金融机构按照规定进行信息披露；有权对违反审慎经营规则的银行业金融机构采取监管强制措施；有权对有问题的银行业金融机构进行接管、重组或撤销，并对直接负责的董事、高级管理人员和其他直接责任人员采取必要的限制措施；有权查询涉嫌金融违法的银行业金融机构及其工作人员以及关联行为人的账户或申请司法机关冻结账户等。

本章小结

金融，是货币资金融通的简称，具体是指以银行等金融机构为中心的信用活动以及在信用基础上组织起来的货币流通。金融法是调整货币流通和社会信用活动中所发生的金融关系的法律规范的总称。金融法的调整对象是在金融活动中产生的各种主体之间的社会关系，即金融关系，具体包括金融监管关系和金融业务关系。中国人民银行是中华人民共和国的中央银行，具有中央银行应当具备的一切职能，是发行的银行、政府的银行、银行的银行。商业银行是指依照《商业银行法》和《公司法》设立的吸收公众存款、发放贷款、办理结算等业务的企业法人。政策性银行是由政府创办、不以盈利为目的、专门经营政策性贷款的银行机构。外资银行包括外商独资银行、中外合资银行、外国银行分行和外国银行代表处。非银行金融机构包括：信托投资公司、农村信用合作社、金融租赁公司、企业集团财务公司等。外汇指以外国货币表示的、可用于国际清偿的支付手段。外汇管理，也称外汇管制，是指一个国家为了维持国际收支平衡和本国货币汇价水平的稳定，对外汇收支、外汇买卖、国际结算、外汇进出国境和本国货币的汇价等所实行的一种限制性的政策措施。国务院银行业监督管理机构负责对全国银行业金融机构及其业务活动监督管理的工作。中国银行业监督管理委员会是国务院银行业监督管理机构。

复习思考题

1. 简述中国人民银行的法律地位。
2. 中国人民银行的具体职责有哪些？
3. 中国人民银行的货币政策工具有哪些？简述其发挥作用的原理。
4. 我国商业银行的业务范围有哪些？
5. 政策性银行的职能与商业银行有何不同？
6. 外汇管理制度的内容是什么？
7. 简述银行业监督管理机构的职能。

第十九章　会计和审计法律制度

本章重点知识

- 会计法的概念
- 会计核算的内容
- 会计监督的内容
- 审计法的概念
- 审计法的原则
- 审计的职责与权限

【引读案例】

某审计组在对某国有公司进行财产检查时，发现该公司有一笔60万元的房屋拆迁费的开支凭证。根据原始单据记载，该60万元系市政建设工程指挥部拨给该公司的搬迁补助费。但是，审计组经过调查，发现该60万元是以私人的名义存在某银行。鉴于该公司用虚假的经济业务事项及资料进行会计核算，审计组遂建议财政部门对其负责人进行行政处分。

试分析上述案例涉及会计法和审计法哪些内容？

第一节　会　计　法

一、会计法概述

（一）会计法的概念

会计是以货币为主要计量单位，对经济活动真实地、准确地、全面地进行记录、计算、分析、检查和监督的一种管理活动。

会计法是调整会计关系的法律规范的总称。会计关系是会计机构和会计人员在办理会计事务过程中以及国家在管理会计工作过程中发生的经济关系。

从狭义上讲，我国会计法是指《中华人民共和国会计法》。该法于1985年1月21日第六届全国人大常委会第九次会议通过。1993年12月29日、1999年10月31日先后两次修订。广义地讲，不仅包括《会计法》，而且包括与会计相关的法规。在会计法体系中，除一般会计准则、规则外，还包括总会计师、注册会计师等特别规定。我国还制定了《总会计师条例》、《企业会计准则》和《企业财务通则》等法规。

(二)会计管理体制的法律规定

1.会计工作主管部门。国务院财政部门主管全国的会计工作。县级以上地方各级人民政府财政部门管理本行政区域内的会计工作。

2.国家实行统一的会计制度。国家统一的会计制度,是指国务院财政部门根据《会计法》制定的关于会计核算、会计监督、会计机构和会计人员以及会计工作管理的制度。

国务院有关部门可以依照《会计法》和国家统一的会计制度,制定对会计核算和会计监督有特殊要求的行业的具体实施办法或补充规定,报国务院财政部门审核批准。

中国人民解放军总后勤部可以依照《会计法》和国家统一的会计制度,制定军队实施国家统一的会计制度的具体办法,报国务院财政部门备案。

二、会计核算的法律规定

(一)会计核算的基本要求

各单位必须根据实际发生的经济业务事项进行会计核算,填制会计凭证,登记会计账簿,编制财务会计报告。任何单位不得以虚假的经济业务事项或者资料进行会计核算。

会计凭证、会计账簿、财务会计报告和其他会计资料,必须符合国家统一的会计制度的规定。任何单位和个人不得伪造、变造会计凭证、会计账簿及其他会计资料,不得提供虚假的财务会计报告。

(二)会计核算的内容

下列经济业务事项,应当办理会计手续,进行会计核算:

(1)款项和有价证券的收付。

(2)财物的收发、增减和使用。

(3)债权债务的发生和结算。

(4)资本、基金的增减。

(5)收入、支出、费用、成本的计算。

(6)财务成果的计算和处理。

(7)需要办理会计手续、进行会计核算的其他事项。

(三)会计期间与记账本位币

会计核算应当划分会计期间,分期结算账目和编制会计报表。会计期间分为年度、季度和月份。年度、季度和月份的起讫日期采用公历。例如,会计年度自公历1月1日起至12月31日止。

记账本位币为人民币。业务收支以人民币以外的货币为主的单位,可以选定其中一种货币作为记账本位币,但是编报的财务会计报告应当折算为人民币。

(四)企业会计核算的特别规定

企业进行会计核算,除应当遵守会计核算的一般规定以外,还应当遵守如下特别规定:

(1)企业必须根据实际发生的经济业务事项,按照国家统一会计制度的规定确认、计量和记录资产、负债、所有者权益、收入、费用、成本和利润。

(2)企业进行会计核算不得有下列行为:随意改变资产、负债、所有者权益的确认标准或者计量方法,虚列、多列、不列或者少列资产、负债、所有者权益;虚列或者隐瞒收入,推迟或者提前确认收入;随意改变费用、成本的确认标准或者计量方法,虚列、多列、不列或者少列费用、成本;随意调整利润的计算、分配方法,编造虚假利润或者隐瞒利润;违反国家统一的会计制度规定的其他行为。

三、会计监督的法律规定

1. 内部会计监督。各单位应当建立、健全本单位内部会计监督制度。单位内部会计监督制度应当符合下列要求:记账人员与经济业务事项和会计事项的审批人员、经办人员、财物保管人员的职责权限应当明确,并相互分离、相互制约;重大对外投资、资产处置、资金调度和其他重要经济业务事项的决策和执行相互监督、相互制约的程序应当明确;财产清查的范围、期限和组织程序应当明确;对会计资料定期进行内部审计的办法和程序应当明确。

单位负责人应当保证会计机构、会计人员依法履行职责,不得授意、指使、强令会计机构、会计人员违法办理会计事项。会计机构、会计人员对违反《会计法》和国家统一的会计制度规定的会计事项,有权拒绝办理或者按照职权予以纠正。

会计机构、会计人员发现会计账簿记录与实物、款项及有关资料不相符的,按照国家统一的会计制度的规定有权自行处理的,应当及时处理;无权处理的,应当立即向单位负责人报告,请求查明原因,作出处理。

【实训题 19-1】下列关于单位内部会计监督的相关说法中,错误的有(　　)。

A. 设置单位内部会计监督主要是为了保护单位资产的安全、完整

B. 会计人员发现会计账簿记录与实物、款项及有关资料不相符的,无权处理的,应当立即向会计机构负责人报告,请求查明原因,作出处理

C. 会计机构和会计人员对违反《会计法》和国家统一的会计制度规定的会计事项,无权直接拒绝办理

D. 设置单位内部会计监督可以提高经营管理水平和效率

2. 有关部门的监督。财政部门对各单位的下列情况实施监督:是否依法设置会计账簿;会计凭证、会计账簿、财务会计报告和其他会计资料是否真实、完整;会计核算是否符合《会计法》和国家统一的会计制度的规定;从事会计工作的人员是否具备从业资格。

财政、审计、税务、人民银行、证券监管、保险监管等部门应当依照有关法律规定的职责,对有关单位的会计资料实施监督检查。

依法对有关单位的会计资料实施监督检查的部门及其工作人员对在监督检查中知悉的国家秘密和商业秘密负有保密义务。

各单位必须依照有关法律法规的规定,接受有关监督检查部门依法实施的监督检查,如实

提供会计凭证、会计账簿、财务会计报告和其他会计资料以及有关情况，不得拒绝、隐匿、谎报。

3. 会计师事务所与会计监督。有关法律法规规定须经注册会计师进行审计的单位，应当向受委托的会计师事务所如实提供会计凭证、会计账簿、财务会计报告和其他会计资料以及有关情况。

任何单位或者个人不得以任何方式要求或者示意注册会计师及其所在的会计师事务所出具不实或者不当的审计报告。

财政部门有权对会计师事务所出具审计报告的程序和内容进行监督。

四、关于会计机构和会计人员的有关规定

1. 会计机构和会计人员的设置。各单位应当根据会计业务的需要设置会计机构，或者在有关机构中设置会计人员并指定会计主管人员；不具备设置条件的，应当委托经批准设立从事会计代理记账业务的中介机构代理记账。国有的和国有资产占控股地位或者主导地位的大、中型企业必须设置总会计师。

2. 稽核制度的建立。会计机构内部应当建立稽核制度。出纳人员不得兼任稽核、会计档案保管和收入、支出、费用、债权债务账目的登记工作。

【实训题 19-2】某单位由出纳人员兼管稽核工作。该做法违反了(　　)。

A. 会计机构内部稽核制度的规定　　B. 会计机构内部牵制制度的规定

C. 会计岗位责任制的规定　　D. 会计监督制度的规定

3. 会计人员的条件。从事会计工作的人员，必须取得会计从业资格证书。担任单位会计机构负责人(会计主管人员)的，除取得会计从业资格证书外，还应当具备会计师以上专业技术职务资格或者从事会计工作 3 年以上经历。

五、违反会计法的法律责任

1. 法律责任的种类。违反会计法的法律责任的种类包括：责令限期改正、通报、罚款、吊销会计从业资格证书；降级、撤职直至开除的行政处分；追究刑事责任。

2. 承担法律责任的主体。违反会计法，应当依法承担法律责任的主体包括单位、单位直接负责的主管人员和其他直接责任人员、会计人员、国家工作人员。

3. 追究法律责任的机关与单位。对于违反会计法的单位、个人，具有依法追究其法律责任的职权的机关与单位包括县级以上人民政府财政部门、国家工作人员所在单位或者有关单位、国家司法机关。

第二节　审　计　法

一、审计法概述

(一)审计法的概念

审计是指由专职机构和专业人员依法对规定单位的财政收支、财务收支进行审核、评价的

监督活动。这里所说的“专职机构和专业人员”是指审计机关、内部审计机构、社会审计机构及其审计工作人员；“规定单位”是指国务院各部门、地方各级人民政府及其部门、国有的金融机构和企业事业组织以及其他依法应当接受审计的单位。

按照不同的标准，可以对审计进行多种不同的划分：按审计主体的不同，可以划分为审计机关审计、内部审计和社会审计；按审计内容的不同，可以划分为财政收支审计、财务收支审计、财经法纪审计和经济效益审计；按审计时间的不同，可以划分为事前审计、事中审计和事后审计；按审计有无期限的不同，可以划分为定期审计和不定期审计；按审计地点的不同，可以划分为就地审计和报送审计；按审计范围的不同，可以划分为全部审计和局部审计等。

审计法是调整审计关系的法律规范的总称。审计关系是从事审计工作的专职机构和专业人员在审计过程中以及国家在管理审计工作过程中发生的经济关系。1994 年 8 月 31 日第八届全国人大常委会第九次会议通过了《中华人民共和国审计法》(以下简称《审计法》)，该法于 2006 年 2 月 28 日第十届全国人大常委会第二十次会议进行了修正。

(二)审计机构的主要任务

审计机构，是指从事审计工作的专职机构。其主要任务是对国务院各部门和地方各级人民政府及其各部门的财政收支，国有的金融机构和企业事业组织的财务收支，以及其他依照《审计法》规定应当接受审计的财政收支、财务收支的真实、合法和效益，依法进行审计监督，以健全审计监督制度，维护财政经济秩序，促进廉政建设，改善经营管理，保障国民经济健康发展。

(三)审计法的原则

审计法具有以下五项原则：

1. 依法审计原则。《审计法》第 3 条明确规定：“审计机关依照法律规定的职权和程序，进行审计监督。”该法有关条款同时规定，审计人员必须依法执行职务、依法进行审计工作，不得滥用职权、徇私舞弊、玩忽职守，否则要依法追究责任。

2. 独立审计原则。我国《宪法》第 91 条第 2 款规定，审计机关依照法律规定独立行使审计监督权，不受其他行政机关、社会团体和个人的干涉。《审计法》第 5 条作出了和上述内容相同的规定，同时在有关条款中规定了任何组织和个人不得拒绝、阻碍审计人员依法执行职务，不得打击报复审计人员，对报复陷害审计人员的要依法追究责任。

3. 客观公正原则。《审计法》不仅从原则上作出了“审计机关和审计人员办理审计事项，应当客观公正，实事求是”的规定，而且作出了一些体现客观公正原则的有关规定。例如，审计人员办理审计事项的回避制度；审计人员进行审计应当通过调查，以取得证明材料；审计组对审计事项实施审计后，向审计机关报送审计报告前，应当征求被审计单位的意见。

4. 强制性原则。对审计机关的审计监督，被审计单位和有关人员必须予以配合，不得隐瞒事实真相，不得设置障碍，不得进行破坏。审计机关作出的审计结论和决定，被审计单位和有关人员必须执行。

5. 保守秘密原则。审计机关和审计人员办理审计事项，应当保守秘密，通报或者公布审计结果，应当依法保守国家秘密和被审计单位的商业秘密。审计人员负有保密的义务，不得泄露秘密。

二、审计机关审计的法律规定

(一)审计机关和审计人员

1.审计机关的设立和领导体制。国务院设立审计署，在国务院总理领导下，主管全国的审计工作。审计长是审计署的行政首长。

县级以上地方各级人民政府的审计机关在本级行政首长和上一级审计机关的领导下，负责本行政区域内的审计工作。审计机关根据工作需要，可以在其审计管辖范围内派出审计特派员。审计特派员根据审计机关的授权，依法进行审计工作。

2.审计人员的条件和审计人员执行职务的有关规定。审计人员应当具备与其从事的审计工作相适应的专业知识和业务能力。

审计人员办理审计事项，与被审计单位或者审计事项有利害关系的，应当回避；对其在执行职务中知悉的国家秘密和被审计单位的商业秘密，负有保密的义务。

审计人员依法执行职务，受法律保护。任何组织和个人不得拒绝、阻碍审计人员依法执行职务，不得打击报复审计人员。审计机关负责人依照法定程序任免，没有违法失职或者其他不符合任职条件的情况的，不得随意撤换。

(二)审计机关的职责

1.对有关单位的规定事项进行审计监督。

(1)对各级财政收支进行审计监督。审计机关对本级各部门(含直属单位)和下级政府预算的执行情况和决算，以及预算外资金的管理和使用情况进行审计监督。

审计署在国务院总理领导下，对中央预算执行情况进行审计监督，向国务院总理提出审计结果报告。

地方各级审计机关分别在本级首长和上一级审计机关的领导下，对本级预算执行情况进行审计监督，向本级人民政府和上一级审计机关提出审计结果报告。

(2)对国有金融机构的资产、负债、损益，进行审计监督。

(3)对国有企业事业组织的财务收支进行审计监督。审计机关对国有企业的投资、负债、损益进行审计监督；对与国计民生有重大关系的国有企业、接受财政补贴较多或者亏损数额较大的国有企业，以及国务院和本级地方人民政府指定的其他国有企业，应当有计划地定期进行审计。对国有资产占控股地位或者主导地位的企业的审计监督，由国务院规定。

(4)对国有建设项目预算的执行情况和决算进行审计监督。

(5)对社会公共基金、资金和国外援助、贷款项目的财务收支进行审计监督。审计机关对政府部门管理的和社会团体受政府委托管理的社会保障基金、社会捐赠资金以及其他有关基金、资金的财务收支，对国际组织和外国政府援助、贷款项目的财务收支进行审计监督。

(6)对其他法律法规规定的事项进行审计监督。

(7)对特定事项进行专项审计调查。

【实训题 19-3】下列各项中,属于我国审计机关职责的有(　　)。

A. 对本级政府各部门预算执行情况进行审计监督

B. 对国有金融机构的资产、负债、损益,进行审计监督

C. 对政府投资和以政府投资为主的建设项目预算执行情况和决算进行审计监督

D. 对被审计单位正在进行的违反国家规定的财政收支、财务收支行为,有权予以制止

2. 审计管辖的范围。审计机关根据被审计单位的财政、财务隶属关系或者国有资产监督管理关系,确定审计管辖范围。审计机关之间对审计管辖范围有争议的,由其共同的上级审计机关确定。

上级审计机关可以将其审计管辖范围内的审计事项授权下级审计机关进行审计,上级审计机关对下级审计机关审计管辖范围内的重大审计事项可以直接进行审计,但是应当防止不必要的重复审计。

3. 对内部审计的业务指导、监督以及对社会审计机构的指导、监督和管理。审计署负责指导和监督全国的内部审计工作;地方各级审计机关负责指导和监督本地区的内部审计工作。

审计机关应当依法履行对内部审计业务指导和监督的下列职责:一是按照法律法规和各级政府的要求,起草内部审计法规草案,制定内部审计准则和其他内部审计规章、制度;二是指导和监督有关部门、单位建立健全内部审计机构,配备内部审计人员;三是指导、监督内部审计机构和审计人员按照有关规定进行内部审计工作;四是组织内部审计理论研究,培训内部审计人员;五是总结、交流、宣传内部审计工作经验,表彰内部审计先进单位和个人。

对依法独立进行社会审计的机构的指导、监督、管理,依照有关法律和国务院的规定执行。

(三)审计机关的权限

1. 有权要求被审计单位报送有关资料。审计机关有权要求被审计单位按照规定报送预算或者财务收支计划、预算执行情况、决算、财务报告,社会审计机构出具的审计报告,以及其他与财政收支或者财务收支有关的资料,被审计单位不得拒绝、拖延、谎报。

2. 有权检查被审计单位有关的资料和资产。审计机关进行审计时,有权检查被审计单位的会计凭证、会计账簿、会计报表以及其他与财政收支或者财务收支有关的资料和资产,被审计单位不得拒绝。

3. 有权就被审计事项进行调查。审计机关进行审计时,有权就审计事项的有关问题向有关单位和个人进行调查,并取得有关证明材料。有关单位和个人应当支持、协助审计机关工作,如实向审计机关反映情况,提供有关证明材料。

4. 有权对被审计单位采取规定的措施。审计机关进行审计时,被审计单位不得转移、隐匿、篡改、毁弃会计凭证、会计账簿、会计报表以及其他与财政收支或者财务收支有关的资料,不得转移、隐匿所持有的违反国家规定取得的资产。

审计机关对被审计单位正在进行的违反国家规定的财政收支、财务收支行为,有权予以制止;制止无效的,经县级以上审计机关负责人批准,通知财政部门和有关主管部门暂停拨付与违反国家规定的财政收支、财务收支行为直接有关的款项,已经拨付的,暂停使用。采取该项措施不得影响被审计单位合法的业务活动和生产经营活动。

5. 有权建议有关主管部门纠正其有关规定。审计机关认为被审计单位所执行的上级主管部门有关财政收支、财务收支的规定与法律法规相抵触的，应当建议有关主管部门纠正；有关主管部门不予纠正的，审计机关应当提请有权处理的机关依法处理。

6. 有权通报或者向社会公布审计结果。审计机关可以向政府有关部门通报或者向社会公布审计结果。

（四）审计机关的审计程序

1. 组成审计组，送达审计通知书。审计机关根据审计项目计划确定的审计事项组成审计组，并应当在实施审计 3 日前，向被审计单位送达审计通知书。被审计单位应当配合审计机关的工作，并提供必要的工作条件。

2. 进行审计，并取得证明材料。审计人员通过审查会计凭证、会计账簿、会计报表，查阅与审计事项有关的文件、资料，检查现金、实物、有价证券，向有关单位和个人调查等方式进行审计，并取得证明材料。审计人员向有关单位和个人进行调查时，应当出示审计人员的工作证件和审计通知书副本。

3. 提出审计报告。审计组对审计事项实施审计后，应当向审计机关提出审计报告。审计报告报送审计机关前，应当征求被审计单位的意见。被审计单位应当自接到审计报告之日起 10 日内，将其书面意见送交审计组或者审计机关。

4. 审定审计报告，出具审计意见书，依法作出审计决定或者提出处理、处罚意见，送达审计意见书和审计决定。审计机关审定审计报告，对审计事项作出评价，出具审计意见书。对违反国家规定的财政收支、财务收支行为，需要依法给予处理、处罚的，在法定职权范围内作出审计决定或者向有关主管机关提出处理、处罚意见。审计机关应当自收到审计报告之日起 30 日内，将审计意见书和审计决定送达被审计单位和有关单位。审计决定自送达之日起生效。

（五）法律责任

1. 拒绝或者拖延提供有关资料，或者拒绝、阻碍检查的法律责任。被审计单位违反《审计法》规定，拒绝或者拖延提供与审计事项有关的资料的，或者拒绝、阻碍检查的，审计机关应责令其改正，可以通报批评，给予警告；拒不改正的，依法追究责任。

2. 转移、隐匿、篡改、毁弃有关资料的法律责任。审计机关发现被审计单位违反《审计法》规定，转移、隐匿、篡改、毁弃会计凭证、会计账簿、会计报表以及其他与财政收支或财务收支有关的资料的，有权予以制止。

被审计单位有上述行为，审计机关认为对负有直接责任的主管人员和其他直接责任人员依法应当给予行政处分的，应当提出给予行政处分的建议，被审计单位或者其上级机关、监察机关应当依法及时作出决定；构成犯罪的，由司法机关依法追究刑事责任。

3. 转移、隐匿违法取得的资产的法律责任。被审计单位违反《审计法》规定，转移、隐匿违法取得的资产的，审计机关、人民政府或者有关主管部门在法定职权范围内有权予以制止，或者申请法院采取保全措施。

被审计单位有上述行为，审计机关认为对负有直接责任的主管人员和其他直接责任人员依法应当给予行政处分的，应当提出给予行政处分的建议，被审计单位或者其上级机关、监察机关应当依法及时作出决定；构成犯罪的，由司法机关依法追究刑事责任。

4. 违反国家规定的财政收支行为、财务收支行为的法律责任。对本级各部门（含直属单位）和下级政府违反预算的行为或者其他违反国家规定的财政收支行为，审计机关、人民政府或者有关主管部门在法定职权范围内，依照法律、行政法规的规定作出处理。

对被审计单位违反国家规定的财务收支行为，审计机关、人民政府或者有关主管部门在法定职权范围内，依照法律、行政法规的规定，责令限期缴纳应当上缴的收入，限期退还违法所得，限期退还被侵占的国有资产，以及采取其他纠正措施，并可依法给予处罚。

对被审计单位违反国家规定的财政收支、财务收支行为负有直接责任的主管人员和其他直接责任人员，审计机关认为依法应当给予行政处分的，应当提出给予行政处分的建议，被审计单位或者其上级机关、监察机关应当依法及时作出决定。

被审计单位的财政收支、财务收支违反法律、行政法规的规定，构成犯罪的，依法追究刑事责任。

5. 报复陷害审计人员和审计人员违法的法律责任。报复陷害审计人员，或审计人员滥用职权、徇私舞弊、玩忽职守，构成犯罪的，依法追究刑事责任；不构成犯罪的，给予行政处分。

三、内部审计的法律规定

（一）内部审计机构的设立和法律地位

1. 内部审计机构的设立。根据审计署于 2003 年 2 月 10 日发布的《关于内部审计工作的规定》，下列单位应当设立独立的内部审计机构：一是审计机关未设派出机构，财政、财务收支金额较大或者所属单位较多的政府部门；二是县级以上国有金融机构；三是国有大中型企业；四是国有资产占控股地位或者主导地位的大中型企业；五是国家大型建设项目的建设单位；六是财政、财务收支金额较大或者所属单位较多的国家事业单位；七是其他需要设立内部审计机构的单位。上述单位可以根据需要，设立总审计师。其他审计业务较少的单位，可以设置专职内部审计人员。

2. 内部审计机构的法律地位。内部审计机构在本单位主要负责人的直接领导下，依照国家法律法规和政策，以及本部门、本单位的规章制度，对本单位及所属单位的财政、财务收支及其经济效益进行内部审计监督，独立行使内部审计监督权，对本单位领导负责并报告工作。

内部审计机构应当接受审计机关的业务指导和监督。任免内部审计机构的负责人，应当事前征求上级主管部门或单位的意见。内部审计人员依法行使职权受法律保护，任何组织和个人不得打击报复。

（二）内部审计机构的职责

内部审计机构对本单位及所属单位的下列事项进行审计：财务计划或者单位预算的执行和决算；财政、财务收支及其有关的经济活动；经济效益；内部控制制度；经济责任；建设项目预算、决算；国家财经法规和部门、单位规章制度的执行；其他审计事项。

此外，内部审计机构对本部门、本单位与境内、外经济组织兴办合资、合作经营企业和合作项目等的合同执行情况，以及投入资金、财产的经营状况及其效益，依照有关规定，进行内部审计监督。

(三)内部审计机构的权限

在审计管辖范围内,内部审计机构的主要权限是:

(1)根据内部审计工作的需要,要求有关单位按时报送计划、预算、决算、报表和有关文件、资料等。

(2)审核凭证、账表、决算,检查资金和财产,检测财务会计软件,查阅有关文件和资料。

(3)参加有关会议。

(4)对审计涉及的有关事项进行调查,并索取有关文件、资料等证明材料。

(5)对正在进行的严重违反财经法规、严重损失浪费的行为,经部门或者单位负责人同意,作出临时制止决定。

(6)对阻挠、妨碍审计工作以及拒绝提供有关资料的,经单位领导人批准,可以采取必要的临时措施,并提出追究有关人员责任的建议。

(7)提出改进管理、提高效益的建议和纠正、处理违反财经法规行为的意见。

(8)对严重违反财经法规和造成严重损失浪费的直接责任人员,提出处理的建议,并按有关规定,向上级内部审计机构或者审计机关反映。部门、单位可以在管理权限范围内,授予内部审计机构经济处理、处罚的权限。

此外,部门内部审计机构可以对行业经济管理中的重要问题开展行业审计调查。

(四)内部审计工作的程序

内部审计工作的主要程序是:

(1)根据上级部署和本部门、本单位的具体情况,拟订审计项目计划,报经本部门、本单位领导人批准后实施。

(2)实施审计前,应当通知被审计单位。

(3)对审计中发现的问题,可随时向有关单位和人员提出改进的建议。审计终结,提出审计报告,征求被审计单位的意见,报送本单位领导人审批。经批准的审计意见书和审计决定,送达被审计单位。被审计单位必须执行审计决定。

(4)对主要项目进行后续审计,检查采纳审计意见和执行审计决定的情况。

(5)被审计单位对审计意见书和审计决定如有异议,可以向内部审计机构所在单位负责人提出,该负责人应当及时处理。

第三节　注册会计师法

一、注册会计师法概述

(一)注册会计师的概念

注册会计师是依法取得注册会计师证书并接受委托从事审计和会计咨询、会计服务的执业人员。

注册会计师与一般单位的会计人员不同。一是他必须首先通过全国统一考试取得注册会计师资格。二是他必须加入一个会计师事务所方能执行业务。三是他接受客户委托从事执业活动。四是他站在中立的即客观的立场,对委托事项独立作出判断意见,对所出具的审计、验证报告的合法性和正确性负责。

(二)注册会计师法的概念和立法状况

注册会计师法是调整注册会计师在执行业务过程中所发生的经济关系的法律规范的总称。

为适应对外开放的需要,我国于1980年恢复、重建注册会计师制度。1986年7月3日国务院发布了《注册会计师条例》。通过总结实践经验,并借鉴国外做法,1993年10月31日全国人大常委会通过了《注册会计师法》。从此,注册会计师工作走上了更为规范的轨道。

国外重视注册会计师制度。如日本有《公认会计师法》,新加坡有《会计师法》。美国、法国、德国、加拿大、意大利、韩国等都有关于注册会计师的相关立法。我国香港有《职业会计师条例》。

(三)注册会计师法的作用

我国《注册会计师法》第1条指出:“为了发挥注册会计师在社会经济活动中的鉴证和服务作用,加强对注册会计师的管理,维护社会公共利益和投资者的合法权益,促进社会主义市场经济的健康发展,制定本法。”

国家进行注册会计师立法,希望达到两个相互关联的目的:其一,确定注册会计师在社会经济生活中的地位和作用,并规范这一行业的发展;其二,通过注册会计师的执业活动,适应社会集资、发行股票债券、企业联合、财务检查、会计市场对外开放、经济纠纷处理等市场经济发展需要,维护正常的经济秩序,维护社会公共利益,保障投资者的合法权益。

二、注册会计师管理体制

(一)管理体制模式选择

注册会计师属于一种自由职业,不是国家机关工作人员,但这种职业的社会公共性特征突出,国家不能任其自然,不加管理。参照国际上的经验,我国选择了政府监督指导与行业自律管理相结合的管理体制。具体做法为:国家财政部和省级人民政府财政部门,依法对注册会计师、会计师事务所和注册会计师协会进行监督、指导;注册会计师要加入会计师事务所,方能执业;注册会计师事务所,要经批准才能成立;由注册会计师组成注册会计师协会,分为全国组织和省一级组织,依法实行自律性管理。

(二)注册会计师

1.资格的取得。具有高等专科以上学校毕业的学历,或者具有会计或者相关专业中级以上技术职称的中国公民,可以申请参加注册会计师全国统一考试;具有会计或者相关专业高级职称的人员，可以免予部分科目的考试。

统考成绩合格，并从事审计业务工作 2 年以上的，可向省一级注册会计师协会申请注册。准予注册的，还要报国家财政部备案。最后，由注册会计师协会发给经财政部统一制定的注册会计师证书。

在审计事务所工作的注册审计师，经认定为具有注册会计师资格的，可以执行《注册会计师法》规定的业务，其资格认定和对其监督、指导、管理的办法由国务院另行规定。

2. 业务范围。注册会计师的业务范围有二：一是审计查账，注册会计师可以承办下列审计业务：①审查企业会计报表，出具审计报告。②验证企业资本，出具验资报告。③办理企业合并、分立、清算事宜中的审计业务，出具有关的报告。④法律法规规定的其他审计业务。注册会计师依法执行审计业务出具的报告，具有证明效力。如果是违反法律规定出具的有关报告，则不具有法定证明效力。二是会计服务，注册会计师可以承办会计咨询、会计服务业务。

3. 执业规则。注册会计师执业必须遵守以下准则、规则：①依法独立、公正执行业务。②由会计师事务所统一接受客户委托。③需要回避的，实行回避。④严格保守商业秘密。⑤拒绝不合法的委托。⑥在执业期间不得参与委托人、客户的经济事务。

（三）会计师事务所

会计师事务所的职能是：①统一接受客户委托的查账、验证和会计咨询、服务业务，指派注册会计师具体办理。②按照章程组织管理注册会计师的执业活动。③研究注册会计师办理业务的报告，加盖会计师事务所公章。④按照主管部门的标准，统一向客户收费。委托人委托会计师事务所办理业务，任何单位和个人不得干预。

会计师事务所由注册会计师合伙设立。合伙设立的会计师事务所的债务，由合伙人按照出资比例或者协议的约定，以各自的财产承担责任。合伙人对会计师事务所的债务承担连带责任。

（四）注册会计师协会

中国注册会计师协会依法拟订注册会计师执业准则、规则，报国家财政部批准后施行。注册会计师协会一方面应当支持注册会计师依法执行业务，维护其合法权益，向有关方面反映其意见和建议；另一方面应当在统一法律规范、统一执业标准、统一监督管理的基础上，切实履行对注册会计师、事务所的服务、监督、管理、协调的职能，应当对注册会计师的任职资格和执业情况进行年度检查。

三、违反注册会计师法的法律责任

会计师事务所、注册会计师违法接受委托、违法从事委托业务，故意出具虚假的审计报告、验资报告的，根据不同情况，分别给予警告、罚款、没收违法所得、暂停其业务以至撤销（吊销）其执业证件等处理、处罚。

会计师事务所违反《注册会计师法》规定，给委托人、其他利害关系人造成损失的，应当依法承担赔偿责任。例如，会计师事务所为企业出具虚假验资证明，损害了他人的合法权益的，在民事责任的承担上，应当由该企业（债务人）负责清偿；不足部分，再由该会计师事务所在其证明金额的范围内承担补充赔偿责任。

本章小结

会计是以货币为主要计量单位，对经济活动真实地、准确地、全面地进行记录、计算、分析、检查和监督的一种管理活动。会计法是调整会计关系的法律规范的总称。会计核算的基本要求是指各单位必须根据实际发生的经济业务事项进行会计核算，填制会计凭证，登记会计账簿，编制财务会计报告。会计监督主要包括：内部会计监督、有关部门的监督、会计师事务所与会计监督。会计机构和会计人员须依法设置，并要求会计人员符合从业条件。审计是指由专职机构和专业人员依法对规定单位的财政收支、财务收支进行审核、评价的监督活动。审计法是调整审计关系的法律规范的总称。审计机关主要对有关单位的规定事项进行审计监督，对内部审计进行业务指导、监督以及对社会审计机构进行指导、监督和管理。内部审计机构应对本单位及所属单位的相关事项进行审计。注册会计师是依法取得注册会计师证书并接受委托从事审计和会计咨询、会计服务的执业人员。注册会计师法是调整注册会计师在执行业务过程中所发生的经济关系的法律规范的总称。注册会计师的业务范围包括审计查账和会计服务。

复习思考题

1. 简述会计和会计法的概念。
2. 会计核算的内容有哪些？
3. 会计监督的法律规定有哪些？
4. 简述审计和审计法的概念。
5. 简述审计机关的职责和权限。
6. 哪些单位应当设立内部审计机构？
7. 简述违反注册会计师法应承担的法律责任。

第二十章　对外贸易法律制度

本章重点知识

- 对外贸易法适用范围和基本原则
- 对外贸易经营者
- 许可证管理制度和配额制度
- 国际服务贸易范围
- 外贸法禁止的对外贸易行为
- 对外贸易调查、救济和促进

【引读案例】

华为公司是一家在全球获得信任并受人尊敬的企业，在全球将近150个市场与500多家运营商展开了合作，包括除南极洲以外每个大陆的全国性运营商，其产品的安全性和信誉都已经得到世界的证明。然而，2012年10月8日，美国众议院情报委员会发布报告称，华为和中兴通讯(简称“中兴”)可能威胁美国国家通信安全。该报告可能为这两家中国企业在美国市场的发展制造更多障碍。华为先于2008年与贝恩资本联手洽购3COM，后于2011年竞购3Leaf Systems的专利资产，但都因美国政府反对而放弃。美国商务部2011年还以安全问题为由禁止华为参与该国的紧急网络竞标。

试用对外贸易法相关知识分析上述案例。

第一节　对外贸易法概述

一、对外贸易和对外贸易法

对外贸易亦称进出口贸易，是指一国或地区与他国或地区之间进行的商品和服务交换活动的总称，包括输出和输入两个方面。

对外贸易法是调整国家在管理对外贸易活动中所发生的社会关系的法律规范的总称。其中主要包括对外贸易管理部门与对外贸易经营者的关系，对外贸易管理部门与国内其他管理部门的关系以及对外贸易管理部门与外国政府、社会组织尤其是经济组织的关系等。我国对外贸易立法比较健全，先后颁布实施了《关于出口许可证制度的暂行办法》、《一般商品进口配额管理暂行办法》、《特定商品进口自动登记管理暂行办法》、《进出口关税条例》等。2004年7月1日实施的《中华人民共和国对外贸易法》(以下简称《外贸法》)，对健全我国外贸法制，促进社会主义市场经济的健康发展发挥着重要作用。

二、外贸法的适用范围

《外贸法》第2条规定："本法适用于对外贸易以及与对外贸易有关的知识产权保护。本法所称对外贸易，是指货物进出口、技术进出口和国际服务贸易。"凡与这三种贸易有关的活动均属于《外贸法》的适用范围。其中，货物进出口是根据两国或地区之间当事人约定的条件，将货物在中国与外国或地区之间输入或输出的贸易活动，是对外贸易的主要内容。技术进出口，是指从中华人民共和国境外向中华人民共和国境内，或者从中华人民共和国境内向中华人民共和国境外，通过贸易、投资或者经济技术合作的方式转移技术的行为，它包括专利权转让、专利实施许可、技术秘密转让、技术服务和其他方式的技术转移。国际服务贸易是中国与外国或地区之间相互提供劳务或服务的贸易活动，也称无形贸易，涉及到商业、通讯、金融、保险、工程承包、教育、文化娱乐、会计、律师业等多种服务。

三、对外贸易法的基本原则

《外贸法》的基本原则是制定外贸法规和政策的依据，也是外贸管理部门从事外贸管理和企业从事外贸活动必须遵守的准则。

1.统一对外贸易原则。由国家制定全国统一的对外贸易制度，以便建立一个稳定有序的外贸环境，促进公平、自由的外贸秩序的发展。

2.平等互利原则。我国根据联合国宪章及和平共处五项原则与各国发展经贸关系，任何一方无论社会政治与经济制度、经济力量、文化传统等存在何种差异，在法律上都是平等的，在此基础上达到互利。

3.互惠、对等原则。我国在对外贸易方面遵守已缔结或参加的国际条约或根据互惠、对等原则，给予其他缔约方、参加方最惠国待遇。反之，如果任何国家或地区对我国采取歧视性的禁止、限制或者其他类似措施的，我国也可以根据实际情况对该国家或该地区采取相应的措施。

第二节 对外贸易经营者

一、对外贸易经营者概念

对外贸易经营者，是指依法办理工商登记或者其他执业手续，依照本法和其他有关法律、行政法规的规定从事对外贸易经营活动的法人、其他组织或者个人。

《外贸法》规定："从事货物进出口或者技术进出口的对外贸易经营者，应当向国务院对外贸易主管部门或者其委托的机构办理备案登记；但是，法律、行政法规和国务院对外贸易主管部门规定不需要备案登记的除外。备案登记的具体办法由国务院对外贸易主管部门规定。对外贸易经营者未按照规定办理备案登记的，海关不予办理进出口货物的报关验放手续。"

对外贸易经营者必须依法自主经营、自负盈亏。在对外贸易活动中，应当信守合同，保证商品质量,完善售后服务。还应当按照国务院对外贸易主管部门或者国务院其他有关部门依法作出的规定,向有关部门提交与其对外贸易经营活动有关的文件及资料。有关部门应当为提供者保守商业秘密。

二、外贸代理制

外贸代理制是指没有外贸经营权的组织或个人,委托国内对外贸易经营者在其经营范围内代为办理其对外贸易业务的制度。委托人和受托人应当签订合同,约定双方的权利义务。《外贸法》规定:"对外贸易经营者可以接受他人的委托,在经营范围内代为办理对外贸易业务。"

(一)外贸委托合同的订立

双方应遵循平等互利、协商一致的原则,不得违反国家有关法律法规,不得损害社会公共利益。合同内容主要包括:委托进出口商品名称、范围、内容、价格、幅度、支付方式、货币种类以及其他需要明确的条件;委托方的授权范围;双方权利义务以及应承担的费用;委托手续费及其他经济利益的分享规定;争议的解决;委托协议期限等。

(二)双方的权利义务

外贸代理一般由代理人以自己的名义办理进出口业务。双方的权利义务主要是:

1. 委托人。依法办理委托进出口商品的有关报批手续;及时向受托人(代理人)说明商品有关情况;经受托人同意参加对外谈判,但不得对外询价或进行商务谈判,不得自行就合同条款对外作任何形式的承诺;对自己同意的进出口合同条款,不得由于条款本身的缺陷引起的损失向受托人要求补偿;不得自行与外商变更或修改进出口合同;按委托合同和进出口合同的规定履行义务;免除因不可抗力事件对受托人的全部或部分责任;支付约定的手续费并偿付受托人垫付的费用、税金和利息,等。

2. 受托人。根据委托合同以自己的名义与外商签订进出口合同,并及时将合同副本送交委托人;在履行委托合同时,有义务保证进出口合同条款符合中国现行法律法规以及其他管理制度的规定,并符合国际惯例和维护委托人的利益;及时向委托人通报商品行情及业务进度;办好进出口合同所需的各种手续;对自己不履行委托合同规定而造成的委托人的损失应予赔偿;在外商不履行或不适当履行合同的情况下,应依进出口合同和委托合同规定及时索赔或采取其他补救措施等。

第三节　对外贸易的内容

对外贸易包括货物与技术进出口、国际服务贸易、与对外贸易有关的知识产权保护三个方面。

一、货物进出口与技术进出口制度

(一)国家限制或禁止进出口的货物、技术

国家限制或禁止进出口的货物、技术包括以下十一种有关货物、技术的进口或出口:为维护国家安全、社会公共利益或公共道德,需要限制或者禁止进口或者出口的;为保护人的健康或安全,保护动物、植物的生命或健康,保护环境,需要限制或者禁止进口或者出口的;为实施与黄金或白银进出口有关的措施,需要限制或者禁止进口或者出口的;国内供应短缺或为有效保护可能用竭的自然资源,需要限制或者禁止出口的;输往国家或地区的市场容量有限,需要限制出口的;出口经营秩序出现严重混乱,需要限制出口的;为建立或加快建立国内特定产业,需要限制进口的;对任何形式的农业、牧业、渔业产品有必要限制进口的;为保障国家国际金融地位和国际收支平衡,需要限制进口的;依照法律、行政法规的规定,其他需要限制或者禁止进口或者出口的;根据我国缔结或者参加的国际条约、协定的规定,其他需要限制或者禁止进口或者出口的。

对与裂变、聚变物质或者衍生此类物质的物质有关的货物、技术进出口,以及与武器、弹药或者其他军用物资有关的进出口,国家可以采取任何必要的措施,维护国家安全。在战时或者为维护国际和平与安全,国家在货物、技术进出口方面也可以采取任何必要的措施。

以上限制或禁止进出口的货物、技术目录,由国务院对外经济贸易主管部门会同国务院其他有关部门制定、调整和公布。同时,上述部门经国务院批准,可以在上述范围内临时决定限制或者禁止目录以外的特定货物、技术的进口或者出口。

此外,《外贸法》规定:"对文物和野生动物、植物及其产品等,其他法律、行政法规有禁止或者限制进出口规定的,依照有关法律、行政法规的规定执行。"我国《文物保护法》、《食品卫生法》、《药品管理法》、《进口药品管理办法》、《野生动物保护法》等都有相关的规定。

【实训题 20-1】国家禁止进口的有(　　)。

A. 犀牛角　　B. 天然砂　　C. 木炭　　D. 旧衣服

(二)许可证管理和配额管理制度

《外贸法》规定:"国家对限制进口或者出口的货物,实行配额、许可证等方式管理;对限制进口或者出口的技术,实行许可证管理。实行配额、许可证管理的货物、技术,应当按照国务院规定经国务院对外贸易主管部门或者经其会同国务院其他有关部门许可,方可进口或者出口。"

1. 许可证管理制度。我国许可证管理分为进口许可证管理和出口许可证管理,是我国保护民族经济的发展和避免国际贸易纠纷的重要手段。国家实行统一的货物进出口许可证制度,国家对限制进出口的货物实行进出口许可证管理。

商务部是全国进出口许可证的归口管理部门,负责制定进出口许可证管理办法及规章制度,监督、检查进出口许可证管理办法的执行情况,处罚违规行为,适用的法规是《货物进口许可证管理办法》和《货物出口许可证管理办法》等。

进出口许可证应当在有效期内使用,逾期自行失效,海关不予放行。进口许可证有效期为

一年，当年有效，特殊情况需要跨年度使用时，有效期最长不得超过次年3月31日。进口许可证只能延期一次，延期最长不超过3个月。出口许可证的有效期不得超过6个月。出口许可证需要跨年度使用时，出口许可证有效期的截止日期不得超过次年2月底。

2. 配额管理制度。配额即为数量限制，是一国基于本国经济发展的需要和国际社会的要求而对进出口本国的某些商品规定一定的数量，限制进出口的一种管理制度，分为进口配额制和出口配额制，《外贸法》对限制进口或者出口的货物实行配额管理。

我国对关系国计民生的大宗资源性出口商品以及在我国出口中占有重要地位的大宗传统出口商品，实行计划配额管理；对我国在国际市场或某一市场上占有主导地位的重要出口商品、外国要求我主动限制的出口商品，实行主动配额管理；对出口金额大且经营秩序易于混乱和重要的名、优、特出口商品以及少数确需管理的商品，实行一般配额管理。

我国对过量进口会严重损害国内相关工业发展的商品和直接影响进口结构、产业结构调整的商品，以及危及国家外汇收支地位的进口商品，实行进口配额管理。凡属于列入配额管理的产品，一律要取得配额证明才能领取进口许可证。取得配额证明后，进口单位可凭证明向外经贸部或其指定的发证机关申领进口许可证，海关凭进口许可证验放。

（三）原产地和商检制度

"原产地域产品"是指利用产自特定地域的原材料，按照传统工艺在特定地域内所生产的，质量、特色或者声誉在本质上取决于其原产地域地理特征的产品。我国对进出口货物进行原产地管理，具体办法由国务院规定。

进出口商品检验是商品检验部门依法或依合同对商品的质量、规格、数量和包装以及是否符合安全、卫生要求等进行检测与鉴定，以确认进出口商品是否符合法定或约定的标准的制度，简称商检制度。国家根据《中华人民共和国进出口商品检验管理条例》及有关的法律、行政法规规定，对进出口商品进行认证、检验、检疫。

二、国际服务贸易制度

（一）国际服务贸易的范围

国际服务贸易是以服务作为标的的一种进出口贸易活动，其直接目的是为了取得外汇收入。国际服务贸易的范围，一般划分为过境支付、境外消费、商业存在和自然人流动四个大类。在我国通常指第三产业（包括建筑业）。具体来说主要有国际运输（包括水运、空运和陆运）；国际旅游；国际金融服务；国际保险；建筑和工程承包、劳务输出；国际电讯服务；视听服务；教育、卫生、文化、艺术的国际交流服务；商业批发与零售服务；广告设计、律师、会计等专业服务等。

【实训题20-2】以下服务中不属于国际服务贸易范围的是（　　）。

A. 境外消费　　B. 政府当局为履行职责所提供的服务

C. 商业存在　　D. 自然人流动

（二）市场准入和国民待遇原则

《外贸法》确立了国家促进国际服务贸易逐步发展的原则。按照这一原则，我国在国际服务贸易方面，根据所缔结或者参加的国际条约、协定中所作的承诺，给予其他缔约方、参加方市场准入和国民待遇。

1. 市场准入。即指缔约方以其承诺清单中所列举的服务部门及其准入的条件和限制为准，对其他缔约方开放其本国的服务市场。其中的承诺清单是服务贸易法律关系中的核心内容。

2. 国民待遇。服务贸易中的国民待遇是指各缔约方应依照自己的承诺清单，以同等条件对其他缔约方的服务和服务提供者开放，与国内类似服务或服务提供者相比较，不得有歧视。所以，这清单实际上成为了给予国民待遇的前提。

(三)国家限制或禁止的国际服务贸易

国家限制或禁止的国际服务贸易包括六项内容：为维护国家安全、社会公共利益或者公共道德，需要限制或者禁止的；为保护人的健康或者安全，保护动物、植物的生命或者健康，保护环境，需要限制或者禁止的；为建立或者加快建立国内特定服务产业，需要限制的；为保障国家外汇收支平衡，需要限制的；依照法律、行政法规的规定，其他需要限制或者禁止的；根据我国缔结或者参加的国际条约、协定的规定，其他需要限制或者禁止的。

此外，对与军事有关的国际服务贸易，以及与裂变、聚变物质或者衍生此类物质的物质有关的国际服务贸易，国家可以采取任何必要的措施，维护国家安全。在战时或者为维护国际和平与安全，国家在国际服务贸易方面可以采取任何必要的措施。

三、与对外贸易有关的知识产权保护

(一)国家保护知识产权的法律依据

根据世贸组织规则，同时借鉴美国、欧盟、日本等国外立法经验，外贸法增加了“与对外贸易有关的知识产权保护”一章，通过实施贸易措施，防止侵权知识产权的货物进出口和知识产权权利人滥用权利，并促进本国知识产权在国外的保护的相关内容。

外贸法除规定国家依照有关知识产权的法律、行政法规，保护与对外贸易有关的知识产权外，还规定了国家采取外贸措施的法律依据：“进口货物侵犯知识产权，并危害对外贸易秩序的，国务院对外贸易主管部门可以采取在一定期限内禁止侵权人生产、销售的有关货物进口等措施。”这使得我国作为 WTO 成员方，可以在其规则之内，利用 TRIPS 协议及相关国内法对本国的知识产权在世界贸易范围内予以保护。

(二)限制滥用知识产权权利

在 WTO 逐步取消关税壁垒的要求下，知识产权权利的滥用是国际贸易中常见非关税贸易壁垒之一。通过强制性的排他性协议以及一揽子许可等手段，知识产权权利人可在国际贸易中占有优势地位，从而造成实质的不平等贸易存在。为此，外贸法规定知识产权权利人有阻止被许可人对许可合同中的知识产权的有效性提出质疑、进行强制性一揽子许可、在许可合同中规定排他性返授条件等行为之一，并危害对外贸易公平竞争秩序的，国务院对外贸易主管部门可以采取必要的措施消除危害。

(三)国民待遇规定

国民待遇是国际上关于外国人待遇的最重要的制度之一,其基本含义是指一国以对待本国国民之同样方式对待外国国民,即外国人与本国人享有同等的待遇。

我国外贸法在制定过程中吸纳了这一原则。外贸法规定:“其他国家或者地区在知识产权保护方面未给予中华人民共和国的法人、其他组织或者个人国民待遇,或者不能对来源于中华人民共和国的货物、技术或者服务提供充分有效的知识产权保护的,国务院对外贸易主管部门可以依照本法和其他有关法律、行政法规的规定,并根据中华人民共和国缔结或者参加的国际条约、协定,对与该国家或者该地区的贸易采取必要的措施。”

第四节　对外贸易的管理

一、对外贸易秩序的维护

(一)法律禁止的行为

对外贸易经营者在对外贸易经营活动中,应当依法经营,公平竞争,不得有下列行为,否则应承担相应的法律责任。

1.垄断行为。对外贸经营者在对外贸易经营活动中,不得违反有关反垄断的法律、行政法规的规定实施垄断行为。在对外贸易经营活动中实施垄断行为的,依照《中华人民共和国反垄断法》等法律、行政法规的规定处理。

2.不正当竞争行为。对外贸易经营者在对外贸易经营活动中,不得实施以不正当的低价销售商品、串通投标、发布虚假广告、进行商业贿赂等不正当竞争行为。在对外贸易经营活动中实施不正当竞争行为的,依照《中华人民共和国反不正当竞争法》等法律、行政法规的规定处理。有不正当竞争行为,并危害对外贸易秩序的,国务院对外贸易主管部门可以采取禁止该经营者有关货物、技术进出口等措施消除危害。

3.伪造、变造进出口货物原产地标记,伪造、变造或者买卖进出口货物原产地证书、进出口许可证、进出口配额证明或者其他进出口证明文件的行为。凡有此类行为的,应当依照《对违反进出口许可证管理制度的处罚规定》和《中华人民共和国出口货物原产地规则》等规定追究法律责任。除了情节一般,不构成犯罪的行为应追究行政责任之外,对触犯刑律的应追究刑事责任。

4.骗取国家出口退税的行为。出口退税是国家为了鼓励产品出口,依法将已征收的出口货物的国内税(即增值税、消费税)全部或部分退还给出口经营者的一种措施。国家税务局《出口货物退(免)税管理办法》及相关的各种通知和补充通知是主要的法律依据。

对违反国家有关退税法规的行为依法给予罚款、限期缴回多退或已免征的税款、加收滞纳金、停止出口退税权、取消出口经营权等处罚。对构成犯罪的,依法追究企业事业单位负有直接责任的主管人员和其他直接责任人员的刑事责任。

5.走私禁止进出口货物的行为。对此,应依法追究刑事责任。对不构成犯罪的,依照《海关法》及《海关法行政处罚实施细则》规定进行处罚,如没收货物、物品和违法所得、处以罚款等。此外,国家对外贸易主管部门可以撤销走私单位的对外贸易经营许可证。

6.逃避法律、行政法规规定的认证、检验、检疫的行为。国家商检局及其各直属的商检机构和国家商检局认可的检验、认证机构,通过《进出口认证管理办法》及相关法规行政规定对进出口商品的安全、卫生和质量认证。国家出入境检验检疫局依据《中华人民共和国进出口商品检验法》及其实施条例,通过《中华人民共和国进出境动植物检疫法》等法律法规对进出口商品施行检验检疫工作。

7.违反外汇管理规定的行为。对外贸易经营者在对外贸易经营活动中,应当遵守国家有关外汇管理的规定结汇、用汇,否则,追究法律责任。

8.违反法律法规规定的其他行为。

(二)法律责任

1.未经授权擅自进出口实行国营贸易管理货物的责任。国务院对外贸易主管部门或者国务院其他有关部门可对未经授权擅自进出口实行国营贸易管理的货物的外贸经营者以处5万元以下罚款;情节严重的,可自行政处罚决定生效之日起3年内,不受理违法行为人从事国营贸易管理货物进出口业务的申请,或者撤销已给予其从事其他国营贸易管理货物进出口的授权。

2.外贸管理者的责任。负责对外贸易管理工作的部门的工作人员玩忽职守、徇私舞弊或者滥用职权,构成犯罪的,依法追究刑事责任;尚不构成犯罪的,依法给予行政处分。

负责对外贸易管理工作的部门的工作人员利用职务上的便利,索取他人财物,或者非法收受他人财物为他人谋取利益,构成犯罪的,依法追究刑事责任;尚不构成犯罪的,依法给予行政处分。

二、对外贸易调查、救济和促进

国家制定对外贸易发展战略,建立和完善对外贸易促进机制。国务院对外贸易主管部门和国务院其他有关部门应当建立货物进出口、技术进出口和国际服务贸易的预警应急机制,应对对外贸易中的突发和异常情况,维护国家经济安全。国家根据对外贸易调查结果,可以采取适当的对外贸易救济措施,对规避外贸法规定的对外贸易救济措施的行为,可以采取必要的反规避措施。

(一)对外贸易调查

为了维护对外贸易秩序,国务院对外贸易主管部门可以发布公告启动对外贸易调查,可以自行或者会同国务院其他有关部门,依照法律、行政法规的规定对下列事项进行调查:

1.对常规国际贸易的调查。包括货物进出口、技术进出口、国际服务贸易对国内产业及其竞争力的影响;有关国家或者地区的贸易壁垒;为确定是否应当依法采取反倾销、反补贴或者保障措施等对外贸易救济措施,需要调查的事项;规避对外贸易救济措施的行为;对外贸易中有关国家安全利益的事项;以及任何国家或者地区在贸易方面对中华人民共和国采取歧视性的禁止、限制或者其他类似措施的行为。

2.对有关知识产权贸易的调查。包括进口货物侵犯知识产权，并危害对外贸易秩序的；知识产权权利人有阻止被许可人对许可合同中的知识产权的有效性提出质疑、进行强制性一揽子许可、在许可合同中规定排他性返授条件等行为之一，并危害对外贸易公平竞争秩序的；以及其他国家或者地区在知识产权保护方面未给予中华人民共和国的法人、其他组织或者个人国民待遇，或者不能对来源于中华人民共和国的货物、技术或者服务提供充分有效的知识产权保护的行为。

3.对违犯市场经济秩序行为的调查。包括违反有关反垄断的法律、行政法规的规定实施垄断行为；实施以不正当的低价销售商品、串通投标、发布虚假广告、进行商业贿赂等不正当竞争行为。

国务院对外贸易主管部门可以采取书面问卷、召开听证会、实地调查、委托调查等方式，根据调查结果，提出调查报告或者作出处理裁定，并发布公告。有关单位和个人应当对对外贸易调查给予配合、协助。

（二）对外贸易救济

1.针对倾销和与倾销类似行为的救济。倾销是指违反反倾销法的规定，以低于反倾销法允许的最低价格向进口国推销产品并给进口国或第三国造成损害的行为。其他国家或者地区的产品以低于正常价值出口至第三国市场，对我国已建立的国内产业造成实质损害或者产生实质损害威胁，或者对我国建立国内产业造成实质阻碍的，应国内产业的申请，国务院对外贸易主管部门可以与该第三国政府进行磋商，要求其采取适当的措施。

因其他国家或者地区的服务提供者向我国提供的服务增加，对提供同类服务或者与其直接竞争的服务的国内产业造成损害或者产生损害威胁的，我国可以采取必要的救济措施，消除或者减轻这种损害或者损害的威胁。

因第三国限制进口而导致某种产品进入我国市场的数量大量增加，对已建立的国内产业造成损害或者产生损害威胁，或者对建立国内产业造成阻碍的，我国可以采取必要的救济措施，限制该产品进口。

2.针对补贴行为的救济。补贴是指出口国（地区）政府或者其任何公共机构提供的并为接受者带来利益的财政资助以及任何形式的收入或者价格支持。补贴是政府对经营者的一种无偿的经济支持，补贴必须具有违法性。

外贸法规定："进口的产品直接或者间接地接受出口国家或者地区给予的任何形式的专向性补贴，对已建立的国内产业造成实质损害或者产生实质损害威胁，或者对建立国内产业造成实质阻碍的，国家可以采取反补贴措施，消除或者减轻这种损害或者损害的威胁或者阻碍。"

3.针对保障措施的救济。因进口产品数量大量增加，对生产同类产品或者与其直接竞争的产品的国内产业造成严重损害或者严重损害威胁的，我国可以采取必要的保障措施，消除或者减轻这种损害或者损害的威胁，并可以对该产业提供必要的支持。

4.外交措施。国务院对外贸易主管部门依照本法和其他有关法律的规定，进行对外贸易的双边或者多边磋商、谈判和争端的解决。

与我国缔结或者共同参加经济贸易条约、协定的国家或者地区，违反条约、协定的规定，使我国根据该条约、协定享有的利益丧失或者受损，或者阻碍条约、协定目标实现的，我国政府有权要求有关国家或者地区政府采取适当的补救措施，并可以根据有关条约、协定中止或者终止履行相关义务。

为应对对外贸易中的突发和异常情况，国务院对外贸易主管部门和国务院其他有关部门应当建立货物进出口、技术进出口和国际服务贸易的预警应急机制。我国对规避外贸法规定的对外贸易救济措施的行为，可以采取必要的反规避措施。

(三)对外贸易促进

对外贸易是我国的强国战略之一，我国制定对外贸易发展战略，建立和完善对外贸易促进机制以促进对外贸易。我国扶持和促进中小企业开展对外贸易并且扶持和促进民族自治地方和经济不发达地区发展对外贸易。

对于对外贸易经营者，我国鼓励其开拓国际市场，采取对外投资、对外工程承包和对外劳务合作等多种形式，发展对外贸易。对外贸易经营者可以依法成立和参加有关协会、商会。有关协会、商会应当遵守法律、行政法规，按照章程对其成员提供与对外贸易有关的生产、营销、信息、培训等方面的服务，发挥协调和自律作用，依法提出有关对外贸易救济措施的申请，维护成员和行业的利益，向政府有关部门反映成员有关对外贸易的建议，开展对外贸易促进活动。

我国还根据对外贸易发展的需要，设立对外贸易发展基金、风险基金，建立和完善为对外贸易服务的金融机构。并建立对外贸易公共信息服务体系，向对外贸易经营者和其他社会公众提供信息服务。此外，我国通过进出口信贷、出口信用保险、出口退税及其他促进对外贸易的方式，发展对外贸易。

成立于 1952 年 5 月的中国国际贸易促进委员会和中国国际商会等国际贸易促进组织按照章程开展对外联系，举办展览，提供信息、咨询服务和其他对外贸易促进活动。

本 章 小 结

对外贸易法所称对外贸易，是指货物进出口、技术进出口和国际服务贸易。对外贸易法适用于对外贸易以及与对外贸易有关的知识产权保护。本法对外贸易法的基本原则是制定外贸法规和政策的依据，包括统一对外贸易原则，平等互利原则，互惠、对等原则。对外贸易经营者，是指依法办理工商登记或者其他执业手续，依照本法和其他有关法律、行政法规的规定从事对外贸易经营活动的法人、其他组织或者个人。国家对限制进口或者出口的货物，实行配额、许可证等方式管理；对限制进口或者出口的技术，实行许可证管理。国际服务贸易是以服务作为标的的一种进出口贸易活动，其直接目的是为了取得外汇收入。国际服务贸易的范围，一般划分为过境支付、境外消费、商业存在和自然人流动四个大类。国民待遇是国际上关于外国人待遇的最重要的制度之一，其基本含义是指一国以对待本国国民之同样方式对待外国国民，即外国人与本国人享有同等的待遇。国民待遇原则在互惠原则的前提下适用于经济贸易领域，这不仅体现在有关国家之间签定的双边条约或贸易协定中，更由于 WTO 将其作为一项重要的基本原则而得到国际社会的认同。外贸法禁止的对外贸易经济行为有：垄断行为；不正当竞争行为；伪造、变造进出口货物原产地标记，伪造、变造或者买卖进出口货物原产地证书、进出口许可证、进出口配额证明或者其他进出口证明文件的行为；骗取国家出口退税的行为；

走私禁止进出口货物的行为;逃避法律、行政法规规定的认证、检验、检疫的行为;违反外汇管理规定的行为。

复习思考题

1. 简述对外贸易法的基本原则和适用范围。
2. 国际服务贸易的范围有哪些?所遵循的原则是什么?
3. 简述外贸法禁止的对外贸易行为。
4. 简述对外贸易救济的分类。

第二十一章　环境资源与能源法律制度

本章重点知识

- 环境法的概念和特征
- 环境法的调整对象和基本原则
- 环境监督管理的基本制度
- 保护和改善环境的法律制度
- 防治环境污染和其他公害的法律制度
- 自然资源保护法和环境污染防治法的内容
- 能源法的概念和调整范围
- 能源法的基本制度

【引读案例】

比利时马斯河谷烟雾事件、美国多诺拉烟雾事件、英国伦敦烟雾事件、日本水俣病事件、日本四日市哮喘病事件、日本爱知县米糠油事件、日本富山痛痛病事件、美国洛杉矶光化学烟雾事件，被称为世界八大公害事件。著名的六大污染事件即意大利塞维索化学污染事故、美国三里岛核电站泄漏事故、墨西哥液化气爆炸事件、印度博帕尔农药泄漏事故、苏联切尔诺贝利核电站泄漏事故、瑞士巴塞尔赞多兹化学公司莱茵河污染事故。

请思考这些公害和污染事件对我国环境保护法律制度建设的启示。

第一节　环境资源法

一、概述

（一）环境、自然资源与环境法

环境是环境资源法最基本的概念。但至今尚未形成被普遍接受的环境概念。

自然资源是指在一定的技术经济条件下，自然界中对人类有用的一切自然要素，如土地、水、矿物、森林、阳光、空气等。把这些对人类有用的自然要素称为“资源”，主要是从经济的角度出发的。但仅仅按经济规律对自然资源加以保护是不够的，还应把自然资源纳入法律调整的范围，按照环境保护的要求实行法律保护。

由于环境资源法是一个新兴的法律部门，所以其名称至今仍有多种，有环境法、环境资源法、生态法、国土资源法、环境和资源保护法、环境保护法、资源法等，本书所指环境法是环境资源法的简称。环境法是调整环境与自然资源的利用和保护，人类的生产生活环境和自然生态环境的改善，以及防治污染、资源破坏和其他环境侵害法律规范的总称。环境法具有综合性、科学技术性、社会性和国际关联性的特征。

(二)环境法的产生与发展

现代环境法产生于工业发达国家，经历了 3 个不同的时期：从 18 世纪 60 年代到 20 世纪初的产生时期；从 20 世纪初到 60 年代的发展时期和 20 世纪 70 年代至今的逐步完善时期。

新中国的环境立法也经历了 3 个时期：从新中国成立到 1973 年全国第一次环境保护会议的召开是中国环境法孕育和产生时期；自 1973 年 8 月中国召开第一次全国环境保护会议至 1978 年党的十一届三中全会召开，是中国环境法迅速发展的阶段；自 1978 年党的十一届三中全会以来，是中国环境保护事业和环境法制建设的初步完善时期。

(三)环境法的调整对象与环境法律关系

环境法的调整对象是与环境有关的行为。

环境法律关系就是指环境法律在调整、规范与环境有关的各种行为的过程中，形成的具体的权利义务关系。包括主体、内容和客体三个方面。环境法律关系的主体是指依法享有权利和承担义务的环境法律关系的参加者。包括国家、国家机关、企事业单位、社会团体和自然人。环境法律关系的内容是指环境法律关系的主体依法所享有的权利和所承担的义务。环境法律关系的客体是指环境法律关系的内容即权利与义务所指向的对象，包括物和行为。

(四)环境法的体系

环境法的体系是指环境法的内部层次和结构，是由全部现行的环境法律规范分类组合成环境法律制度，进而组合成若干子环境法律部门的一个呈体系化的有机联系的统一整体。环境法的体系是由两个子法律部门构成的：环境污染防治法和自然资源保护法。环境污染防治法是按照环境要素或控制对象进行的立法。自然资源保护法是按照单项自然资源的开发利用和保护进行的资源立法。

(五)环境法的基本原则

环境法的基本原则是指贯穿于整个环境法的立法、司法、执法和守法始终，体现环境法本质特征和价值取向的最一般和根本的规范。我国环境法的基本原则主要包括协调发展原则，预防为主原则，开发者养护、污染者治理原则和公众参与原则。

协调发展原则，即环境保护同经济建设社会发展相协调原则，是指经济建设与环境和资源保护相协调，其主要含义被归纳为“三建设、三同步、三效益”，即经济建设、城乡建设与环境建设必须同步规划、同步实施、同步发展，以实现经济效益、社会效益和环境效益的统一。协调发展原则反映了环境法的实质，体现了当代环境法的价值取向，也符合当代环境法的发展趋势。

预防为主原则，即预防为主、防治结合、综合治理原则，是指在环境保护工作中要把防止产生环境问题放在首位，事先采取防范措施，防止在生产生活等人类活动中对环境、自然资源造成污染、破坏，防止生态失调，做到防患于未然。对不可避免的或已经发生的污染和破坏，应采取积极措施进行治理。

开发者养护、污染者治理原则，俗称“谁污染谁治理原则”，包含两方面的含义：开发者养护，是指一切开发利用自然资源的单位和个人，都负有保护自然资源和自然环境的义务，它体现了开发利用与养护更新并重的指导思想；污染者治理，是经合组织（OECD）的“污染者负担原则”的再表述，是指凡是造成环境污染危害的单位和个人，都负有治理环境污染和补偿损害的责任。

公众参与原则是指在自然环境资源保护领域，公民有权参与并平等地进行环境立法、决策、执法、司法等与环境权益相关的一切活动。公众参与原则是环境民主、环境法治以及环境正义等环境基本价值的具体体现，对于监督政府守法、保障环境法的良好实施以及推进环境保护活动的发展等方面具有重要意义。

（六）环境法律后果

1．肯定性后果。我国的环境法中规定的肯定性后果指的是环境保护奖励，又称环境奖励，指以法律规定的形式给予在环境保护方面有显著成绩的组织或个人以物质的、精神的赞许和褒奖。

2．否定性后果。否定性后果是对主体行为的限制、禁止、取消或制裁，可分为环境行政责任、环境民事责任和环境刑事责任三类。

（1）环境行政责任。是环境行政法律关系的主体因违反环境行政法律规范或不履行环境行政法律义务但未构成犯罪的情况下，依法所应承担的否定性法律后果。中国现行环境法规定的环境行政责任主要形式可分为环境行政处分、环境行政处罚和环境行政赔偿。

（2）环境民事责任。是环境法律关系主体因违反环境民事义务或侵害他人人身权益环境、财产权利或环境权益而与环境刑事责任、环境行政责任相伴生的或单独产生的否定性法律后果。我国法律规定的环境民事责任的承担方式有排除危害和赔偿损失两种。

（3）环境刑事责任。是指行为人故意或过失造成严重环境损害（可能还造成人身伤害或公私财产的严重损失）构成犯罪而要承担刑罚处罚的否定性法律后果。我国现行刑法在第六章“妨碍社会管理秩序罪”中专设“破坏环境资源保护罪”一节，对环境犯罪进行了专门规定。其承担方式是除死刑之外的其他刑罚。

（七）环境法与国际农产品贸易

国际贸易领域受环境法发展影响最大的就是农产品贸易。其最突出的表现就是绿色贸易壁垒。一些国家把环境因素作为贸易保护的一种武器，以环境保护法规和标准为原则，设置贸易壁垒，用来影响其他国家的环境政策，保护本国利益。这种非关税贸易保护策略被称为“绿色贸易壁垒”。绿色贸易壁垒是随着全球环境问题日益严峻，各国对环境管理日益严格而产生和逐渐发展起来的。它以保护环境为理由，通过制定严格的国家或区域环境法规和各种苛刻的环境技术标准，设立门类繁多的环境标志及复杂的评定程序，从而使国际贸易受到阻碍，是技术壁垒的一种新形式。加入 WTO 后，因绿色壁垒导致的贸易摩擦日益增加，中国的政策法规应该尽快做出相应的调整。

二、环境监督管理的法律规定

(一)环境监督管理体制

环境监督管理体制是指有关环境监督管理机构的设置及其权责划分。一国的环境监督管理体制决定了环境管理的性质、规模、功能和效率。

我国环境监督管理体制是统一监督管理与分级(即行政等级,如省、市、地、县等)、分部门(即政府部门,如交通部、建设部等)监督管理相结合的体制,不同类型的监督管理机构所承担的职责各不相同:①国家环保总局及地方环境保护局。国家环保总局是国务院环境保护行政主管部门,负责对全国环境保护工作实施统一监督管理。②环境污染监督管理机构。包括海洋行政管理部门、港务监督、渔政渔港监督、军队环境保护部门、各级公安部门、各级交通管理部门、各级铁道(路)部门、民航部门。它们在法律规定的范围内,依法享有一定的监督管理权。③自然资源保护机构。为县级以上人民政府的土地、矿产、林业、农业、水利行政主管部门,它们可以依照有关法律规定对自然资源的保护实施监督管理。

(二)环境监督管理的基本制度

1. 环境标准管理制度。环境标准管理制度是指关于环境标准的制定管理和实施的各种法律规定的总和。而环境标准是为保护人群健康、社会财物和促进生态良性循环,对环境中的污染物(或有害因素)水平及其排放源应规定的限量阈值或技术规范。

2. 环境监测制度。环境监测制度是指在一定时间和空间范围内,间断或不间断地测定环境中污染物的含量和浓度,观察、分析其变化和对环境影响过程的工作。

3. 环境规划制度。环境规划是指为使环境与社会、经济协调发展,国家把“社会-经济-环境”作为一个复合生态系统,依据社会经济规律、生态规律和地学原理,对其发展变化趋势进行研究而对人类自身活动所做的时间和空间的合理安排。

4. 环境影响评价制度。环境影响评价,是指在一定区域内进行开发建设活动,事先对拟建项目可能对周围环境造成的影响进行调查、预测和评定,并提出防治对策和措施,为项目决策提供科学依据。

【实训题 21-1】我国对建设项目的环境影响评价实行分类管理制度。根据《环境影响评价法》的规定,下列哪些说法是正确的?(　　)

A. 可能造成重大环境影响的建设项目,应当编制环境影响报告书,对产生的环境影响进行全面评价

B. 可能造成轻度环境影响的建设项目,应当编制环境影响报告表,对产生的环境影响进行分析或者专项评价

C. 环境影响很小的建设项目,不需要进行环境影响评价,无须填报环境影响评价文件

D. 环境影响报告书和环境影响报告表,应当由具有相应资质的机构编制

5. 现场检查制度。现场检查制度,是指环境保护行政主管部门或其他依法行使环境监督权的部门,有权到其管辖的排污单位现场对其执行环境保护法的情况进行检查的环境法律制度。

(三)保护和改善环境的法律制度

1. 自然资源与生态环境保护制度。自然资源与生态环境保护制度是指开发自然资源所必须采取的保护生态环境的各项制度的总和。具体包括对农业环境的保护,防治植被破坏、水土流失、种源灭绝、水源枯竭以及其他生态失调现象的发生和发展,防治土地污染、土地沙化、盐渍化、贫瘠化、沼泽化、地面沉降,合理使用化肥农药及植物生长激素,推广植物病虫害的综合防治等。

2. 海洋环境保护制度。海洋环境保护制度是指保护海洋环境的各项制度的总和。具体包括向海洋排放污染物、倾倒废弃物,进行海岸工程建设和海洋石油勘探开发,必须遵循的制度。其目的在于防止对海洋环境的污染损害。

3. 城市规划与城乡建设中的环境保护制度。城市规划与城乡建设中的环境保护制度是指城市规划与城乡建设中必须重视环境保护的各项规定的总和。具体包括:制定城市规划应当确定保护和改善环境的目标和任务;城乡建设应当结合当地自然环境的特点,保护植被、水域和自然景观,加强城市园林、绿地和风景名胜区的建设等。

4. 土地利用规划制度。土地利用规划制度是指国家根据各地区的自然条件、资源状况和经济发展需要,通过制定土地利用的全面规划,对城镇设置、工农业布局、交通设施等进行总体安排,以保证社会经济的可持续发展,防止环境污染和生态破坏。

5. 清洁生产制度。清洁生产是指不断采取改进设计、使用清洁的能源和原料、采用先进的工艺技术与设备、改善管理、综合利用等措施,从源头削减污染,提高资源利用效率,减少或者避免生产、服务和产品使用过程中污染物的产生和排放,以减轻或者消除对人类健康和环境的危害。

(四)防治环境污染和其他公害的法律制度

1. 三同时制度。三同时制度又称环境保护设施配套制度,是指建设项目中防治污染的设施,必须与主体工程同时设计,同时施工,同时投产使用。

2. 许可证制度。许可证制度,是指从事有害或可能有害环境的活动之前,必须向有关管理机关提出申请,经审查批准,发放许可证,方可按许可证的规定进行该活动的一整套法律制度措施。

3. 排污收费制度。排污收费制度是指国家环境管理机关根据法律、法规的规定,对排污者征收一定数额费用的一项法律制度。

4. 限期治理制度。限期治理制度是我国特有的一项环境保护制度,是指对污染严重的污染源,由法定国家机关依法限定在一定期限内治理并完成治理任务,达到治理目标的一整套法律制度措施。限期治理的最长期限为 3 年,视具体难度、能力而定,对未能按期达到治理目标者除可加收排污费外还可给予罚款、责令停业或关闭等处罚。

【实训题 21-2】中央直接管辖的某大型国有企业在某县境内设立的工厂发生剧毒物质大量泄漏事故,该县张县长提出的下列哪些意见符合《环境保护法》的规定?( )

A. 要求该企业立即采取措施控制泄漏,并及时通报污染地区的单位和居民

B. 县环保局应立即上报市政府,请市政府采取有效措施紧急疏散群众

C. 建议省政府对该企业做出限期治理的决定

D. 该企业如未在限期内完成治理任务，县政府将处以罚款，并报省政府批准责令该工厂关闭

5. 排放污染物申报登记制度。排放污染物申报登记制度是指向环境排放污染物的单位，必须依照有关规定向其所在地的环境保护行政主管部门申报拥有的污染物排放设施、处理设施、正常作业条件下排放污染物的种类、数量和浓度，并提供有关防治污染方面的技术和资料的制度，由环境保护行政主管部门进行排污核定。

三、自然资源保护法

(一)概述

环境保护与自然资源保护具有同一性。自然资源保护与污染控制是环境保护的基本内容，都体现了环境保护的精神与实质。

自然资源保护法指调整人们在自然资源开发、利用、保护和管理过程中的各种社会关系的法律规范的总称。根据法律制度对自然资源保护的直接功能与作用，可以将自然资源的法律保护划分为财产权保护、行政权保护和司法权保护。财产权保护主要通过财产权主体行使财产权来实现，行政权保护往往是政府主动为之，司法权保护通过司法权的被动行使来实现。

(二)土地资源保护法

新中国成立至今关于利用和保护土地的法律规定是相当多的。这些法律法规和其他有关政策对土地的利用和保护，作出了全面而详尽的规定，概括起来有以下主要内容：

1. 确立了“十分珍惜和合理利用每寸土地，切实保护耕地”的基本国策。

2. 对建设用地和承包经营的土地进行限制性规定，具体规定了管理部门的审批权限。农村土地承包法通过对土地承包经营权的规定在客观上也起到了保护农业用地的作用。土地承包经营权的客体是农村土地，具体包括农民集体所有和国家所有依法由农民集体使用的耕地、林地、草地，以及其他依法用于农业的土地，其所有权性质包括集体所有和国有两类。对土地承包经营权的限制体现了对农业用地的保护：①用途的限制。农村土地承包应当遵守法律、法规，保护土地资源的合理开发和可持续利用。未经依法批准不得将承包地用于非农建设。承包方有义务维持土地的农业用途，不得用于非农建设。②期限的限制。耕地的承包期为三十年。草地的承包期为三十年至五十年。林地的承包期为三十年至七十年；特殊林木的林地承包期，经国务院林业行政主管部门批准可以延长。③使用方式的限制。发包方有义务监督承包方依照承包合同约定的用途合理利用和保护土地，制止承包方损害承包地和农业资源的行为。承包方有义务依法保护和合理利用土地，不得给土地造成永久性损害。承包荒山、荒沟、荒丘、荒滩的，应当遵守有关法律、行政法规的规定，防止水土流失，保护生态环境。④流转的限制。土地承包经营权流转应当遵循不得改变土地所有权的性质和土地的农业用途的原则。承包地不得买卖，只能以转包、出租、互换、转让等方式流转。在流转时受让方须有农业经营能力。

3. 有关水土保持的规定。主要有：禁止在二十五度以上陡坡地开垦种植农作物；在崩塌滑

坡危险区和泥石流易发区禁止取土、挖砂、采石;对荒山、荒沟、荒丘、荒滩水土流失的治理实行承包的,应当按照谁承包治理谁受益的原则,签订水土保持承包治理合同;水土流失地区的集体所有的土地,承包给个人使用的,应当将治理水土流失的责任列入承包合同等。

4. 治沙的规定。主要内容为:切实保护好沙区林草植被,严禁滥垦、滥牧、滥采、滥挖。对适宜封沙育林、育草的沙漠戈壁、沙漠化土地,要划定范围,实行封育。

5. 土地复垦的规定。土地复垦实行“谁破坏、谁复垦”的原则。

6. 为合理利用土地和保护土地而规定的几项重要制度。主要有:①土地调查制度,包括土地权属调查、土地利用现状调查和土地条件调查。②土地统计制度,由县级以上人民政府土地管理部门会同统计部门依法进行土地统计。

7. 土地利用总体规划制度。根据土地的自然特点、经济条件及国民经济和社会发展用地需求的长期预测,确定土地利用的目标和方向,土地利用结构和布局,对各主要用地部门的用地规模提出控制性指标,划分土地利用区域,确定实施规划的方针政策和措施。

(三)水资源保护法

《中华人民共和国水法》是水资源方面的基本法律,通篇都涉及水资源的保护,而集中体现在“总则”与“水、水域和水工程的保护”等章中。

1. 体现在“总则”中的对水资源保护的主要内容有:①规定制定水法的宗旨为合理开发利用和保护水资源,防治水害,充分发挥水资源的综合效益,适应国民经济发展和人民生活需要。②国家保护水资源,采取有效措施保护自然植被,种树种草,涵养水源,防治水土流失,改善生态环境。③各单位应当加强水污染防治工作,保护和改善水质。④国家实行计划用水,厉行节约用水。⑤在开发、利用、保护、管理水资源、防治水害、节约用水及进行有关的科学技术研究等方面成绩显著的单位和个人,由各级人民政府给予奖励。

2. 水资源保护具体内容主要有:①河道保护。②地下水保护。③水工程保护。

(四)矿产资源保护法

1986 年 3 月 19 日,第六届全国人民代表大会常务委员会第十五次会议通过了《中华人民共和国矿产资源法》。

我国矿产资源法对矿产资源的保护主要体现在以下几个方面:

1. 国家保障矿产资源的合理开发利用,禁止任何组织或者个人用任何手段侵占或者破坏矿产资源;各级人民政府必须加强矿产资源的保护工作;国家对矿产资源的勘查、开发实行统一规划、合理布局、综合勘查、合理开采和综合利用的方针;在勘查、开发和保护矿产资源及进行科学技术研究等方面成绩显著的单位和个人,由各级人民政府给予奖励。

2. 在勘查登记和开采审批中必须体现保护矿产资源的精神,非经国务院授权的有关主管部门同意,不得在法律禁止的地区开采矿产资源;关闭矿山,必须提出矿山闭坑报告及有关土地复垦利用和环境保护的资料;勘查、开采矿产资源时,发现具有重大科学文化价值的罕见地质现象以及文化古迹,应当加以保护并及时报告有关部门。

3. 开办矿山企业时必须依照规定对环境保护措施的可行性、有效性进行审查;应当统一规划,综合开采,综合利用,防止浪费;开采矿产资源,必须遵守有关环境保护的法律规定,防止污染环境；开采矿产资源应当节约用地；耕地、草原、林地因采矿受到破坏的，矿山企业应当因地制宜地采取复垦利用。

(五)森林资源保护法

《森林法》关于森林保护的内容可分为六个方面：

1. 护林组织。地方各级人民政府应当组织有关部门建立护林组织、增加护林设施、订立护林公约、组织群众护林。

2. 防火救火工作。地方各级人民政府应当规定森林防火期，设置防火设施。对发生森林火灾，必须立即组织当地军民和有关部门扑救。

3. 病虫害防治工作。各级林业主管部门负责组织森林病虫害防治工作，林业主管部门负责规定林木种苗的检疫标准，划定疫区和保护区，对林木种苗进行检疫。

4. 禁止毁林开垦和毁林采石、采砂、采土以及其他毁林等行为。禁止在幼林地和特种用途林内砍柴、放牧。

5. 自然保护区。国务院林业主管部门和省、自治区、直辖市人民政府，应当在不同自然地带的典型森林生态地区、林内珍贵动物和植物生产繁殖地、天然热带雨林等具有特殊保护价值的林区，划定自然保护区，加强保护管理。

6. 野生动物保护。林区内列为国家保护的野生动物，禁止猎捕；因特殊需要猎捕的，按照国家有关规定办理。

(六)草原资源保护法

《草原法》的主要内容是保护草原资源，主要包括以下方面：

1. 国家鼓励在农、林、牧区和城镇种草，促进畜牧业发展，改善生态环境，防治污染。

2. 严格保护草原植被，禁止开垦和破坏。

3. 在草原上割灌木、采药材、挖野生植物、刮碱土、拉肥土等，必须经草原使用者同意，报乡级或县级人民政府批准，在指定范围内进行，并做到随挖随填；保护一部分植物的母株，禁止在荒漠草原、半荒漠草原和沙化地区砍挖灌木、药材及其他固沙植物。

4. 合理使用草原，防止过量放牧。

5. 地方各级人民政府应当采取措施，防止草原鼠、虫害，保护捕食鼠虫的益鸟益兽；采取措施，防止草原地区牧畜疫病和人畜共患疾病。

6. 机动车辆在草原上行驶，应当注意保护草原；有固定公路线的不得离开固定公路线。收购牲畜应当按照指定的路线赶运和放牧，不得与牧民争用牧场和水源。

7. 加强草原防火工作，贯彻“预防为主，消防结合”的方针，建立防火责任制，制定草原防火制度和公约，规定草原防火期。

(七)渔业资源保护法

现行主要渔业资源保护法规是1986年颁布的《渔业法》及其实施细则。

渔业资源保护的法律规定主要内容为：

1. 县级以上人民政府渔业行政主管部门应当对其管理的渔业水域统一规划，采取措施，增殖渔业资源。

2. 不得在禁渔区和禁渔期进行捕捞，不得使用禁用的渔具、捕捞方法和小于规定的最小网目尺寸的网具进行捕捞。

3. 禁止捕捞有重要经济价值的水生动物苗种。

4. 在鱼、虾、蟹洄游通道建闸、筑坝，对渔业资源有严重影响的建设单位应当建造过鱼设施或者采取其他补救措施。用于渔业并兼有调蓄、灌溉等功能的水体，有关主管部门应当确定渔业生产所需的最低水位线。禁止围湖造田；沿海滩涂未经县级以上人民政府批准，不得围垦；重要的苗种基地和养殖场不得围垦。

5. 进行水下爆破、勘探、施工作业，对渔业资源有严重影响的，作业单位应当采取措施，防止或减少对渔业资源的损害。造成渔业资源损失的，由有关县级以上人民政府负责赔偿。

6. 各级人民政府应当按照《海洋环境保护法》和《水污染防治法》的规定，采取措施，保护和改善渔业水域的生态环境，防治污染。

(八)野生动物保护法

我国已经颁布了大量野生动物保护方面的法规，现行法律主要有《中华人民共和国野生动物保护法》。另外，我国还加入了《濒危野生动植物种国际贸易公约》。

野生动物保护法的主要内容如下：

1. 国家保护野生动物及其生态环境，禁止任何单位和个人非法猎捕和破坏。

2. 国家对珍贵、濒危野生动物实行重点保护，颁布重点保护野生动物名录。

3. 国务院野生动物行政主管部门和省级政府，应当在国家和地方重点保护野生动物的主要生息繁衍的地区或水域，划定自然保护区。

4. 各级野生动物行政主管部门应当监视、监测环境对野生动物的影响，由于环境影响对野生动物造成危害时，野生动物行政主管部门应当会同有关部门调查处理。

5. 建设项目对国家或者地方重点保护野生动物的生存环境产生不利影响的，建设单位应当提交环境影响报告书；环境部门在审批时，应当征求同级野生动物行政主管部门的意见。

6. 国家和地方重点保护野生动物受到自然灾害威胁时，当地政府应当采取拯救措施。

7. 因保护国家和地方重点保护野生动物，造成农作物或者其他损失的，由当地政府给予补偿。

8. 加强对野生动物的管理。

(九)海洋资源保护法

财政部和国家海洋局在 1993 年根据国务院关于实行海域使用有偿使用制度的重要批复，联合颁布了《国家海域使用管理暂行规定》，确立了海域使用权属制度有海域有偿使用制度。2001 年 10 月 27 日，《中华人民共和国海域使用管理法》经第九届全国人大常委会第 24 次会议审议通过正式出台，于 2002 年 1 月 1 日开始施行。2002 年 10 月国家海洋局又发布了《全国海洋功能区划》，将中国所辖海域划分为 10 种海洋功能区，确定了 30 个重点海域的主要功能，并制定了实施区划的主要措施，为海域的合理使用与管理提供了依据。

我国的海洋资源保护法律制度主要包括以下几个方面：

1.海域权属制度。海域的所有权属于国家，由国务院代表国家行使海域所有权；单位和个人只能依法取得海域使用权，不得侵占、买卖或者以其他形式非法转让海域。

2.海域资源行政。实施海洋功能区划制度和海域资源产权管理是海域资源行政的主要内容。海洋功能区划是指依据海洋自然属性和社会属性，以及自然资源和环境特定条件，界定海洋利用的主导功能和使用范畴。海域使用权的取得有两种方式：一是经审批取得。二是经招标或拍卖取得。中国海域使用权实行分级登记和有偿使用制度。

四、环境污染防治法

（一）概述

我国的环境基本法和污染防治单行法都没有对环境污染作出专门且明确的定义和解释，目前，经济合作与发展组织（OECD）在1974年的一份建议书中提出的为成员国共同接受的“环境污染”定义被视为权威的概念。该建议书认为，所谓环境污染是指被人们利用的物质或能量直接或间接地进入环境，导致对自然的有害影响，以至于危害人类健康、危害生命资源和生态系统，以及损害或者妨害舒适性和环境的其他合法用途的现象。

环境污染防治法是中国环境保护法律体系的重要组成部分，基本确立了以工矿企业和城市生活的废气、废水、废渣、粉尘、垃圾、放射性物质等有毒有害物质和噪声、震动、恶臭等对环境的污染和损害为防治对象，并初步形成了包括环境基本法、各类污染防治单行法及其相关条例，以及环境污染防治的行政规章、污染物排放标准及环境污染防治的地方性法规在内的比较完整的环境污染防治的法律法规体系。我国的环境污染防治体系主要由大气污染防治、水污染防治、海洋污染防治、固体废弃物污染和放射性污染防治等六方面的法律、法规及规章组成。

（二）大气污染防治法

我国的大气污染防治法律制度包括以下几方面内容：

1.大气污染防治的管理体制。大气污染防治实行各级人民政府领导，环境保护行政主管部门实施统一监管，相关部门分工负责的管理机制。

2.大气环境标准。大气环境质量标准统一由国家环境保护局制定，同时授权地方可以制定严于国家排放标准的地方污染物排放标准。

3.防治燃煤大气污染。推选煤炭洗选加工，降低煤的硫分和灰分，限制高硫分、高灰分煤炭的开采，鼓励企业采用先进的脱硫、除尘技术。

4.推广清洁能源使用。国务院有关部门和地方各级人民政府应当采取措施，改进城市能源结构，推广清洁能源的生产和使用，发展集中供热，对超标排放企业及时进行限期治理。

5.防治机动车船排放污染。

6.防治其他工业排放污染。防治废气、粉尘和恶臭污染。

7.防治生活大气污染源。在人口集中地区和其他依法需要特殊保护的区域内禁止焚烧产生有毒有害烟尘和恶臭气体的物质；禁止在人口集中地区、机场周围、交通干线附近以及当地人民政府划定的区域露天焚烧产生烟尘污染的物质。

8.防治城市大气污染源。主要是采取绿化责任制、加强建设施工管理、扩大地面铺装面积、控制渣土堆放和清洁运输，提高人均占有绿地面积，防治扬尘污染。另外，城市饮食服务业的经营者，必须采取措施，防治油烟对附近居民的居住环境造成污染。

（三）水污染防治法

我国经过二十多年的努力，也逐步建立了较为完善的水污染防治法律体系。水污染防治法律制度的内容如下：

1. 水污染防治的监督管理体制。我国实行水污染防治的统一监督管理与分管部门监督管理体制：各级人民政府的环境保护部门是对水污染防治实施统一监督管理的机关；各级交通部门的航政机关是对船舶污染实施监督管理的机关；各级人民政府的水利管理部门、卫生行政部门、地质矿产部门、市政管理部门、重要江河的水源保护机构结合各自的职责，协同环境保护部门对水污染防治实施监督管理。

2. 水环境质量标准和污染物排放标准。《水污染防治法》规定了水环境质量标准和污染物排放标准分为国家标准和地方标准两级，同时也规定了两级标准之间的关系以及标准的适时修改。

3. 水污染防治的主要措施。防治水污染的特别制度包括：①水污染物总量控制和核定制度。②生活饮用水源保护区制度。③城市污水集中处理制度。④重要江河流域省界水体水环境质量标准的确定和水环境质量状况的监测。⑤清洁生产和淘汰落后生产工艺、设备制度。

（四）环境噪声污染防治法

中华人民共和国第八届全国人大常委会第二十次会议于 1996 年 10 月 29 日通过了《环境噪声污染防治法》，自 1997 年 3 月 1 日起施行。我国的环境噪声污染防治法律制度主要包括以下内容：

1. 防治环境噪声污染的监督管理机构。我国对环境噪声防治工作实行统一监督管理与部门分工负责管理的行政管理体制。国务院环境保护行政主管部门对全国环境噪声污染防治实施统一监督管理。县级以上地方人民政府环境保护行政主管部门对本行政区域内的环境噪声污染防治实施统一监督管理。各级公安、交通、铁路、民航等主管部门和港务监督机构，根据各自的职责，对交通运输和社会生活噪声污染防治实施监督管理。

2. 噪声环境标准。《环境噪声污染防治法》规定的与环境噪声污染防治相关的标准主要包括噪声环境质量标准和环境噪声排放标准两大类。①噪声环境质量标准。国务院环境保护行政主管部门分不同的功能区制定国家声环境质量标准。我国 1982 年颁布了《城市区域环境噪声标准》，并于 1993 年进行修订，这是中国目前主要的噪声环境标准依据。②环境噪声排放标准。国家环境噪声排放标准根据国家噪声环境质量标准和国家经济、技术条件，制定。中国已经颁布了一系列环境噪声排放标准，主要有：《摩托车和轻便摩托车噪声限值》、《汽车定置噪声值》、《工业企业厂界噪声标准》、《建筑施工厂界噪声限值》、《铁路边界噪声限值及其测量方法》、《机动车辆允许噪声标准》等。

3. 环境噪声污染防治监督管理制度。①环境影响报告和三同时制度。②落后设备淘汰制度。③偶发性强烈噪声排放的申请和公告制度。在城市范围内从事生产活动确需排放偶发性强烈噪声的，必须事先向当地公安机关提出申请，经批准后方可进行。当地公安机关应当向社会公告。④环境噪声监测制度。国务院环境保护行政主管部门应当建立环境噪声监测制度，制定监测规范，并会同有关部门组织监测网络。环境噪声监测机构应当按照国务院环境保护行政主管部门的规定报送环境噪声监测结果。

4. 各类环境噪声污染防治的法律制度。包括工业噪声污染防治、建筑施工噪声污染防治、交通运输噪声污染防治、社会生活噪声污染防治。

(五)固体废物污染环境防治法

《中华人民共和国固体废物污染环境防治法》于 1995 年 10 月 30 日第八届全国人大常委会第十六次会议通过，2004 年 12 月 29 日第十届全国人大常委会第十三次会议修订。固体废物污染环境防治法律制度主要包括以下内容：

1. 防治固体废物污染环境的法律原则。①固体废物污染环境防治的三化原则，即对固体废物实行减量化、资源化和无害化。②对固体废物实行全过程管理原则，即对固体废物从产生、收集、贮存、运输、利用直至最终处理的全部过程实行不同形式和不同程度的一体化管理。③对固体废物实行分类管理原则，即根据固体废物的种类和对环境的危害程度，规定不同的污染环境防治措施。

2. 防治固体废物污染环境的监督管理体制。中央和地方政府以及相关职能部门在各自的职责范围内负责固体废物污染环境防止的监督管理工作。国务院环境保护行政主管部门对全国固体废物污染环境的防治工作实施统一监督管理；县级以上地方人民政府环境保护行政主管部门对本行政区域内固体废物污染环境的防治工作实施统一监督管理。

3. 防治工业固体废物污染环境的法律规定。①对产生工业固体废物的建设项目的监督管理制度。②推广清洁生产，淘汰落后的生产工艺和生产设备。③工业固体废物申报登记制度。④建立专用贮存工业废物的设施和场所。

4. 防治城市生活垃圾污染环境的法律规定。对城市生活垃圾应当按照环境卫生行政主管部门的规定，在指定的地点放置，不得随意倾倒、抛撒或者堆放。

5. 危险废物污染环境防治的特别规定。包括危险废物名录制度、危险废物登记和识别制度、危险废物经营许可制度、危险废物的处置规定和危险废物发生事故时的强制应急规定。

6. 其他法律规定。包括禁止性规范和严格控制固体废物转移制度。

(六)海洋污染防治法

《中华人民共和国海洋环境保护法》于 1982 年 8 月 23 日第五届全国人大常委会第二十四次会议通过，1999 年 12 月 25 日第九届全国人大常委会第十三次会议修订。关于海洋环境污染防治的法律规定主要包括以下内容：

1. 海洋环境标准制度。国家根据海洋环境质量状况和国家经济、技术条件，制定国家海洋环境质量标准。沿海省、自治区、直辖市人民政府对国家海洋环境质量标准中未作规定的项目，可以制定地方海洋环境质量标准。

2. 征收排污费和倾倒费制度。

3. 限期治理制度。对超过污染物排放标准的，或者在规定的期限内未完成污染物排放削减任务的，或者造成海洋环境严重污染损害的，应当限期治理。

4.重点海域实行污染物排海总量控制制度。

5.淘汰制度。国家加强防治海洋环境污染损害的科学技术的研究和开发,对严重污染海洋环境的落后生产工艺和落后设备,实行淘汰制度。

6.海洋环境监测、监视信息管理制度。

7.海上重大污染事故应急制度。因发生事故或者其他突发性事件,造成或者可能造成海洋环境污染事故的单位和个人,必须立即采取有效措施,及时向可能受到危害者通报,并向依法行使海洋环境监督管理权的部门报告,接受调查处理。

此外,《海洋环境保护法》还有关于海洋生态保护制度、防治陆源污染物对海洋环境的污染损害、防治海岸工程建设项目对海洋环境污染损害、防治海洋工程建设项目对海洋环境污染损害、防治倾倒废弃物对海洋环境污染损害、防治船舶及有关作业活动对海洋环境污染损害等规定。

(七)放射性污染防治法

2003年6月28日,第十届全国人大常委会第三次会议通过《放射性污染防治法》,完善了放射性污染防治法律制度。

1.放射性污染防治法律原则。①预防为主,防治结合,严格管理,安全第一。②既要防治放射性污染,又要促进核能、核技术开发利用。③从实际出发,建立严格的放射性污染防治法律制度。④明确法律责任,从严查处违法行为。⑤注意与相关法律、行政法规衔接。

2.放射性污染环境影响评价。包括核设施分阶段环境影响评价和核技术利用单位环境影响评价。素和加速器、中子发生器以及含放射源的射线装置的单位,应当在申请领取许可证前编制环境影响评价文件,报省、自治区、直辖市人民政府环境保护行政主管部门审查批准;未经批准,有关部门不得颁发许可证。

3.其他制度。包括放射性设施"三同时"、放射性污染防治标准、放射性废气、废液排放总量控制、放射性污染监测、核设施规划限制区、核设施营运单位安全保卫、核事故应急制度、核技术利用的许可证和登记、放射性同位素备案制度、放射性废液受控排放制度、禁止放射性废物进出口。

第二节 能 源 法

一、能源法概述

(一)能源

能源是指能够提供某种形式能量的物质或物质运动。具体包括能源资源、能源产品和提供能量的运动。能源资源是指未经劳动过滤的赋存于自然状态下的能源;能源产品是指经过劳动过滤并符合人类需要的能源;提供能量的运动即物质本身的作功,包括太阳能、水能、风能等非燃料能源。前两者都是提供能量的物质。

能源的种类很多，可以按不同的目的和开发利用要求进行多种分类。如按能源的生成方式，将其分为一次能源和二次能源；按能源的形成和再生性，分为可再生能源和非再生能源；按能源的来源，分为来自地球外部天体的能源、来自地球内部的能源、来自地球和其他天体相互作用而产生的能量；按能源的利用状况，分为常规能源和新能源、清洁能源和污染能源，等。

(二)能源法的定义

能源法是指调整能源合理开发、加工转换、储运、供应、贸易、利用及其规制，保证能源安全、有效、持续供给的法律规范的总称。能源法所调整的是能源物质利益关系。能源法调整的能源物质利益是基于能源开发利用及其规制而发生的，从而使得能源物质利益关系有了确定的范围。它包括：①能源开发引起的物质利益关系。具体又包括能源资源支配关系、能源资源交易关系。②能源加工转换引发的物质利益关系。具体又包括能源加工转换利益分配关系、能源加工转换效率关系、加工转换生产者与消费者的关系。③能源储运引发的物质利益关系。具体又包括能源储存和运输利益的分配关系、能源储运劳务交易关系、储运设施的支配关系。④能源供应引发的物质利益关系。⑤能源贸易引发的物质利益关系。⑥能源利用引发的物质利益关系。⑦能源政府规制而引发的物质利益关系，具体包括社会公平分配关系和能源开发利用产权关系的维护两个方面。

我国先后颁布了一些能源法规，对我国经济建设事业的发展和节能工作的进行，发挥了重要作用。1978 年以来，我国能源管理和能源立法得到进一步的加强，全国人大常务委员会已制定了《中华人民共和国电力法》、《中华人民共和国煤炭法》等能源法律，国务院及有关部委先后发布了一批能源管理的法规和规章。

二、能源法的体系

能源法的体系是指调整能源合理开发利用及其规则，保证能源安全、有效、持续供给的法律规范和法律制度组成的完整、统一、协调、有内在联系的系统，由统一的基本法和单行的具体法所构成，包括如下方面：

1. 能源基本法。它是规范能源开发利用基本活动和方式的法律，是能源法基本制度的根据，是具体能源法及其规范和制度安排的基础和原则，是一国能源法及其制度成本与绩效、创新与变迁的决定因素。

2. 能源矿业法。它是规范矿产能源开发利用活动和方式的法律，包括煤炭法、石油法、原子能法等。其内容也不仅仅是矿产能源的勘探、开采，还包括加工、转换、储运、利用、供应与贸易。

3. 能源公共事业法。它是规范能源公共事业活动和方式的法律，包括电业法、煤气事业法、天然气供应法、热力供应法等。

4. 能源利用法。它是规范能源利用活动和方式的法律。

5. 能源替代法。它是规范替代能源开发利用活动和方式的法律，主要包括对太阳能、生物能、风能、海洋能等能源的开发利用的法律。

在能源法体系中，能源基本法是各种能源开发利用的准则，是各种具体能源法律规范和制度安排的基础。能源利用法则直接制约和影响到其他能源法规范和制度安排，在没有能源基本法的情况下更是如此。能源矿业法、能源公共事业法、能源替代法则是根据能源基本法或能源利用法的有关规定针对规范对象的特殊性所进行的制度安排。

三、能源法的基本制度

(一)能源市场供给制度

能源市场供给制度,是指按照能源市场供给规律的要求,安排能源市场供给主体资格、产权交易行为和规则以及客体范围的能源法律制度。它主要由三部分构成:

1. 市场供给主体制度。法律上关于市场主体制度主要是赋予一定的组织和个人以法律主体资格的制度,能源法也不例外。能源市场供给主体制度也主要是关于进入能源市场的主体资格的规定。民法意义上的自然人和法人是取得能源市场供给主体资格的前提条件。在此基础上,根据国家能源开发战略和目标,能源法规定的取得能源市场供给主体资格的条件主要包括两个方面:一是能源投资者必须拥有一定财产、技术、经费的支配权并向能源产业投资,从事能源的勘探、开采、加工、转换、储运、供应和贸易事业。二是能源投资者必须取得能源开发利用权,这是从事能源开发利用获得能源物质利益的资格。

2. 市场交易规则制度。由于能源开发利用的有限性、不确定性、公平性和外部性,使得能源市场交易较之于其他市场交易更容易刺激能源产权主体损人利己和奉行"机会主义",进而增加产权交易的费用和成本。这就决定了能源市场供给必须有一个较一般市场供给更为严格、并为大家恪守的产权交易的规则,这种规则应具有普遍的约束力,有利于确定产权边界和支配范围,维护产权的权威性。在法律上,这种规则主要包括契约规则、垄断规则和竞争规则。通过对这些方面行为的规范,使一般的能源产权交易活动有章可循。

3. 市场供给客体制度。能源市场供给的客体包括能源资源、能源产品和其他财产,赋存于其上的产权包括能源资源所有权和开发利用权、能源产品和其他财产的所有权。能源法对市场供给能源资源的品种、范围、数量的确定方法等作出规定,这样有助于界定能源市场供给的内容,有助于界定产权交易和传递的程序和方式。

(二)能源政府规制制度

能源政府规制制度是按能源政府规制目标的要求,确定行政主体地位及其行政权限、规制范围和程序的能源法律制度,由以下两部分构成:

1. 能源政府规制行政主体制度。法律上确定能源政府规制行政主体的原则为:能弥补市场供给的不足,克服因极端自由放任造成的产权减弱和市场价格的低效率,维护产权和强化产权的效力,调整产权结构;应减少能源开发利用的风险,增加社会保障,提供信息,保证经济稳定;应减少垄断或自然垄断带来的分配不公,保持一定的均衡分配;能从外部影响能源资源配置向有效率方向发展;能代表公共选择,符合大多数人的利益和意志,保证公共权力的性质;能形成有效合理运作的行政权结构,并避免权力冲突。在根据这些原则确定能源政府规制行政主体后,还要在法律上严格界定其地位、职责、权限、权力的实现和制衡程序。同时,还要考虑在行政主体与行政对象之间设立中介机构,以保证行政主体决策的经济合理。

2. 政府规制规则制度。行政主体所实行的能源政府规制是在一系列制度中实现的,能源政府规制规则制度主要有：许可证制度、监督检查制度、计划供给制度、能源定价管制制度、能源战略储备制度、能源税费制度、能源发展基金制度等。

（三）能源资源环境制度

能源资源环境制度，是指按能源可持续发展的要求，安排能源开发利用与环境保护的结合性规范，保证在能源开发利用中防治环境污染和破坏的法律制度，由如下部分构成：

1. 能源环境规制主体制度。能源开发利用是获得物质利益的手段，而环境保护则是人类社会持续发展的条件。因此，任何能源产权主体都不会自觉地将二者结合并协调起来，在能源市场供给条件下更是如此。这就需要公共利益的代表者——政府进行能源环境规制，管束能源产权主体在能源开发利用中注重环境保护。政府是能源开发利用的规制者，又是环境保护的实施者，只有政府才能有效地实施能源环境规制。这就要求法律在给政府配置能源开发利用规制职权时，同时配置相应的环境保护职责。规定环境影响评价、限期治理、环境标准、现场检查、资源恢复和增殖、综合利用等制度，保证能源产权主体将环境保护溶入能源开发利用之中，将环境成本纳入生产成本，减少内部不经济。

2. 能源环境产权制度。能源大部分是环境污染源，能源开发利用必然要带来环境污染和破坏，而任何环境污染和破坏都与产权滥用或弱化有关。能源产权的滥用是内部不经济化的动因；产权弱化是外部接受不经济的条件；受污染的财产或资源产权不清、边界不明和产权主体怠于主张权利，往往是内部不经济外化的条件。因此，产权主体严格自律和强化产权是防止环境污染和破坏的基础性制度。若某一产权主体要外化和转移其内部不经济，就要以接受不经济的产权主体同意并支付费用，获得环境使用权为前提，否则就会引起侵权诉讼。当然社会还须有承受力，经政府审核和许可。这就迫使产权主体放弃不经济外化，而选择不经济内化，最终达到能源开发利用与环境保护的持续发展。这项制度不仅包括对能源产权主体的权利、义务和法律责任的界定，还包括一些具体规范的设定，如相邻权的保护、污染损害赔偿等。

3. 能源环境技术监督制度。能源开发利用与环境保护持续发展受一定经济技术条件的限制，经济技术水平越高，持续发展的程度也越高。法律对二者的持续发展的规范同样也受到经济技术水平的限制。法律规定的持续准则过低，法律规范的实施就没有意义；过高，经济技术水平达不到，法律规范也难以实施。否则，就是法律规范实施了也难以操作，同样达不到法律目的。能源环境技术监督制度应与规范能源开发利用的有关制度结合安排，如能源开发利用必须保护其他资源、防治污染、合理转化、综合利用、加速折旧、采用新技术的措施等。

（四）能源技术创新制度

能源技术创新制度，是指按能源技术创新的要求，通过能源市场供给、政府规制和能源环境制度安排，鼓励和保护能源技术创新，提高能源效率的制度总称，由如下内容构成：

1. 能源技术市场供给制度。这一制度具体规定能源技术创新产权主体、产权的行使和保护及其在能源法中的具体操作。能源技术市场供给主要是通过产权制度安排来实现的。首先，能源产权使能源投资者成为独立的利益主体，为了追求利益的最大化，必须在降低交易成本的同时，降低生产成本，而降低生产成本就必须进行技术创新。因此，能源产权特别是知识产权，是技术创新的动力源泉。其次，能源产权赋予技术创新排他的效力，使技术创新及其带来的物质利益得到有效的保护。

2.能源技术政府规制制度。这一制度主要是通过产权保护、财政政策、技术政策和规范的执行来实现的。能源产权特别是知识产权的政府保护往往是有效的,它可以及时、方便地禁止侵权行为,保护技术创新为产权主体带来的利益。财政政策主要是政府对能源技术创新的财政支持措施,如税收减免、低息贷款、价格优惠和对落后技术的惩戒措施。技术政策和规范的执行则使能源技术创新成为产品质量管理、技术监督和管理活动。

3.能源技术环境制度。这一制度主要是从满足能源可持续开发利用的要求出发,提出对能源技术创新的制度安排,如排污标准、无害技术、清洁生产技术准则、有害产品和技术的禁止等;使能源技术创新符合能源环境一般要求,达到能源持续开发利用及经济和社会的可持续发展。

本章小结

环境法是调整环境与自然资源的利用和保护,人类的生产生活环境和自然生态环境的改善,以及防治污染、资源破坏和其他环境侵害法律规范的总称。环境法具有综合性、科学技术性、社会性和国际关联性的特征。环境法的调整对象是与环境有关的行为,其体系由环境污染防治法和自然资源保护法组成。我国环境法的基本原则主要包括协调发展原则、预防为主原则、开发者养护、污染者治理原则和公众参与原则。环境法律后果有肯定性后果和否定性后果两类。肯定性后果指的是环境保护奖励,否定性后果可分为环境行政责任、环境民事责任和环境刑事责任三类。我国环境监督管理体制是统一监督管理与分级、分部门监督管理相结合的体制,基本制度有环境标准管理制度、环境监测制度、环境规划制度、环境影响评价制度和现场检查制度。保护和改善环境的法律制度包括自然资源与生态环境保护制度、海洋环境保护制度、城市规划与城乡建设中的环境保护制度、土地利用规划制度和清洁生产制度。防治环境污染和其他公害的法律制度有许可证制度、排污收费制度、限期治理制度和排放污染物申报登记制度。自然资源保护法包括土地资源保护法、水资源保护法、矿产资源保护法、森林资源保护法、草原资源保护法、渔业资源保护法、野生动物保护法和海洋资源保护法。环境污染防治体系主要由大气污染防治、水污染防治、海洋污染防治、固体废弃物污染和放射性污染防治等六方面的法律、法规及规章组成。能源法的基本制度有能源市场供给制度、能源政府规制制度、能源资源环境制度和能源技术创新制度。

复习思考题

1.什么是环境法?有何特征?

2.环境法的调整对象和基本原则分别是什么?

3.环境法律后果有哪些?

4.环境监督管理的基本制度有哪些?

5.保护和改善环境的法律制度有哪些?

6.防治环境污染和其他公害的法律制度有哪些?

7.能源法的定义和调整范围分别是什么?

8.简述能源法的基本制度。

第二十二章　社会保障法律制度

本章重点知识

- 社会保障法的定义与调整对象
- 社会保险与商业保险的区别
- 社会保险法的构成
- 养老保险体系的构成
- 基本医疗保险的体系构成
- 享受失业保险待遇的资格条件
- 工伤保险的概念与特征

【引读案例】

2010 年 1 月，许某驾驶货车在路上行驶时撞倒学龄前儿童胡某，造成胡某重伤。根据交警部门做出的道路交通事故认定书，许某、胡某负此次事故的同等责任。经过鉴定，胡某构成 5 级伤残。在住院治疗期间，胡某的家属无法承担高额的医疗费，于是在新型农村合作医疗基金(简称新农合)报销了 6 万元的医疗费，以便继续治疗。2011 年 3 月，胡某起诉到法院，要求许某赔偿交强险限额外的医疗费、伤残赔偿金等损失共计 15.9 万元。审理过程中，许某提出，胡某在新农合报销的费用应当减除后，余下的部分双方才按责任比例承担。许某认为胡某已经在新农合报销了 6 万元，该部分损失已经不存在，应当扣除。

请根据新农合相关法律知识分析法院对于许某的辩解理由是否应该给予支持。

第一节　社会保障法概述

一、社会保障概述

社会保障是指国家为了保障社会安全和经济发展，通过立法和行政措施设立的，在社会成员由于年老、疾病、伤残、失业、灾害等原因造成生活困难时，由国家通过国民收入分配和再分配的形式，提供物质帮助和社会服务，以保障其基本生活需要的制度。

作为稳定社会、促进经济发展的社会保障制度，它最早产生于 19 世纪初英国的社会救助事业。英国国会于 19 世纪 30 年代颁布并实施了《济贫法》。该法确认，要求社会救济是公民的合法权利，实施社会救济是政府应尽责任，从而使社会救济通过立法成为一种制度，它标志着社会保障制度的萌芽，这是社会保障的初级阶段。19 世纪末德国率先实行社会保险，并在 1883 年颁布了《疾病保险法》、1884 年颁布了《伤害保险法》、1889 年颁布了《残废和老年保险法》，这标志着社会保障制度进入了一个新阶段。社会保障(social security)一词，原意是社会安全，它最早被使用在法律文献中是1935年美国颁布的《社会保障法》(Social Security Act)。此后，社会保障作为一种制度和体系，在20世纪中叶以来得到充分发展，许多国家确立了社会保障制度。

1951年2月由政务院颁布的《中华人民共和国劳动保险条例》标志着中国社会保障制度的确立。目前，中国的社会保障体系包括四大部分：社会救助、社会保险、社会福利和社会优抚。

二、社会保障法的定义和调整对象

社会保障法是调整社会保障关系的法律规范的总称。

社会保障法的调整对象就是社会保障关系，即社会保障的主体在参加社会保障活动的过程中形成的社会关系。社会保障关系从不同的角度可以做出多种分类：

一是根据参加社会保障的主体划分，可分为国家行政机关、社会团体、企业、事业单位、公民相互之间在社会保障活动中所发生的社会关系。

二是根据社会保障关系的客体划分，可分为社会保险关系、社会救济关系、社会福利关系和社会优抚关系。

三是根据社会保障活动的内容划分，可分为社会保障资金筹集关系、社会保障资金的给付关系、社会保障的管理关系和社会保障的监督关系等。

三、社会保障法的特征与基本原则

(一)社会保障法的特征

社会保障法作为一门新兴的部门法，具有不同于传统法律部门的一些特征：

1.具有广泛的社会性。具体表现在：享受对象的普遍性、社会保障责任和义务的社会化以及社会保障法在功能上的社会公益性。

2.具有明显的国家干预法特征。所谓国家干预法，就是国家通过各种立法，对社会经济、社会生活进行强制性干预。

3.兼有行政法强制性和私法的给付性特征。社会保障法具有严格的强制性：它以国家的行政权力作为实施法律的保证；对于任何违反社会保障法的行为，社会保障管理机构有权依法处置；任何社会保障法律关系中的主体都必须履行自己的义务，否则将承担相应的法律责任。社会保障法又具有给付性：给付关系是社会保障关系中的核心内容。国家通过社会保障立法约定给付内容，公民依法领受约定的给付，社会保障管理机构代表国家向公民履行约定的给付义务。

4.具有实体法和程序法的统一性。社会保障领域由各种社会关系构成，社会保障立法必须与各种社会保障关系的特定内容和运行环节相对应。

5.具有特定的技术性。社会保障法的运营必须以数理计算为基础，“大数法则”和“平均法则”等一些数理法则经常在立法中运用。

(二)社会保障法的基本原则

1.生存权保障原则。生存权保障原则首先体现在社会保障的普遍性上。社会保障法的适用范围面向社会全体成员,即每个社会成员都有生存的权利。生存权保障原则还体现在社会保障的全面性上。社会保障的全面性是指社会保障的内容应该覆盖生存权利可能受到威胁的各个方面。

2.普遍性与区别性相结合的原则。这里的普遍性与生存权保障原则中的普遍性的含义是相同的。区别性是指针对不同类型的社会成员制定不同的保障办法和标准。

3.基本保障原则。社会保障法律制度的根本目的是使全体社会成员的基本生活需要得到保障。

4.保障水平与经济发展水平相适应的原则。社会保障是国家用经济手段来解决特定社会问题和实施特定社会政策的一项宏观调控制度,它必然要以一定的经济发展水平为基础和条件,因此,在制定社会保障法律、法规时,必须充分考虑当地的经济发展状况,结合长远利益和短期利益,体现社会保障水平与经济发展相互协调、相互促进的原则。

5.社会共同责任原则。社会共同责任原则,即社会化原则。社会保障事业是全体公民的事业,是全社会的事业。社会保障立法应遵循这一原则,尽可能动员广大社会成员共同参与社会保障事业。

6.公平与效率相结合的原则。公平与效率是社会发展追求的两个目标。一方面通过市场竞争机制,实行优胜劣汰,促进社会经济发展;另一方面又通过国家对市场经济的干预,强化"机会上的公平",即力求使每个社会成员都有平等的权利、均等的机会参与市场竞争,同时建立保护机制对暂时或永久性退出市场竞争的社会成员进行保护。

7.社会保障与自我保障相结合的原则。社会保障体现的是国家和社会的责任。但是,作为社会成员的公民个人除积极参加社会保障并履行应尽的义务外,还应该强化自我保障意识,通过不同的方式和多种途径进行自我保障,这不仅有利于避免和有效地化解生活风险,而且有利于提高自己的保障水平和生活质量。

第二节　社会救助法

一、社会救助法的概念

社会救助法是调整社会救助关系的法律规范,是国家为了从物质上帮助陷入生存危机的公民而制定的各种法律规范的总称。

在社会保障体系中,社会救助法是基础。从历史的角度看,它最早上场;从提供的保障看,是国民生存的最后一道防线。

二、社会救助法的特点

1.社会救助对象往往是不确定的,因某种意外或突变事故而成为法定对象。

2.社会救助基金主要由政府财政开支,辅之以社会捐助和募集。

3.社会救助的对象不负有缴费义务。
4.社会救助的给付通常以个人或家庭人均收入低于最低生活保障水平为要件。
5.社会救助的实施伴有资产和收入方面的调查。

三、社会救助法的构成

中国的社会救助法主要由贫困救助和灾害救助两大部分法律制度构成。

(一)贫困救助法律制度

中国贫困救助法律制度的主要内容有城市居民最低生活保障制度、农村五保供养制度和扶贫救助制度等。

1.城市居民最低生活保障制度。城市居民最低生活保障制度是国家对城市中的贫困居民,按照最低生活保障线标准给予基本生活保障的制度。1999 年 9 月 28 日国务院颁布了《城市居民最低生活保障条例》。该条例规定,持有非农业户口的城市居民,凡共同生活的家庭成员人均收入低于当地城市居民最低生活保障标准的,均有从当地人民政府获得基本生活物质帮助的权利。

2.农村五保供养制度。农村五保供养制度是社会向农村中的"无法定抚养义务人、无劳动能力和无可靠生活来源"的老年人、残疾人和未成年人提供保吃、保穿、保住、保医和保葬的制度。五保供养的具体内容包括:供给粮油和燃料;供给服装、被褥等用品和零用钱;提供符合基本条件的住房;及时治疗疾病,生活不能自理者有人照料;妥善办理丧葬事宜。五保对象是未成年人的,还应当保障他们依法接受义务教育。

3.扶贫救助制度。扶贫救助是反贫困的一种方式,目的在于帮助贫困者能够逐步自力解决温饱,摆脱贫困。扶持贫困地区和农村贫困户是中国解决贫困问题的一项长期性任务。中国政府采取了一系列措施,主要有:扶贫贷款、创办扶贫经济实体、扶贫互助储金会、配套投入和政策优惠等。

(二)灾害救助法律制度

灾害救助是指对因受到洪水、地震、火灾、台风、火山爆发等自然灾害的侵袭而失去生活保障人员的救济,也包括对遭受战争之苦的地区和人民的救助。救助资金主要从财政拨款、国际援助和社会捐赠三方面筹集。灾害救助的主要形式有:紧急救助、灾害预防、灾害预警服务和国际救援。

第三节　社会保险法

一、社会保险法概述

(一)社会保险的定义

社会保险是一种为丧失劳动能力或暂时失去劳动岗位的人提供的收入保险计划。由政府举办，强制从业职工在其就业年份里拨出一部分收入缴纳保险税作为保险基金，满一定期限后，一旦由于保险计划规定的原因丧失劳动能力而收入减少或中断时，即可按照规定领取社会保险津贴。

（二）社会保险与商业保险的区别

社会保险与商业保险都是一种风险防范与风险转移机制，但二者有本质的区别：

1.保险的性质不同。社会保险由国家立法强制执行，属于政府行为，其目的是维护社会安定和社会公平，以国家财政作为经济后盾，具有非营利性质；商业保险是一种商业行为，具有营利性，保险人与被保险人之间完全是一种自愿的契约关系。

2.经营的主体不同。社会保险的经营主体是政府及其委托者，而商业保险的经营主体是具有企业法人资格的保险公司。

3.保险的对象不同。社会保险是以社会劳动者为保险对象，在经济水平和管理水平具备的条件下，可以扩大到全体社会成员，其保险对象是国家强制性规定的。商业保险的保险对象由保险双方自行约定。

4.权利义务关系不同。社会保险的权力与义务关系在劳动上体现对等。商业保险的权利与义务关系则在金钱上体现对等。

5.资金来源不同。社会保险由国家、用人单位和个人三者负担，而商业保险则完全由投保人负担。

6.政府承担的责任不同。政府对社会保险财务承担最终的兜底责任，而对商业保险主要是依法进行监督，保护投保人的利益，但不承担直接经济责任。

7.给付标准和保障方式不同。社会保险的给付标准主要取决于保障的需要，商业保险的给付标准则是投保人所缴保费的多少。社会保险的保障是通过现金补偿和服务两个方式来实现，而商业保险公司的人身保险主要体现货币的支付关系，没有服务的内容。

8.可承保风险范围不同。商业保险对于一些社会性风险，如通货膨胀、战争、地震、经济衰退导致大量失业等是无能为力的。对于商业保险来说，它们是不可保风险。而政府在社会保险方面具有以下潜在优势：政府有权征税以实现对社会性风险的保险；政府能使几代人共担风险；政府可以对社会保障支出进行指数化调整。

9.管理体制不同。社会保险一般由国家设立专门的社会保险机构统一管理，国家统一立法规定保险项目、费率和给付标准等。商业保险是由自主经营的保险公司自行经营、独立核算、自负盈亏。

（三）社会保险法的概念、构成及内容

社会保险法是调整社会保险关系以及与社会保险关系有密切联系的其他关系的法律规范的总称。

按照法的体系构成理论和社会保险制度的发展目标，中国的社会保险法律体系应由养老保险、医疗保险、失业保险、工伤保险和生育保险五个子系统构成。

社会保险法的内容主要包括社会保险的类型、实施范围和对象、基金的筹资标准与资金来源、待遇标准和发放等。

二、养老保险法律制度

目前我国的养老保险制度包括：机关事业单位工作人员适用的传统退休金制度；企业职工适用的“社会统筹＋个人账户”型职工基本养老保险制度；农村居民和城镇无业居民适用的“基础养老金＋个人账户”型养老保险制度，上述制度分别覆盖不同人群，构成一个多元结构的基本养老保险体系。

（一）城镇企业职工养老保险

1.概念。城镇企业职工养老保险是指劳动者在达到国家规定的退休年龄，或因年老完全丧失劳动能力退出社会劳动领域后，由国家和社会依法给予一定物质帮助以维持其老年基本生活的一种社会保险制度。

2.体系构成。目前我国城镇企业职工养老保险体系由基本养老保险、企业年金和个人储蓄养老保险三大支柱构成。

（1）基本养老保险。基本养老保险是由国家统一组织，强制实施，涉及面较广，为保障退休人员基本生活的一种养老保险制度。

（2）企业年金。企业年金是指在政府强制实施的基本养老保险之外，企业在国家政策的指导下，根据自身经济实力和经济状况建立的，为本企业职工提供一定程度退休收入保障的补充性养老保险制度。企业年金实行市场化运营，应选择经劳动保障部门认定的运营机构管理。企业年金由用人单位和员工共同负担，单位缴费一般不超过上年度工资总额的1/12，单位和员工合计缴费一般不超过上年度工资总额的1/6。用人单位建立企业年金制度的条件是：①依法参加基本养老保险并履行了缴费义务。②具有相应的经济负担能力。③已建立集体协商机制。

（3）个人储蓄养老保险。个人储蓄养老保险是由劳动者个人自愿参加，国家在政策上予以鼓励和支持的一种养老保险形式。完全实行自愿原则，是否参加由个人决定。

3.筹资模式与资金来源。基本养老保险基金是指在法律确定的范围内，依照法定的程序征缴的用于支付劳动者退休养老保险待遇的专项基金。

（1）筹资模式。从基金筹资角度看，世界范围内存在着现收现付制、完全积累制和部分积累制三种养老保险基金的筹资模式。

1995年在国务院颁布的《关于深化企业职工养老保险制度改革的通知》中确定了基本养老保险实行社会统筹和个人账户相结合的模式。1997年国务院颁布了《关于建立统一的企业职工基本养老保险制度的决定》，进一步明确了基本养老保险制度统账结合的模式，在这种模式中，城镇企业和职工共同的养老费缴纳应占职工工资总额的28%，其中11%进入个人账户，用于在职职工养老金的积累；17%进行代际转移，用于退休职工养老金的统筹支付。统账结合模式的确定，标志着我国从传统的现收现付制向部分积累制的转变。

（2）资金来源。中国城镇职工基本养老保险费主要以企业和职工个人缴纳为主，政府只支付管理费和必要的补贴，属于三方分担制。其中，企业缴纳的养老保险费是养老保险统筹基金与个人账户基金的主要资金来源，而职工个人缴纳的养老保险费则是养老保险个人账户基金的重要资金来源。

4.待遇享受条件。在我国目前，基本养老保险待遇的享受条件包括法定退休年龄和最低缴费年限两个方面：

(1)法定退休年龄。中国现行法律规定：男满60周岁，女满50周岁达到退休年龄，有权享受养老保险待遇。法律法规中有特殊规定者从其规定。

(2)最低缴费年限。缴费年限是指企业和职工共同缴纳养老保险费的年限。各国一般都规定一个最低的缴费年限。关于最低缴费年限的长短，国际劳工组织建议为15年，我国现行制度的规定也是15年。即：个人缴费不满15年，不能享受基础性养老金，只能将个人账户储存额一次性支付；个人缴费满15年，可以享受终身养老金。

养老保险新政策解读：养老保险跨省转移不再是难题

2009年12月22日，国务院常务会议决定，从2010年1月1日起施行《城镇企业职工基本养老保险关系转移接续暂行办法》(以下简称《办法》)，规定：包括农民工在内的参加城镇企业职工基本养老保险的所有人员，其基本养老保险关系可在跨省就业时随同转移；在转移个人账户储存额的同时，不但个人账户全部转移，之前并不随之转移的统筹基金(单位缴费)部分也将以本人1998年1月1日后各年度实际缴费工资为基数，按12%的总和进行部分转移。

根据这一《办法》，参保人员跨省流动就业的，由原参保所在地社会保险经办机构开具参保缴费凭证，其基本养老保险关系应随同转移到新参保地。参保人员达到基本养老保险待遇领取条件的，其在各地的参保缴费年限合并计算，个人账户储存额累计计算；未达到待遇领取年龄前，不得终止基本养老保险关系并办理退保手续。《办法》明确了参保人员跨省流动就业转移基本养老保险关系时计算转移资金的方法。个人账户储存额，在1998年1月1日之前按个人缴费累计本息计算转移，1998年1月1日后按计入个人账户的全部储存额计算转移。

《办法》特别对农民工的养老保险转移做了添加规定。指出农民工中断就业或返乡没有继续缴费的，由原参保地社保经办机构保留其基本养老保险关系，保存其全部参保缴费记录及个人账户，个人账户储存额继续按规定计息。其中农民工返回城镇就业并继续参保缴费的，无论其回到原参保地就业还是到其他城镇就业，均按前述规定累计计算其缴费年限，合并计算其个人账户储存额，符合待遇领取条件的，与城镇职工同样享受基本养老保险待遇。而农民工不再返回城镇就业的，其在城镇参保缴费记录及个人账户全部有效，并根据农民工的实际情况，或在其达到规定领取条件时享受城镇职工基本养老保险待遇，或转入新型农村社会养老保险。

(二)新型农村社会养老保险

1.概念。新型农村社会养老保险(简称新农保)是以保障农村居民年老时的基本生活为目的，建立个人缴费、集体补助、政府补贴相结合的筹资模式，养老待遇由社会统筹与个人账户相结合，与家庭养老、土地保障、社会救助等其他社会保障政策措施相配套，由政府组织实施的一项社会养老保险制度，是国家社会保险体系的重要组成部分。

2.参保范围。年满16周岁(不含在校学生)、未参加城镇职工基本养老保险的农村居民，可以在户籍地自愿参加新农保。

3.基金筹集。新农保基金由个人缴费、集体补助、政府补贴构成。

(1)个人缴费。参加新农保的农村居民应当按规定缴纳养老保险费。缴费标准目前设为每年100元、200元、300元、400元、500元5个档次，地方可以根据实际情况增设缴费档次。

参保人自主选择档次缴费，多缴多得。国家依据农村居民人均纯收入增长等情况适时调整缴费档次。

(2)集体补助。有条件的村集体应当对参保人缴费给予补助，补助标准由村民委员会召开村民会议民主确定。鼓励其他经济组织、社会公益组织、个人为参保人缴费提供资助。

(3)政府补贴。政府对符合领取条件的参保人全额支付新农保基础养老金，其中中央财政对中西部地区按中央确定的基础养老金标准给予全额补助，对东部地区给予50%的补助。

地方政府应当对参保人缴费给予补贴，补贴标准不低于每人每年30元；对选择较高档次标准缴费的，可给予适当鼓励，具体标准和办法由省(区、市)人民政府确定。对农村重度残疾人等缴费困难群体，地方政府为其代缴部分或全部最低标准的养老保险费。

4.建立个人账户。国家为每个新农保参保人建立终身记录的养老保险个人账户。个人缴费，集体补助及其他经济组织、社会公益组织、个人对参保人缴费的资助，地方政府对参保人的缴费补贴，全部记入个人账户。个人账户储存额目前每年参考中国人民银行公布的金融机构人民币一年期存款利率计息。

5.养老金待遇。养老金待遇由基础养老金和个人账户养老金组成，支付终身。中央确定的基础养老金标准为每人每月55元。地方政府可以根据实际情况提高基础养老金标准，对于长期缴费的农村居民，可适当加发基础养老金，提高和加发部分的资金由地方政府支出。个人账户养老金的月计发标准为个人账户全部储存额除以139(与现行城镇职工基本养老保险个人账户养老金计发系数相同)。参保人死亡，个人账户中的资金余额，除政府补贴外，可以依法继承；政府补贴余额用于继续支付其他参保人的养老金。

6.养老金待遇领取条件。年满60周岁、未享受城镇职工基本养老保险待遇的农村有户籍的老年人，可以按月领取养老金。新农保制度实施时，已年满60周岁、未享受城镇职工基本养老保险待遇的，不用缴费，可以按月领取基础养老金，但其符合参保条件的子女应当参保缴费；距领取年龄不足15年的，应按年缴费，也允许补缴，累计缴费不超过15年；距领取年龄超过15年的，应按年缴费，累计缴费不少于15年。

三、医疗保险法律制度

中国的医疗保险法律制度在20世纪80年代的改革之前表现为城镇的劳保医疗和公费医疗制度以及农村的合作医疗制度。

劳保医疗制度是对国有企业职工实行的医疗保险制度，公费医疗制度是对机关和事业单位工作人员实行的医疗保险制度。1998年12月，国务院下发了《关于建立城镇职工基本医疗保险制度的决定》，城镇医疗保险结束了其二元结构的局面，实施了面向企业和事业单位职工的统一的医疗保险制度。

合作医疗制度是在20世纪50年代由我国农民自己创造的互助共济的医疗保障制度，在保障农民获得基本卫生服务、缓解农民因病致贫和因病返贫方面发挥了重要的作用。80年代农村改革以后，随着农业生产责任制的实行和集体经济的瓦解，农村合作医疗制度也随之解体。1997年中共中央、国务院颁布《关于农村卫生改革与发展的决定》，明确恢复农村合作医疗制度。

我国的基本医疗保险体系框架到2007年才基本形成，2010年的《社会保险法》进一步确定了我国的基本医疗保险由职工医疗保险、新型农村合作医疗保险和城镇居民基本医疗保险三个项目构成。

(一)职工医疗保险

1. 概念。医疗保险，就是在被保险人因各种健康原因而暂时失去劳动能力并丧失经济来源时，国家和社会有责任按照有关立法，对其提供医疗服务和一定的收入补助的一种社会保险制度。

2. 筹资模式与资金来源。医疗保险基金的筹资模式与养老保险基本相同。目前，我国城镇职工基本医疗保险实行的是“社会统筹与个人账户相结合”的方式。医疗保险基金由统筹基金和个人账户构成。职工个人缴费全部计入个人账户，单位缴费部分划入个人账户，部分划入统筹基金。

(二)新型农村合作医疗保险

1. 概念。新型农村合作医疗制度是由政府组织、引导、支持，农民自愿参加，个人、集体和政府多方筹资，以大病统筹为主的农民医疗互助共济制度。

2. 资金筹集标准。新型农村合作医疗制度实行个人缴费、集体扶持和政府资助相结合的筹资机制。

(1)农民个人每年的缴费标准不应低于 10 元，经济条件好的地区可相应提高缴费标准。乡镇企业职工(不含以农民家庭为单位参加新型农村合作医疗的人员)是否参加新型农村合作医疗由县级人民政府确定。

(2)有条件的乡村集体经济组织应对本地新型农村合作医疗制度给予适当扶持。扶持新型农村合作医疗的乡村集体经济组织类型、出资标准由县级人民政府确定，但集体出资部分不得向农民摊派。鼓励社会团体和个人资助新型农村合作医疗制度。

(3)2012 年起，各级财政对新农合的补助标准提高到每人每年 240 元。其中，原有 200 元部分，中央财政继续按照原有补助标准给予补助，新增 40 元部分，中央财政对西部地区补助 80%，对中部地区补助 60%，对东部地区按一定比例补助。农民个人缴费原则上提高到每人每年 60 元，有困难的地区，个人缴费部分可分两年到位。

(三)城镇居民基本医疗保险

1. 概念。城镇居民基本医疗保险是社会医疗保险的组成部分，具有强制性，采取以政府为主导，以居民个人(家庭)缴费为主，政府适度补助为辅的筹资方式，按照缴费标准和待遇水平相一致的原则，为城镇居民提供医疗需求的医疗保险制度。

2. 参保范围。不属于城镇职工基本医疗保险制度覆盖范围的中小学阶段的学生(包括职业高中、中专、技校学生)、少年儿童和其他非从业城镇居民都可自愿参加城镇居民基本医疗保险。

3. 筹资水平。试点城市应根据当地的经济发展水平以及成年人和未成年人等不同人群的基本医疗消费需求，并考虑当地居民家庭和财政的负担能力，恰当确定筹资水平；探索建立筹资水平、缴费年限和待遇水平相挂钩的机制。

4.缴费和补助。城镇居民基本医疗保险以家庭缴费为主,政府给予适当补助。参保居民按规定缴纳基本医疗保险费,享受相应的医疗保险待遇,有条件的用人单位可以对职工家属参保缴费给予补助。国家对个人缴费和单位补助资金制定税收鼓励政策。

5.费用支付。城镇居民基本医疗保险基金重点用于参保居民的住院和门诊大病医疗支出,有条件的地区可以逐步试行门诊医疗费用统筹。

四、失业保险法律制度

(一)失业保险的概念

失业保险是指劳动者在暂时失去职业,在等待再次就业期间,由国家和社会给予一定物质帮助,以保障其基本生活需要并促进其再就业的一种社会保险制度。

(二)失业保险基金的筹资模式与资金来源

中国目前失业保险基金实行国家、用人单位和职工个人三方负担的筹资模式。根据1999年《失业保险条例》的规定,用人单位按照本单位职工工资总额2%、职工个人按照本人工资的1%缴费。在失业保险基金入不敷出时,财政将给予必要补贴。

【实训题22-1】顾某系失业人员,失业前其所在单位依法按照该单位工资总额的一定比例缴纳了失业保险费,单位应当按照工资总额的(　　)缴纳失业保险费。

A.1%　　B. 2%　　C. 5%　　D.8%

(三)享受失业保险待遇的资格条件

凡具备下列条件的失业人员,可以领取失业保险金:一是按照规定参加失业保险,所在单位和本人已按照规定履行缴费义务满一年的;二是非因本人意愿中断就业的;三是已办理失业登记,并有求职要求的。

五、工伤保险法律制度

(一)工伤保险的概念与特征

1.工伤保险又称职业伤害保险,是指劳动者在生产工作中因意外事故或职业病致伤、致病、致残、死亡时,由国家或社会向劳动者及其生前供养的亲属提供必要的医疗、生活保障以及赔偿性物质帮助的社会保险制度。

2.工伤保险具有下列特征:

(1)无过错责任原则。所谓无过错责任原则,是指劳动者在各种伤害事故中只要不是受害者本人故意行为所致,就应该按照规定标准对其进行伤害赔偿,无论用人单位或劳动者是否存在过错,无论责任在谁,受到伤害的劳动者都可以得到赔偿。

(2)预防、补偿和康复三位一体。工伤保险最直接的任务是经济补偿,保障伤残职工和遗属的基本生活。但同时还要做好事故预防和医疗康复,以保障职工安全与健康,真正达到工伤保险的目的。

(3)受益者无负担原则。受益者无负担原则是指工伤保险费由企业或雇主缴纳,职工个人不缴纳任何费用。这是工伤保险不同于其他社会保险的显著特征。

(4)必经程序复杂。劳动能力鉴定是确定因工伤致残待遇标准的必经程序。工伤保险待遇是根据伤残和职业病等级而分类确定的。各国在制定工伤保险制度时,都制定了伤残和职业病等级,并通过专门的鉴定机构和人员对受职业伤害的职工所受伤害程度予以确定,根据鉴定结果决定给付与否或给付的标准。

(二)工伤保险的范围

工伤保险的范围包括两个方面的内容:

1.受保人的范围。在中国,新的工伤保险制度覆盖中华人民共和国境内的各类企业、有雇工的个体工商户及其雇员。

2.职业伤害的范围。工伤即职业伤害。中国目前实施的工伤保险制度规定的职业伤害范围包括工伤事故与职业病。工伤事故又称劳动事故,是指工人、职员、个人雇工在工作时间、工作场合内,因工作原因所遭受的人身伤亡的突发性伤害事故;所谓职业病是指企业、事业单位和个体经济组织的劳动者在职业活动中,因接触粉尘、放射性物质和其他有毒、有害物质等因素而引起的疾病。

(三)工伤保险基金的筹资模式与资金来源

目前国际上通行的做法是工伤保险基金全部由雇主缴纳,劳动者对此概不负担缴费义务。即:工伤保险费只向企业征集,不向也不允许向雇员筹措,这也是中国历来的做法。工伤保险基金由用人单位缴纳的工伤保险费、工伤保险基金的利息和依法纳入工伤保险基金的其他资金构成。

(四)工伤鉴定

一般在支付工伤保险待遇之前,都要对受伤者进行工伤认定和劳动能力鉴定,以确定其残废等级,然后按照残废等级支付保险待遇。

1.工伤认定。2003年4月国务院发布的《工伤保险条例》规定,职工有下列情形之一的,应当认定为工伤:①在工作时间和工作场所内,因工作原因受到事故伤害的;②工作时间前后在工作场所内,从事与工作有关的预备性或者收尾性工作受到事故伤害的;③在工作时间和工作场所内,因履行工作职责受到暴力等意外伤害的;④患职业病的;⑤因工外出期间,由于工作原因受到伤害或者发生事故下落不明的;⑥在上下班途中,受到机动车事故伤害的;⑦法律、行政法规规定应当认定为工伤的其他情形。

职工有下列情形之一的,视同工伤:①在工作时间和工作岗位,突发疾病死亡或者在48小时之内经抢救无效死亡的;②在抢险救灾等维护国家利益、公共利益活动中受到伤害的;③职工原在军队服役,因战、因公负伤致残,已取得革命伤残军人证,到用人单位后旧伤复发的。

职工有下列情形之一的,不得认定为工伤或者视同工伤:①因犯罪或者违反治安管理伤亡的;②醉酒导致伤亡的;③自残或者自杀的。

【实训题 22-2】杜某系私营企业裕华公司的职工。2004 年 3 月，杜某在看完电影回家的路上协助扑灭某商场的火灾并帮助救人时自己也被烧伤。杜某与裕华公司就自己应否享受工伤待遇问题发生纠纷。杜某救人受伤(　　)。

A. 应当认定为工伤　　B. 视同工伤　　C. 不认定为工伤　　D. 不视同工伤

2. 劳动能力鉴定。职工发生工伤，经治疗伤情相对稳定后存在残疾、影响劳动能力的，应当进行劳动能力鉴定。劳动能力鉴定是指劳动功能障碍程度和生活自理障碍程度的等级鉴定。劳动功能障碍分为 10 个伤残等级，最重的为一级，最轻的为十级；生活自理障碍分为 3 个等级：生活完全不能自理、生活大部分不能自理和生活部分不能自理。

(五)工伤保险待遇

工伤保险待遇的内容包括工伤保险的医疗护理、暂时失能补助金、永久性残废年金、一次性残废补助金和工伤保险的遗属津贴等。

六、生育保险法律制度

(一)生育保险的概念

生育保险是指国家通过立法强制实施的，在职工生育时，从国家和社会获得收入补偿、医疗保健服务和生育休假的一种社会保障制度。

(二)生育保险基金的筹资模式与资金来源

中国目前的生育保险基金来源于用人单位缴费。《企业职工生育保险试行办法》规定：建立生育保险基金，生育保险费实行社会统筹模式，由企业以不超过其职工工资总额的 1%的比例缴纳，职工个人不缴费。

(三)享受生育保险待遇的条件

我国生育保险制度的实施对象是城镇企业的女职工，享受生育保险待遇的女职工必须是与企业建立了劳动关系，并由所在企业为其缴纳了生育保险费，同时，享受生育保险待遇的女职工必须是达到法定结婚年龄、正式登记结婚并符合国家计划生育政策。

(四)生育保险待遇的项目

1. 产假。中国关于产假的规定，主要分散在《劳动法》和《女职工劳动保护规定》中，根据其规定，女职工的产假为 90 天，其中产前休假 15 天；难产的增加产假 15 天；怀孕流产的，其所在单位根据医务部门的证明给予一定时间的产假。

2. 生育津贴。生育津贴是指对妇女劳动者因生育子女所造成的收入损失而提供的现金补偿，或称为产假工资。中国实行带薪产假制度。《女职工劳动保护规定》中规定，女职工产假期间由其所在单位照发工资，不得在女职工怀孕期、产期、哺乳期降低其基本工资或解除劳动合同。

3. 医疗服务。女职工生育的检查费、接生费、手术费、住院费、药品费及其他与生育直接相关的医疗费用由生育保险基金支出。超出规定的医疗服务费和药品费用(含自费药品和营养品)由职工个人负担。

第四节　社会福利法

一、社会福利法的概念

社会福利是指由国家出资兴办的、旨在为社会大众谋福利的各种福利性事业,以及国家为社会全体成员提供的各种福利性补贴。

社会福利法是调整社会福利关系的法律规范的总称。

二、社会福利法的特点

1.适用范围和对象的广泛性。社会福利是国家和社会向社会全体成员提供的一种福利,任何人都有权享受。

2.权利和义务的不对等性。与社会保险费用实行三方负担原则不同,社会福利的资金来源于国家和社会,社会成员享受各种社会福利无须缴费。

3.待遇标准更追求公平性。享受社会福利与每个人的经济地位、职业背景等无太多联系,也无须与其贡献挂钩。社会福利待遇标准的一致性,是其公平性的表现。

4.保障水平的不确定性。社会福利水平的高低,没有硬性指标规定,不具有法律强制性。

三、社会福利法的构成

我国社会福利法由公共福利、职工福利和专项福利三大部分构成。

(一)公共福利

公共福利是指国家和社会有关部门及团体举办的社会文化教育事业以及市政建设、社会服务等,享受的对象是全体社会成员。目的是为了提高全民的身体素质、生活质量,丰富人民的文化生活。社会成员在享受这些福利服务时,是免费的或低费的。

公共福利的内容主要包括:教育福利、卫生保健福利、住房福利和文化康乐福利等。

教育福利的主体是基础义务教育,社会团体、社会热心人士以及慈善机构设立的教育基金或直接为学校出资是对教育福利的补充。

卫生保健是社会福利的重要内容,其目标是实现“人人健康”。初级卫生保健的内容包括:增进必要的营养和供应充足的安全饮用水;提供清洁的卫生环境;开展妇幼保健和计划生育;主要传染病的预防接种;地方病的防治;普及健康教育;对疾病与创伤的有效处理;提供基本的药物八项主要内容。

住房福利主要包括住房公积金制度、经济适用住房制度和廉租住房制度。住房公积金由国家机关、事业单位、各种类型企业、社会团体和民办非企业单位及其在职职工各按职工工资的一定比例逐月缴存，归职工个人所有，专户储存，专项用于职工购买、建造及大修自住住房，并可以向职工个人住房提供贷款。经济适用住房是由政府提供政策优惠，限定建设标准、供应对象和销售价格，具有保障性质的政策性商品住房。廉租住房制度是中国住房保障体系的重要组成部分。享受廉租住房保障的对象，需要具备两个基本条件，一是城镇最低收入家庭，二是住房困难，另外，申请家庭成员中至少有1人为当地非农业常住户口。

文化康乐福利是指由国家和社会为满足人们的文化康乐等方面的需要而兴办的具有福利性质的文体活动设施以及提供的相应服务，包括公园、图书馆、文化康乐设施以及体育运动设施等。

（二）职工福利

职工福利是指职工所在单位通过举办集体福利设施、建立各种补贴或发放实物，以改善职工的物质文化生活，享受的对象是本单位的职工及其家属。职工福利的内容分为以下三类：

福利津贴，一般以现金的形式提供，是职工工资收入以外的收入。

福利设施，包括职工食堂、单身宿舍、幼儿园、浴室等生活福利设施以及健身房、文化室、运动场等文化娱乐设施和场所。

福利服务，包括与上述各项设施相关的各项服务，还包括诸如接送员工上下班的班车服务、为员工提供的各种培训机会等。

（三）专项福利

专项福利是国家和社会为了维持和提高某一类人的生活水平和生活质量而提供的社会福利。中国的专项福利的主要内容包括妇女福利、儿童福利、老年人福利和残疾人福利。

第五节 社会优抚法

一、社会优抚法的概念

优抚是“优待”和“抚恤”的简称。社会优抚法是国家为了给予法定特殊对象以物质照顾和精神抚慰而制定的各种法律规范的总称。是一种带有褒扬和抚慰性质的特殊社会保障制度。

社会优抚的对象与一般的社会保障的对象有明显的界限。社会优抚的对象是法定范围内的特殊群体，包括中国人民解放军的现役军人、革命伤残军人、复员退伍军人、革命烈士家属、因公牺牲军人家属、病故军人家属、现役军人家属等。

二、社会优抚法的构成

社会优抚法由社会优待制度、抚恤制度、退役及离退休安置制度构成。

社会优待制度即国家和社会依照法律、政策的有关规定，对烈属、因公牺牲及病故军人家属、革命伤残军人、现役军人家属、带病回乡复退人员等优抚对象在政治上、经济上给予优厚待遇的制度。

社会抚恤制度是指国家慰问伤残人员或死者家属并发给一定数额的费用，帮助其解决生活上的困难。其对象主要是革命烈士家属，因公牺牲人员的家属和病故军人家属，因战、因公或因病致残的革命伤残军人。这种抚恤由国家负责。

退役军人就业制度是国家和社会向退出现役的军人提供的保障措施。其中，“退出现役的军人”包括转业的军官、复员的志愿兵和退伍的义务兵。

离退休军人安置制度是向直接从军队现役中离退休的军人提供的保障措施，安置对象具体包括：离休、退休的干部，退休的志愿兵，退休的军队无军籍职工等。

本章小结

社会保障是指国家为了保障社会安全和经济发展，通过立法和行政措施设立的，在社会成员由于年老、疾病、伤残、失业、灾害等原因造成生活困难时，由国家通过国民收入分配和再分配的形式，提供物质帮助和社会服务，以保障其基本生活需要的制度。中国的社会保障体系包括四大部分：社会救助、社会保险、社会福利和社会优抚。社会保障法是调整社会保障关系的法律规范的总称。社会保障法的调整对象就是社会保障关系，即社会保障的主体在参加社会保障活动的过程中形成的社会关系。社会救助法是调整社会救助关系的法律规范，是国家为了从物质上帮助陷入生存危机的公民而制定的各种法律规范的总称。中国的社会救助法主要由贫困救助和灾害救助两大部分法律制度构成。社会保险是一种为丧失劳动能力或暂时失去劳动岗位的人提供的收入保险计划。由政府举办，强制从业职工在其就业年份里拨出一部分收入交纳保险税作为保险基金，满一定期限后，一旦由于保险计划规定的原因丧失劳动能力而收入减少或中断时，即可按照规定领取社会保险津贴。社会保险法是调整社会保险关系以及与社会保险关系有密切联系的其他关系的法律规范的总称。中国的社会保险法律体系由养老保险、医疗保险、失业保险、工伤保险和生育保险五个子系统构成。社会福利是指由国家出资兴办的、旨在为社会大众谋福利的各种福利性事业，以及国家为社会全体成员提供的各种福利性补贴。社会福利法是调整社会福利关系的法律规范的总称。社会优抚法是国家为了给予法定特殊对象以物质照顾和精神抚慰而制定的各种法律规范的总称。

复习思考题

1. 简述社会保障法的特征与基本原则。
2. 简述社会救助法的特点与构成。
3. 简述社会保险与商业保险的区别。
4. 简述城镇企业职工养老保险体系的三大支柱。
5. 简述新型农村合作医疗保险基金的筹资模式与资金来源。
6. 享受失业保险待遇的资格条件是什么？
7. 简述工伤保险的特征。
8. 生育保险待遇包括哪些项目？
9. 简述公共福利的内容。
10. 简述社会优抚法的构成。

实训题参考答案及解析

第一章　经济法概述

【实训题 1-1 答案】ABCD

【解析】从人们通常所了解的主体形态，可以将经济法主体分为国家机关、企业事业单位、社会团体和个人等。

【实训题 1-2 答案】C

【解析】经济法律关系客体是指经济法体权利和义务所共同指向的对象。甲、乙双方签订修理合同而形成经济法律关系的客体是行为。即该法律关系客体并不是乙方修理的设备，而是乙方修理设备的劳务行为。

第二章　公司法律制度

【实训题 2-1 答案】B

【解析】法律对股东并无行为能力的要求，理论上股东可以是限制行为能力人或无行为能力人。当限制行为能力人或无行为能力人作为股东时，由其法定代理人代理其行使股东权利。因此，A 项错误。《公司法》第 76 条规定，自然人股东死亡后，其合法继承人可以继承股东资格；但是，公司章程另有规定的除外。因此，B 项正确。股东可以是自然人，可以是法人，可以是非法人组织，还可以是国家，当国家作为股东时需明确代表国家行使股东权的具体组织，例如国有资产监督管理机构。因此，法律没有对股东的形式和国籍进行限制，C、D 项错误。

【实训题 2-2 答案】C

【解析】《公司法》第 28 条第 1 款规定，股东应当按期足额缴纳公司章程中规定的各自所认缴的出资额。股东以货币出资的，应当将货币出资足额存入有限责任公司在银行开设的账户；以非货币财产出资的，应当依法办理其财产权的转移手续。可见，以非货币财产出资的，应当办理财产权的转移手续，A 项错误，不当选；《公司法》第 27 条第 3 款规定，全体股东的货币出资金额不得低于有限责任公司注册资本的 30%。本题中，商贸有限责任公司的注册资本为 8 万元，其 30%为 2.4 万元，且只有股东乙用货币出资，因此乙的货币出资不能少于 2.4 万元而不是 2 万元，B 项错误，不当选；只要货币出资额不低于 2.4 万元，本题中的出资即符合法律规定，即非货币财产出资额最高可达到 5.6 万元，因此丙的专利出资作价可以达到 4 万元，C 项正确，当选；《公司法》第 26 条第 1 款规定，有限责任公司的注册资本为在公司登记机关登记的全体股东认缴的出资额。公司全体股东的首次出资额不得低于注册资本的20%，也不得低于法定的注册资本最低限额，其余部分由股东自公司成立之日起两年内缴足；其中，投资公司可以在五年内缴足。可见，公司首期出资不得低于注册资本的20%，D项错误，不当选。综上所述，本题正确答案为C。

【实训题2-3答案】ABD

【解析】《公司法》第31条规定了非货币财产出资不实的责任，该条规定，有限责任公司成立后，发现作为设立公司出资的非货币财产的实际价额显着低于公司章程所定价额的，应当由交付该出资的股东补足其差额；公司设立时的其他股东承担连带责任。可见，非货币财产出资不实的责任为：出资不实股东应当补交差额，公司设立时的其他股东对其承担连带责任。本题中，出资不实的股东是丙，公司设立时的其他股东为甲和乙，因此应当由丙补交其差额，甲、乙对其承担连带责任，C项正确，不当选；丁只是后来加入到公司中的股东，无须承担连带责任，A项错误，当选；非货币财产出资不实的责任中并不存在违约责任，B、D项错误，当选。综上所述，本题正确答案为ABD。

【实训题2-4答案】D

【解析】(1)选项AB："小公司"的特殊规定——可以不设董事会，设1名执行董事；可以不设监事会，设1～2名监事；(2)选项CD：公司董事、高级管理人员不得兼任监事。

【实训题2-5答案】ABD

【解析】选项C：一人有限责任公司股东应当一次足额缴纳公司章程规定的出资额，不允许分期缴付出资。

【实训题2-6答案】A

【解析】本题考核董事会的职权。国有独资公司设经理，由董事会聘任或者解聘；因此选项A正确。董事会成员由国有资产监督管理机构委派，但董事会成员中的职工代表由公司职工代表大会选举产生；因此选项B错误。国有独资公司的董事长、副董事长、董事、高级管理人员，未经国有资产监督管理机构同意，不得在其他有限责任公司、股份有限公司或者其他经济组织兼职；因此选项C错误。公司的合并、分立、解散、增加或者减少注册资本和发行公司债券，必须由国有资产监督管理机构决定；因此选项D错误。

【实训题2-7答案】ABD

【解析】(1)选项A：股份有限公司的董事人数不足5人或者不足公司章程所定人数的2/3时(1/2<2/3)，应当召开临时股东大会；(2)选项C：持有公司股份10%以上(≥10%)的股东请求时，应当召开临时股东大会。

【实训题2-8答案】C

【解析】合并事项属于股东大会的特别决议，需经"出席"股东大会的股东所持表决权的2/3以上通过。

【实训题2-9答案】AD

【解析】(1)董事会会议必须有"过半数"(≥5)的董事出席方可举行；(2)董事会的决议必须经"全体董事"(而非出席会议)的"过半数"(≥5)通过。

【实训题2-10答案】A

【解析】根据规定，公司董事、高级管理人员不得兼任高管。高级管理人员，是指公司的经理、副经理、财务负责人，上市公司董事会秘书和公司章程规定的其他人员。因此选项 A 当选。

【实训题 2-11 答案】ABD

【解析】选项 C：董事、监事、高级管理人员“离职后半年内”，不得转让其所持有的本公司股份。

【实训题 2-12 答案】ABC

【解析】选项 D：公司不得接受本公司的股票作为质押权的标的。

【实训题 2-13 答案】A

【解析】(1)选项 AB：“董事、高级管理人员”侵犯公司利益，股东拟提起股东代表诉讼的，应先找“监事会”；在本题中，李某拟起诉经理张某，应先书面向甲公司监事会提出请求；(2)选项 CD：乙公司为“不知情”的第三人，不应承担责任。

第三章　合伙企业法律制度

【实训题 3-1 答案】ABD

【解析】《合伙企业法》第 3 条规定，国有独资公司、国有企业、上市公司以及公益性的事业单位、社会团体不得成为普通合伙人。因此有限责任公司可以成为普通合伙人，A 项说法错误。个人丧失偿债能力的，并不影响其成为普通合伙人，故选项 B 说法错误。《合伙企业法》对夫妻在同一个合伙企业中同时作为普通合伙人并没有限制规定，故选项 D 说法错误。选项 C 正确，无民事行为能力人或者限制民事行为能力人，可以成为有限合伙人。本题的正确答案为 ABD。

【实训题 3-2 答案】D

【解析】普通合伙人不得自营或者同他人合作经营与本合伙企业相竞争的业务。

【实训题 3-3 答案】AC

【解析】选项 A 正确。《合伙企业法》第 22 条第 1 款规定，除合伙协议另有约定外，合伙人向合伙人以外的人转让其在合伙企业中的全部或者部分财产份额时，须经其他合伙人一致同意。本题中，张某经李某和王某同意(其他合伙人一致同意)，可以将自己的财产份额作价转让给陈某。选项 B 错误。《合伙企业法》第 25 条规定，合伙人以其在合伙企业中的财产份额出质的，须经其他合伙人一致同意；未经其他合伙人一致同意，其行为无效，由此给善意第三人造成损失的，由行为人依法承担赔偿责任。据此可知，如果张某不经李某和王某同意而将自己在合伙企业中的财产份额出质的，该出质行为无效。选项 C 正确。《合伙企业法》第 42 条第 1 款规定，合伙人的自有财产不足清偿其与合伙企业无关的债务的，该合伙人可以以其从合伙企业中分取的收益用于清偿；债权人也可以依法请求人民法院强制执行该合伙人在合伙企业中的财产份额用于清偿。据此可知，陈某可直接要求法院强制执行张某在合伙企业中的财产以实现自己的债权。选项 D 错误。合伙人个人的债务不是合伙企业的债务，合伙人个人的债务应当由合伙人自己承担。本题中，陈某只是张某的债权人，而不是合伙企业的债权人，因此不能要求李某和王某对张某的债务承担连带责任。

【实训题 3-4 答案】B

【解析】(1)选项 A:有限合伙人不得以劳务出资。(2)选项 B:有限合伙企业不得将全部利润分配给部分合伙人,但是合伙协议另有约定的除外。(3)选项 C:有限合伙企业由普通合伙人执行合伙事务,有限合伙人不执行合伙企业事务,不得对外代表有限合伙企业。(4)选项 D:有限合伙企业由 2 个以上 50 个以下合伙人设立。

【实训题 3-5 答案】AD

【解析】(1)国有独资公司、国有企业、上市公司以及公益性的事业单位、社会团体不得成为普通合伙人;"某社会团体"只能作为有限合伙人,该合伙企业为有限合伙企业。(2)有限合伙企业应当至少有一名普通合伙人;在本题中,该有限合伙企业只有两个合伙人,"某私立学校"只能作为普通合伙人。

【实训题 3-6 答案】A

【解析】(1)有限合伙人对有限合伙企业的债务,以其认缴的出资额为限承担责任;乙、丁自始至终为有限合伙人,仅承担有限责任。(2)有限合伙人转变为普通合伙人的,对其作为有限合伙人期间有限合伙企业发生的债务承担无限连带责任;丙由有限合伙人转为普通合伙人,对其转变性质前发生的合伙企业欠银行的 30 万元债务应与普通合伙人甲一起承担无限连带责任。

第四章　个人独资企业法律制度

【实训题 4-1 答案】C

【解析】《公司法》第 58 条第 2 款规定,本法所称一人有限责任公司,是指只有一个自然人股东或者一个法人股东的有限责任公司。《个人独资企业法》第 2 条规定,本法所称个人独资企业,是指依照本法在中国境内设立,由一个自然人投资,财产为投资人个人所有,投资人以其个人财产对企业债务承担无限责任的经营实体。可见,自然人既可以投资设立一人有限责任公司,也可以投资设立个人独资企业,而且我国法律并没有禁止一个自然人同时设立一人有限责任公司和个人独资企业,A、D 正确,不当选;《公司法》第 59 条第 1 款规定,一人有限责任公司的注册资本最低限额为人民币十万元。股东应当一次足额缴纳公司章程规定的出资额。B 项正确,不当选;《个人独资企业法》第 19 条第 1 款规定,个人独资企业投资人可以自行管理企业事务,也可以委托或者聘用其他具有民事行为能力的人负责企业的事务管理。可见,开办独资企业,并不是必须自己进行经营管理,C 项错误,当选。综上所述,本题正确答案为 C。

【实训题 4-2 答案】ACD

【解析】选项 B:国家公务员、党政机关领导干部、警官、法官、检察官、商业银行工作人员等,不得作为投资申请设立个人独资企业。

【实训题 4-3 答案】A

【解析】个人独资企业的法律特征之一不具有法人资格,也无独立承担民事责任的能力。个人独资企业虽然不具有法人资格,但却是独立的民事主体,可以自己的名义从事民事活动。因此选项 BC 是错误的;个人独资企业的投资人,对企业的债务承担无限责任。因此选项 D 的说法是错误的。

【实训题 4-4 答案】BCD

【解析】根据《个人独资企业法》的规定，个人独资企业有下列情形之一时，应当解散：投资人决定解散；投资人死亡或者被宣告死亡，无继承人或者继承人决定放弃继承；被依法吊销营业执照；法律、行政法规规定的其他情形。因此应选择 BCD。

【实训题 4-5 答案】D

【解析】(1)个人独资企业的投资人应承担无限责任，选项 AB 错误；(2)个人财产出资设立的个人独资企业，与家庭共有财产无关，选项 C 错误。

第五章　外商投资企业法律制度

【实训题 5-1 答案】BC

【解析】《中外合资经营企业法》第 2 条第 3 款规定，国家对合营企业不实行国有化和征收；在特殊情况下，根据社会公共利益的需要，对合营企业可以依照法律程序实行征收，并给予相应的补偿。因此 A 项说法错误。该法第 1 条规定，中华人民共和国为了扩大国际经济合作和技术交流，允许外国公司、企业和其他经济组织或个人，按照平等互利的原则，经中国政府批准，在中华人民共和国境内，同中国的公司、企业或其他经济组织共同举办合营企业。由此 B 项正确，D 项错误。所谓中国法人是指依照中国法律，在中国境内设立的法人。《中外合资经营企业法》第 4 条规定，合营企业的形式为有限责任公司。有限责任公司具有法人资格，因此中外合资经营企业为中国法人，C 项正确。故本题的正确答案是 BC。

【实训题 5-2 答案】ABC

【解析】在中国境内设立中外合资经营企业，必须经国务院对外经济贸易主管部门即商务部审查批准，发给批准文件。中外合资经营企业的营业执照签发日期即为该合资企业的成立日期，由此，A 的说法错误，当选；董事长是合资企业的法人代表，B 的说法错误，当选；董事会是合资企业的最高权力机构，由此，C 错误。D 的说法“合资企业合同只能约定按各方的出资比例分配利润”本身正确，不当选。所以本题正确答案是 ABC。

【实训题 5-3 答案】ABC

【解析】选项 D：合营企业解散时，其资产净额或剩余财产减除企业未分配利润、各项基金和清算费用后的余额，超过实缴资本的部分为清算所得，应当依法缴纳所得税。

【实训题 5-4 答案】AB

【解析】《合伙企业法》没有最低或最高注册资本的限制，张某打算设立一家注册资本为 300 万元左右的餐饮企业，不违背合伙企业法的规定，缺少的 100 万元左右可以让另外一个合伙人出资。因此，A 项的企业类型可选。《个人独资企业法》没有注册资本的最低或最高限制，同时也没有实缴出资的限制，张某只有 200 万元的资金，不妨碍其成立一家注册资本为 300 万元的个人独资企业，缺少的另外 100 万元可以事后补足。因此，B 项的企业类型可选。根据《中外合作经营企业法》的规定，中外合作企业中的中国合作者是中国的企业或其他经济组织，不能是个人。因此，C 项错误。《公司法》第 81 条第 3 款规定，股份有限公司注册资本的最低限额为人民币五百万元。法律、行政法规对股份有限公司注册资本的最低限额有较高规定的，从其规定。据此可知，股份有限公司的最低注册资本是500万元，张某想成立一家注册资本为300万元左右的企业，不能采用股份有限公司的类型。因此，D项错误。

【实训题5-5答案】C

【解析】(1)选项A：合营企业在合营期限内，不得减少其注册资本，但因投资总额和生产经营规模等发生变化，确需减少注册资本的，须经审批机关批准；(2)选项B：合作企业章程的内容与合作企业合同不一致的，以合作企业合同为准；(3)选项C：外资企业的组织形式为有限责任公司，经批准也可以成为其他责任形式；(4)选项D：在投资者按照公司合同、章程规定缴清出资、提供合作条件且实际开始生产、经营之前，公司之间不得合并，公司不得分立。

第六章　农民专业合作社法律制度

【实训题6-1答案】ABCDE

【实训题6-2答案】ABCDEFH

【实训题6-3答案】ABC

【实训题6-4答案】BC

第七章　破产法律制度

【实训题7-1答案】ABC

【解析】《破产法》第23条规定，管理人有依法履行职务并在列席债权人会议时，向债权人会议报告职务执行情况并回答询问的义务。A项中，管理人不如实报告债务人财产接管情况，并拒绝回答部分债权人询问的行为违反了法律规定的法定义务，属于《破产法》第22条第2款规定的不能依法、公正执行职务的情况。债权人可以以此为由申请更换管理人。因此，A项正确。《破产法》第69条第(一)项规定，管理人实施涉及土地、房屋等不动产权益的转让应当及时报告债权人委员会。B项中，管理人将债务人的一处房产转让给第三人，未报告债权人委员会的行为违反了法律规定的法定义务，属于《破产法》第22条第2款规定的不能依法、公正执行职务的情况。债权人可以以此为由申请更换管理人。因此，B项正确。《破产法》第33条第(一)项规定，债务人为逃避债务而隐匿、转移财产的行为无效。第34条规定，因本法第31条、第32条或者第33条规定的行为而取得的债务人的财产，管理人有权追回。据此可知，管理人有义务对债务人在破产申请前为逃避债务而转移财产的行为进行调查，如果属实应当将转移财产追回。本题C项中，管理人怠于行使上述法定职权，属于《破产法》第22条第2款规定的不能依法、公正执行职务的情况。债权人可以以此为由申请更换管理人。因此，C项正确。《破产法》第24条规定，管理人可以由有关部门、机构的人员组成的清算组或者依法设立的律师事务所、会计师事务所、破产清算事务所等社会中介机构担任。据此可知，律师事务所可以担任破产企业的管理人，如果管理人是律师事务所来担任的，那么管理人将对外追收债款的诉讼业务交给其所在律师事务所办理，并单独计收代理费的行为是合法的，不属于债权人申请更换管理人的理由。因此，D项错误。

【实训题7-2答案】：ACD

【解析】：《企业破产法》第30条规定，破产申请受理时属于债务人的全部财产，以及破产申请受理后至破产程序终结前债务人取得的财产，为债务人财产。《最高人民法院关于审理企业破产案件若干问题的规定》第64条规定，破产财产由下列财产构成：(一)债务人在破产宣告时所有的或者经营管理的全部财产；(二)债务人在破产宣告后至破产程序终结前取得的财产；(三)应当由债务人行使的其他财产权利。第71条规定，下列财产不属于破产财产：(一)债务人基于仓储、保管、加工承揽、委托交易、代销、借用、寄存、租赁等法律关系占有、使用的他人财产；(二)抵押物、留置物、出质物，但权利人放弃优先受偿权的或者优先偿付被担保债权剩余的部分除外；(三)担保物灭失后产生的保险金、补偿金、赔偿金等代位物；(四)依照法律规定存在优先权的财产，但权利人放弃优先受偿权或者优先偿付特定债权剩余的部分除外；(五)特定物买卖中，尚未转移占有但相对人已完全支付对价的特定物；(六)尚未办理产权证或者产权过户手续但已向买方交付的财产；(七)债务人在所有权保留买卖中尚未取得所有权的财产；(八)所有权专属于国家且不得转让的财产；(九)破产企业工会所有的财产。故A是破产财产，根据第71条第(2)项的规定，提交某银行质押的一辆轿车属于抵押物，不属于破产财产，故B项不是破产财产。"对某大桥上的未来20年的收费权"属于上述第64条第(3)项规定的"应当由摘取人行使的其他财产权利"，故C属于破产财产。D项"在建的办公楼"属于上述第64条第(1)项规定的"债务人在破产宣告时所有的或者经营管理的全部财产"，故属于破产财产。

【实训题7-3答案】AC

【解析】选项A正确。《破产法》第46条第1款规定，未到期的债权，在破产申请受理时视为到期。甲公司的设备余款给付请求权，属于破产债权，虽然该债权未到期，但是在破产申请受理时视为到期，甲公司可以就此向管理人申报债权。选项B错误。《破产法》第18条规定，人民法院受理破产申请后，管理人对破产申请受理前成立而债务人和对方当事人均未履行完毕的合同有权决定解除或者继续履行，并通知对方当事人。管理人自破产申请受理之日起2个月内未通知对方当事人，或者自收到对方当事人催告之日起三十日内未答复的，视为解除合同。管理人决定继续履行合同的，对方当事人应当履行；但是，对方当事人有权要求管理人提供担保。管理人不提供担保的，视为解除合同。据此可知，法院在受理湘江服装公司的破产申请后，管理人对破产申请受理前与乙公司成立但目前还未履行完毕的服装加工合同，有权决定解除或继续履行。乙公司无权单方请求湘江公司继续履行，因而该请求也不属于破产债权。选项C正确。《破产法》第59条第3款规定，对债务人的特定财产享有担保权的债权人，未放弃优先受偿权利的，对于本法第61条第1款第七项、第十项规定的事项不享有表决权。据此可知，对债务人的特定财产享有担保权的债权，依然属于破产债权，可以向管理人进行申报。选项D错误。对债务人的罚款等财产性行政处罚，不得申报。在企业破产清算的情况下，债务人财产最终将归属于债权人，此时若执行对债务人的财产性行政处罚，事实上处罚的是债权人，这样既不能达到行政处罚的目的，又损害了债权人的合法权益。但是，在破产程序终结后，如果债务人因重整或和解继续存续，处罚机关可以根据情况，决定是否执行原来的处罚决定。

【实训题7-4答案】ABC

【解析】选项 A 正确。《企业破产法》第 70 条第 2 款规定，债权人申请对债务人进行破产清算的，在人民法院受理破产申请后、宣告债务人破产前，债务人或者出资额占债务人注册资本 1/10 以上的出资人，可以向人民法院申请重整。第 95 条第 1 款规定，债务人可以依照本法规定，直接向人民法院申请和解；也可以在人民法院受理破产申请后、宣告债务人破产前，向人民法院申请和解。据此可知，人民法院受理破产申请后、宣告破产前可以进入重整或和解程序，但是一旦被宣告破产，则不能再进入重整或和解程序。选项 B 正确。根据《企业破产法》第 95 条第 1 款的规定，破产案件受理后，只有债务人才能提出和解申请。选项 C 正确。《企业破产法》第 2 条规定，企业法人不能清偿到期债务，并且资产不足以清偿全部债务或者明显缺乏清偿能力的，依照本法规定清理债务。企业法人有前款规定情形，或者有明显丧失清偿能力可能的，可以依照本法规定进行重整。据此可知，企业法人有明显丧失清偿能力可能的，即使未出现现实的资不抵债情形，也可申请重整程序。选项 D 错误。《企业破产法》第 7 条第 1 款规定，债务人有本法第 2 条规定的情形，可以向人民法院提出重整、和解或者破产清算申请。据此可知，重整并非破产案件的必经程序。

【实训题 7-5 答案】BC

【解析】《企业破产法》第 16 条规定，人民法院受理破产申请后，债务人对个别债权人的债务清偿无效。因此，A 的说法错误，不当选；第 51 条规定，债务人的保证人或者其他连带债务人已经代替债务人清偿债务的，以其对债务人的求偿权申报债权。债务人的保证人或者其他连带债务人尚未代替债务人清偿债务的，以其对债务人的将来求偿权申报债权。但是，债权人已经向管理人申报全部债权的除外。由此，B 和 C 是正确的，当选。第 110 条规定，享有本法第一百零九条规定权利的债权人行使优先受偿权利未能完全受偿的，其未受偿的债权作为普通债权；放弃优先受偿权利的，其债权作为普通债权。由此，D 是错误的，不当选。本题正确答案是 BC。

【实训题 7-6 答案】ACD

【解析】农民工的工资并不属于破产费用，其受偿顺序在破产费用之后，A 项说法错误。第 30 条规定，破产申请受理时属于债务人的全部财产，以及破产申请受理后至破产程序终结前债务人取得的财产，为债务人财产。《企业破产法》第 107 条第 2 款规定，债务人被宣告破产后，债务人称为破产人，债务人财产称为破产财产。第 38 条规定，人民法院受理破产申请后，债务人占有的不属于债务人的财产，该财产的权利人可以通过管理人取回。但是，本法另有规定的除外。因此 B 项说法正确，C 项说法错误，按照破产财产的定义，抵押物也属于破产财产。员工对公司投资后是作为公司股东身份存在的，其不是债权人，因此不能作为债权人受偿，D 项说法错误。本题的正确答案是 ACD。

第八章　消费者权益保护法律制度

【实训题 8-1 答案】D

【解析】《消费者权益保护法》第 2 条规定，消费者为生活消费需要购买、使用商品或者接受服务，其权益受本法保护；本法未作规定的，受其他有关法律、法规保护。第五十四条规定，农民购买、使用直接用于农业生产的生产资料，参照本法执行。

【实训题 8-2 答案】ABC

【解析】《消费者权益保护法》第 8 条："消费者享有知悉其购买、使用的商品或者接受的服务的真实情况的权利。消费者有权根据商品或者服务的不同情况，要求经营者提供商品的价格、产地、生产者、用途、性能、规格、等级、主要成分、生产日期、有效期限、检验合格证明、使用方法说明书、售后服务，或者服务的内容、规格、费用等有关情况。"A 项正确。顾客对于所购商品真实信息的知悉权是法定权利，如甲公司不能提供，顾客有权退货，B 项应选。《消费者权益保护法》第 49 条：经营者提供商品或者服务有欺诈行为的，应当按照消费者的要求增加赔偿其受到的损失，增加赔偿的金额为消费者购买商品的价款或者接受服务的费用的 1 倍，C 项正确。购销关系成立后，如无法定或约定事由，不能解除合同，消费者权益保护法规定了法定退货理由，即(1)依法经有关行政部门认定为不合格的商品；(2) 在保修期内两次修理仍不能正常使用的，经营者应当负责更换或者退货。约定事由是指双方对于退货事由做了特别约定，从本题来看，顾客不能以对"公司失去信任"作为退货理由，D 项不选。

【实训题 8-3 答案】C

【解析】《消费者权益保护法》第 34 条规定，消费者和经营者发生消费者权益争议的，可以通过下列途径解决：(一)与经营者协商和解；(二)请求消费者协会调解；(三) 向有关行政部门申诉；(四)根据与经营者达成的仲裁协议提请仲裁机构仲裁；(五)向人民法院提起诉讼。题中 C 项应当向仲裁机构申请仲裁。

【实训题 8-4 答案】ACD

【解析】《消费者权益保护法》第 35 条规定，消费者在购买、使用商品时，其合法权益受到损害的，可以向销售者要求赔偿。销售者赔偿后，属于生产者的责任或者属于向销售者提供商品的其他销售者的责任的，销售者有权向生产者或者其他销售者追偿。消费者或者其他受害人因商品缺陷造成人身、财产损害的，可以向销售者要求赔偿，也可以向生产者要求赔偿。属于生产者责任的，销售者赔偿后，有权向生产者追偿。属于销售者责任的，生产者赔偿后，有权向销售者追偿。消费者在接受服务时，其合法权益受到损害的，可以向服务者要求赔偿。可见，李某可以向销售者丙公司要求赔偿，也可以向生产者丁公司要求赔偿。A 选项中丙公司的主张不符合法律规定，当选。C 选项中丁公司的主张不符合法律规定，当选。第 38 条规定，消费者在展销会、租赁柜台购买商品或者接受服务，其合法权益受到损害的，可以向销售者或者服务者要求赔偿。展销会结束或者柜台租赁期满后，也可以向展销会的举办者、柜台的出租者要求赔偿。展销会的举办者、柜台的出租者赔偿后，有权向销售者或者服务者追偿。本题中，展销会结束后，李某可以向展销会的举办者甲公司要求赔偿，D 选项中甲公司的主张不符合法律规定，当选。乙公司并不是家用电暖器的生产者和销售者，也不是展销会的举办者，不属于责任主体，故 B 选项中乙公司的主张正确，不当选。

【实训题 8-5 答案】C

【解析】民事法律关系在大多数情况下是由当事人根据其意思自主设定的，法律只是对意思表示规定严格的条件而已。本题中，"假一罚十"是甲自愿作出的真实意思表示，没有对方的欺诈、胁迫、乘人之危，也没有重大误解、显失公平等，且没有违法法律、行政法规的强制性规定，应当认定为有效。D 答案是正确的，当选。

【实训题 8-6 答案】B

【解析】《合同法》第 40 条规定，格式条款具有本法第五十二条和第五十三条规定情形的，或者提供格式条款一方免除其责任、加重对方责任、排除对方主要权利的，该条款无效。由此，飞跃公司在安装程序中作出的“本软件可能存在风险，继续安装视为同意自己承担一切风险”的声明属于格式条款，无效，黄某不受其约束，因此 A 是错误的，B 是正确的。《合同法》第 113 条第 2 款规定，经营者对消费者提供商品或者服务有欺诈行为的，依照《消费者权益保护法》的规定承担损害赔偿责任。由此我们知道，消费者获得双倍赔偿的前提是经营者存在欺诈行为，而本题中飞跃公司并无欺诈行为，黄某无权获得双倍赔偿，所以 C 是错误的。该软件质量存在瑕疵，黄某有权提起违约之诉；该软件运行中误将操作系统视为病毒而删除，导致黄某电脑瘫痪并丢失其所有的文件，构成对黄某财产权的侵害，黄某有权提起侵权之诉。但是根据《合同法》第 122 条规定，因当事人一方的违约行为，侵害对方人身、财产权益的，受损害方有权选择依照本法要求其承担违约责任或者依照其他法律请求其承担侵权责任，也就是说，黄某可以在违约之诉和侵权之诉中选择一个，而不能同时提起，所以 D 是错误的。本题正确答案是 B。

第九章　产品质量法律制度

【实训题 9-1 答案】ABCD

【实训题 9-2 答案】ACD

【解析】《产品质量法》第 42 条规定：“由于销售者的过错使产品存在缺陷，造成人身、他人财产损害的，销售者应当承担赔偿责任。销售者不能指明缺陷产品的生产者也不能指明缺陷产品的供货者的，销售者应当承担赔偿责任。”所以 A 应选；第 9 条第 2 款规定：“各级地方人民政府和其他国家机关有包庇、放纵产品生产、销售中违反本法规定的行为的，依法追究其主要负责人的法律责任。”根据本题所述情况，卫生局不应承担连带赔偿责任，所以 B 是错误的，不应选；根据《产品质量法》第 57 条第 2 款和 3 款规定：“产品质量检验机构、认证机构出具的检验结果或者证明不实，造成损失的，应当承担相应的赔偿责任；造成重大损失的，撤销其检验资格、认证资格。产品质量认证机构违反本法第 21 条第 2 款的规定，对不符合认证标准而使用认证标志的产品，未依法要求其改正或者取消其使用认证标志资格的，对因产品不符合认证标准给消费者造成的损失，与产品的生产者、销售者承担连带责任；情节严重的，撤销其认证资格。”C 项应选；第 58 条规定：“社会团体、社会中介机构对产品质量作出承诺、保证，而该产品又不符合其承诺、保证的质量要求，给消费者造成损失的，与产品的生产者、销售者承担连带责任。”所以 D 项应选。

【实训题 9-3 答案】A

【解析】选项 A 正确，选项 C 错误。《侵权责任法》第 43 条第 1 款规定，因产品缺陷造成损害的，被侵权人可以向产品的生产者要求赔偿，也可以向产品的销售者请求赔偿。本题中，甲、乙、丙都是受害人，他们既可以要求电视机的生产者承担赔偿责任，也可以要求电视机的销售者承担责任。选项 B、D 错误。损害是由电视机质量问题造成的，无论是甲的行为，还是乙丙的行为，都与损害的发生没有因果关系，不承担损害赔偿责任。

【实训题 9-4 答案】B

【解析】《产品质量法》第 41 条规定，因产品存在缺陷造成人身、缺陷产品以外的其他财产(以下简称他人财产)损害的，生产者应当承担赔偿责任。生产者能够证明有下列情形之一的，不承担赔偿责任：(一)未将产品投入流通的；(二)产品投入流通时，引起损害的缺陷尚不存在的；(三)将产品投入流通时的科学技术水平尚不能发现缺陷的存在的。第 42 条规定，由于销售者的过错使产品存在缺陷，造成人身、他人财产损害的，销售者应当承担赔偿责任。销售者不能指明缺陷产品的生产者也不能指明缺陷产品的供货者的，销售者应当承担赔偿责任。可见，《产品质量法》对生产者产品缺陷实行严格责任，对销售者实行过错责任。A 选项错误，B 选项正确。第 45 条规定，因产品存在缺陷造成损害要求赔偿的诉讼时效期间为二年，自当事人知道或者应当知道其权益受到损害时起计算。因产品存在缺陷造成损害要求赔偿的请求权，在造成损害的缺陷产品交付最初消费者满十年丧失；但是，尚未超过明示的安全使用期的除外。可见，C 选项中“从产品售出之日起计算”的说法错误，应自当事人知道或者应当知道其权益受到损害时起计算。D 选项中“在缺陷产品生产日期满十年后丧失”的说法错误，应自造成损害的缺陷产品交付最初消费者满十年丧失。

第十章 反不正当竞争法律制度

【实训题 10-1 答案】B

【解析】(1)选项 A：反不正当行为的主体是特定的，只有参与市场竞争的“经营者”才可能实施不正当竞争行为，在本题中，甲并非经营者；(2)选项 B 属于不正当竞争行为中的仿冒行为；(3)选项 C：不正当竞争行为通常表现为违法者采取欺诈、强迫或其他违背商业道德的方式进行，丙歌厅的行为应考虑是否违反治安管理处罚法的规定或是否构成犯罪，并非一般民事案件；(4)选项 D 属于降价处理季节性商品的正当的竞争行为。

【实训题 10-2 答案】B

【解析】甲宾馆已将给予出租车司机的酬金“如实入账”，该行为性质上为给予中间人合法佣金的行为，属于正当竞争行为。

【实训题 10-3 答案】AD

【解析】《反不正当竞争法》第 9 条第 1 款规定：“经营者不得利用广告或者其他方法，对商品的质量、制作成分、性能、用途、生产者、有效期限、产地等作引人误解的虚假宣传”。第 24 条规定：“经营者利用广告或者其他方法，对商品作引人误解的虚假宣传的，监督检查部门应当责令停止违法行为，消除影响，可以根据情节处以一万元以上二十万元以下的罚款。”所以 A 项的说法是正确的。第 24 条第 2 款规定：“广告的经营者，在明知或者应知的情况下，代理、设计、制作、发布虚假广告的，监督检查部门应当责令停止违法行为，没收违法所得，并依法处以罚款。”所以 B 项的说法是错误的。《反不正当竞争法》没有规定代言人是否要承担民事责任。而《广告法》第 38 条规定：“违反本法规定，发布虚假广告，欺骗和误导消费者，使购买商品或者接受服务的消费者的合法权益受到损害的，由广告主依法承担民事责任；广告经营者、广告发布者明知或者应知广告虚假仍设计、制作、发布的，应当依法承担连带责任。”也没有规定代言人的责任问题，所以C项是错误的。《广告法》第38条规定，违反本法规定，发布虚假广告，欺骗和误导消费者，使购买商品或者接受服务的消费者的合法权益受到损害，由广告主依法承担民事责任；广告经营者、广告发布者明知或者应知广告虚假仍设计、制作、发布的，应当依法承担连带责任。广告经营者、广告发布者不能提供广告主的真实名称、地址，应当承担全部民事责任。社会团体或者其他组织，在虚假广告中向消费者推荐商品或者服务，使消费者的合法权益受到损害的，应当依法承担连带责任。因此，D项说法正确。

【实训题10-4答案】AB

【解析】根据上述规定可知，如果乙公司能够证明从甲公司过来的研发主管及技术人员都是合同到期后或辞职后正常流动过来的，没有竞业禁止义务或对甲公司不再承担保密义务的，那么乙公司使用这些技术人员就不存在任何违法或不当行为，因此，就不构成侵权。A项说法正确。《反不正当竞争法》第10条第3款规定，本条所称的商业秘密，是指不为公众所知悉、能为权利人带来经济利益、具有实用性并经权利人采取保密措施的技术信息和经营信息。如果乙公司可以证明其08版反病毒软件与甲公司的07版反病毒软件不构成实质相似，那么可以说明乙公司的技术与甲公司的技术没有直接的关系，因此，也就不构成对甲公司商业秘密的侵犯。因此，B项说法正确。从常识中可以判断，杀毒软件的技术信息属于商业秘密，因此，C项说法不可能实现，不选。即便乙公司可以证明甲公司是以诉讼手段恶意打压竞争对手，也只能就此事由要求甲公司承担因此给乙公司造成的损失，但是，不能因此免除或否认乙公司对甲公司构成的侵犯商业秘密的事实。因此，D项说法错误。

【实训题10-5答案】AC

【解析】《反不正当竞争法》第9条第1款规定，经营者不得利用广告或者其他方法，对商品的质量、制作成分、性能、用途、生产者、有效期限、产地等作引人误解的虚假宣传。故A选项中甲企业将所产袋装牛奶标注的生产日期延后了两天已经构成了对商品有效期限作引人误解的虚假宣传，属于不正当竞争行为，当选。第13条规定，经营者不得从事下列有奖销售：（三）抽奖式的有奖销售，最高奖的金额超过五千元。抽奖式有奖销售“最高奖的金额超过五千元”是以一次销售活动进行计算的。本题中，先后进行的是两次销售活动的抽奖，或者说，第二次抽奖的资格是以第二次销售活动（即：购物满1 000元）为前提的。所以，B选项不当选。第8条第2款规定，经营者销售或者购买商品，可以以明示方式给对方折扣，可以给中间人佣金。经营者给对方折扣、给中间人佣金的，必须如实入账。接受折扣、佣金的经营者必须如实入账。故C选项中，给中间人5%佣金，可不入账的规定属于不正当竞争行为，当选。第11条规定，经营者不得以排挤竞争对手为目的，以低于成本的价格销售商品。有下列情形之一的，不属于不正当竞争行为：（一）销售鲜活商品；（二）处理有效期限即将到期的商品或者其他积压的商品；（三）季节性降价；（四）因清偿债务、转产、歇业降价销售商品。故D选项中，丁企业为清偿债务，按低于成本的价格销售商品不属于不正当竞争行为，不当选。

第十一章　反垄断法律制度

【实训题11-1答案】D

【解析】(1)禁止行业协会组织本行业的经营者订立或实施反垄断法所禁止的垄断协议；(2)固定或者变更商品价格的协议属于横向垄断协议。

【实训题 11-2 答案】A

【解析】以不公平的高价销售商，属于反垄断法禁止的滥用市场支配地位行为，无须考虑行为是否有正当理由。

【实训题 11-3 答案】ABCD

【解析】在对经营者集中进行审查并作出相应决定过程中，国务院反垄断执法机构主要考虑下列因素：(1)参与集中的经营者在相关市场的市场份额及其对市场的控制力(选项 A)；(2)相关市场的市场集中度(选项 B)；(3)经营者集中对市场进入、技术进步的影响(选项 C)；(4)经营者集中对消费者和其他有关经营者的影响(选项 D)；(5)经营者集中对国民经济发展的影响；(6)国务院反垄断执法机构认为应当考虑的影响市场竞争的其他因素。

【实训题 11-4 答案】AD

【解析】《反垄断法》第 33 条规定："行政机关和法律、法规授权的具有管理公共事务职能的组织不得滥用行政权力，实施下列行为，妨碍商品在地区之间的自由流通。"所以 A 是正确的。而中央政府部门是一级行政机关，所以也属于实施滥用行政权力排除、限制竞争行为的主体，所以 B 是错误的。而第 33 条明确规定的是不得"妨碍商品在地区之间的自由流通"，因此 C 是错误的。第 51 条规定："行政机关和法律、法规授权的具有管理公共事务职能的组织滥用行政权力，实施排除、限制竞争行为的，由上级机关责令改正；对直接负责的主管人员和其他直接责任人员依法给予处分。反垄断执法机构可以向有关上级机关提出依法处理的建议。法律、行政法规对行政机关和法律、法规授权的具有管理公共事务职能的组织滥用行政权力实施排除、限制竞争行为的处理另有规定的，依照其规定。所以原则上对滥用行政权力排除、限制竞争的行为的规制主要是行政责任，所以 D 是正确的。

第十二章　价格法律制度

【实训题 12-1 答案】A

【实训题 12-2 答案】A

【实训题 12-3 答案】A

【实训题 12-4 答案】D

【解析】依照《价格法》第 34 条的规定，价格主管部门在进行价格监督检查时，可以行使下列职权：(1)询问并要求提供证明材料；(2)查询、复制资料及核对银行资料；(3)责令暂停相关营业；(4)先行登记保存。

第十三章　证券法律制度

【实训题 13-1 答案】C

【解析】选项C：证券交易所采取技术性停牌或者决定临时停市，必须“及时报告”（而非事先申请批准）国务院证券监督管理机构。

【实训题13-2答案】BCD

【解析】(1)有下列情形之一的，不得再次公开发行公司债券：①前一次公开发行的债券尚未募足（选项B应选）；②对已公开发行的公司债券或者其他债务有违约或者延迟支付本息的事实，仍处于继续状态（选项D应选）；③违反本法规定，改变公开发行公司债券所募集资金的用途。(2)选项C：公开发行公司债券筹集的资金，必须用于核准的用途，不得用于弥补亏损和非生产性支出（如用于清偿公司即将到期的债券利息）。

【实训题13-3答案】

(1)A公司董事会为B公司提供担保的决议无效。根据规定，公司为公司股东或者实际控制人提供担保的，必须经股东大会决议。

(2)①乙不具备对甲提起股东代表诉讼的资格。根据规定，股份有限公司连续180日以上单独或者合计持有公司1%以上股份的股东可以书面依法提起股东代表诉讼。在本题中，乙持有股份的时间不足180日。②甲请求人民法院驳回乙起诉的理由成立。根据规定，公司董事、高级管理人员执行公司职务时违反法律、行政法规或者公司章程的规定，给公司造成损失的，股份有限公司连续180日以上单独或者合计持有公司1%以上股份的股东可以书面请求监事会向人民法院提起诉讼；监事会收到股东的书面请求后拒绝提起诉讼或者自收到请求之日起30日内未提起诉讼，或者情况紧急、不立即提起诉讼将会使公司利益受到难以弥补的损害的，股份有限公司连续180日以上单独或者合计持有公司1%以上股份的股东方可以自己的名义直接向人民法院提起诉讼。

(3)①丙不符合独立董事任职资格。根据规定，在直接或间接持有上市公司已发行股份5%以上的股东单位任职的人员不得担任该上市公司的独立董事。②丁不符合独立董事任职资格。根据规定，直接或间接持有上市公司已发行股份1%以上的自然人股东不得担任该上市公司的独立董事。

(4)①乙提出的临时提案不应列为年度股东大会的审议事项。根据规定，单独或者合计持有公司3%以上股份的股东，可以在股东大会召开10日前提出临时提案并书面提交董事会。在本题中，乙提出临时提案的时间距年度股东大会召开时间不足10日。②乙与股东张某共同召集A公司临时股东大会的程序不合法。根据规定，股东大会由董事会召集，董事会不能或者不履行召集股东大会会议职责的，监事会应当及时召集和主持；监事会不召集和主持的，连续90日以上单独或合计持有公司10%以上股份的股东可以自行召集和主持。在本题中，即使董事会拒绝召集临时股东大会，乙与股东张某也应该要求监事会召集，不应直接自行召集。

(5)乙发出要约收购4%的股份不符合规定。根据规定，以要约方式收购一个上市公司股份的，其预定收购的股份比例不得低于该上市公司已发行股份的5%。

(6)A公司董事会通过的购买乙所持D公司股权的决议无效。根据规定，上市公司在一年内购买、出售重大资产或者担保金额超过公司资产总额30%的，应当由股东大会作出决议，并经出席会议的股东所持表决权的2/3以上通过。

(7)乙、戊、庚均存在内幕交易行为。根据规定，发行人的董事（乙、戊）、由于所任公司职务可以获取公司有关内幕信息的人员（庚）属于内幕信息知情人员，在该内幕信息公开前不得买卖该公司证券，否则构成内幕交易。

【实训题 13-4 答案】AD

【解析】(1)选项 A：公司股本总额超过人民币 4 亿元的，公开发行股份的比例应为 10%以上；收购期满，被收购公司股权分布不符合上市条件的，该上市公司的股票应当由证券交易所依法终止上市交易；在本题中，该上市公司股本总额为 4.5 亿元人民币，收购期限届满时，公开发行的股份仅占公司股份总数的 8%，应终止上市交易；(2)选项 B：收购完成，该上市公司的股票被依法终止上市交易的，其余仍持有被收购股票的股东，有权向收购人以收购要约的同等条件出售其股票，收购人应当收购；(3)选项 C：收购人持有的被收购的上市公司的股票，在收购行为完成后的“12 个月内”不得转让；(4)选项 D：收购行为完成后，收购人应当在 15 日内将收购情况报告国务院证券监督管理机构和证券交易所，并予公告。

第十四章　票据法律制度

【实训题 14-1 答案】BCD

【解析】选项 A 说法正确。《票据法》第 38 条规定，承兑是指汇票付款人承诺在汇票到期日支付汇票金额的票据行为。第四十四条规定，付款人承兑汇票后，应当承担到期付款的责任。本题中，潇湘公司签发的是银行承兑汇票，该汇票只有经甲银行承兑后才发生付款的效力。选项 B 说法错误。《票据法》第 13 条第 2 款规定，票据债务人可以对不履行约定义务的与自己有直接债权债务关系的持票人，进行抗辩。本题中，甲银行与楚天公司有直接债权债务关系，楚天公司尚欠甲银行贷款 30 万元未清偿，甲银行可以以此为由进行抗辩。选项 C 说法错误。根据票据的无因性，即使票据原因关系无效或有瑕疵，均不影响票据的效力。另外，付款人在进行付款时，只需对所提示的票据进行形式审查，并无实质审查义务。付款人在履行法定审查义务后进行的付款是有效付款，即使发生错付，亦可善意免责。选项 D 说法错误。票据是无因证券，票据上的法律关系是一种单纯的金钱支付关系，权利人享有票据权利仅以持有符合票据法规定的有效票据为必要。即使原因关系无效或有瑕疵，均不影响票据的效力。因此，在本题中，即便楚天公司交付的货物存在质量问题，潇湘公司也无权以此为由请求甲银行停止付款。

【实训题 14-2 答案】CD

【解析】《票据法》第 61 条第 1 款规定：“汇票到期被拒绝付款的，持票人可以对背书人、出票人以及汇票的其他债务人行使追索权。”票据的付款人是付款请求权的行使对象，而非追索权的行使对象，因此 B 是错误的。

【实训题 14-3 答案】C

【解析】根据规定，背书不得附有条件。背书时附有条件的，所附条件不具有汇票上的效力。本题中，在背书栏中记载了“乙公司必须按期保质交货，否则不付款”属于所附条件，是无效的，但不影响票据的效力。

【实训题 14-4 答案】

(1)A 银行的理由不成立。根据规定，承兑人不得以其与出票人之间的资金关系对抗持票人。

(2)戊公司可以向甲公司、丁公司和A银行进行追索。

(3)不能。根据规定,票据债务人不得以自己与持票人的前手之间的抗辩事由对抗持票人。

(4)属于伪造行为。如果伪造人的行为给他人造成损害的,必须承担民事责任;构成犯罪的,还应承担刑事责任。

【实训题14-5答案】CD

【解析】《票据法》第91条规定:"支票限于见票即付,不得另行记载付款日期。另行记载付款日期的,该记载无效。"因此,C正确。《票据法》第94条第1款规定:"支票的背书、付款行为和追索权的行使,除本章规定外,适用本法第二章有关汇票的规定。"因此,D正确。我国《票据法》只允许签发银行本票,而不允许签发商业本票。《票据法》第73条规定:"本票是出票人签发的,承诺自己在见票时无条件支付确定的金额给收款人或者持票人的票据。""本法所称本票,是指银行本票。"因此,A不正确。本票是承诺自己付款,所以,本票的基本当事人只有两人:出票人与收款人,而无付款人,B不正确。

【实训题14-6答案】A

【解析】票据的伪造,是指无权限人假冒他人或虚构他人名义签章的行为,例如伪造出票签章、背书签章、承兑签章和保证签章等。

第十五章　房地产管理法律制度

【实训题15-1答案】ABD

【解析】《城市房地产管理法》第57条:"房地产中介服务机构包括房地产咨询机构、房地产价格评估机构、房地产经纪机构等。"

【实训题15-2答案】

1. ABC

【解析】《城市房地产管理法》第45条第1款第(四)项规定,商品房预售,应当符合下列条件:(四)向县级以上人民政府房产管理部门办理预售登记,取得商品房预售许可证明。故A选项符合法律规定,当选;《预售商品房认购书》是一个独立于商品房预售合同的合同,《预售商品房认购书》规定的权利义务就是条件具备时,当事人应当签订商品房预售合同,取得商品房销售许可证是签订商品房预售合同而不是《预售商品房认购书》的必备条件,B项正确,当选;本题中,双方签订商品房预售合同时,某房地产开发公司已经取得商品房预售许可证,具备了商品房预售的法定条件,C项正确,当选;《合同法》第60条第1款规定,当事人应当按照约定全面履行自己的义务。因此,即使因施工进度及竣工交付日期变化的,房地产开发公司也应当按照合同约定履行义务,不得将房屋另售他人,D项错误,不当选。综上所述,本题正确答案为ABC。

2. B

【解析】《合同法》第44条规定,依法成立的合同,自成立时生效。法律、行政法规规定应当办理批准、登记等手续生效的，依照其规定。《城市房地产管理法》第 45 条第 2 款规定，商品房预售人应当按照国家有关规定将预售合同报县级以上人民政府房产管理部门和土地管理部门登记备案。该条款并没有明确规定登记备案后生效，故该预售合同仍然是成立时生效，也就是说，该登记备案属于备案式登记，对预售合同的效力不产生任何影响，登记备案是商品房预售人的法定义务，但不是合同的生效条件，该合同应受法律保护。故 A D 选项说法错误，B 选项说法正确。《物权法》第 20 条规定，当事人签订买卖房屋或者其他不动产物权的协议，为保障将来实现物权，按照约定可以向登记机构申请预告登记。预告登记后，未经预告登记的权利人同意，处分该不动产的，不发生物权效力。预告登记后，债权消灭或者自能够进行不动产登记之日起三个月内未申请登记的，预告登记失效。可见，预告登记是商品房预售合同当事人的权利，而登记备案是商品房预售人的法定义务，预告登记与登记备案不同，故 C 选项说法错误。

3. CD

【解析】本题中，《预售商品房认购书》与商品房预售合同是两个相互独立的有效合同，均具有约束力，故 AB 选项说法错误。《合同法》第 107 条规定，当事人一方不履行合同义务或者履行合同义务不符合约定的，应当承担继续履行、采取补救措施或者赔偿损失等违约责任。第 115 条规定，当事人可以依照《中华人民共和国担保法》约定一方向对方给付定金作为债权的担保。债务人履行债务后，定金应当抵作价款或者收回。给付定金的一方不履行约定的债务的，无权要求返还定金；收受定金的一方不履行约定的债务的，应当双倍返还定金。本题中，收受定金的开发商违约，经双方协商，高某同意解除商品房预售合同，开发商应当双倍返还定金，对于高某的损失，高某有权请求开发商赔偿损失，CD 选项正确。

第十六章　国有资产管理法律制度

【实训题 16-1 答案】ABC

【实训题 16-2 答案】ABC

【解析】事业单位有下列情形之一的，可以不进行资产评估：(1)经批准事业单位整体或者部分资产无偿划转；(2)行政、事业单位下属的事业单位之间的合并、资产划转、置换和转让；(3)发生其他不影响国有资产权益的特殊产权变动行为。报经同级财政部门确认可以不进行资产评估的。

第十七章　财政与税收法律制度

【实训题 17-1 答案】C

【解析】选项 BD 属于增值税的免税项目，不计算缴纳增值税，选项 A 属于营业税的征收范围。

【实训题 17-2 答案】A

【解析】根据规定，退休工资、保险赔偿和国债利息收入，属于个人所得税的免税项目。

【实训题 17-3 答案】C

【解析】根据规定，开采原油过程中用于加热、修井的原油，免征资源税。纳税人开采或者生产资源税应税产品销售的，以销售数量为课税数量。应缴纳的资源税＝3000×8＝24000（元）。

第十八章　金融法律制度

【实训题 18-1 答案】C

【实训题 18-2 答案】B

【解析】境内机构和境内个人的外汇收支或者外汇经营活动，不论其发生在境内或境外，均适用该条例。对于境外机构和境外个人而言，仅在中国境内的外汇收支和外汇经营活动适用该条例（选项 C 是境外机构在境外的外汇收支，不选）。境内机构，是指人民共和国境内的国家机关、企业、事业单位、社会团体、部队等，外国驻华外交领事机构和国际组织驻华代表机构除外。所谓境内个人，是指中国公民和在人民共和国境内连续居住满 1 年的外国人（选项 D 是短期旅行，不选），外国驻华外交人员（选项 A 不选）和国际组织驻华代表除外。

第十九章　会计和审计法律制度

【实训题 19-1 答案】BC

【解析】本题考核内部会计监督的相关规定。发现会计账簿记录与实物、款项及有关资料不相符的，按照国家统一的会计制度的规定有权自行处理的，应当及时处理；无权处理的，应当立即向单位负责人报告，请求查明原因，作出处理，因此选项 B 的说法错误；对违反《会计法》和国家统一的会计制度规定的会计事项，有权拒绝办理或者按照职权予以纠正，因此选项 C 的说法错误。

【实训题 19-2 答案】B

【解析】出纳和稽核属不相容职务，由出纳人员兼任稽核职务，有违内部牵制制度。

【实训题 19-3 答案】ABC

第二十章　对外贸易法律制度

【实训题 20-1 答案】AD

【实训题 20-2 答案】B

第二十一章　环境资源与能源法律制度

【实训题 21-1 答案】ABD

【解析】选项 A、B 正确，选项 C 错误。《环境影响评价法》第 16 条规定，国家根据建设项目对环境的影响程度，对建设项目的环境影响评价实行分类管理。建设单位应当按照下列规定组织编制环境影响报告书、环境影响报告表或者填报环境影响登记表（以下统称环境影响评价文件）：（一）可能造成重大环境影响的，应当编制环境影响报告书，对产生的环境影响进行全面评价；（二）可能造成轻度环境影响的，应当编制环境影响报告表，对产生的环境影响进行分析或者专项评价；（三）对环境影响很小、不需要进行环境影响评价的，应当填报环境影响登记表。建设项目的环境影响评价分类管理名录，由国务院环境保护行政主管部门制定并公布。选项 D 正确。《环境影响评价法》第 20 条第 1 款规定，环境影响评价文件中的环境影响报告书或者环境影响报告表，应当由具有相应环境影响评价资质的机构编制。

【实训题 21-2 答案】ABC

【解析】《环境保护法》第 31 条："因发生事故或者其他突然性事件，造成或者可能造成污染事故的单位，必须立即采取措施处理，及时通报可能受到污染危害的单位和居民，并向当地环境保护行政主管部门和有关部门报告，接受调查处理。可能发生重大污染事故的企业事业单位，应当采取措施，加强防范。"A 项正确。《环境保护法》第 32 条："县级以上地方人民政府环境保护行政主管部门，在环境受到严重污染威胁居民生命财产安全时，必须立即向当地人民政府报告，由人民政府采取有效措施，解除或者减轻危害。"B 项正确。《环境保护法》第 29 条："对造成环境严重污染的企业事业单位，限期治理。中央或者省、自治区、直辖市人民政府直接管辖的企业事业单位的限期治理，由省、自治区、直辖市人民政府决定。市、县或者市、县以下人民政府管辖的企业事业单位的限期治理，由市、县人民政府决定。被限期治理的企业事业单位必须如期完成治理任务。"中央直接管辖的国有企业，限期治理的决定者为省级人民政府，C 项正确。《环境保护法》第 39 条："对经限期治理逾期未完成治理任务的企业事业单位，除依照国家规定加收超标准排污费外，可以根据所造成的危害后果处以罚款，或者责令停业、关闭。前款规定的罚款由环境保护行政主管部门决定。责令停业、关闭，由作出限期治理决定的人民政府决定；责令中央直接管辖的企业事业单位停业、关闭，须报国务院批准。"罚款决定由环保部门决定，此处的环保部门不一定是与作出限期治理决定的人民政府同一级别的部门，故县政府环保部门可以作出罚款决定，D 项错误。

第二十二章　社会保障法律制度

【实训题 22-1 答案】B

【解析】本题所考查的考点是失业保险费的缴纳比率。《失业保险条例》第 6 条规定，城镇企业事业单位按照本单位工资总额的 2% 缴纳失业保险费。城镇企业事业单位职工按照本人工资的1%缴纳失业保险费。可见，城镇企业事业单位按照本单位工资总额的2%缴纳失业保险费。本题的正确答案是B。

【实训题22-2答案】B

【解析】《工伤保险条例》第15条规定，职工有下列情形之一的，视同工伤：(1)在工作时间和工作岗位，突发疾病死亡或者在48小时之内经抢救无效死亡的；(2)在抢险救灾等维护国家利益、公共利益活动中受到伤害的；(3)职工原在军队服役，因战、因公负伤致残，已取得革命伤残军人证，到用人单位后旧伤复发的。职工有前款第1项、第2项情形的，按照本条例的有关规定享受工伤保险待遇；职工有前款第3项情形的，按照本条例的有关规定享受除一次性伤残补助金以外的工伤保险待遇。本题中杜某在看完电影回家的路上协助扑灭某商场的火灾并帮助救人时自己也被烧伤，可见，他是在抢险救灾等维护国家利益、公共利益活动中受到伤害的，符合《工伤保险条例》第15条第2项的规定，应当视同工伤。所以选项B项是正确答案。

参考文献

[1] 陈锦铭.经济法学.北京:中国农业大学出版社,2008.

[2] 白冬.经济法.北京:中国人民大学出版社,2012.

[3] 张京萍.社会保障法教程.北京:首都经济贸易大学出版社,2010.

[4] 郑海味.经济法.北京:清华大学出版社,2011.

[5] 李昌麒.经济法.北京:中国人民大学出版社,2011.

[6] 李海英.新农合作医疗报销的费用不应抵扣侵权人的赔偿费. http://www.110.com/ziliao/article-273516.html,2012-02-09.

[7] 杨紫烜.经济法.北京:北京大学出版社,2010.

[8] 史际春.经济法.北京.中国人民大学出版社,2010.

[9] 熊可.经济法——2013年国家司法考试教材一本通.北京:中国法制出版社,2012.

[10] 中国注册会计师协会.2013年度注册会计师全国统一考试辅导教材.北京:中国财政经济出版社,2012.

[11] 宏章教育会计考试研究院.2012年会计中级资格——经济法.北京:中国财政经济出版社,2012.

[12] 新型职业农民科技培训教材编委会.农民专业合作社组织建设与经营管理.北京:电子科技大学出版社,2012.

[13] 徐孟洲.金融法.北京:高等教育出版社,2012.

[14] 叶林.证券法.北京:中国人民大学出版社,2008.

[15] 周珂.环境与资源法.北京:法律出版社,2009.

[16] 全国会计专业技术资格考试参考用书编写组.经济法基础.北京:中国财政经济出版社,2012.

[17] 刘新稳.票据法.北京:中国政法大学出版社,2011.

[18] 张云.产品质量法教程.厦门:厦门大学出版社,2011.

[19] 李永军.破产法.北京:中国政法大学出版社,2009.

[20] 万鄂湘.最高人民法院关于审理外商投资企业纠纷案件若干问题的规定(一)条文理解与适用.北京:中国政法大学出版社,2011.

[21] 韩赤风.反不正当竞争法经典案例.北京:知识产权出版社,2010.